A (História da) Batalha pela Tutela de Urgência

NA JUSTIÇA ADMINISTRATIVA EM PORTUGAL. ESTUDOS REUNIDOS

A (História da) Batalha pela Tutela de Urgência

NA JUSTIÇA ADMINISTRATIVA EM PORTUGAL. ESTUDOS REUNIDOS

2023

Isabel Celeste M. Fonseca

ALMEDINA

eficácia de normas. Estes temas continuam a merecer a melhor reflexão e para ela pretendemos contribuir, revisitando antigos argumentos.

Volvidos 27 anos dedicados ao ensino universitário e à investigação, continuamos a desejar responder aos milhões de desafios que sentimos que nos são colocados e a memória do coração lembra-me as minhas obrigações perante os Meus Mestres e a minha vocação pedagógica alerta-me para o cuidado que devo ter para com os Meus Estimados Alunos. Aos que me ensinaram, fascinaram e generosamente me orientaram para o mundo do Direito da justiça administrativa, continuo a dedicar esta coletânea de reflexões. Acrescentamos três nomes a este grupo de Mestres Homenageados, para manifestar a nossa admiração e gratidão a Mário Aroso de Almeida, a Friedrich Schoch e a Olivier Dugrip.

Estes estudos são para os nossos alunos, onde quer que eles se encontrem, para os que hoje se sentam nas cadeiras das salas de aula do Edifício 17 do Campus de Gualtar, para os que exercem as suas profissões no domínio do direito administrativo ou para os que nos visitam ou de longe enviam mensagens a solicitar esclarecimentos sobre esta temática. Entendemos que estes Estudos podem ser-lhes muito úteis, uma vez que este assunto interessa a todos, na verdade, aos alunos, aos Professores de Direito Administrativo – que recorrentemente invocam a história do Direito Administrativo, sem prejuízo de deverem inovar para superar as rotinas nas aprendizagens, pois o seu conhecimento facilita o ensino e a aprendizagem dos conteúdos pedagógicos e desperta a iniciativa para a investigação – e interessa a todos os que apreciam conhecer a história das instituições e do Direito em geral, sendo certo que conhecer como se foi consolidando, ao longo dos tempos, a tutela cautelar revitaliza o direito fundamental de acesso à justiça, que é um direito de todos, de acesso ao processo administrativo temporalmente justo e efetivo.

É neste contexto e por estas 3 razões que surge *A (história da) batalha pela tutela de urgência na justiça administrativa em Portugal. Estudos reunidos*.

A todos, votos de boas leituras.

Gualtar, março de 2023

ISABEL CELESTE FONSECA

A (História da) Batalha pela Tutela de Urgência

NA JUSTIÇA ADMINISTRATIVA EM PORTUGAL. ESTUDOS REUNIDOS

2023

Isabel Celeste M. Fonseca

ALMEDINA

A (HISTÓRIA DA) BATALHA PELA TUTELA DE URGÊNCIA
NA JUSTIÇA ADMINISTRATIVA EM PORTUGAL. ESTUDOS REUNIDOS

AUTORA
Isabel Celeste M. Fonseca

EDITOR
EDIÇÕES ALMEDINA, S.A.
Avenida Emídio Navarro, 81, 3D
3000-151 Coimbra
Tel.: 239 851 904 • Fax: 239 851 901
www.almedina.net • editora@almedina.net

DESIGN DE CAPA
EDIÇÕES ALMEDINA, S.A.

EDITOR
EDIÇÕES ALMEDINA, S.A.

IMPRESSÃO E ACABAMENTO

Abril, 2023

ISBN
978-989-40-1195-8

DEPÓSITO LEGAL
....

ALMEDINA | GRUPOALMEDINA

NOTA PRÉVIA

Três são as razões que justificam a (re)publicação d' A *batalha pela tutela de urgência. Estudos de direito processual administrativo (europeu).*

A primeira é contextualizada pela celebração, durante este ano letivo, em abril de 2023, dos 100 anos do nascimento de Eduardo García de Enterría, fundador do moderno Direito Administrativo espanhol. Por esta razão, e também como gesto de reconhecido agradecimento pelo contributo que o Mestre teve no nosso percurso académico, em particular na escolha dos temas de investigação com vista à elaboração das Dissertações de Mestrado e de Doutoramento, o nosso objetivo é dar a conhecer às novas gerações de estudantes uma das obras mais identitárias do Professor, oferecendo um conjunto de estudos que dela sempre consideramos ser necessariamente uma glosa.

E são por certo uma glosa, uma vez que, sobre a inevitabilidade da tutela cautelar na justiça administrativa pouco haveria a inventar, depois de publicada "La batalla por las medidas cautelares. Derecho comunitario europeo y proceso contencioso-administrativo español, Civitas, Madrid, 1.ª edición, 1992". García de Enterría disse tudo o que seria suposto dizer sobre a tutela cautelar na justiça administrativa, sobre a sua razão de ser no contencioso administrativo de cada Estado-Membro, sobre a sua operacionalização e possibilidades e até sobre os perigos emergentes do abuso na respetiva utilização – como tão sabiamente sintetizou no "Prólogo" que teve a bondade de nos dirigir, em março de 2001, na nossa "Introdução ao Estudo Sistemático da Tutela Cautelar no Processo Administrativo (publicado pela Almedina, em 2002, pp. 11-14). Não podemos deixar de lembrar com muita vaidade momentos do Prólogo onde justificou a inevitabilidade da tutela cautelar na justiça administrativa, sobretudo tendo em conta a duração anormal do processo administrativo, a europeização da justiça administrativa urgente e os poderes de autotutela executiva da Administração Pública. Afirmou que "la tutela cautelar o inmediata pretende evitar que quien no tiene la razón abuse más o menos deliberadamente de la larga duración del processo en perjuicio de quien aparentemente se ve beneficiado com la posición más favorable en cuanto al fondo, pero que como consecuencia del abuso procesal de la outra parte deberá tener que soportar en posició desfavorable los largos plazos hoy habituales en los processos judiciales".

A segunda razão é de matriz pedagógica, estando ligada à primeira. A (re)edição do livro *A batalha pela tutela de urgência. Estudos de direito processual administrativo (europeu)* justifica-se para dar uma nova vida a estes Estudos, os quais, devido à extinção da editora original — aquela que trouxe a coletânea de textos à luz do dia, em 2010 — se perderam, deixando de ser recomendados aos alunos dos cursos de Licenciatura em Direito e de Mestrado em Direito Administrativo da Escola de Direito da Universidade do Minho.

Precisamente com o objetivo de que volte a ser uma ferramenta de trabalho, e seja um texto de referência da história da justiça administrativa de urgência em Portugal, resolvemos reeditar a coletânea de Estudos, conservando a originalidade dos textos (escritos no período anterior ao vigente acordo ortográfico) e conservando uma grande parte da obra, incluindo as preciosas dedicatórias, que mantêm toda a atualidade e pertinência.

Aditamos à obra alguns novos textos, que, no entretanto, foram sendo publicados em revistas nacionais e como capítulos de livros. E esta é a terceira razão pela qual quisemos dar uma nova vida a estes Estudos. E, juntando novos textos aos já conhecidos, desejamos evidenciar os assuntos atinentes ao regime da tutela cautelar que ainda não alcançaram a merecida atenção e, por isso, a solução por parte do legislador. Referimo-nos ao regime da suspensão da eficácia de atos, ao contencioso pré-contratual, à disciplina sobre pressupostos de decretamento das providências cautelares; ao quadro de garantias relativas à plena execução de uma providência cautelar (e ao processo de execução coerciva das decisões proferidas nos processos cautelares; e, por fim, à suspensão da eficácia de normas. Estes temas continuam a merecer a melhor reflexão e para ela pretendemos contribuir, revisitando antigos argumentos.

Volvidos 27 anos dedicados ao ensino universitário e à investigação, continuamos a desejar responder aos milhões de desafios que sentimos que nos são colocados: a memória do coração lembra-me as minhas obrigações perante os Meus Mestres e a minha vocação pedagógica alerta-me para o cuidado que devo ter para com os Meus Estimados Alunos. Aos que me ensinaram, fascinaram e generosamente me orientaram para o mundo do Direito da justiça administrativa, continuo a dedicar esta coletânea de reflexões. Acrescentamos três nomes a este grupo de Mestres Homenageados, para manifestar a nossa admiração e gratidão a Mário Aroso de Almeida, a Friedrich Schoch e a Olivier Dugrip.

Estes estudos são para os nossos alunos, onde quer que eles se encontrem, para os que hoje se sentam nas cadeiras das salas de aula do Edifício 17 do Campus de Gualtar, para os que exercem as suas profissões no domínio do direito administrativo ou para os que nos visitam ou de longe enviam mensagem a solicitar esclarecimentos sobre esta temática. Entendemos que estes Estudos podem ser-lhes muito úteis, uma vez que este assunto interessa a todos, na verdade, aos alunos, aos Professores de Direito Administrativo – que recorrentemente invocam a história do Direito Administrativo, sem prejuízo de deverem inovar para superar as rotinas nas aprendizagens, pois o seu conhecimento facilita o ensino e a aprendizagem dos conteúdos pedagógicos e desperta a iniciativa para a investigação – e interessa a todos os que apreciam conhecer a história das Instituições e do Direito em geral, sendo certo que conhecer como se foi consolidando, ao longo dos tempos, a tutela cautelar revitaliza o direito fundamental de acesso à justiça, que é um direito de todos, de acesso ao processo administrativo temporalmente justo e efetivo.

É neste contexto e por estas 3 razões que surge *A (história da) batalha pela tutela de urgência na justiça administrativa em Portugal. Estudos reunidos.*

A todos, votos de boas leituras.

Gualtar, março de 2023

Isabel Celeste Fonseca

Ao Doutor Eduardo García de Enterría

Ao Doutor José Manuel Sérvulo Correia

À Doutora Maria da Glória Garcia

Ao Doutor Mário Aroso de Almeida,

Ao Doutor Friedrich Schoch

Ao Doutor Olivier Dugrip

Pelo maravilhoso exemplo e pelo constante estímulo

e
Ao Doutor José Carlos Vieira de Andrade,
Por tudo

NOTA PRÉVIA ORIGINAL

Não é por acaso que o título desta colectânea de textos esparsos sobre Direito Processual Administrativo (europeu) é uma glosa ao singular livro de Eduardo García de Enterría (*La batalla por las medidas cautelares. Derecho comunitario europeo y proceso contencioso-administrativo español*, Civitas, Madrid, 1.ª edición, 1992). Ela pretende ser, em primeiro lugar, uma justa homenagem àquele que inspirou esta aventura pela ciência do direito público. Em segundo lugar, procura ser um gesto de gratidão para com quem sempre me incentivou a avançar no meu percurso académico. Enfim, esta compilação de alguns dos textos já publicados ao longo de vários anos é uma resposta ao desafio lançado por aqueles que apreciam o meu trabalho, alunos, orientandos, advogados e colegas.

Volvidos mais de 15 anos dedicados ao ensino universitário e à investigação académica, sabe bem olhar para trás e lembrar que tudo começou ali, no final de uma prova oral de direito processual administrativo, quando o meu Professor, Doutor Vieira de Andrade, disse que gostaria de me voltar a ver...

ESTUDOS REUNIDOS

PRIMEIRO ESTUDO:

— "Para uma nova tutela cautelar na justiça administrativa. Prólogo de uma batalha...", *Cadernos de Justiça Administrativa,* 8, março/abril, 1998, pp. 37-48

SEGUNDO ESTUDO:

— "A urgência na reforma do processo administrativo", in: *Reforma do contencioso administrativo, O debate universitário (trabalhos preparatórios),* Vol. I, 2001 (posteriormente pub. Coimbra Editora, 2003, pp. 337-354)

TERCEIRO ESTUDO:

— "A justiça administrativa dos contratos da Administração. Da (ainda) *Ária da inútil precaução", Scientia Ivridica,* maio-agosto, 2001, pp. 83-87

QUARTO ESTUDO:

— "Suspensão da expropriação da Quinta dos Milagres: Uma aguarela de mil cores inacabada", *Cadernos de Justiça Administrativa,* 30, novembro/ /dezembro, 2001, pp. 33-52

QUINTO ESTUDO:

— "A garantia do prazo razoável: o juiz de Estrasburgo e o juiz nacional", *Cadernos de Justiça Administrativa,* n.º 44, março/abril, 2004, pp. 43-67

SEXTO ESTUDO:

— "O processo cautelar comum no novo contencioso administrativo: por novos caminhos de tempo dividido", *Scientia Ivridica,* maio-gosto, n.º 299, 2004, pp. 237-286

SÉTIMO ESTUDO:

— "Verdade e verosimilhança: o (provável) erro de Calamandrei", in: Boletim da Faculdade de Direito da Universidade de Coimbra, Vol. LXXXI (81), Coimbra, 2005, pp. 633-672

OITAVO ESTUDO:

— "Indeferimento da condenação (cautelar) à emissão de parecer: porque o céu não é o limite...", *Cadernos de Justiça Administrativa*, 52, 2005, pp. 33-62

NONO ESTUDO:

— "Contencioso administrativo e contencioso administrativo autárquico: resenha dos casos urgentes mais recentes", in: *Direito Regional e Local*, n.º 00, 2007, pp. 27-33

DÉCIMO ESTUDO:

— "As (in)justiças do artigo 121.º do CPTA: depressa e bem, há pouco como", *Cadernos de Justiça Administrativa*, 67, 2008, pp. 52-70

DÉCIMO PRIMEIRO ESTUDO:

— "O contencioso pré-contratual (autárquico): como é e como se gostaria que (não) fosse", in: *Direito Regional e Local*, n.º 04, 2008, pp. 47-61

DÉCIMO SEGUNDO ESTUDO:

— "A providência cautelar conservatória e a providência cautelar antecipatória: a distinção faz toda a diferença", in: *Estudos de Homenagem ao Professor Doutor Jorge Miranda*, Vol. VI, edição da FDUL, Coimbra editora, 2012, pp. 511-528

DÉCIMO TERCEIRO ESTUDO:

— "A garantia (ou não) de execução da providência cautelar na justiça administrativa", em coautoria com Miguel Losa, inédito.

DÉCIMO QUARTO ESTUDO:

— "A aplicação do art. 128.ºdo CPTA à suspensão da eficácia das normas: notas *out side the box*", em coautoria com Sara Magalhães, *Cadernos de Justiça Administrativa*, 143, 2020, pp. 30-52

PRIMEIRO ESTUDO

"PARA UMA NOVA TUTELA CAUTELAR NA JUSTIÇA ADMINISTRATIVA. PRÓLOGO DE UMA BATALHA..."

Cadernos de Justiça Administrativa,
8, março/abril, 1998, pp. 37-48

Para uma nova tutela cautelar na justiça administrativa. Prólogo de uma batalha...

SUMÁRIO: **0.** Introdução. **I.** As providências cautelares no actual modelo. **II.** A previsão das providências cautelares no futuro processo administrativo. **III.** Conclusões*.

0.

Do presente acórdão apresentamos, em síntese, alguns aspectos de facto e de direito relevantes para o efeito que aqui pretendemos:

a) O Conselho de Ministros, pela Resolução n.º 19/96, anulou o concurso público de alienação das acções da Quimigal-Química de Portugal, SA e da Quimiparque-Parques Industriais da Quimigal, SA, no qual tinham sido apresentadas propostas.
b) Pelo DL n.º 56-A/97, de 14/3, o Estado veio adoptar um novo esquema de reprivatização da Quimigal, tendo decidido vender em bloco a totalidade do capital social da Quimigal-Química de Portugal, SA, sem distinguir as várias sociedades do grupo.
c) Os proponentes naquele primeiro concurso dirigiram-se ao TAC de Lisboa, solicitando a adopção de uma providência cautelar,

* O texto é uma anotação ao Acórdão do Supremo Tribunal Administrativo (1.ª Secção) de 8.7.1997, P. 42 481.

procurando intimar o Conselho de Ministros a excluir do processo de reprivatização do capital social da Quimigal-Química de Portugal, SA, o lote de acções, correspondente a 90% da "Quimigal Adubos, SA".

d) A providência cautelar não especificada foi indeferida em primeira instância e dessa decisão foi interposto recurso para o STA, na sequência do qual surge o presente acórdão.

e) De entre as duas questões que o STA enumerou para responder no seu aresto, há uma que aqui merece destaque: a que visa «apurar a admissibilidade de se lançar mão de uma providência cautelar não especificada no contencioso administrativo».

Ora, é neste sentido que iremos avançar nesta anotação, dizendo que acolhemos com aplauso a resposta dada no acórdão, propondo uma pequena reflexão sobre ela, já que a mesma é inevitável **(I.)**. Para além desta questão há uma outra que merece aqui igual consideração e a que o STA não respondeu, ainda que tenha deixado algumas orientações (discutíveis): como deve avançar a justiça administrativa em termos de protecção cautelar, especialmente no que se refere aos pressupostos de que deve depender o decretamento da providência cautelar atípica no processo administrativo **(II.)**.

I.

No acórdão está escrito que as providências cautelares não especificadas fazem parte do rol de meios processuais do contencioso administrativo português. E isto é, já, de evidenciar. Se durante algum tempo se duvidou de que a tutela cautelar fosse uma dimensão particular ou ínsita do direito fundamental à tutela judicial administrativa efectiva – como de resto é prova disso a jurisprudência do Tribunal Constitucional (= TC)[1], tendo

[1] Efectivamente, o Tribunal Constitucional tem estado dividido quanto ao tema: uma corrente entende que o direito à tutela judicial efectiva não integra a tutela cautelar. A título de exemplo, vd. Acórdão n.º 194/95, de 5 de abril, onde se defende que a suspensão jurisdicional da eficácia do acto administrativo não é constitucionalmente garantida. No Acórdão n.º 194/95, de 5 de abril, do Tribunal Constitucional, afirma-se que "a suspensão jurisdicional da eficácia do acto administrativo não é constitucionalmente garantida", "não [se julgando] inconstitucional a norma constante do artigo 76.º, n.º 1, do Decreto Lei n.º 267/85, de 16 de

este estado dividido quanto ao tema –, hoje, à luz da revisão constitucional de 1997 tal incerteza não faz mais sentido algum. E, do mesmo modo, não faz qualquer sentido, tendo em conta o direito comunitário e em particular o que resulta da Diretiva *Recursos* **(1.)**. É certo que muito há ainda para fazer neste domínio e o legislador ordinário tem aqui um papel enorme a cumprir **(2.)**. De resto, as providências cautelares são absolutamente necessárias em qualquer sistema processual **(3.)**.

1.

Naturalmente, não faz sentido duvidar, porquanto o legislador constituinte tornou-o certo: o n.º 4 do art. 268.º veio consagrar expressamente o direito fundamental dos administrados às medidas cautelares adequadas, no quadro do respectivo direito à tutela jurisdicional efectiva. E, por isso, acompanhamos quem defende a aplicabilidade directa do n.º 4 do art. 268.º da Constituição da República Portuguesa (= CRP) – ainda que também bem se compreenda quem considera que a concretização da aplicabilidade deste meio no processo administrativo se deve fazer tendo em conta a remissão do art. 1.º da Lei de Processo nos Tribunais Administrativos (= LPTA) para a lei do processo civil (= CPC), embora com as devidas adaptações[2]. Na verdade, a primeira leitura sai reforçada se lembrarmos

Julho (Lei de Processo nos Tribunais Administrativos)". Aliás, neste Acórdão proferido no processo n.º 455/94, 2ª Secção, em que foi Relator o Conselheiro Messias Bento, reitera-se que "[este] Tribunal, ainda recentemente, no Acórdão n.º 631/94 reafirmou a conformidade dos requisitos enunciados pelas várias alíneas do n.º 1 do artigo 76.º da Lei de Processo nos Tribunais Administrativos com a Constituição. E, no Acórdão n.º 8/95, reiterou esse juízo de legitimidade constitucional relativamente à alínea b) do dito n.º 1 do artigo 76.º". Mais afirmou que "[esta é] uma conclusão que não tem qualquer dificuldade em subscrever quem entende que a suspensão jurisdicional de eficácia dos actos administrativos não é uma garantia constitucional, nem tão-pouco se configura como «uma faculdade conatural à garantia de recurso contencioso» ou como «pressuposto necessário» dela", sendo certo ainda que "[tal] conclusão é ainda subscrita por quem entende que o direito de acesso aos tribunais para defesa dos seus direitos ou interesses legalmente protegidos (recte, o direito ao recurso contencioso para impugnação de actos administrativos com fundamento em ilegalidade) pressupõe a faculdade de obter a suspensão de eficácia dos actos administrativos". Vd. Acórdãos do Tribunal Constitucional, 30.º volume, 1995, Janeiro a Abril, p. 112.

[2] Sobre este assunto, vd. José Carlos Vieira de Andrade, *Direito Administrativo e Fiscal*, lições ao 3.º ano do Curso de Direito da Faculdade de Direito da Universidade de Coimbra,

que a lei processual civil define, no art. 2.º, os termos da garantia de acesso aos tribunais e que concretiza princípios constitucionais, sendo por isso sempre possível, como ensina VIEIRA DE ANDRADE, configurar a aplicação de tal regime civilista no contencioso administrativo, ainda que não existisse aquela remissão do art. 1.º da LPTA[3].

2.

Por todas estas razões, lamentamos que o mais recente anteprojecto do Código de Processo Administrativo português continue a não considerar expressamente as medidas cautelares não especificadas de entre as várias possibilidades de tutela acessória e cautelar. É certo que os arts. 1.º e 2.º do referido anteprojecto consagram o princípio da plenitude da garantia jurisdicional, permitindo ao juiz a utilização de todos os meios processuais necessários à realização de uma tutela eficaz. Se assim acontecer, esta disposição continuará a garantir a utilização no processo administrativo das providências cautelares não especificadas previstas no CPC. Interrogamo-nos, porém, se será o ideal e será necessário recorrer ao jogo *ó vizinha dê-me lume*[4]. Parece-nos que o legislador ordinário, a concretizar-se este receio, continuará a considerar as providências cautelares não especificadas como corpos estranhos ao contencioso administrativo. Ora, parece-nos claro que o legislador constituinte

polic., 1997/98; MARIA DA GLÓRIA GARCIA, "Os procedimentos cautelares. Em especial, a suspensão da eficácia do acto administrativo", *Direito E Justiça*, 10 (1), 1996, 195-212 (https://doi.org/10.34632/direitoejustica.1996.11032

[3] Neste sentido, o n.º 2 do art. 2.º do CPC dispõe que "a todo o direito, excepto quando a lei determine o contrário, corresponde a acção adequada a fazê-lo reconhecer em juízo, a prevenir ou a reparar a violação dele e a realizá-lo coercivamente, bem como os procedimentos necessários para acautelar o efeito útil da acção".

[4] DIOGO FREITAS DO AMARAL («Projecto de Código do Contencioso Administrativo", in SI, n.ºs 235/237, 1992, pp. 7, 10, 11) explica: o artigo 6.º consagra o princípio da plenitude da garantia jurisdicional que permite o recurso subsidiário ao direito processual civil para que nenhum direito ou interesse fique sem tutela (...), [sendo certo que isto] (...) significa que por aplicação daquela norma, se amanhã houver uma situação que só possa receber tutela jurisdicional efectiva através de uma providência cautelar não especificada, o tribunal terá o dever de aceitar que no caso se possa lançar mão de uma providência cautelar não especificada».

terá querido muito mais[5], ao alterar recentemente o n.º 4 do art. 268.º, da CRP[6].

3.

Invocando a secular máxima italiana em que assenta a justificação da necessidade de tutela cautelar[7] – *giustizia ritardata giustizia negata* – que é "particularmente exacta no processo administrativo", como sublinha na atualidade GARCIA DE ENTERRÍA[8], pretendemos, então, juntando-nos àquela doutrina clássica italiana e glosando este autor, justificar a necessidade, seguramente gritante pelas mesmas razões, destas medidas na lei processual administrativa portuguesa.

A justiça administrativa tem dois pontos sensíveis, que correspondem a dois momentos em que esta pode ser concretizada ou fatalmente inutilizada e que são ambos as suas provas de fogo: no início, com a adopção de medidas cautelares; no final, com a execução real (que se deseja efectiva) da sentença. É certo pensar-se que uma boa justiça requer

[5] Como refere VIEIRA DE ANDRADE ("As transformações do contencioso administrativo na 3.ª República Portuguesa", in *Legislação: Cadernos de Ciência de Legislação,* n.º 18, Jan./Março 1997, pp. 65-78), pode-se, desde já, dar sentido a esta fórmula constitucional; e na medida em que «esta é uma norma de aplicação imediata, ela permite ao juiz desaplicar, se tal for necessário, com fundamento em inconstitucionalidade, as normas legislativas que possam ser interpretadas como obstáculo a uma protecção adequada, conservatória ou mesmo antecipatória».

[6] A doutrina portuguesa parece reconhecer, cada vez mais, a urgência da tutela cautelar (antecipatória) no contencioso administrativo, particularmente após a recente alteração constitucional. Sobre este tema, ANTÓNIO DUARTE DE ALMEIDA, CLÁUDIO MONTEIRO e JOSÉ LUÍS MOREIRA DA SILVA («A caminho da plenitude da justiça administrativa», CJA, n.º 7, pp. 3 ss.) afirmam o seguinte: «se hoje a suspensão da eficácia dos actos é insuficiente (...) e mal compreendida, a perspectiva de evolução do contencioso administrativo impõe que se considere uma tutela cautelar em que se incluam medidas positivas». Alguma doutrina entende, inclusive, que às medidas cautelares deve ser atribuído o papel principal na tutela de certos interesses e direitos, de entre os quais o direito ao ambiente. Vd. JOSÉ EDUARDO FIGUEIREDO DIAS, «A suspensão da eficácia e a polissemia da noção de interesse público: um salto em frente na protecção cautelar do ambiente», *Cadernos de Justiça Administrativa*, n.º 7, 1998, pp. 8 ss.

[7] Por todos, vd. P. CALAMANDREI, *Introduzione allo studio sistematico dei provvedimenti cautelari*, CEDAM, Padova, 1936.

[8] Sobre o tema, em vários momentos, vd. E.GARCÍA DE ENTERRÍA, *La batalla por las medidas cautelares, Derecho Comunitario europeo y proceso contencioso administrativo español*, 2.ª ed., Madrid, 1995.

tempo, mas o decurso do tempo pode alterar de tal modo a realidade dos factos subjacentes à causa, de tal modo que a sentença que venha a ser proferida jamais chegue a tempo (de ser efectivada). E mesmo que se venha a admitir o pagamento de uma indemnização dos danos por ser impossível (ou não desejável por razões de interesse público) alcançar a reconstituição *in natura* dessa realidade, ainda assim haverá sempre um défice de justiça e por conseguinte um défice do Estado de Direito, em que as partes confiam.

Hoje, o tempo é cada vez mais curto e o homem, tal como as coisas que existem, está sujeito ao tempo (ao devir). Daí a importância das medidas cautelares em qualquer lei processual, particularmente na administrativa onde a intensidade de interesses é tão dissemelhante[9]. Assim, a não ser consagrada a tutela cautelar não especificada na futura lei processual administrativa, sobretudo a antecipatória, que permite regular interinamente, no tempo, uma situação jurídica, o "calcanhar de Aquiles" da justiça administrativa pode, neste sentido, não estar só no momento da execução da sentença, mas também na fase processual em que se adoptam (ou não) as medidas cautelares. Na verdade, tal como, por amor à perfeição, chegará tarde o medicamento lentamente ministrado ao doente já morto, assim a justiça que tarda deixa de ter efeito útil para o particular que a reclama. Ainda por cima, no contencioso administrativo isso é assim porque, como ensina Maria da Glória Garcia, na actualidade, "o tempo é elemento jurídico e fundamental do justo"[10] e a demora do processo administrativo é absolutamente excessiva.

Como escreve Calamandrei, as providências cautelares conciliam as duas exigências da justiça – celeridade e ponderação –, sendo certo que entre fazer rápido e mal e fazer bem embora tarde, estas permitem agir rápido, deixando a dúvida, bem ou mal, para o processo principal[11].

[9] Como refere Maria Fernanda dos Santos Maçãs (*A suspensão judicial da eficácia dos actos administrativos e a garantia constitucional da tutela judicial efectiva*, Coimbra Editora, 1996), "a justiça administrativa revela-se pouco eficaz sobretudo em relação a bens infungíveis, porque a decisão administrativa pode alterar o objecto da pretensão e destruir ou modificar a sua estrutura de forma irreversível ou dificilmente reversível".

[10] Maria da Glória Garcia, "Os procedimentos cautelares. Em especial, a suspensão da eficácia do acto administrativo", in *Scientia Ivridica* (SI), vol. X, 1996, p. 203.

[11] P. Calamandrei, *Introduzione allo studio sistematico dei provvedimenti cautelari*, CEDAM, Padova, 1936, p. 4.

E, porque asseguram provisoriamente bens, situações jurídicas, um direito ou um interesse legalmente protegido, merecem, por isso, a nossa melhor atenção, no contexto da necessária aplicação do princípio da tutela jurisdicional efectiva pelos juízes administrativos.

Em suma, há que fazer alterações ao Direito posto ou instituído: actualmente, a lei processual administrativa agrupa na categoria de meios processuais acessórios verdadeiros processos relativos a providências cautelares, nomeadamente a suspensão da eficácia de actos administrativos, e processos que não tendo finalidades cautelares são qualificados como tais, sendo, todavia, processos especiais. Aliás, no sentido de *purificar* esta categoria, expurgando dela os processos que lá não pertencem, dever-se-ia esclarecer aqueles que o não são, autonomizando-os dela[12]. E mais: devemos deixar-nos sensibilizar pela utilidade destas medidas processuais que já existem e não precisam de ser inventadas[13]. Só necessitam de uma feliz consagração pelo legislador ordinário.

Neste sentido, propomos a seguinte ideia: tal como aconteceu no CPC, após a revisão de 1995, cumpre instituir o processo relativo à providência cautelar não especificada como acção cautelar geral[14]. Vejamos: nos termos dos arts. 381.º e segs. do CPC, a providência cautelar não especificada foi transformada em «verdadeira acção cautelar geral», tendo como requisitos necessários ao seu deferimento: a) que muito provavelmente exista o direito ameaçado; b) que haja fundado receio de que outrem, antes de proferida decisão de mérito, cause grave lesão ou de difícil reparação a esse direito; c) que ao caso não convenha nenhuma das providências

[12] Na nossa opinião, as intimações previstas na actual lei processual administrativa, nomeadamente a intimação para consulta de documentos ou para a passagem de certidões e a intimação para comportamento dirigida aos particulares ou concessionários, como em regra, ou dirigida à Administração, somente para a prática de acto legalmente devido, deveriam ser entendidas, pelo menos em certos casos, como meios processuais principais.

[13] Embora não querendo ir longe na história do direito, é sempre oportuno lembrar que já na Idade Média se previa a existência de institutos com função cautelar. Eram eles "(...) três remédios forjados para unificar a justiça no rei e combater pretensos actos de autoridade (...): o interdito recuperatório, o embargo de obra nova e o mandado de segurança". Sobre o assunto, vd. Maria da Glória Ferreira Pinto Dias Garcia, *Da Justiça Administrativa em Portugal, da sua origem e evolução*, Lisboa, 1994, p. 94.

[14] Sobre o tema, vd. Miguel Teixeira de Sousa, *Estudos sobre o novo processo civil*, fasc. 2, Lisboa, 1996, pp. 186 e segs.

tipificadas nos arts. 393.º a 427.º do CPC; d) que a providência requerida seja adequada a remover o *periculum in mora* concretamente verificado e a assegurar a efectividade do direito ameaçado; e) que o prejuízo resultante da providência não exceda o dano que com ela se quis evitar.

II.

Em suma, não há razão alguma para afastar na lei processual administrativa as providências cautelares não especificadas e deixar de consagrar um processo cautelar comum do qual devem brotar as medidas cautelares adequadas à justiça administrativa. **(1.)**. Deve ter-se em conta, aliás, a experiência vivida em outros sistemas de direito comparado **(2.)**. Sem prejuízo naturalmente de também se dever ter as devidas cautelas na escolha de soluções concretas **(3.)**.

1.

Assim, em primeiro lugar, cabe ao legislador ordinário a importante tarefa de *edificar* uma cláusula geral, aberta, pautada pela ideia de flexibilidade (quanto ao tipo e conteúdo das providências a decretar), que permita ao juiz adoptar as medidas que em cada caso concreto sejam as idóneas para cumprir a função cautelar. E juntamente com esta, será adequado prever a existência de outras providências cautelares típicas, designadamente a suspensão da eficácia do acto administrativo ou de normas[15].

2.

Passando em brevíssima revista os sistemas de justiça administrativa de Direito comparado que podem servir de referência ao legislador nacional, destacamos o francês e o alemão. O sistema francês prevê os seguintes processos de urgência ("*Procedures d'urgence*" (em sentido estrito): o "*constat d'urgence*", o "*référé administratif*" e o "*sursis à exécution*". O primeiro mecanismo processual urgente permite ao juiz designar um perito que proceda à verificação do estado de uma coisa ou de uma situação. É um meio processual destinado sobretudo a salvaguardar a prova de um direito. Quanto ao "*référé administratif*", profundamente inspirado no

[15] Aderimos à ideia defendida em Espanha por Carmén Chinchilla Marín, *La tutela cautelar en la nueva justicia administrativa*, Civitas, 1991, pp. 168 e ss. Esta opinião também é manifestada, entre nós, por Maria da Glória Garcia ("Os procedimentos cautelares... cit., p. 209, nota 35) e por Maria Fernanda Maçãs (*A suspensão judicial...* cit., p. 250).

"*référé*" ou processo urgente ordinário do processo civil, confere ao juiz sobretudo a possibilidade de adoptar medidas conservatórias (sobretudo de suspensão), bem como de decretar o pagamento de uma quantia pecuniária (adoptando aqui a designação de "*référé provision*"), sendo certo que recentemente, em 1995, no contexto da transposição da Diretiva Comunitária *Recursos*, foi introduzido um inovador mecanismo urgente, que é diferente de tudo o que o contencioso administrativo tradicional francês já viu e concebeu: o *référé précontractuel*, que permite ao juiz dirigir injunções ou ordens de *facere* e *non facere* à endidade administrativa adjudicante[16].

Quanto ao sistema italiano, a introdução mais ampla da tutela cautelar no contencioso administrativo tem resultado de um «braço de ferro»[17] entre os juízes e o legislador, no qual têm vindo a ganhar os primeiros. A lei prevê apenas a suspensão de eficácia do acto administrativo. Todavia, como se percebe, os juízes têm inovado no momento da decisão cautelar e têm procedido a um renascimento do sistema cautelar, tendo passado a admitir, nomeadamente, a suspensão da eficácia de actos de conteúdo negativo. Foi especialmente a partir da Sentença de 28 de Maio de 1985 da *Corte Costituzionale* que o contencioso italiano se reinventou, tendo sido reconhecida a aplicação na justiça administrativa das providências cautelares atípicas previstas no art. 700.º da lei processual civil, ainda que restritas ao domínio das matérias relativas à função pública. Neste contexto, e especialmente depois desta decisão, que reconhece que as mesmas são resultado do princípio da tutela jurisdicional efectiva, a doutrina passou a defender a aplicação dessas medidas cautelares positivas a todo o contencioso administrativo[18].

Last but not the least, cumpre-nos referir o sistema alemão, no nosso entender melhor equipado, visto que, além dos meios processuais principais, prevê dois tipos de processos acessórios com função cautelar: o efeito suspensivo ou suspensão da eficácia do acto administrativo

[16] Sobre o tema, para desenvolvimentos, vd. R. CHAPUS, *Droit du contentieux administratif*, Paris, 1998, p. 991; DEBBASCH/RICCI, *Contentieux administratif*, Paris, 1985, p. 490; P. RAMBAUD, "La justicia administrativa en Francia», in: *La Justicia administrativa en el derecho comparado*, Civitas, 1991, p. 277 e ss.

[17] Citação retirada de GIANDOMENICO FALCON, «La justicia administrativa», in *La justicia administrativa en el derecho comparado*, ob. cit., p. 206.

[18] Sobre o tema, vd. S. CASSARINO, *Manuale di diritto processuale amministrativo*, Milano, 1990.

automática (*aufschiebende Wirkung*), que resulta da impugnação do acto administrativo, e o processo relativo à tutela cautelar ou provisória, propriamente dita, que se realiza através das "ordens provisórias" ("*einstweilige Anordnungen*") – sendo estas as providências cautelares que ou conservam ou antecipam a proteção para situações jurídicas enquanto decorre um processo principal em juízo, ocupando um espaço que não diz respeito a actos administrativos.

O parágrafo 123 da lei processual nos tribunais administrativos (VwGO, *Verwaltungsgerichtsordnung*) permite que o tribunal, quando exista perigo de desaparecimento ou degradação do bem ou de direitos atinentes à causa principal, ordene a providência cautelar adequada a salvaguardar a utilidade da sentença final, enquanto a causa principal tramita, sendo certo que tal providência pode procurar simplesmente alcançar a conservação ou a manutenção de um *status quo* ou corresponder à regulação provisória de uma situação jurídica[19]. Uma vez que o juiz alemão dita decisões provisórias adequadas a cada caso concreto, vai sendo cada vez mais frequente que o mesmo possa antecipar os efeitos da respectiva sentença definitiva, sendo igualmente recorrente e legítima a desconsideração do dogma que o "proíbe de antecipar a solução para a causa" ("die Vorwegnahme der Hauptsache"), quando, na situação concreta, essa decisão provisória traduza a única forma de o juiz assegurar o direito fundamental à tutela jurisdicional efetiva do requerente perante a Administração Pública, fazendo cumprir nessa precisa situação a aplicação do art. 19.º, n.º 4 da *Grundgesetz* (GG). Estamos convencidos do que o sistema alemão poderá servir de modelo de orientação ao legislador português e depois ao juiz administrativo.

Neste contexto, importa também fazer referência ao Direito Comunitário e à jurisprudência do Tribunal de Justiça das Comunidades Europeias (= TJCE), que em várias sentenças se tem mostrado sensível à tutela efectiva das partes e ao decretamento das providências cautelares e, com tal atitude, as tem trazido para as luzes da ribalta do direito europeu. O TJCE tem defendido que vigora no ordenamento jurídico comunitário o princípio da tutela jurisdicional efectiva, sendo certo que também já referiu que para dar plena efectividade (e aplicação uniforme) ao direito

[19] Por todos, vd. M. Bacigalupo, «El sistema de tutela cautelar en el contencioso administrativo Alemán tras la reforma de 1991», RAP, 1992, n.º 128, p. 413.

comunitário é necessário que os sistemas de protecção nacional acolham eles mesmos os princípios da tutela plena e da justiça efectiva – o que obriga necessariamente a que tais sistemas tenham consagradas as medidas cautelares adequadas na respetiva lei processual. É esta sem margem para dúvidas a lição a retirar do caso *Factortame*[20].

3.

Finalmente, importa dizer que a previsão de um sistema em que se acolhe o princípio do *numerus apertus* quanto ao decretamento das medidas cautelares entrega ao juiz uma tarefa delicada, recheada de risco de erro e até incómoda, pois espera-se dele uma medida urgente para uma situação em relação à qual tem poucos elementos com base nos quais decidir, tantas vezes sendo apenas a alegação do requerente, o que permitirá emitir decisão sumária (ou decisão com base na verosimilhança, como se prevê nos modelos latinos, ou decisão ditada a partir de "Glaubhaftmachung", como se determina no sistema alemão), o que potenciará a justiça rápida e *às cegas*. Daí a necessidade de o juiz atender a critérios objectivos de decretamento. Poderão ser três as coordenadas para a aceitação da providência cautelar não especificada: a) a existência do *periculum in mora*, traduzida no seguinte: que da sua não adopção resulte para o administrado um dano de difícil reparação (e não simplesmente que haja ameaça de formação de uma situação de facto consumado); b) a existência do *fumus boni iuris*: que o recurso se fundamente num argumento jurídico aparentemente válido, sendo certo que, como refere García de Enterría, não deve tratar-se de «apelar *al olfato del juez*», mas deve pressupor uma demonstração séria da existência do direito; c) a ponderação entre os danos que surgirão para o interesse público com a adopção da medida cautelar e os danos resultantes para o administrado com a sua não adopção, sendo certo que deve ter-se em atenção a situação existente no caso concreto. Enfim, o interesse público só deverá prevalecer depois de pontualmente balanceado e devidamente pesado, no contexto de outros interesses em equação[21].

[20] Sobre o tema, vd. E. García de Enterría, *La batalla por las medidas cautelares, Derecho Comunitario europeo y proceso contencioso administrativo español*, 2.ª ed., Madrid, 1995.

[21] Sobre as opiniões actualmente manifestadas em Espanha sobre o assunto, vd. Ramón Parada Vásquez, «Prólogo a Carmen Chinchilla Marín», in *La tutela cautelar en la nueva justicia administrativa*, ob. cit.

III.

Em conclusão, do presente acórdão destacamos as contribuições seguintes para a batalha iniciada:

a) Reforço do reconhecimento da aplicabilidade das providências cautelares não especificadas no contencioso administrativo (neste sentido, o STA já se tinha pronunciado, pela primeira vez, no Ac. de 7/3/1996, P. 39 438, no BMJ, n.º 455, p. 276).
b) Afirmação (e reforço) dos princípios da garantia jurisdicional efectiva dos administrados e da reconstituição natural como fundamento da adopção destas medidas.
c) Ponderação, repartição de riscos e utilização da medida cautelar *com peso e medida*. Prevalência do interesse público apenas depois de efectuado um juízo de prognose dos danos resultantes para o interesse público com a adopção da medida cautelar, ou para os recorrentes com a sua não adopção.
d) Introdução de uma "metodologia de repartição de riscos" para a emissão da decisão cautelar.

SEGUNDO ESTUDO

"A URGÊNCIA NA REFORMA DO PROCESSO ADMINISTRATIVO", IN: *REFORMA DO CONTENCIOSO ADMINISTRATIVO, O DEBATE UNIVERSITÁRIO (TRABALHOS PREPARATÓRIOS)*

Vol. I, 2001 (public. Posteriormente pela Coimbra Editora, 2003, pp. 337-354)

A urgência na reforma do Processo Administrativo

Sumário[*]: **0.** Introdução. **I.** A tutela cautelar e as outras formas de tutela urgente. **II.** A tutela cautelar na versão do anteprojecto em discussão.

0.

O tema que me foi entregue respeita aos meios processuais acessórios. A minha intervenção será dedicada, na sua quase totalidade, à tutela cautelar, reconhecida, desde sempre, quer num perfil funcional, quer estrutural, como um tipo de tutela jurisdicional fatalmente de natureza acessória. Ainda me proponho considerar outros processos que na legislação vigente não gozam estruturalmente de autonomia, como são os processos de intimação.

Distingo duas partes na minha exposição. Na primeira, pretendo alcançar essencialmente dois objectivos: trazer à memória, em primeiro lugar, o quão *precioso* é o tipo de tutela jurisdicional cautelar em qualquer sistema processual, e, em segundo lugar, alertar para o necessário

[*] Este texto corresponde, com algumas alterações, à intervenção da autora na sessão pública que teve lugar na Universidade do Minho, em Braga, no contexto do ciclo de Debates Públicos sobre a Reforma do Contencioso Administrativo, promovido pelo Governo-Ministério da Justiça, junto das cinco Universidades Públicas. O texto foi publicado com o título "A urgência na reforma do processo administrativo", in: *Reforma do Contencioso Administrativo. O debate Universitário*, Vol. I, Ministério da Justiça, 2000. E posteriormente veio a ser publicado in: *Reforma do contencioso administrativo, O debate universitário (trabalhos preparatórios)*, Vol. I, Coimbra Editora, 2003, pp. 337-354.

reconhecimento da existência de técnicas diversas de tutelar a urgência, o que me levará a sugerir critérios de distinção entre a tutela cautelar e outras formas de tutela urgente não cautelar.

Num segundo momento, depois de apresentar, em resumo, a situação actual da tutela cautelar no processo administrativo, vou apreciar a versão do anteprojecto em discussão.

I.

As sociedades sempre se confrontaram com a impossibilidade de realizar a justiça de forma instantânea. Inevitavelmente, quem recorre ao processo para obter justiça sofre sempre um «dano marginal»[22], resultante da demora da justiça. Esta realidade é tanto insuperável, quanto pouco surpreendente. Na actualidade, porém, esta realidade é também insuportável, pois num momento em que as sociedades vivem a cultura da urgência e em que procuram roubar tempo ao próprio tempo, é quando a tutela jurisdicional mais sofre de demora. Na actualidade, a demora do processo não é apenas fisiológica, mas é também patológica, como, assim, com estas palavras, tão bem ilustra a doutrina italiana do processo civil[23] **(1.)**.

Então, em primeiro lugar, cumpre relembrar que o combate à demora fisiológica do processo se realiza através da tutela jurisdicional cautelar, a qual visa – segundo o princípio de CHIOVENDA – evitar que "a demora resultante da necessidade de se recorrer ao processo para obter razão não prejudique quem tem razão"[24]. A missão final da tutela cautelar é realizar uma tutela jurisdicional efectiva, é minimizar o mal que o «factor tempo»[25] – o tal tempo perdido que sempre decorre entre o momento em que se requer a justiça e o momento em que ela é integralmente realizada – causa ao *status quo* sobre que incide a causa litigiosa principal **(2.)**.

[22] Expressão de E. FINZI ("Questioni controverse in tema di esecuzione provvisoria", *Rivista di Diritto Processuale,* 1926, II, p. 50.), adoptada por P. CALAMANDREI (*Introduzione allo Studio Sistematico dei Provvedimenti Cautelari,* Padova, 1939) e por A. PROTO PISANI ("Procedimenti Cautelari", in: *Enciclopedia Giuridica,* XXIV, Roma, 1991).

[23] Para uma síntese, vd. G. TARZIA, "La tutela cautelare", *Il Nuovo Processo Cautelare,* Milano, 1993, pp. XXI a XXXII.

[24] G. CHIOVENDA, *Istituzioni di Diritto Processuale Civile,* I, Napoli, 1933, p. 147 e pp. 248 ss.

[25] Conceito desenvolvido amplamente por F. SCHOCH, *Vorläufiger Rechtsschutz und Risikoverteilung im Verwaltungsrecht,* Heidelberg, 1988.

1.

Não havendo tempo, neste lugar, para falar das técnicas de combate à demora patológica do processo, cuja configuração é de tipo variado, cumpre indicar que são diversas as panaceias para a situação universalmente reconhecida de "crise na realização da justiça", sendo que os estudiosos do processo têm vindo a propor soluções que atendem à própria lógica processual. E traduzem-se na aceleração dos processos de tutela jurisdicional de cognição plena ou na introdução de tipos de tutela jurisdicional de cognição sumária[26].

Ainda desenvolvendo este raciocínio, de um modo geral, em todos os sistemas processuais, a opção legislativa tem sido a de adaptar funcional e estruturalmente as diferentes formas de tutela jurisdicional urgente, criando diferentes tipos de processo, a saber: processos céleres e de cognição plena com capacidade para definir de forma definitiva o direito para uma relação controvertida; processos de cognição sumária que, ainda que permitam realizar um direito, finalizam, em regra, com decisões jurisdicionais provisórias[27].

Portanto, uma primeira ideia que se quer deixar nesta intervenção é a de que na actualidade, nos diversos sistemas processuais, as técnicas legislativas utilizadas para proporcionar aos particulares uma tutela jurisdicional rápida e célere são de vária ordem. Por um lado, atendem aos tipos diferentes de direitos ou interesses a tutelar e consideram uma diversidade de situações de urgência. Por outro lado, o legislador combina os tipos de cognição processual (plena/sumária), a natureza autónoma ou acessória dos processos e o diferente tipo das sentenças (definitiva/ /provisória).

É certo que em alguns momentos a qualidade da justiça pode ser ameaçada pela eventual substituição da decisão séria e ponderada pelo juízo sumário e antecipado. Contudo, a verdade, porém, é que destas

[26] Sobre as diversas alternativas que se apresentam ao legislador no momento da concretização, vd., A. Proto Pisani, "La tutela sommaria", *Appunti sulla giustizia civile,* Bari, 1982, pp. 314 ss.; Id., "Problemi della c.d. tutela giurisdizionale differenziata", *ibidem.*, esp. p. 209 e pp. 244 ss.; M. Andreis, *Tutela Sommaria e Tutela Cautelare nel Processo Amministrativo,* Milano, 1996.

[27] Para uma visão de conjunto, vd., AAVV, *Les Mesures Provisoires en Procédure Civile. Atti del colloquio internazionale svolti a Milano il 12/13 ottobre 1984,* coord., G Tarzia, Milano, 1985; AAVV, *Per una Giustizia Amministrativa piú Celere ed Efficace, Atti Convegno Messina Aula Magna Palazzo di Giustizia 15/16 Aprile 1988,* Milano, 1993.

inovações processuais tem resultado uma multiplicação imaginativa de tipos processuais urgentes, capaz de desembaraçar os sistemas processuais. Assim acontece na Itália e na França, ainda que o tradicional "référé" sempre pressupôs estes traços genéticos[28].

Enfim, em suma, perante as necessidades de urgência na realização da justiça, os sistemas processuais têm vindo a enriquecer-se de diferentes tipos de tutela jurisdicional urgente que se diferenciam adequadamente às matérias e situações, correspondendo à tal tutela diferenciada a que a dogmática italiana dá particular atenção, sendo certo que em Portugal também começam a ter existência[29]. No contencioso administrativo salientam-se novos processos rápidos, alguns por influência do Direito Comunitário, designadamente. Refiro-me especialmente ao processo urgente de impugnação de atos adjudicatórios (que é um recurso contencioso célere, de cognição plena) contra actos administrativos relativos à formação de três contratos públicos (o de empreitada, aquisição de bens e prestações de serviços), bem como as medidas provisórias, ambos previstos no DL n.º 134/98, de 15 de Maio.

Já perante as situações em que o processo longo de cognição plena não pode ser nem acelerado nem abreviado e perante as quais ainda há necessidade de acautelar a produção do dano marginal decorrente da demora desse processo, a opção legislativa (para proporcionar tutela rápida e urgente) não apresenta nada de original, não tendo aqui que ser inventada a roda. Desde sempre, o legislador tem vindo a permitir que o processo lento de cognição plena seja acompanhado pelo processo

[28] Sobre esta questão, vd., essencialmente, A. Proto Pisani, "I provvedimenti d'urgenza ex. 700 c.p.c.", *Appunti sulla giustizia civile,* Bari, 1982, pp. 353 ss. E, designadamente, sobre a problemática multiplicação de tipos processuais sob a forma de *référé,* no contencioso administrativo, em França, vd., R. Chapus, *Droit du Contentieux Administratif,* Montchrestien, 1996, pp. 1107 ss.; e J.-M. Dubois-Verdier, "Le procédure d'urgenza nel processo amministrativo francese", *Amministrare,* 1, 1999, p. 85 ss.

[29] A este propósito, cumpre referir, a título de exemplo, que no processo civil, foram introduzidas algumas inovações pelo DL n.º 329-A/95, de 12 de Dezembro, relativas aos processos especiais (designadamente, nos processos de jurisdição voluntária); o novo regime do processo civil simplificado (DL 211/91, de 14 de Junho); a nova acção declarativa especial para cumprimento de obrigações pecuniárias emergentes de contratos e injunção (DL n.º 269/98, de 1 de Setembro) e a acção executiva simplificada para pagamento de quantia certa (DL n.º 274/97, de 8 de Outubro).

cautelar. Nesta última situação, a urgência é protegida pela tutela cautelar. Todavia, neste caso, a tutela cautelar não atende apenas à urgência de tutela jurisdicional, atende também a um outro valor que é o da efectividade da decisão a proferir no processo principal, combatendo o dano marginal que do processo pode impactar no *statu quo* que subjaz à lide.

Contas feitas, importa, pois, reter que há diferentes tipos de tutela jurisdicional urgente. A tutela jurisdicional cautelar é um desses tipos de tutela que se distingue, quer num perfil funcional, ou seja, pela função dupla que cumpre, quer num perfil estrutural, isto é, pelo modo como actua, de outras formas de tutela jurisdicional urgente[30].

2.

A tutela cautelar é, por conseguinte, uma forma de tutela jurisdicional fatalmente instrumentalizada, isto é, uma tutela que serve, em primeiro lugar, para garantir efectividade a uma forma de tutela jurisdicional principal. A tutela cautelar ampara um outro processo e supre um seu demérito: o da impossibilidade de realizar justiça de forma instantânea.

É através da tutela cautelar que se permite suspender a execução de uma ordem de demolição de um prédio, enquanto o juiz avalia com tempo se a ordem é válida ou inválida; a suspensão de uma expulsão de um estrangeiro, ou de encerramento de uma actividade industrial, ou de demissão de funcionário enquanto, em processo longo e ponderado, se decide da invalidade destes actos administrativos praticados pela Administração Pública.

Também só pela acção da tutela cautelar se concede a um partido político, num espaço curto de tempo, o direito de antena televisivo para realizar campanha eleitoral ou o direito a realizar um comício político num certo local temporariamente obstruído pela Administração, enquanto o juiz em processo, com tempo adequado, apura se aqueles direitos existem, sendo certo que se a tutela cautelar não for antecipatória neste caso é bem possível que o demorado processo principal venha a revelar-se também

[30] Sobre esta questão, vd., por todos, P. Frisina, «La tutela anticipatoria: profili funzionali e strutturali», *Rivista di Diritto Processuale,* 1986, pp. 364 ss.; L. Dittrich, «Dalla tutela cautelare anticipatoria alla tutela sommaria definitiva», *Rivista di Diritto Processuale,* 1988, pp. 672 ss.

demorado e inútil, se terminado, como é naturalmente suposto, depois de realizadas aquelas eleições, pelo que a tutela antecipatória é recomendável, nestes casos, mesmo que seja definitiva.

Só a tutela cautelar pode permitir que um candidato, ilegalmente excluído de um concurso público de recrutamento para a função pública ou para contratar com a Administração, continue nele provisoriamente – e possa até ser classificado em primeiro lugar na lista dos concorrentes admitidos ou ser o candidato preferido para adjudicatário de uma obra pública – não obrigando a que se aguarde até ao momento em que na acção principal se decida definitivamente da ilegalidade da sua exclusão.

Enfim, a tutela cautelar pode permitir que um aluno retido, ilegalmente, num ano escolar, se matricule de forma provisória e antecipada, no ano escolar seguinte. E pode, ainda, perante um conflito escolar, permitir a realização condicionada de um exame, a frequência de ano escolar e a obtenção provisória de um título académico. Tudo isto, enquanto o juiz da causa principal decide de forma ponderada e definitiva, com base numa cognição plena, sobre a existência do direito do aluno a matricular-se num ano escolar, a realizar o exame, a frequentar uma turma diferente da determinada pela Administração e a obter o título académico.

A tutela cautelar obsta a que a passagem do tempo, só por si mesma, decida e conforme definitivamente uma situação. A tutela cautelar impede, assim, que se formem as situações de facto consumado: as tais situações que nos fazem desejar que o tempo volte para trás.

Por isso, é preciso que o juiz da causa cautelar saiba acautelar, isto é, que saiba, nas palavras de CALAMANDREI, "preparar o terreno e aprontar os meios mais aptos ao êxito da tutela jurisdicional principal"[31]. Assim, a tutela cautelar tem uma função asseguradora de um *status quo*, uma função que visa combater o "*periculum in mora* de infrutuosidade"[32] do processo principal. Mas, o juiz da causa cautelar tem, tantas vezes de ousar intrometer-se na causa principal, sob pena de se não decidir, por temor ou timidez, deixar que o tempo decida por si mesmo. Esta realidade

[31] P. CALAMANDREI, *Introduzione allo Studio Sistematico...* cit., p. 20.

[32] P. CALAMANDREI, *Introduzione allo Studio Sistematico...* cit., pp. 55 ss.

não se dá como nova, mas deve reflectir-se sobre ela. Na verdade, quer o juiz da causa cautelar decida favoravelmente a quem solicite tutela ou decida contrariamente, tantas vezes está, mesmo sem saber, a decidir de forma irreversível para o futuro e a privar o juiz da causa principal de objecto. Na maioria das vezes que se solicita tutela cautelar, seja no processo civil, seja no administrativo, é a omissão do juiz da causa cautelar – omissão traduzida na *despreocupação* perante a consequência do indeferimento da providência requerida – que produz a irreversibilidade, a consumação e a perda definitiva do objecto sobre que incide a causa principal.

Portanto, como ensina F. SCHOCH, inerente ao método cautelar, é o juízo quanto à repartição do risco que emerge do factor tempo para ambas as partes no processo principal, o que obriga a que haja uma decisão. O juiz da causa cautelar tem uma missão essencial, que é a de manter a causa principal em aberto, assegurar que quando o juiz da causa principal decida ainda tem à sua espera o *quid* ou objeto da causa, aquele em relação ao qual vai decidir. Ora, por conseguinte, a tutela cautelar tem também uma outra função para além da função asseguradora, que na actualidade ganha cada vez mais relevância, que é a função de regular de forma interina ou provisória um direito para que ele não se perca irremediavelmente no tempo, e para o futuro. Esta tutela cautelar, que ainda é tutela jurisdicional sumária cautelar, combate o "*periculum in mora de* retardamento"[33] da decisão de mérito e visa remediar os prejuízos que resultam para um direito da sua satisfação demasiado tardia. Ela actua incidindo na relação controvertida e antecipando no tempo provisoriamente o resultado hipotético da sentença que decidirá o fundo da causa. Por isso é que é tão importante que o juiz da causa cautelar proceda a um juízo de probabilidade sobre as possibilidades de êxito do requerente na causa principal. Sem prejuízo do que direi, já, de seguida, o juiz, na impossibilidade de impedir que se crie uma situação de facto irreversível prejudicial a uma das partes, de acordo com um juízo de hipotético, deve proteger a parte que provavelmente virá a ter êxito na causa principal e que mais aparenta ser titular do direito. Neste sentido, a decisão cautelar que incide sobre a relação controvertida que é objecto da causa principal produzirá, através da antecipação, uma realização provisória do direito material. Todavia

[33] P. CALAMANDREI, *Introduzione allo Studio Sistematico...* cit., p. 56.

é uma realização provisória e instrumental, pois é graças à decisão cauta do juiz (cautelar) que a satisfação definitiva do direito pode vir a acontecer em momento posterior, quando vier a ser decretada a sentença de fundo[34].

Neste momento, apraz falar numa questão problemática que envolve a forma de actuação da tutela cautelar. A tutela cautelar, quando visa remediar o *periculum in mora de* retardamento, actua através da técnica da antecipação, para alcançar tal desiderato[35]. Este é um modo de actuar complexo e que até já foi sendo difícil de aceitar[36]. A antecipação pressupõe duas tarefas de enorme complexidade que o juiz cautelar tem que fazer: a antevisão (pelo juiz cautelar) do hipotético desfecho para a relação controvertida que é subjacente à causa principal (devendo convocar esse Direito material a aplicar à causa, tal como se efetivamente já fosse o juiz do fundo causa) e uma decisão que antecipe, de forma (apenas e só) provisória, os efeitos da decisão que ele tomaria se fosse juiz da causa principal.

A técnica da antecipação cautelar é, por aquilo que acabámos de referir, enquadrada por dois princípios limitadores[37]. Em primeiro lugar,

[34] Neste sentido, no processo administrativo, se tem manifestado, F. Schoch. Para uma síntese desta sua posição, vd. "Grundfragen des verwaltungsgerichtlichen vorläufigen Rechtsschutzes", *Verwaltungs-Archiv*, 1991, pp. 145 a 177.

[35] Sobre esta questão, vd. F. Tommaseo, *I Provvedimenti d'Urgenza. Struttura e Limiti della Tutela Antecipatoria*, Padova, 1983.

[36] São numerosos os contributos doutrinais vindos da Alemanha e Espanha, que afastam do tipo de tutela cautelar toda a decisão (cautelar) que antecipe os efeitos da decisão de mérito e se intrometa na causa principal. Esta concepção, que minimiza o âmbito da tutela cautelar, reduz a função da tutela cautelar a uma função conservativa de um bem (do devedor) ou de uma situação e identifica a tutela cautelar com um tipo de tutela sem capacidade para se ingerir na causa principal. Esta concepção tem vindo a ser abandonada e, aliás, entre nós, por influência da doutrina italiana, nunca teve adeptos. Para uma síntese da doutrina referida, vd., E. Dini/G. Mammone, *I Provvedimenti d'Urgenza*, Milano, 1993, pp. 330 ss.; M. Ortells Ramos/M. P. Calderón Cuadrado, *La tutela judicial cautelar en el Derecho español*, Granada, 1996, pp. 3 a 20. Silvia Barona Vilar, "Las medidas cautelares", in: AAVV, *El Nuevo Proceso Civil (LeyI/2000)*, Valencia, 2000, pp. 735 ss.

[37] Sobre esta questão e, designadamente sobre "die Vorwegnahme der Hauptsache", vd., H. Huba, "Grundfälle zum vorläufigen Rechtsschutz nach der VwGO", *Juristische Schulung*, 12, 1990, pp. 983 a 990, esp. p. 986.; F. Schoch, "Grundfragen des verwaltungsgerichtlichen vorläufigen Rechtsschutzes", *Verwaltungs-Archiv*, 1991, pp. 159 ss.

a antecipação só pode contemplar os efeitos possíveis que venham a caber no quadro da sentença de fundo. Por conseguinte, nunca pode o juiz cautelar atribuir ao requerente – nem que seja provisoriamente – mais do que lhe é permitido alcançar através da sentença definitiva. Este limite tem particular sentido na justiça administrativa, no que respeita ao controlo da actividade discricionária da administração, uma vez que este escrutínio terá de ser atenuando duas vezes, tanto na causa principal como na cautelar. Em segundo lugar, não pode o juiz cautelar – dado o princípio processual universal que proíbe o juiz cautelar de decidir a questão de fundo – adoptar uma decisão cautelar pela qual torne a causa principal vazia de objecto. Tal poderia acontecer se o juiz da causa cautelar emitisse uma providência de efeitos irreversíveis para o futuro, ou seja, que produzisse efeitos que não poderiam mais ser anulados pelo juiz da causa principal. Estes limites ao poder do juiz cautelar correspondem a verdadeiros dogmas dos sistemas cautelares alemão e francês, existindo tradicionalmente e correspondendo a verdadeiras proibições, sendo certo que, por isso mesmo, complicam o momento decisório do juiz cautelar: este só pode e só deve emitir decisões cujo efeito vingue interinamente, ou seja, decisões cujos efeitos sejam passíveis de reversão pelo juiz da causa principal, nunca podendo atribuir ao requerente – nem que seja provisoriamente – mais do que a este é permitido alcançar através da sentença definitiva.

Ainda neste quadro, em que vinga o dogma que proíbe o juiz da causa cautelar de antecipar a causa principal, importa dizer que a jurisprudência, nomeadamente a Alemã, vai admitindo excepcionalmente que a antecipação da causa principal possa acontecer em situações para as quais só antecipando definitivamente a causa principal se permite proporcionar, no caso concreto, a tutela jurisdicional efectiva de direitos e interesses do requerente perante a Administração Pública, devendo o juiz aplicar o parágrafo 123 da VwGO em conformidade com o n.º 4 do art. 19 da GG. Estão entre os exemplos, que são cada vez menos raros, as situações relativas à sobrevivência pessoal ou a vínculos profissionais do requerente; razões relacionadas com exames académicos ou situações jurídicas cuja existência seja enquadrada ou contextualizada por períodos de tempo curto ou relacionada com prazos curtíssimos, como são as que envolvem o direito de eleger e ser eleito; o direito de reunião ou manifestação; o direito a frequentar um curso superior ou realizar uma prova escolar, ou permanecer em jogo, num procedimento concursal[38].

Em suma, através de um critério teleológico distinguimos a tutela cautelar de outras formas de tutela pela característica da instrumentalidade. Atendendo a um perfil estrutural identificamos na tutela cautelar uma peculiar forma de actuação que se traduz na possibilidade de antecipar de modo provisório os efeitos de uma sentença definitiva e que no espaço interino vai permitir ampliar um *status quo* referente à causa principal. Sob um ponto de vista estrutural identifica-se para além da instrumentalidade e da provisoriedade – uma outra característica essencial da tutela cautelar que é a *sumariedade cautelar,* sendo certo que esta *sumariedade,* porque assente em verosimilhança, é distinta de uma *sumariedade tout court.* Também esta característica acentua a distinção entre diferentes formas de tutela jurisdicional urgente, designadamente, entre tutela sumária cautelar e tutela sumária não cautelar. Voltaremos em outro lugar a este tema, que é absolutamente essencial e é também de enorme complexidade. Assim, é no contexto da apreciação do mérito da causa cautelar como tutela instrumental que se fala numa «instrumentalidade hipotética»[39] : o juiz cautelar deve fundar o seu juízo de valor em termos de verosimilitude ou verosimilhança, isto é, num juízo que assenta na probabilidade sobre a existência do direito do requerente ou sobre o provável êxito do requerente na acção principal. Por conseguinte, não se fala, a propósito de tutela cautelar, em juízos sumários assentes em provas incompletas ou leves (*leviores*). Pelo contrário, a diferença está no juízo cautelar que é sempre *summatim cognoscere*[40] ou «juízo hipotético»[41].

Não posso deixar de me referir à questão das condições de decretação da tutela cautelar. Os sistemas processuais, no que respeita às

[38] Para uma síntese das posições jurisprudenciais e da doutrina sobre os limites e excepções referidos no texto, no sistema de justiça administrativa, na Alemanha, vd., K. Finkelnburg/K. P. Jank, *Vorläufiger Rechtsschutz im Verwaltungsstreitverfahren,* 4.ª ed., München, 1998, ns.ms. 202 ss., pp. 95 ss e ns. ms. 236, pp. 115 ss.

[39] Expressão de P. Calamandrei, *Introduzione allo Studio Sistematico* ... cit., pp. 58 ss.

[40] Sobre o conceito, vd. H. K. Briegleb, *Summatim Cognoscere quid et quale fuerit apud Romanos,* Erlangae, MDCCCXLIII, *disponível in https://books.google.pt/books/content?id=6x5PAAAAcAAJ&hl=pt-PT&pg=PA1&img=1&zoom=3&sig=ACfU3U3_NC2TyvTkRMnJsqMkWDzwRAKr5w&w=1025.*

[41] Sobre esta questão, vd., F. Tommaseo, *I Provvedimenti d'Urgenza...* cit., pp. 164 ss.

condições de procedência da decisão de cautelar, pouco têm de original uns perante outros[42]. Em regra, as condições de procedência da decisão cautelar são o *periculum in mora* e o *fumus boni iuris*. Todavia, os diversos sistemas de Direito processual comparado apresentam ligeiras variações que traduzem escolhas concretas para certo tipo de situações. Assim, alguns sistemas modificam ou moldam estes pressupostos, qualificando o *periculum*, exisgindo uma maior força à prova para certas providências cautelares antecipatórias, fixando os dois pressupostos ou apenas um deles, estabelecendo outros juntamente com estes, e nomeadamente exigindo um balanço de prejuízos ou ponderação dos interesses em presença.

Cumpre dizer algo mais sobre os pressupostos de decretamento da tutela cautelar, que devem ser compreensíveis à luz do perfil funcional do instituto: o "*periculum in mora* não é um perigo genérico de dano", antes, pelo contrário, "é o prejuízo de ulterior dano marginal que deriva do atraso da providência definitiva resultante da inevitável lentidão do processo ordinário"[43]. Este *periculum in mora* é em regra qualificado pelo legislador e aferido numa perspectiva funcional: só têm – ou devem ter - relevância os prejuízos que coloquem em risco a efectividade da sentença proferida no processo principal. O *periculum in mora* traduz, por conseguinte, um tipo de urgência. É, portanto, uma urgência qualificada: somente se atende pela tutela cautelar à urgência referente à demora do processo principal que ponha em risco a plena execução a sentença. Nem toda a urgência de tutela jurisdicional tem guarida na tutela cautelar. Não deve, pois, confundir-se tutela cautelar com tutela preventiva – que se decreta perante a ameaça de lesão e antes de esta se consumar –, nem tutela cautelar com tutela urgente – que se emite com celeridade. Há entre elas uma «relação de género e espécie» que origina a que surjam «procedimentos e providências de urgência sem carácter cautelar»[44]. Mas este é um tema mais difícil, que não é agora de tratar. Referindo-nos apenas ao *periculum in mora*, ainda assim dizer que o legislador pode contemplar

[42] Afirmação que é confirmada também pelas conclusões do Advogado Geral G. Tesauro, relativas ao Clássico caso *Factortame*. Vd., Acórdão do TJCE, de 19.06.1990, proc. C-213/89, *The Queen/Secretary of State for Transport, ex parte Factortame Ltd. e o.*, Colect., 1990, p. I-2433.

[43] P. Calamandrei, *Introduzione allo Studio Sistematico*... cit., pp. 15 ss., esp. p. 18.

[44] P. Calamandrei, *Introduzione allo Studio Sistematico*... cit., pp. 15 ss., esp. p. 16.

prejuízos de difícil ou impossível reparação no quadro deste pressuposto de deferimento de tutela.

Querendo agora falar da condição do *fumus boni iuris*, ou aparência do direito, que de um modo geral é prevista como condição de decretamento da tutela cautelar nos diversos sistemas de direito comparado, este afere-se pela provável existência do direito ameaçado ou pela apreciação das probabilidades de êxito da pretensão do requerente na causa principal. Ainda a propósito do pressuposto da aparência do direito, não posso deixar de manifestar o meu desacordo com a doutrina que afasta a condição do *fumus boni iuris* das condições de decretamento da tutela cautelar porque receia que o juiz da causa cautelar se substitua ao juiz da causa principal. Tal temor é despropositado. A tutela cautelar é – tem de ser – um tipo de tutela jurisdicional que, mesmo sendo emitida com base num juízo hipotético, não dispensa, de todo em todo, a prova, ainda que esta seja leve ou incompleta, uma vez que o juiz cautelar não *adivinha*, *nem cheira* quem tem razão. Depois, a tutela cautelar é, além de instrumental, uma tutela provisória, enquadrada por limites bem vincados, como os que referimos.

Finalmente, ainda que se exija o pressuposto adicional de ponderação, esse pressuposto deve ser, em nosso entender, matizado pelo da aparência do direito do requerente. A verdadeira ponderação tem subjacente o princípio que advoga sacrificar o improvável ao provável. E, na impossibilidade de se decidir com numa cognição plena, reparte-se entre as partes o risco de produção de situações consumadas de acordo com a aparência dos seus direitos. A apreciação sumária da causa cautelar permitirá uma diminuição do risco de o juiz emitir decisões antecipadas erradas[45]. A compensação da parte lesada no caso de o juiz decidir mal - porque decide rapidamente e sem a causa estar madura para decisão — dá-se com a responsabilização da parte que requer a providência e beneficia precisamente com a emissão da decisão errada.

No final desta primeira parte da intervenção, seria oportuno concluir nos seguintes termos:

1. A tutela cautelar é uma forma de tutela jurisdicional urgente, podendo/devendo coexistir em qualquer sistema processual - seja

[45] F. SCHOCH, «Grundfragen des verwaltungsgerichtlichen vorläufigen Rechtsschutzes ... cit., pp. 156 ss.

civil seja administrativo – com outras formas de tutela jurisdicional urgente, embora se diferencie delas.

2. Um modelo processual que se deseja desenvolto deve conter diferentes formas de tutela urgente. A tutela sumária (a desembocar em sentenças definitiva ou provisórias, a emitir num processo autónomo ou acessório), deve depender da escolha o legislador. E esta forma de tutela é uma opção a considerar nos sistemas processuais, hoje em dia
3. A tutela cautelar não pode, nem deve, servir todas as necessidades de urgência. A tutela cautelar só visa remediar os prejuízos que a demora do processo principal pode causar no *status quo* referente à causa principal (por ser impossível acelerar o processo ou por ser impossível ditar sentenças instantaneamente).

II.

A tutela cautelar tem existência no passado da justiça administrativa (**1.**). E deverá continuar a ter. Há, no entanto, sugestões de melhoria que queremos aqui deixar (**2.**).

1.

Já para não falar nos institutos cautelares consagrados nas Ordenações do Reino, cumpre mencionar aqui que a tutela cautelar inominada já foi útil à Administração para impor comportamentos aos particulares: o Código Administrativo de 1940, permitia à Administração requerer, nas Auditorias, contra os particulares, todas as providências cautelares previstas no Código do Processo Civil. O actual modelo legal de justiça administrativa se bem que não preveja a tutela cautelar inominada a favor dos administrados, pelo menos não mantém o tratamento desigual do Código Administrativo. Actualmente, de entre os meios acessórios, o sistema prevê alguns meios cautelares. No meu entender, esses meios cautelares são a suspensão da eficácia do acto administrativo e a produção antecipada dos meios de prova.

Este modelo de justiça administrativa, sendo embora um modelo em evolução, no que respeita aos meios cautelares, não tem sofrido grandes inovações, muito embora as duas últimas revisões constitucionais as sugerissem (e mesmo as determinassem, como de resto assim é desde de 1997) ao legislador ordinário.

O modelo cautelar legal existente não tem vindo a possibilitar uma tutela cautelar *eficiente* e *suficiente* quando a Administração actua lesivamente sob a forma de um acto administrativo, pelo menos numa análise atendendo à jurisprudência proferida até à década de 90. E tal deve-se particularmente a uma interpretação jurisprudencial excessivamente formalista do instituto da suspensão da eficácia do acto. Quando a actividade da Administração não tem a forma de um acto administrativo, a dificuldade do particular em alcançar tutela cautelar perante a Administração aumenta. Tal situação deve-se a vários factores, de entre os quais se destaca não já a menor *boa vontade* dos tribunais em decretar tutela cautelar, mas a uma ausência de *ferramentas* de actuação.

Em síntese, na justiça administrativa não se tem vindo a proporcionar tutela cautelar quando o particular acciona o contencioso de plena jurisdição e procura tutela frente a operações materiais, a normas regulamentares de aplicação imediata, à actividade contratual da Administração. E a tutela cautelar é ainda ausente do contencioso administrativo da responsabilidade civil da Administração.

Não se nega que, desde meados da década de 90, se tem vindo a verificar uma abertura do sistema cautelar de justiça administrativa, particularmente no sentido da flexibilização do instituto cautelar da suspensão da eficácia dos actos e da crescente aplicação supletiva da tutela jurisdicional cautelar inominada do CPC.

Quanto à suspensão da eficácia do acto administrativo, essa flexibilização é fruto de uma interpretação jurisprudencial da LPTA mais conforme ao princípio da tutela jurisdicional efectiva. Todavia, tal interpretação, ainda não é suficiente, em nosso entender, por dois motivos: em primeiro lugar, porque não contempla, entre outros aspectos, a potencialidade do instituto da suspensão da eficácia de actos administrativos, mormente quando pensado para suspender actos de conteúdo negativo, uma vez que, sendo o processo cautelar relacionado apenas com a sentença anulatória, de fora da equação ficam os danos emergentes da recusa do acto, pois estes só se revelam quando se considera o processo de suspensão numa relação absoluta de amparo dos efeitos da acção de *execução de julgados*. E, em segundo lugar, porque continua a não ser tomado em consideração *o perfil estrutural do instituto* – deixando de fora do alcance da suspensão da eficácia do acto administrativo o *periculum in mora* de retardamento da sentença anulatória (sendo absolutamente ignoradas as pretensões positivas do particular a satisfazer pela Administração através actos de conteúdo positivo (sobretudo enquadráveis no exercício de poder vinculado). Desta metodologia restritiva só têm alcançado alguma tutela os actos só aparentemente negativos.

Enfim, naquele domínio, alguma inovação alcançada foi resultando da admissibilidade, neste contexto, das providências cautelares não especificadas, previstas no CPC. E, assim, não se nega que seja bastante significativo o número de processos em que os tribunais administrativos reconhecem a possibilidade de solicitar tutela cautelar inominada no processo administrativo assumindo esta função complementar à suspensão da eficácia de actos de conteúdo negativo e actos tácitos. Contudo, são reduzidos os exemplos em que essa tutela cautelar inominada é efectivamente decretada. De resto, contamos duas decisões exemplares: uma pela qual o tribunal administrativo obrigou uma Câmara Municipal, através de uma providência cautelar não especificada, a incluir nas condições de um concurso público para escolha de um novo concessionário (para exploração do domínio público) o direito de opção de um concorrente[46]. Uma outra, na qual o tribunal administrativo, igualmente através de uma providência cautelar não especificada, permitiu a um militar usufruir, por antecipação, da situação provisória da sua passagem à situação de reserva, podendo, assim, apresentar a sua candidatura numa eleição autárquica[47].

2.

Ora, a utilização de tutela cautelar no actual processo administrativo português é particularmente pouco fértil, sobretudo se, numa análise comparada, se reparar na dinâmica – jurisprudêncial, doutrinal e legislativa – que caracteriza a aplicação de tutela cautelar inominada em outros sistemas de justiça administrativa. No espaço comunitário, a tutela cautelar tem vindo a ter um papel fundamental no sentido da afirmação da existência de uma Ordem Jurídica Comunitária eficaz e, por conseguinte, na afirmação da existência de uma tutela jurisdicional efectiva – quer

[46] Providência cautelar não especificada decretada pelo TAC de Lisboa em 27.10.1997, no processo n.º 77/97 e posteriormente confirmada pelo TCA, pelo Ac. n.º 512/97, de 08.01.1998.

[47] Providência Cautelar não especificada (n.º 2 690/99) decretada pelo TCA, através do Ac. de 18.03.1999, tendo como Relator António Xavier Forte. Cfr., todavia, o Ac. do STA de 15 de Julho de 1999, proc., n.º 44 972.

a tutela cautelar seja ordenada pelo TJCE quer seja pelo juiz nacional, enquanto primeiro defensor na aplicação do direito comunitário, quer a tutela cautelar seja decretada numa perspectiva objectiva (isto é, para tutela do direito comunitário), quer subjectiva (isto é, para tutela dos direitos subjectivos atribuídos pelo direito comunitário aos cidadãos nacionais dos Estados membros)[48].

Também numa perspectiva de comparação com os sistemas de justiça administrativa alemão, francês e o actual sistema espanhol, o sistema português é significativamente menos enriquecido. O sistema alemão de tutela jurisdicional provisória, que assenta em duas vias de tutela combinadas para proporcionar um modelo jurisdicional cautelar sem lacunas (*Lückenlosigkeit des vorläufigen Rechtsschutzes*), é considerado como um sistema de referência. Por um lado, tem consagrado, como regra, o efeito suspensivo automático dos mecanismos de impugnação de actos administrativos. A suspensão automática da eficácia do acto, em regra, funciona quando se desencadeia a impugnação de um acto tanto administrativamente, no contexto dos procedimentos administrativos revisivos, como nos tribunais (*aufschiebende Wirkung*, §§ 80.º). Por outro lado, a tutela cautelar é proporcionada aos particulares através da emissão da denominada *ordem provisória – einstweilige Anordnung* §123.º, inciso 1 (1ª e 2ª partes) VwGO –, sendo certo que esta assume duas modalidades diversas: a *ordem asseguradora* (*Sicherungsanordnung*) e a *ordem reguladora* (*Regelungsanordnung*). Estas *ordens* são distintas pelo efeito que provocam no *status quo* referente à causa principal[49].

[48] Para uma síntese, vd., E. García de Enterría, «Perspectivas de las Justicias Administrativas Nacionales en el Ámbito della Unión Europea», Separata da *Rivista trimestrale di diritto pubblico*, 1, 1999; F. G. Jacobs, «Public-Law – The Impact of Europe», *Public Law*, Summer 1999, esp. pp. 241 ss.

[49] Para mais desenvolvimentos, F. O. Kopp/W.-R. Schenke, *Verwaltungsgerichtsordnung*, 11.ª ed., München, 1998, pp. 1810 ss.; C. Krämer, *Vorläufiger Rechtsschutz in der VwGO – Verfahren*, Freiburg, Berlin, München, 1998, pp. 64 ss. e pp. 187 ss.; K. Finkelnburg/K. P. Jank, *Vorläufiger Rechtsschutz im Verwaltungsstreitverfahren*, 4.ª ed., München, 1998, n.m. 55 ss., pp. 27 ss.; esp., n.m. 202 ss., pp. 95 ss .; W.-R. Schenke, *Verwaltungsprozeßrecht*, 6.ª ed., Heidelberg, 1998, n.m. 1025, pp. 319 ss.; T. Würtenberger, *Verwaltungsprozeßrecht*, München, 1998, n.m. 538 ss., pp., 239 ss.; F. HUFEN, *Verwaltungsprozeßrecht*, 3.ª ed., München, 1998, pp. 531 ss.; Schmitt Glaeser, *Verwaltungsprozeßrecht, 14ª ed.*, Stuttgart, München, Hannover, Berlin, Weimar, Dresden, 1997.; F. Schoch/Schmidt-Assman/Pietzner, *Verwaltungsgerichtsordnung*, München, 1998, Comentário ao § 123 VwGO.

Quanto ao modelo francês[50], ainda que se considere que existe uma "anarquia"[51] relativamente ao modelo de tutela urgente, o contencioso administrativo apresenta, de entre o conjunto de *procédures rapides*, os *référés* que são processos rápidos que diferem, todavia, quanto à sua natureza. Uns processos de *référé* são comuns outros especiais, alguns terminam com sentenças provisórias e outros com sentenças definitivas, uns actuam em caso de urgência outros apenas quando se considera a sua utilidade e, finalmente, uns não tocam na questão de fundo e outros resolvem-na.

Desses processos de *référé*, só alguns são de natureza cautelar naturalmente, sendo certo que de entre estes apraz aqui falar sumariamente de alguns. Tem natureza cautelar o processo de *sursis à exécution* – processo cautelar instrumental ao recurso de anulação de actos administrativos, pelo qual se permite a suspensão da execução do acto administrativo impugnado, que é como quem diz, permite-se suster ou paralisar os efeitos de um acto administrativo enquanto o juiz da causa principal avalia se o mesmo padece de vícios. Do conjunto das *procédures d'urgence*, contam-se os procedimentos destinados a conservar os meios de prova – *constat d'urgence* e o *référé instruction*; os processos destinados a antecipar uma provisão ou quantia (*référé provision*) e ainda está consagrado o processo de *référé* geral conservativo. Este último é o processo cautelar através do qual se permite ao juiz ordenar todas as medidas úteis de urgência – que não são tantas quantas as configuráveis, devido ao forte número de limitações que o juiz do *référé* enfrenta ao decidir como assegurar o objecto de uma relação litigiosa, até que seja proferida sobre ela uma decisão de fundo, visto que existe o dogma que proíbe o juiz do *référé* de antecipar a causa principal.

Atendendo às reformas que o legislador tem introduzido nestes dois sistemas, e que são muitas, lamentamos afirmar que o modelo português corre o risco de estar deles cada vez mais distante, se nada se alterar no entretanto. Na verdade, no sistema alemão acredita-se, cada vez mais, na vantagem da tutela cautelar inominada, sendo prova disso a introdução de algumas alterações ao sistema processual que vão no sentido de reduzir os casos em que se atribui o efeito suspensivo automático à impugnação de

[50] Para uma visão geral do sistema, vd., O. Dugrip, *L'Urgence Contentieuse devant les Juridictions Administratives*, Paris, 1991.

[51] Expressão de J.-M. Dubois-Verdier, "Le procédure d'urgenza nel processo amministrativo francese", *Amministrare*, 1, 1999, p. 85 ss.

certos actos administrativos, ampliando consequentemente o âmbito dos domínios das ordens provisórias (previstas no § 123.º VwGO)[52]. Na França, a doutrina duvidou da eficiência do sistema e chegou a falar em balanço globalmente negativo. Na actualidade, contudo, discute-se no Parlamento uma proposta de sistematização do modelo de justiça administrativa referente aos processos urgentes, sendo certo que tal proposta legislativa aponta claramente para uma verdadeira renovação e reforço dos mesmos. Prevê-se a possibilidade de o juiz de *référé* decretar a suspensão da eficácia de um acto administrativo; prevê-se a aceleração do processo de *référé*; contempla-se a possibilidade de o juiz do *référé* dirigir ordens às entidades administrativas para que estas actuem ou façam; propõe-se a supressão do tradicional e polémico vocábulo que impedia o juiz de antecipar os efeitos da decisão sobre o fundo da causa, sendo certo, finalmente, que está na calha a criação de um original e arrojado *référé* no processo administrativo para defesa das liberdades fundamentais perante qualquer actuação da Administração: o *référé liberté*[53]. De igual modo radicalmente diferente é o *référé précontractual*, que é relativo às adjudicações de contratos públicos, sendo um processo urgente de impugnação e de intimação da entidade adjudicante absolutamente inovador. Resulta da transposição em França da Directiva Recursos ou meios contenciosos.

Também novidades interessantes apresenta o sistema espanhol de justiça administrativa. Se revelou semelhanças com o português, antes da nova Lei do Contencioso Administrativo de 1998 — quer no que respeita à única forma de tutela cautelar prevista, a suspensão da eficácia do acto, quer no quer respeita à sua restritiva aplicação pelos tribunais —, logo após a publicação de nova lei de processo aplicável à jurisdição administrativa, este foi generosamente enriquecido com mecanismos cautelares. Das inovações introduzidas na nova Lei contam-se, em síntese: a) a transformação de um modelo cautelar típico, em que somente se permitia aos particulares solicitar a suspensão da eficácia do acto administrativo,

[52] Para mais desenvolvidas considerações sobre as últimas reformas no processo administrativo alemão, vd., F. Schoch/Schmidt-Assman/Pietzner, *Verwaltungsgerichtsordnung*, München, 1998, em comentário aos §§ 80 e 80 a da VwGO, ns. ms. 73 ss., pp. 33 ss.

[53] Para mais considerações, O. Dugrip, "Le projet de loi relatif au référé devant les juridictions administratives: la reforme des procédures d'urgence", JCP, *La Semaine Juridique*, 51, 52, dez. 1999, pp. 2281 a 2283.

num modelo cautelar aberto – modelo em que os administrados podem solicitar, em qualquer momento do processo, quaisquer medidas que se mostrem adequadas a assegurar a efectividade da sentença, sejam essas medidas de teor assegurador ou inovador, podendo as medidas ser conservativas ou positivas; b) a criação de um processo unitário, geral ou comum de adopção de tutela cautelar, embora sejam tipificadas formas de tutela perante a omissão administrativa e a actuação administrativa tida como de "via de facto"[54].

Neste contexto, apraz-nos dizer que o actual sistema cautelar administrativo português precisa de ser reformado e reforçado, no que concerne ao acolhimento de mecanismos de tutela cautelar. Acreditamos, na verdade, que só muito dificilmente permanecerá imune aos ventos de mudança que sopram do exterior. E, desde logo, a pressão do *legislador* comunitário fez-se já sentir no contencioso relativo à fase de formação de alguns contratos da Administração Pública, em 1998, sendo certo que o TJCE tem vindo também a fixar critérios uniformes da aplicação da tutela provisória para o espaço comunitário, no sentido de que os juízes nacionais não podem ignorar uma bitola comum na aplicação de tutela cautelar nos respetivos tribunais administrativos nacionais, quando esteja em causa a aplicação de direito comunitário ou a defesa de direitos que o Direito comunitário lhes atribui, fixando um *minimum standard* no domínio do deferimento da tutela cautelar. E, portanto, a conclusão é óbvia: se o juiz nacional não pode deixar de decretar tutela cautelar sempre que lhe é imposto que garanta a plena e efectiva aplicação do Direito comunitário, não fará sentido que o juiz administrativo deixe de decretar tutela cautelar quando tem que garantir a plena eficácia ao Direito nacional. Também neste caso, deve o juiz cautelar dispor de mecanismos cautelares que assegurem no processo administrativo a tutela jurisdicional efectiva de direitos e interesses que o Direito nacional reconhece aos seus cidadãos.

Nesta nota final, renovamos uma ideia inicial que vai no sentido de que o modelo administrativo precisa de ser enriquecido não só com processos

[54] Vd., para uma apreciação crítica à nova Lei da Jurisdição Contencioso-Administrativa espanhola de 1998, E. García de Enterría, "Observaciones sobre la tutela cautelar en la nueva Ley de la Jurisdicción Contencioso-Administrativa de 1998. Tienen efectiva potestad de acordar tutela cautelar las salas de los Tribunales Superiores de Justicia y de la Audiencia nacional?", Separata da RAP, 151, 2000, pp. 251 ss.

cautelares, mas também com outros processos urgentes – de cognição plena ou sumária, processos com capacidade para ditar sentenças definitivas ou sentenças provisórias, processos autónomos ou acessórios. Só assim se evitará, em nosso entender, que se use a tutela cautelar como panaceia para toda a demora e como solução para alcançar toda a tutela jurisdicional rápida e urgente.

2.

Finalmente, algumas apreciações à versão do anteprojecto. Temos para nós que o instituto cautelar deve permitir que se solicite e se alcance tutela cautelar no âmbito de todo o modelo de justiça administrativa. Todas as formas de tutela jurisdicional principal devem ser, sem excepção, *amparadas* ou *escoradas* pelo procedimento cautelar (comum ou típico), pois a todas elas é impossível realizar tutela jurisdicional de forma instantânea e todas são potenciadoras do tal "dano marginal". E as acções, que em regra sofrem de maior lentidão processual, devem ser acompanhadas por tutela cautelar antecipatória, a única que permite obter a antecipação provisória dos efeitos da sentença condenatória futura definitiva.

Parece-nos que é urgente que se proceda a três tipos de inovações no modelo cautelar:

i) O modelo de tutela cautelar só cumprirá uma verdadeira função cautelar se consagrar uma cláusula geral ou aberta de cautela, positivada sob o signo do princípio do *numerus apertus,* que transfira para o juiz o poder de adopção da providência adequada ao caso concreto, isto é, que lhe atribua um poder discricionário quanto ao «como».

ii) O modelo cautelar deve consagrar um processo cautelar unitário ou comum, pautado pelos princípios da flexibilidade e da responsabilidade equitativa – sem prejuízo de dever conter processos cautelares típicos, regidos por diferentes princípios e por diferentes regras, mormente que fixem pressupostos de decretamento distintos ou especiais.

iii) A adopção da providência cautelar não especificada deve depender da verificação de duas condições: o *periculum in mora* e o *fumus boni iuris.* O «se» da providência deve ser, em nosso entender, o mais vinculado possível. Por isso, consideramos que na emissão de uma providência cautelar não especificada, a ponderação deva ter um papel subsidiário, no sentido de que o juiz apenas recorra à ponderação custo-benefício na ausência de uma séria convicção quanto o sucesso da pretensão do requerente da providência cautelar na causa principal.

No que respeita ao processo cautelar, especificando mais em pormenor, este deverá ter uma certa variação de autonomia e ao mesmo tempo de dependência perante o processo principal. A propósito do primeiro aspecto, a autonomia pode traduzir-se nos seguintes momentos: na possibilidade de o processo cautelar ser instaurado ao mesmo tempo, previamente ou após ter sido iniciado o processo principal. E no facto de nem o julgamento da matéria de facto nem a decisão final do processo cautelar terem qualquer tipo de efeito no processo principal. No que respeita à relação de dependência, esta é concretizada, entre outros aspectos, no tipo de pedido a formular, no conteúdo e nos efeitos da decisão cautelar e na fixação do tribunal competente.

Também advogamos que o processo cautelar deva reger-se por uma certa flexibilidade ou maleabilidade relativamente aos poderes do juiz. Estes princípios podem manifestar-se, por exemplo, na possibilidade de o juiz decretar uma providência diferente da solicitada pelo requerente ou pela possibilidade de o juiz revogar ou modificar a providência decretada por alteração das circunstâncias subjacentes à sua decretação. O princípio da responsabilidade equitativa pode traduzir-se na previsão da possibilidade de ser exigida uma garantia ao requerente; bem como, finalmente, pelo acolhimento da possibilidade de o requerente ser responsabilizado subjectivamente por danos provocados pelo decretamento da providência requerida. Em suma, e no geral, confrontando estas ideias com a versão do anteprojecto que estamos a analisar, concordamos e congratulamo-nos com as inovações apresentadas.

Todavia, já entendemos que, a par do processo cautelar comum, deveria existir, de forma mais ampla, outro género de processos cautelares, nomeadamente o processo de suspensão da eficácia de um acto administrativo, devendo deixar-se cair definitivamente a solução que o art. 80.º da LPTA consagra; bem como será necessário prever a suspensão da eficácia de normas e necessariamente um processo cautelar pelo qual se permita o arbitramento provisório de uma quantia. Estes processos deveriam conter condições específicas para o decretamento da respetiva providência. Concordamos também com o processo urgentíssimo que permite tutelar de forma quase instantânea direitos liberdades e garantias e situações de especial urgência que carecem de tutela urgente. Através deste processo, permite-se a emissão de uma decisão duplamente provisória, em prazos muitíssimo curtos. Todavia, não se deveria deixar de pensar num outro tipo solução processual para defesa de direitos fundamentais - sendo configurável um processo acelerado ou processo de cognição sumária para defesa de direitos liberdades e garantias.

Quanto às condições de procedência da tutela cautelar inominada, a versão em análise consagra as condições, com algumas adaptações, do CPC: a) "a probabilidade séria da procedência da pretensão formulada ou a formular no processo principal" aferida por um prudente arbítrio do juiz; b) o "fundado receio de lesão séria e irreparável ou de difícil reparação de um direito ou interesse" e c) uma condição negativa que se traduz em negar a providência requerida - ainda que estejam preenchidas as condições atrás referidas — se tal providência causar "lesão grave ao interesse público" ou prejuízos para terceiros superiores aos interesses do requerente.

Em nosso entender, outra deveria ter sido a escolha. E duas deveriam ser as condições de decretamento da tutela cautelar a emitir através do processo cautelar comum, sem prejuízo de o legislador fixar outras para a adopção de providências cautelares típicas ou especificadas, nomeadamente para a suspensão da eficácia de um acto administrativo.

No que respeita ao processo cautelar comum, essas condições deveriam ser a aparência do direito (*o fumus boni iuris*) e o prejuízo resultante da demora (*periculum in mora*), devendo o *fumus boni iuris* ser aferido por uma séria convicção do juiz quanto às probabilidades de êxito do requerente na causa principal; devendo o *periculum in mora* corresponder à perda da utilidade do processo principal, sendo possível dar-se tutela aos prejuízos de difícil reparação (e não apenas ao prejuízo decorrente da produção de uma situação de facto consumado). Assim, facilmente se percebe que defendemos que o juiz, somente na ausência de uma séria aparência de direito, proceda a uma prévia e circunstanciada valorização de todos os interesses em conflito. Mas também já entendemos que - numa atitude de congruência com o sistema instituído -, no que respeita ao processo especial de suspensão da eficácia de actos, se deva positivar a ponderação cumulativa com os dois outros *pressupostos naturais* de adopção de tutela cautelar. Enfim, advogamos que só as duas primeiras condições devam ser previstas cumulativamente porque consideramos que a essencialidade da tutela cautelar está na urgência em combater um prejuízo resultante da demora da decisão de fundo para quem aparenta ter razão. Também defendemos que, na ausência cumulativa destes dois pressupostos essenciais, não haja razão para atribuir tutela cautelar, sendo certo que, igualmente, após a comprovação destes dois pressupostos de mérito cautelar, não será legítimo negar a medida solicitada, tendo em consideração o excesso de prejuízo resultante da medida para a contraparte ou terceiros.

A permitir-se tal raciocínio condicional num futuro modelo cautelar, estar-se-á a consentir que o juiz cautelar decida (e sobretudo *pondere)* em que medida está disposto a privar o juiz da causa principal da possibilidade de este realizar a justiça efectiva, com o fundamento de que a decisão provisória lesa interesses públicos ou de terceiros que provavelmente até nem existem. Permitir a ponderação de excesso de dano como condição de procedência cumulativa na adopção da tutela cautelar não especificada, traduzir-se-á em consagrar um modelo cautelar de tipo parcial, isto é, um modelo que apenas assegura a tutela jurisdicional efectiva, salvo se a prossecução do interesse público exigir outra coisa. Tal raciocínio, que abdica parcialmente da tutela jurisdicional efectiva, é desconforme com o art. 268.º, n.º 4 da CRP. E por conseguinte, se a lei ordinária permitir que o juiz aprecie discricionariamente o «se» da medida – concedendo ou negando a tutela cautelar conforme resulte do balanço de interesses efectuado, ainda que os dois pressupostos essenciais da tutela cautelar estejam séria e sumariamente demonstrados – estará a limitar (violar) o direito do requrente à tutela judicial efectiva.

Finalmente, quanto aos outros meios acessórios, se no que se refere às inovações relativas à tutela cautelar concordamos, no geral, com o sistema a instituir, no que aos outros meios acessórios respeita e, nomeadamente, no que se refere às intimações, salvo o devido respeito, receamos estar em desacordo. Em primeiro lugar, não entendemos a razão pela qual se prevê em secção diferente da secção respeitante à tutela cautelar para a realização de meios de prova antecipada. Em segundo lugar, parece-nos frágil o tratamento dado às intimações. Muitas e criativas deveriam ter sido, na verdade, as propostas de reforma das intimações.

Defendemos, a este propósito, que ambas as intimações se deveriam manter como processos urgentes – o que, na versão do anteprojecto, não acontece com a intimação para a consulta de documentos e passagem de certidões – que serve também para concretizar pretensões de informação administrativa. Entendo, aliás, que ambas as intimações se deveriam autonomizar estruturalmente de um outro processo principal – o que não acontece, na versão do anteprojecto, com o processo intimação para um comportamento, uma vez que o processo de intimação tramita nos termos do mesmo regime, muito embora o meio processual esteja previsto numa diferente secção da tutela cautelar. Tal traduz, no nosso modo de ver, em primeiro lugar, um retrocesso em relação ao actual regime que tem instituído para a intimação para comportamento um processo urgente de cognição sumária não cautelar. E, em segundo lugar, traduz um menor aproveitamento das potencialidades de um processo urgente, na medida em que, tal como está previsto no anteprojecto, a decisão proferida no processo de intimação será sempre uma decisão sujeita à caducidade, por aplicação das regras do processo cautelar. Não concordamos, em suma, que deva ser a caducidade a marcar a provisoriedade da intimação. De resto, este processo urgente mereceria atenção, pois pode permitir tutelar preventivamente situações de ilegalidade administrativa resultantes da omissão (e também de não execução) por parte da Administração. Este processo tem, já na actualidade, alguns méritos que convém explorar num sistema tendencialmente subjectivista, como é o nosso. Assim, a legitimidade do Ministério Público, o traço da prevenção para defesa de regras de direito administrativo, a variável celeridade processual, o tipo de cognição (sumária) permitida ao juiz e a possibilidade da decisão provisória (por existir urgência e dispensa da audiência do requerido) se converter em definitiva na falta de oposição do requerido são exemplos das qualidades do processo de intimação que convém manter, apesar da reforma. Ainda a propósito do processo de intimação para comportamento, pensamos que este processo, de natureza sumária não cautelar, deve, por completo, ser autonomizado de um procedimento administrativo.

Entendemos também que em certos casos, devidamente contados, se deva por completo autonomizar o processo de intimação de um processo jurisdicional principal e permitir ao requerente a satisfação definitiva do seu interesse, para tal bastando que a provisoriedade da sentença se não expresse pela caducidade da mesma, podendo, por exemplo, traduzir-se na técnica oposta, isto é, numa solução que permita que, na falta de oposição à intimação pelo requerido – manifestada na não instauração do processo principal, por si – a decisão provisória passe a definitiva.

Muito obrigada pela vossa atenção.

TERCEIRO ESTUDO

"A JUSTIÇA ADMINISTRATIVA DOS CONTRATOS DA ADMINISTRAÇÃO. DA (AINDA) *ÁRIA DA INÚTIL PRECAUÇÃO*"

Scientia Ivridica, Maio-Agosto, 2001, pp. pp. 83-87

A Justiça Administrativa dos Contratos da Administração ou *Ária de Inútil Precaução*

Sumário[*]: **0.** Introdução. **I.** Primeiro acto: da (actual) inútil precaução e da ausência de repartição de riscos da demora do processo. **II.** Segundo acto: Da necessidade de entoar a ária de útil precaução.

0.

O contencioso dos contratos da Administração Pública encerra enorme complexidade[55]e é ainda, na sua globalidade, um *melodrama em dois actos*, cuja acção se desenrola com lentidão e cuja cena final se caracteriza pela chegada tardia dos tribunais administrativos, tal qual a *guarda* numa ópera bufa[56]. Aliás, no contexto global deste contencioso, paira um ambiente

[*] Este texto surgiu na sequência de uma aula dada ao 3.º ano do Curso de Direito da Universidade do Minho (ano lectivo 2000/2001), em que tivemos o objectivo de cativar (e sensibilizar) os alunos para o conjunto das dificuldades que o tema do contencioso dos contratos da Administração Pública encerra. Considerando que *ridendo castigat mores*, publicamos agora este texto, com alterações de pormenor, exactamente com o mesmo propósito, de suscitar alguma reflexão (e discussão) em torno deste tema.

[55] A este propósito, vd. Maria João Estorninho, *Requiem pelo Contrato Administrativo*, Coimbra, 1990, *passim*; tb., *A Fuga para o Direito privado*, Coimbra, 1996, pp. 166 ss.; e tb., *Contratos da Administração Pública (Esboço de autonomização curricular)*, Coimbra, 1999, pp. 39 a 67, pp. 105 ss.

[56] Neste texto inspiramo-nos, pois, na ópera de *O Barbeiro de Sevilha*, cujo libreto é de Cesare Sterbini (baseado na comédia homónima - *Le barbier de Séville* -, de Pierre-Augustin Caron de Beaumarchais) e que ficou eternizada pela música de Gioacchino Rossini.

de inútil precaução só comparável à ópera *O Barbeiro de Sevilha* ou *Ária da Inútil Precaução* – como o autor pensou também em chamar-lhe.

Na verdade, concebemos a existência de uma afinidade entre as personagens D. Bártolo e os particulares interessados em contratar com a Administração. O primeiro é quem se socorre de uma «inútil precaução» para evitar os encontros entre Rosina, de quem é tutor, e o Conde de Almaviva. Os particulares (terceiros perante o contrato) são aqueles que, tendo sido lesados durante o procedimento pré-contratual ou no decurso da execução do contrato, aguardam sem poder lutar contra um final que já está determinado.

Para nós, também o sistema *paradoxal* de garantias ao dispor das duas personagens são semelhantes. E é idêntico, designadamente, o desconchavo da actuação da Autoridade que resolve o conflito. Ironicamente, verificamos a existência de uma afinidade entre o juiz administrativo e a guarda que socorre D. Bártolo. Esta é timorata perante o título de nobreza do conde e, por isso, nas raras vezes que chega a tempo não actua por receio. É certo que na maioria das vezes, chega tarde demais.

Enfim, precisamente, a cena final – a chegada tardia da Autoridade – é a mesma para os dois melodramas cómicos. Na ópera verdadeira, o cenário fica composto pela entrada da guarda no palco, no preciso instante em que o Conde de Almaviva acabara de desposar Rosina, em segredo. E na justiça administrativa, a cena final corresponde ao conhecimento da sentença anulatória favorável pelo interessado, no momento em que o contrato foi já celebrado ou foi já cumprido (na íntegra).

Em os ambos cenários, fica a prova da inútil precaução: a resignação perante a invocação de «*quel ch'è fatto è fatto*». No melodrama que decorre no palco, a quem acaba de casar, já só pode desejar-se que «os céus abençoem o casamento». Na justiça administrativa, ao particular já só pode acontecer a sujeição à invocação de causa legítima de inexecução pela Administração. Mas mais: se para D. Bártolo ainda sobra o dote, já relativamente quanto aos particulares (terceiros lesados durante a formação do contrato) fica a dúvida sobre se lhes restará uma compensação económica pelo dano sofrido.

Finalmente, cumpre tão só reflectir sobre a moral da história. Na ópera de Rossini há uma personagem que planeia tudo ao pormenor, (quase) em segredo: Fígaro (o barbeiro de Sevilha), o qual, bem sucedido no seu plano, explica, no meio de gargalhadas valentes, a D. Bártolo o que significa o «rondó da precaução inútil» – o tal que Rosina tantas vezes entoava. A inútil precaução é exactamente aquela, a medida sem natureza eficaz que ele tomou para evitar os encontros (e o casamento) entre Rosina e o Conde, a de simplesmente mandar retirar a escada da varanda!

Cumpre-nos, então, descobrir as situações de inútil precaução que o sistema actualmente mantém e contrariar este *enredo*. Reduzir o sistema global de garantias cautelares ao *velhinho* mecanismo de suspensão da eficácia de actos, tal qual é compreendido na actualidade – com a redução da *coisa* ao *nome* –, recusar a aplicação de tutela cautelar não especificada com conteúdo inovador e estrutura antecipatória e recusar interpretar as novas condições de procedência das medidas provisórias previstas no Decreto Lei n.º 134/98, de 15 de Maio, em conformidade com o princípio da tutela jurisdicional efectiva, *«ecco che fa una inutil precauzione!»*, que deve contrariar-se na justiça administrativa dos contratos.

I.

Na actualidade, ainda que numa pequena parte do contencioso dos contratos da Administração seja (aparentemente) possível ditar sentenças efectivas, por aplicação do diploma que transpõe a Directiva Recursos (Directiva n.º 89/665/CEE), na globalidade a justiça administrativa dos contratos não se caracteriza pela efectividade. Na verdade, no *imbróglio jurídico* que caracteriza este contencioso, quem tem saído a perder são os particulares interessados em contratar com as entidades administrativas, aqueles que se apresentam a concurso ou manifestam a sua vontade de contratar e são prejudicados durante o mesmo ou dele afastados. Não tendo o recurso de anulação de actos lesivos efeito suspensivo, não existindo garantia segura de que a suspensão do procedimento da formação do contrato é decretada, e atendendo a que – ao contrário da ópera que nos inspira, em que a acção se desenrola em 24 horas –, no contencioso dos contratos a demora processual é de dezenas de meses[57], tudo nos leva a crer que, no contencioso dos contratos da Administração Pública,

[57] A este propósito, vd. MÁRIO TORRES, Organização e competência dos tribunais administrativos», *Reforma do contencioso Administrativo. Trabalhos Preparatórios. O Debate Universitário*, Vol. I, Ministério da Justiça, Lisboa, 2000, p. 117.

«a necessidade de recorrer ao processo para obter razão tem prejudicado quem tem razão[58].

Esta afirmação decorre da verificação de que no contencioso dos contratos da Administração só há dificuldades, sendo certo que estes escolhos atingem tanto o regime substantivo da contratação pública como adjectivo[59]. Vejamos: eles são relativos *i)* à distinção entre contratos privados e contratos administrativos, que se tem vindo a complicar com a influência do Direito Comunitário; *ii)* à crescente *fuga* para o direito privado e para a desvinculação jurídico-pública da actividade administrativa; *iii)* às *dificuldades* do regime da responsabilidade civil (pré-contratual, contratual e extracontratual) decorrente da actividade contratual da Administração e dos seus contraentes; *iv)* ao *complicado* regime de invalidades dos contratos da Administração (privados e administrativos; v) à existência da dualidade de meios processuais próprios do contencioso dos contratos administrativos (recurso de anulação de actos destacáveis relativos à formação ou execução do contrato e acção contratual de invalidade do mesmo) e *vi* à reduzida lista de entidades legitimadas para retirar as respectivas consequências da declaração de invalidade de algum acto relativo à formação do contrato ao nível da invalidade do próprio contrato administrativo celebrado, no entretanto[60]. De entre as diversas dificul-

[58] Inspiramo-nos na célebre frase de G. Chiovenda, "a duração do processo não pode prejudicar quem tem razão", (*Saggi di Diritto Processuale Civile*, I, Roma, 1930, p. 274) e "*la necessità di servirsi del processo per ottenere ragione non deve tornare a danno di chi ha ragione*", em *Istituzioni di Diritto Processuale Civile*, I, Nápoles, 1933, p. 147. Expressão que também é utilizada por P. Calamandrei (*Introduzione allo studio sistematico dei provvedimenti cautelari*, Padova, 1939, p. 19).

[59] A este propósito, vd. Maria João Estorninho, *Requiem pelo Contrato Administrativo*, Coimbra, 1990, *passim*; tb., *A Fuga para o Direito privado*, Coimbra, 1996, pp. 166 ss.; e tb., *Contratos da Administração Pública (Esboço de autonomização curricular)*, Coimbra, 1999, pp. 39 a 67, pp. 105 ss.

[60] Para uma visão de conjunto, considere-se Maria João Estorninho, "Contencioso dos contratos da Administração Pública", *Cadernos de Justiça Administrativa*, 24, 2000, pp. 11 ss. Vd. tb. da mesma autora, "Responsabilidade por danos de concessionários", *La responsabilidad patrimonial de los Poderes Públicos, III Coloquio Hispano-Luso de Derecho Administrativo Valladolid, 16-18 de Octubre de 1997*, Madrid, Barcelona, 1999, pp. 419 a 433. Vd., tb., Marcelo Rebelo de Sousa, *O concurso público na formação do contrato administrativo*, Lisboa, 1994; J. M. Sérvulo Correia, "Contrato Administrativo", *Dicionário Jurídico da Administração Pública*, Vol. III, Lisboa, 1990, pp. 54 ss.; pp. 66 ss.

dades apresentadas, evidencia-se a da ausência de mecanismos cautelares adequados[61].

É esta última proposição, de que boa parte do conjunto de problemas do contencioso dos contratos da Administração Pública se fica a dever à ausência neste contencioso de processos urgentes (e cautelares) adequados e à «autocontenção»[62] na aplicação dos meios previstos, aquela que, aqui, pretendemos discutir se é verdadeira ou falsa. Contudo, antes de discutirmos quanto o modelo de tutela provisória deste contencioso é (ou não) eficaz, cumpre referir que o próprio modelo dos meios processuais principais do contencioso dos contratos administrativos está recheado de incertezas, já que, não obstante a Lei de Processo nos Tribunais Administrativos (= LPTA) consagrar meios processuais relativos aos conflitos resultantes da execução, interpretação e validade do contrato administrativo – a acção contratual–, e o Estatuto dos Tribunais Administrativos e Fiscais (= ETAF) concretizar uma solução processual perante o «acto destacável» da formação e da execução do contrato administrativo, permitindo a respectiva impugnação autónoma através do recurso de anulação[63], o ligamento entre os meios processuais principais ainda não funciona. Julgamos mesmo que um dos problemas do sistema reside na existência da dualidade de meios processuais a empregar no caso sem que entre eles haja ligação, quer em termos subjectivos (de legitimidade) quer em termos objectivos: o recurso de anulação de actos e a acção contratual[64]. Na realidade, a ausência de mecanismos processuais

[61] Vd., para uma síntese, o nosso, *Problemas actuais da justiça administrativa dos contratos, contributo para a resolução do 'imbróglio jurídico'*, Braga, 1999.

[62] Expressão de Bernardo Diniz de Ayala, "A Tutela Contenciosa dos Particulares em Procedimentos de Formação de Contratos da Administração Pública: Reflexões sobre o Decreto-Lei n.º 134/98, de 15 de Maio", *Cadernos de Justiça Administrativa*, 14, 1999, p. 4.

[63] A este propósito, para mais desenvolvimentos sobre o conceito de acto destacável, vd. J. M. Sérvulo Correia, *Legalidade e Autonomia Contratual nos Contratos Administrativos*, Coimbra, 1987, pp. 540 ss., esp., p. 550, pp. 583 e 584; Maria João Estorninho, *Algumas questões de contencioso dos contratos da Administração Pública*, Lisboa, 1996; Alexandra Leitão, *A Protecção dos Terceiros no Contencioso dos Contratos da Administração Pública*, Coimbra, 1998, esp. pp. 56 a 90.

[64] Também alguns regimes especiais consagram este regime de «dupla esfera». O Decreto-Lei n.º 59/99 de 2 de Março, que aprova o regime jurídico de empreitadas de obras públicas, prevê, entre outros, nos artigos 103.º e 253.º, 254.º e 255.º a dualidade de meios processuais. No primeiro artigo, está consagrada a possibilidade de impugnação de actos, quer do acto de

acessórios, que façam a *ponte* entre o recurso anulatório de actos destacáveis e a acção que permita a execução *in natura* da sentença anulatória traduz a tal falta de ligação objectiva. A incerta atribuição de legitimidade a terceiros para propor acções sobre a validade do contrato, incluindo a do terceiro que obteve a anulação de acto administrativo procedimental *de que dependeu* a celebração do contrato (inválido), traduz a tal falta de ligação subjectiva[65].

Enfim, a história deste contencioso tem revelado que a suspensão da eficácia do acto administrativo lesivo, inserido no procedimento de formação do contrato, poderia ter permitido a paralisação dos procedimentos de formação do contrato até à verificação, certa e plena, de que nenhuma invalidade contaminara a actuação da entidade adjudicante durante a fase de formação do contrato. E este meio processual cautelar teria, com certeza, evitado que a sentença anulatória, no momento em que viesse a ser proferida, não teria, como foi a regra, o efeito meramente «platónico»[66]. De facto, a impossibilidade de obstar à celebração do contrato, através de intimações e atribuição da legitimidade somente às partes no contrato para propor a acção contratual tendente a obter a anulação ou a declaração de nulidade do mesmo são, em suma, a razão do platonismo[67].

Como temos vindo afirmar, e sem ser necessário apelar a uma solução *radical*, do tipo de tutela urgente previsto no Decreto-lei n.º 134/98, de 15 de Maio, a suspensão da eficácia do acto, poderia ter servido para ligar funcionalmente o juiz dos actos destacáveis ao juiz do contrato. Mas não

indeferimento proferido nos recursos administrativos (previamente propostos), nos termos do art. 99.º, quer do acto que põe fim ao concurso, ou que seja lesivo dos direitos dos particulares. Nos arts. 253.º e 254.º o legislador prevê a acção processual como meio adequado para resolver os conflitos referentes à interpretação, validade, ou execução do contrato de empreitada.

[65] A este propósito, vd. M. Esteves De Oliveira/R. Esteves De Oliveira, *Concursos e outros Procedimentos de Adjudicação Administrativa. Das fontes às garantias,* Coimbra, 1998, pp. 609 ss.; Pedro Gonçalves, *O Contrato Administrativo,* Coimbra, 1998, pp. 110 ss.

[66] Expressão utilizada por Dominique Pouyad, a propósito do famoso caso «M. e Mme. Lopez» (que demorou mais de dez anos para ser definitivamente decidido), na anotação ao *Arrêt du Conseil d'État,* de 07.10.1994, publicado na *Revue Française de Droit Administratif,* 1994, 10 (6), pp. 1098 ss., e o comentário à decisão de 27.11.1996, publicado na *Revue Française de Droit Administratif,* 1997, 13 (2), pp. 355 ss.

[67] Deste regime se afasta a mais recente versão do anteprojecto do Código do Contencioso Administrativo. Cfr. arts. 74.º, d); 97.º e esp. 99.º, n.º 1 e 2.

verdade, nem o mecanismo da impugnação de actos tem permitido salvaguardar a harmonia do modelo do contencioso contratual nem a suspensão da eficácia de actos tem assegurado a efectividade de tal contencioso. Contas feitas, é possível dizer que no contencioso dos contratos públicos tem sido preferível «tirar a escada da varanda» a tomar as úteis precauções, pois, tantas vezes, a prioridade de actuação dos tribunais parece ser realizar um juízo excessivamente formalista e redutor do conceito de acto destacável e interpretar *literalmente* o regime da suspensão da eficácia previsto no artigo 76.º n.º 1 da LPTA, a realizar justiça efectiva, conforme com o artigo 268.º, n.º 4 da CRP e o direito comunitário (especialmente a jurisprudência do Tribunal de Justiça das Comunidades Europeias (= TJCE). Enfim, teste contexto, tudo nos leva a crer que o contencioso dos contratos administrativos se tem desenrolado como um *melodrama em dois actos*.

Na lógica do que temos vindo a dizer, no primeiro acto, as personagens que entram em *cena* são os interessados em contratar com a Administração, que ilegalmente afastados ou lesados durante o procedimento de formação do contrato, não podem senão *(des)esperar* que, enquanto aguardam a anulação das decisões administrativas destacáveis ilegais, a Administração se não *case* definitivamente com outro. Como já afirmámos, nem a suspensão da eficácia de actos destacáveis do procedimento contratual tem conseguido evitar o *drama* que paira neste *teatro cómico*, a da *inútil precaução*. Ora, como dissemos, por um lado, tem vingado uma interpretação restritiva do conceito de acto destacável, o que tem consequências negativas para efeitos de solicitação de tutela cautelar. Ainda que o acto destacável seja mais facilmente aceite durante a fase de formação do contrato do que durante a fase de execução (sendo que nesta última o seu reconhecimento deveria ser igualmente claro, como «reverso da medalha da questão dos poderes de decisão unilateral da Administração Pública em matéria de contratos»[68]), ainda assim, a jurisprudência só vem aceitando como destacáveis alguns. O acto de adjudicação tem congregado consenso, mas é o único[69]. Por outro lado, não é somente reduzido o número de actos a impugnar autonomamente perante o contrato. Outro

[68] Neste sentido, Maria João Estorninho, *Contratos da Administração Pública*... cit., p. 150.

[69] A este propósito, vd. Maria João Estorninho, *Algumas questões de contencioso dos contratos da Administração Pública*... cit., pp. 20 ss.

problema diz respeito à possibilidade de se requerer a suspensão de eficácia de alguns deles, sendo certo que os de conteúdo negativo estão por regra excluídos. A este problema acrescenta-se o da apreciação formalista dos pressupostos de deferimento bem como a interpretação separada das condições de procedência da suspensão e a sobrevalorização do pressuposto de «grave lesão para o interesse público»[70]. Mais concretamente, salvas raras excepções, a aplicação jurisprudencial do artigo 76.º da LPTA ao contencioso dos contratos, tem sido de molde a não facilitar a suspensão do procedimento contratual, já que se tem valorado de modo economicista o direito e os interesses dos particulares, bem como também se sobrevaloriza a consideração de que há sempre um interesse público na imediata execução do acto de adjudicação, sendo certo que a suspensão do procedimento de formação do contrato tem sido de todo em todo recusada, por se entender que violaria o interesse público e o interesse de terceiros também interessados em contratar. Parece, pois, que neste cenário há a nítida preferência pela indemnização dos concorrentes ilegalmente prejudicados durante a fase de formação do contrato e pela formação de situações de facto consumado.

Para completar este cenário de *inútil precaução* do contencioso global dos contratos administrativos, decorrente dos *obstáculos* ao decretamento da suspensão, cumpre-nos só trazer à nossa memória a ausência de tutela cautelar com conteúdo claramente ampliador e com estrutura antecipatória[71]. Este tipo de garantia cautelar em que se concretiza a técnica da antecipação, não obstante em relação a ela se proibir a antecipação da solução para a causa principal, tem *um lugar à sua espera* no contencioso dos contratos, pois esta é própria, funcional e estruturalmente, para alcançar pronúncias judiciais de condenação provisórias e instrumentais perante a efectividade da sentença do meio principal. Através deste tipo de tutela poderá intimar-se a Administração a cumprir regras e princípios gerais que regem o procedimento contratual e a interditar-lhe certos comportamentos, entre os quais o da continuação do procedimento e a corrida à assinatura do contrato, bem como o de permitir, provisoriamente, o regresso antecipado ao procedimento de um candidato dele excluído,

[70] A este propósito, vd. *Problemas actuais da justiça administrativa dos contratos...* cit., pp. 28 a 34.

[71] A este propósito, ainda que superficialmente, vd. *Problemas actuais da justiça administrativa dos contratos...* cit., p. 43.

garantindo que se causa um menor dano ao interesse público, já que não se traduz na suspensão do procedimento.

E, enfim, a tutela cautelar com estrutura antecipatória, se consagrada numa cláusula aberta ou inominada que positive o princípio do *numerus apertus*, pode ser mais útil ainda, porque permitirá que, perante o caso concreto, seja o juiz a decretar a medida mais adequada a proteger o efeito útil do processo principal. Ora, reforçando a ideia da necessidade de tutela cautelar com conteúdo ampliador, já que a prática jurisprudencial não é de molde a permitir que através da suspensão da eficácia do acto alguma vez se alcance tutela antecipatória, muito menos inovadora, cumpre-nos dizer que no contencioso dos contratos a tutela cautelar tem espaço para realizar a sua função do direito material controvertido. Aqui, nem somente as medidas preparatórias e de garantia inominadas são desejáveis, também aquelas que permitem satisfazer definitivamente a pretensão de um terceiro perante o contrato são de aceitar, já que, entre outras, poderão traduzir-se na intimação à administração para que corrija as invalidades do procedimento pré-contratual, especialmente quando as mesmas decorrem de ilegalidades de normas que enquadram o procedimento de formação do contrato.

Neste contexto, depois do referido a propósito da suspensão e da ausência de tutela cautelar não especificada, cumpre lamentar a existência de *uma útil precaução* ao dispor dos particulares interessados em contratar com a Administração que, por causa da ineficiência dos sistemas de tutela jurisdicional (principal e acessória) são verdadeiramente os prejudicados com a demora do processo. Se os danos resultantes da *incompressível* demora processual raramente são repartidos entre as partes na justiça administrativa, somos obrigados a reconhecer que na dos contratos quem paga os custos da demora do processo não é com certeza a entidade adjudicante. Mais uma vez, à semelhança da guarda na ópera bufa, o fim do primeiro acto é marcado pela «imobilidade» dos particulares interessados em contratar com a Administração (terceiros lesados perante os contratos), que tal como D. Bártolo ficam «sem palavra» perante a atitude «deferente da guarda» em face do aceno do título de nobreza do Conde de Almaviva (que disfarçado de soldado, entra em casa do tutor com o objectivo de planear com Rosina a fuga para o casamento). E quanto à cena final deste I acto, os particulares, tal como D. Bártolo que fica «fredda e immobile», nada podem fazer.

E, assim, perante a *condescendência da guarda* só um desfecho se pode esperar na ópera bufa. Dando um salto para o final do II acto, é também de «imobilidade» a situação de D. Bártolo perante a surpresa do efeito negativo das precauções que tomara. Mandar chamar o notário e remover a escada da varanda só fez acelerar a produção de um facto consumado, já que, tendo D. Bártolo voltado costas, os apaixonados em fuga, «*zitti, zitti, piano, piano, non facciamo confusione*», casaram mesmo ali, já que alguém havia retirado a escada da varanda.

Também a situação dos particulares se assemelha à de D. Bártolo, quando o juiz do recurso de anulação entra tardiamente em *cena* e não vem a tempo de evitar a execução do contrato, e muito menos a sua celebração. É, pois, uma situação de resignação aquela em que fica o particular perante a sentença que determina a «inutilidade superveniente da lide», provocada pela celebração do contrato e da qual decorre o esvaziamento do objecto do recurso, e perante a invocação «de causa legítima de inexecução», já que «o que está feito, está feito». Resta-lhe aceitar a duvidosa, porque complicada, compensação económica[72], já que nada poderá fazer para obter a invalidade do contrato. Tal com a D. Bártolo, a questão da validade do *contrato* já não lhe diz respeito.

II.

Enfim, este cenário foi em parte alterado e por isso o *desespero* dos particulares por causa da ausência de tutela jurisdicional efectiva no contencioso de formação dos contratos da Administração Pública foi em parte *aliviado*. O regime de tutela jurisdicional aplicável à formação dos contratos de empreitada de obras públicas, de prestação de serviços e de fornecimento de bens conta, pois, com uma solução *útil*: a que consta do Decreto-Lei n.º 134/98, de 15 de Maio[73].

[72] Sobre esta questão vd. MARIA JOÃO ESTORNINHO, "Contencioso dos contratos da Administração Pública", *Cadernos de Justiça Administrativa*, 18, 1999, p. 31.

[73] Para uma perspectiva de análise comparatística entre este recurso urgente e o *référé précontractuel*, vd. P. SUBRÁ DE BIEUSSES, "La incidencia del derecho comunitario europeo sobre el derecho francés de contratos públicos: el caso de la directiva recursos", in: *Contratación Pública, Jornadas de Valladolid, 27-29 de enero de 1993*, Madrid, 1996, pp. 175 ss.; C. CHANTEPY, "L'encadrement du référé précontractuel", R*evue Française de Droit Administratif*, 1996, pp. 1077 ss.; S. LAGUMINA/E. PHILIPPE, "Le référé précontractuel: bilan et perspectives", *L'Actualité juridique, Droit administratif*, 20, 2000, pp. 283 ss.

De facto, este diploma veio introduzir dois novos tipos de meios processuais no modelo do contencioso pré-contratual de três tipos de contratos da Administração Pública: *i)* um processo urgente impugnatório de actos administrativos relativos à formação dos três mencionados contratos, que lesem direitos ou interesses legalmente protegidos dos administrados; *ii)* e um procedimento cautelar inominado que desemboca na emissão de medidas provisórias, sendo certo que estas providências cautelares podem ser requeridas antes ou juntamente com o primeiro processo[74].

No quadro do processo impugnatório urgente, que, aliás, já há muito se «impunha em absoluto»[75], o juiz decide sobre a questão de fundo, que se traduz na pretensão de anulação ou declaração de nulidade de um acto administrativo relativo à fase de formação de um dos contratos mencionados. Este é, no nosso entender, um típico processo de «cognição acelerada», principal e urgente, que define definitivamente o direito para uma relação jurídica controvertida[76]. Já diferente natureza tem o processo das medidas provisórias, que é também de carácter urgente, mas sem autonomia estrutural.

[74] Para uma visão de conjunto sobre a transposição da Directiva n.º 89/665/CEE, do Conselho, de 21 de Dezembro, vd., quanto ao Reino Unido, e relativamente às novas medidas provisórias pelas quais se procede à suspensão do procedimento de adjudicação e se dirige ordens de *facere* e *non facere* à própria Coroa (*interim injunction*), L. Hancher, "La transposición de las normas comunitárias sobre contratos administrativos en el Reino Unido", *Contratación Pública, Jornadas de Valladolid*... cit., pp. 125 ss. Também na Alemanha, a transposição da Directiva 89/665/CEE deu lugar à criação de novas regras de controlo do procedimento da adjudicação que fica a cargo de «órgãos de vigilância» (*Kammen*) de natureza executiva, mas de tendência jurisdicional. Tais entidades podem suspender o procedimento de adjudicação, anular a decisão dos entes públicos e ordenar a correcção de ilegalidades no procedimento. Vd. R. Hendler, "Convenio jurídico-público y contrato público en la República Federal de Alemania", *Contratación Pública, Jornadas de Valladolid*... cit. pp. 125 ss. No sistema italiano, como descreve E. Picozza, foi instituída uma comissão denominada «Autoridade para a vigilância» que tem como função fiscalizar uma das ilegalidades mais frequentes da formação de alguns contratos, a de «corrupção 'burocrática' na adjudicação». Vd. do autor, "La contratación Pública in Itália", *Contratación Pública, Jornadas de Valladolid*... cit., pp. 141 ss.

[75] Maria João Estorninho, "A propósito do Decreto-Lei n.º 134/98, de 15 de Maio, e das alterações introduzidas ao regime de contencioso dos contratos da Administração Pública...", *Cadernos de Justiça Administrativa*, 11, 1998, p. 5.

[76] A propósito da natureza jurídica deste novo meio processual, vd. Fausto de Quadros, "Algumas considerações gerais sobre a reforma do contencioso administrativo. Em especial, as providências cautelares", *Reforma do Contencioso Administrativo*... cit., pp. 163 e 164.

Quanto ao conteúdo destas medidas provisórias, o juiz administrativo pode ordenar medidas com conteúdo funcionalmente assegurador ou inovador, podendo também a medida provisória a decretar traduzir-se numa intimação correctiva[77], cujo efeito permita a realização antecipada da pretensão de quem a solicita. Através deste processo, o juiz pode ordenar a entidade adjudicante a proceder à correcção de uma ilegalidade alegada (mesmo que diga respeito a um documento normativo conformador do procedimento pré-contratual), sendo certo que também poder decretar a medida que seja adequada a impedir que sejam causados outros danos aos interesses em presença, e, designadamente, suspender o próprio procedimento de formação do contrato.

Quanto à natureza jurídica da medida provisória que seja decretada ao abrigo deste diploma, somos da opinião de que a mesma integra o conceito de «medida cautelar», tendo em conta a dogmática latina, visto que a sua função é assegurar provisoriamente a efectividade da sentença principal que será decretada no âmbito do recurso urgente. E igualmente, este tipo de medidas, porque se caracterizam pela provisoriedade *au sens strict*[78], quer atendendo à duração dos seus efeitos, quer à natureza «provisória de direito» da medida – já que é proferida sem antecipar a solução para a causa e porque é proferida com base numa cognição (*sumária cautelar*) insuficiente para decidir a questão de fundo que é entregue ao juiz da causa principal – identifica-se com a «medida provisória *stricto sensu*, prevista nos sistemas francês, belga, alemão e do contencioso comunitário[79]. Ou seja, estamos a falar de uma forma de protecção cautelar.

No que respeita a esta última razão, julgamos oportuno dizer neste momento que a técnica que é empregue (de tutela sumária *tout court*) no primeiro tipo de processo é distinta da concretizada no processo de

[77] Neste sentido, vd. J. C. VIEIRA DE ANDRADE, *A Justiça Administrativa (Lições)*, Coimbra, 2000, p. 190; JOÃO CAUPERS, *Direito Administrativo*, 1998, 172; BERNARDO DINIZ DE AYALA, "A Tutela Contenciosa dos Particulares em Procedimento de Formação de Contratos da Administração Pública... cit., p. 16; ALEXANDRA LEITÃO, "Duas questões a propósito da aplicação do DL n.º 134/98, de 15 de Maio», *Cadernos de Justiça Administrativa*, 19, 2000, pp. 63.

[78] A este propósito, vd. J. V. COMPERNOLLE, "Les mesures provisoires en droit belge. Introduction générale", *Les mesures provisoires en droit belge, français et italien. Étude de droit comparé*, coord. G. TARZIA/J. COMPERNOLLE, Bruylant, Bruxelles, 1998, p. 7.

[79] A este propósito, vd. o nosso, *Introdução ao estudo sistemático da tutela cautelar no processo administrativo*, Coimbra, 1999 (ainda inédito).

medidas provisórias (cautelares ou «*mesures provisoires au sens strict*»), já que estas são proferidas com base numa cognição sumária cautelar que, quanto ao grau de prova, exige a «mera fundamentação» dos factos alegados. Ou seja, por outras palavras, a cognição cautelar destina-se a formular um juízo assente na verosimilhança dos factos e na existência provável do direito de quem o alega[80], ou *fumus boni iuris*, como é denominado, designadamente, nos sistemas português, espanhol e italiano[81]. Por isso, a decisão do primeiro processo alcança definitividade, ao passo que a do segundo tipo é sempre provisória de direito.

À semelhança do já dito, e voltando ao contencioso dos demais contratos das entidades públicas, a solução contida neste mecanismo de «carácter arrojado»[82], porque foi criado para obviar à formação das situações de facto consumado, poderá ser a solução para o *imbróglio jurídico* nele ainda existente – e que são referentes quer à falta de ligação entre o recurso de actos procedimentais, quer à execução da sentença anulatória[83], visto que, na actualidade, esta insuficiência (não preenchida pelo processo de suspensão) continua a dar azo à inutilidade superveniente da

[80] Neste sentido, sobre o tema, vd. R. Perrot, "Les mesures provisoires en droit français", *Les mesures provisoires en procédure civile. Atti del Colloquio Internazionale Milano, 12-13 ottobre 1984*, coord. G. Tarzia, Milano, 1985, p. 165; J. Normand, "Les mesures provisoires en droit français. Les fonctions des référés", *Les mesures provisoires en droit belge, français et italien. Étude de droit comparé...* cit., p. 74; W.-D. Walker, *Der einstweilige Rechtsschutz im Zivilprozeß und im arbeitsgerichtlichen Verfahren*, Tübingen, 1993, ns. ms. 28 ss. pp. 25 ss.

[81] Quanto aos sistemas que utilizam esta terminologia, vd. por todos, S. Barona Vilar, "Proceso Cautelar", *El nuevo proceso civil (Ley 1/2000)*, Valencia, 2000, pp. 742 e 743; M. Concetta Fuccillo, *La tutela cautelare nel processo amministrativo*, Padova, 1999, pp. 5 e 6. Vd., tb. M. Teixeira de Sousa, *Estudos sobre o Novo Processo Civil*, Lisboa, 1997, pp. 228, 246 e 250; A. S. Abrantes Geraldes, "Procedimento cautelar comum», *Temas da reforma do processo civil*, Vol. III, Coimbra, 1998, p. 94.

[82] Maria João Estorninho, "Contencioso dos contratos da Administração Pública... cit., p. 30.

[83] Maria João Estorninho ("A propósito do Decreto-Lei n.º 134/98, de 15 de Maio... cit., p. 6), não obstante considerar esta solução como idónea para combater a lógica do «facto consumado», não se encontra «optimista quanto a saber até que ponto tais medidas serão, de facto, adequadas e, sobretudo, até que ponto irão na prática ter efeito útil!». Cfr., sobre a questão, vd. Pedro Gonçalves, "Apreciação do Decreto-Lei n.º 134/98, de 15 de Maio, que estabelece o regime jurídico da impugnação contencioso dos actos administrativos relativos à formação de certos 'contratos públicos'", *Lusíada, Revista de Ciência e Cultura*, Universidade Lusíada-Porto, 1, 1998, pp. 53 ss.

lide e à inexecução legítima por parte das entidades públicas adjudicantes, pois raras são as vezes em que o contrato não foi já celebrado quando a sentença anulatória é ditada[84].

Tudo nos leva a crer que o único obstáculo ao sucesso na aplicação dos tipos de tutela urgente instituídos pelo Decreto-lei n.º 134/98, poderá estar no momento da apreciação dos pressupostos de procedência estabelecidos para as medidas provisórias, e, particularmente, na consideração da condição negativa prevista no art. 5.º, n.º 4. Esta impede o juiz de decretar a medida requerida, se «em juízo de probabilidade, ponderados os direitos ou interesses susceptíveis de serem lesados, concluir que as consequências negativas para o interesse público excedem o proveito a obter pelo requerente».

O receio que manifestamos em relação ao modo como os tribunais poderão concretizar no futuro este normativo tem como fundamento a ponderação discricionária de interesses em causa, na qual, em regra, são tidos em conta, de forma desproporcionada, o interesse público, que tem sido valorizado em abstracto, e os interesses do particular, que, por regra, são avaliados, economicamente. Juntamos a estes fundamentos o que respeita ao momento em que o juiz procede à consideração da aparência do bom direito do particular: a ponderação do juiz antecede, por regra, os juízos de apreciação sumária, quanto às probabilidades de êxito do requerente na causa principal, o que traduz claramente, no nosso entender, uma inversão da ordem de prioridade da apreciação das condições de procedência da tutela cautelar, reflectindo o esquecimento de que as medidas provisórias são um instrumento para garantir tutela jurisdicional efectiva.

Tendo em consideração os termos do diploma, pelo qual deve ser negada a medida cautelar, no caso das consequências negativas dela resultantes para o interesse público excederem o proveito do requerente, o Supremo indeferiu já uma medida, com base neste balanço de interesses. No Acórdão de 15/10/1998 (p. 44 171-A), o tribunal indeferiu a medida cautelar solicitada por um concorrente num concurso com vista à adjudicação de uma empreitada para a construção de instalações de um serviço de urgência hospitalar, sem que tivesse apreciado a aparência de bom direito do requerente, porquanto existia, no seu entender, uma

[84] Como exemplos de dificuldades existentes, actualmente, no sistema do contencioso, vd. Ac. do Pleno do STA, de 23.06.1998, p. n.º 33 295; Ac. do STA, de 09.06.1998, p. n.º 29 166-B.

significativa desproporção entre o interesse da requerente e o interesse público em concreto, já que estavam em causa serviços de urgência de satisfação de necessidades essenciais para a comunidade.

A desconfiança que demonstramos perante a forma como, no futuro, será aplicado o referido normativo tem subjacente a tradicional prática de recurso à *válvula de escape* de defesa do *interesse público* para fundamentar o indeferimento da medida cautelar. Os tribunais têm evitado apreciar as outras condições naturais de procedência, quais sejam o *periculum in mora* e o *fumus boni iuris*[85]. A propósito da avaliação dos interesses do requerente, confirma-se que estes continuam a ser economicamente avaliados neste novo contexto de aplicação de medidas provisórias. Assim, neste caso concreto, porque tais interesses foram avaliados como «interesses comerciais ou materiais», o tribunal considerou, *a priori*, que seriam passíveis de compensação económica, no caso haver necessidade aquando da chegada da sentença anulatória. Aliás, os tribunais substituem, constantemente, a apreciação da aparência de bom direito do requerente e das suas probabilidades de êxito na causa principal pela invocação ilegítima e infundada da presunção de legalidade da actuação administrativa, que não pode ser suspensa, já que nela há uma necessária prossecução imediata do interesse público.

Subescrevendo na íntegra o aviso sábio de Maria João Estorninho, falta saber se a ponderação não é mais um dos argumentos que se «voltam contra os concorrentes[86] e se não acaba por traduzir mais um obstáculo a transpor.

Enfim, não fora só o problema dos tribunais administrativos verem o *interesse público em todo o lado* e o interesse do particular *em lado nenhum*, para aumentar o grau de dificuldade dos particulares em alcançar tutela jurisdicional no contencioso dos contratos, não podemos ignorar (e nem o tribunal o deve fazer quando pondera o decretamento da medidas provisórias) a *disfunção* do sistema jurídico actual de responsabilidade civil pré-contratual da Administração. Também somos da opinião de que para que os particulares ganhem alguma coisa com este mecanismo urgente,

[85] A propósito do *référé précontractuel*, vd. S Lagumina/E. Philippe, "Le référé précontractuel», *L'Actualité juridique – Droit administratif, 20 avril, 2000*, pp. 283 a 289, esp, pp. 288 e 289.

[86] Vd. Maria João Estorninho, "A propósito do Decreto-Lei n.º 134/98, de 15 de Maio... cit., p. 9.

é necessário que se altere o *modus operandi* na avaliação das condições de procedência das medidas provisórias nas situações de suspeita séria das ilegalidades procedimentais do contrato e da provável produção de factos irreversíveis. Porque não deve fazer-se recair sobre os particulares os prejuízos da demora do processo e porque devem, no *tempo intermédio*, ser repartidos entre as partes os prejuízos e o risco de se produzir uma situação de facto consumado, o juiz cautelar tem de estar disposto a actuar numa perspectiva de «é agora ou nunca».

À semelhança da ópera *O Barbeiro de Sevilha*, não deveria o notário (D. Basílio) antes de casar Rosina e o Conde de Almaviva perguntar «*se há alguém que tem alguma coisa a dizer contra a realização deste casamento, que fale agora ou se cale para sempre*»? Ora. também no contencioso dos contratos da Administração, salvo raras excepções, vale mais perder algum tempo, resultante da suspensão do procedimento de formação do contrato (ou do impedimento de celebração do contrato), do que eliminar pela raiz a tutela efectiva dos interessados em contratar com a entidade adjudicante[87]. Só esta perspectiva, que vai ao encontro do princípio da tutela jurisdicional efectiva, permitirá que o particular que recorre ao processo não seja prejudicado pela falta de capacidade do processo para ditar uma solução instantânea. Na realidade, este diploma só terá sucesso na prática se for assim compreendido[88].

E, em jeito de síntese, regressando ao regime regra do contencioso dos contratos, onde, na impossibilidade de beneficiarem dos mecanismos cautelares já considerados, os lesados estão menos protegidos[89], questionamos,

[87] Maria João Estorninho aceita como desvio à esta regra para «casos que são absolutamente excepcionais (por exemplo, contratos para fazer face a situações de calamidade pública), em que a urgência na realização do interesse público é, na realidade, incontestável». Vd. «A propósito do Decreto-Lei n.º 134/98, de 15 de Maio... cit., p. 7.

[88] A este propósito, Maria João Estorninho considera que «se não houver uma alteração na lógica de ponderação das razões que devem levar à suspensão do procedimento pré-contratual (libertando-se os juízes dos argumentos normalmente utilizados a propósito da suspensão jurisdicional da eficácia dos actos administrativos), é caso para perguntar o que ganham os concorrentes com este novo regime jurídico». Vd. "A propósito do Decreto-Lei n.º 134/98, de 15 de Maio... cit., p. 9.

[89] Para soluções possíveis para esta questão, vd. Bernardo Diniz de Ayala, "A Tutela Contenciosa dos Particulares em Procedimento de Formação de Contratos da Administração Pública... cit., pp. 9 a 11; JOÃO CAUPERS, *Direito Administrativo*... cit., pp. 172 ss.; J. C. Vieira de Andrade, *A Justiça Administrativa*... cit., p. 202.

em primeiro lugar, qual será a solução actual, e, por isso, provisória, destinada a evitar a produção de factos consumados neste contencioso. Segundo pensamos, não sendo correcto estender-lhes o âmbito material do referido regime, defendemos, no mínimo, a aplicação das formas de tutela jurisdicional principal e acessórias, tidas como *regra* no contencioso dos contratos administrativos: i) recurso contencioso de anulação contra actos administrativos inseridos no procedimento contratual ou durante a execução do contrato (e deles para este efeito destacáveis) – ainda que se não se tenha superado a dificuldade (no entendimento doutrinal), quanto a saber que actos são esses e que efeitos são passíveis de ser suprimidos com a sentença anulatória, nomeadamente face a terceiros[90] – *ii)* pedido de suspensão da eficácia desses actos administrativos destacados, *iii)* acção contratual relativa a questões de validade, interpretação, execução e não cumprimento do contrato (bem como responsabilidade); *iv)* tutela cautelar não especificada do CPC, com estrutura antecipatória, que na justiça administrativa é aceite (nos termos do artigo 1.º da LPTA, e artigo 268.º, n.º 4 da CRP), e já decretada desde 1995[91].

Em segundo lugar, cremos que a consagração no contencioso dos contratos administrativos de tutela cautelar inominada de raiz administrativa, com conteúdo e natureza semelhante às «medidas provisórias» de que falámos, pode contrariar a *Ária da inútil precaução* que tem caracterizado o contencioso regra da formação dos contratos da Administração, e contribuir para a realizar a tutela jurisdicional efectiva neste domínio.

Enfim, do ligamento (ou *união*) entre a tutela cautelar não especificada e o recurso de anulação de actos procedimentais lesivos só pode resultar a tutela jurisdicional efectiva dos concorrentes e, como diria Fígaro, «*di sì felice innesto serbiam memoria eterna*»!

[90] Sobre esta questão, vd. J. M. Sérvulo Correia, *Legalidade e Autonomia Contratual nos Contratos Administrativos*... cit., pp. 583 a 584.

[91] Defende-se a sua aplicação no contencioso dos contratos, nos mesmos termos em se aplica no restante modelo (*ex vi* Art. 268.º, n.º 4 da CRP e art. 1.º da LPTA).

QUARTO ESTUDO

"SUSPENSÃO DA EXPROPRIAÇÃO DA QUINTA DOS MILAGRES: UMA AGUARELA DE MIL CORES INACABADA..."

Cadernos de Justiça Administrativa, 30, 2001, pp. 33-52

Suspensão da expropriação da Quinta dos Milagres: uma aguarela de mil cores inacabada...

Sumário: 0. Introdução. **I.** O passado da suspensão da eficácia dos actos: uma aguarela em tons de cinzento. **II.** A (presente) suspensão: uma aguarela de tons transparentes, que aproveita o branco do papel para ilustrar a luminosidade. **III.** Um futuro para a suspensão: uma aguarela com mil cores ainda por pintar.

0.

Devemos com certeza ao tema sobre que incide este Acórdão — a suspensão da eficácia do despacho do Secretário de Estado da Administração Local e do Ordenamento do Território, que declara a utilidade pública, com carácter de urgência, da expropriação de uma parcela de terreno que integra a Quinta dos Milagres (com palacete e jardim com lago, ambos do séc. XVIII) — a vontade de pegar em tintas de água e numa folha de papel branco e pintar numa pincelada larga a prática jurisprudencial relativa ao processo de suspensão da eficácia de actos **(I)**. Ao mesmo tempo, e porque aquilo que mais caracteriza a técnica da aguarela consiste na transparência dos tons, pretendemos tingir o sentido e os fundamentos mais inovadores deste Aresto, guardando o branco do papel para ilustrar a sua parte mais luminosa **(II)**.

Finalmente, como a largueza do tratamento do assunto é também uma técnica própria da aguarela, é nosso propósito caiar as perspectivas que, nosso entender, se avizinham da suspensão eficácia do acto **(III)**.

I.

É já um dado conhecido que a prática jurisprudencial tradicional da suspensão da eficácia do acto primou pela «contenção»[92]. Na verdade, não obstante na actualidade se revelar mais permeável ao princípio da tutela jurisdicional efectiva, esta prática jurisprudencial, devota dos princípios do privilégio da execução prévia e da legalidade do acto, tem sido pouco generosa e pouco original perante um quadro legal que, por si mesmo, fixa um conjunto de condições de procedência de quase impossível verificação em concreto[93].

Porque em alguns dos seus momentos o presente Acórdão segue, a par e passo, o sentido e os fundamentos da jurisprudência maioritária, pretendemos ilustrar de seguida, numa pincelada rápida e definitiva (já que a técnica da aguarela não admite retoques), os contornos dessa prática, que inclui tanto a interpretação rígida e formalista dos conceitos indeterminados, previstos nos requisitos de procedência de suspensão (art. 76.º, n.º 1, als. a), b) e c) da LPTA) **(1.)**, como a apreciação rigorosa das suas condições de decretação **(2.)**[94]. Acrescentamos às características já mencionadas uma outra que parece quase unânime: a falta de consideração sumária e antecipada da questão da invalidade do acto impugnado **(3.)**.

Neste quadro de apreciações ao processo de suspensão, inclui-se também a desconsideração do *periculum in mora* de retardamento da sentença anulatória, a ausência de apreciação deste processo num perfil estrutural e o alheamento ao facto de que subjacente a este processo cautelar especial, acessório do recurso de anulação, está um processo que desemboca numa decisão com conteúdo *semi indeterminado*, visto que a sua execução depende de comportamentos provisórios (positivos e negativos) da Administração **(4.)**.

[92] Neste sentido, J. C. Vieira de Andrade, "As transformações do contencioso administrativo na Terceira República Portuguesa", *Cadernos de Ciência de Legislação*, 18, 1997, p. 75.

[93] A este propósito, vd. Pedro Machete, "A suspensão jurisdicional da eficácia de actos administrativos", *O Direito*, ano 123, 1991, II-III, pp. 231 ss., esp. p. 288; Gonçalo Capitão/Pedro Machado, "Direito à tutela jurisdicional efectiva. Implicações na suspensão jurisdicional da eficácia de actos administrativos", *Polis. Revista de Estudos Jurídico-Políticos*, 3, 1995, pp. 33 ss., esp. p. 75.

[94] A este propósito, e para uma análise de conjunto mais desenvolvida, vd. M. Fernanda Maçãs, *A Suspensão Judicial da Eficácia dos Actos Administrativos e a Garantia Constitucional da Tutela Judicial Efectiva*, Coimbra, 1996, esp. pp. 147 ss.

1.

Quanto à interpretação dos conceitos de «prejuízo de difícil reparação» **(1.1.)** e «grave lesão do interesse público» **(1.2.)**, os tribunais administrativos têm vindo a pautar-se pela repetição de critérios e fundamentos já antes invocados. E este Aresto adopta o mesmo colorido, não obstante tonalizar diferentemente o conceito de interesse público.

1.1.

A valoração do conceito de reparabilidade do direito do requerente (ou dos interesses que este defende no recurso), ainda que com algumas excepções, tem sido matizado com base em «critérios economicistas»[95], de tal modo que a viabilidade de indemnização do direito e a facilidade de cálculo pecuniário dos danos se têm mostrado como fundamentos apetecíveis para não considerar preenchido o requisito da al. a), do art. 76.º da LPTA. Também neste Acórdão o juízo de apreciação do «prejuízo de difícil reparação», resultante, para o requerente, da imediata execução do acto, foi formulado com base no critério da *quantificação económica* do prejuízo, ou seja, num tom mate. Nessa perspectiva, que no nosso entender não é a ideal tendo em consideração a *ratio* do instituto cautelar, o tribunal qualificou com sendo de fácil reparação parte dos prejuízos invocados pelo requerente — «os relativos à privação dos rendimentos provenientes do arrendamento dos armazéns» —, já que estes são quantificáveis e passíveis de avaliação pecuniária. E recorrendo ao mesmo critério, o tribunal considerou como de difícil reparação o dano resultante da «hipótese» do requente (e do seu agregado familiar) «ter de vir a mudar de residência», uma vez que a destruição dos edifícios, o «desenraizamento familiar» e a impossibilidade de encontrar na zona de Lisboa uma habitação que reúna as condições *românticas e paradisíacas* da Quinta dos Milagres (palacete, jardim com lago, ambos do séc. XVIII), aliada ao facto de esta quinta estar na posse da família há muitos anos, traduzem um prejuízo não quantificável economicamente.

Com mais brilho foi o conceito de «prejuízo de difícil reparação» interpretado pelo Supremo no Acórdão de 3 de Novembro de 1987, a propósito da suspensão do acto de expropriação por utilidade pública urgente de

[95] Neste sentido, J. C. Vieira de Andrade, *A Justiça Administrativa*, 3.ª ed., Coimbra, 2000, p. 178.

terrenos agrícolas, ao considerar que «a dificuldade de reparação (...) se deve avaliar segundo juízos de probabilidade assentes nos elementos probatórios dos autos e na experiência comum das coisas tendo como referente a possibilidade de reintegração natural da esfera jurídica do requerente hipotizada a anulação do acto impugnado»[96].

Contas feitas, a (facilidade ou a dificuldade de) quantificação económica do prejuízo resultante para o direito do requerente (ou para os interesses que este defende no recurso) da imediata execução do acto dá (ainda) o tom pálido à apreciação do conceito de urgência na suspensão do acto expropriativo, o que, no nosso entender, traduz uma consideração fosca do perfil teleológico deste instituto e uma perda do seu efeito útil.

1.2.

Tradicionalmente, também a valoração da al. b) do art. 76.º da LPTA não tem sido de molde a facilitar a suspensão, uma vez que o conceito de «interesse público», salvo raras vezes, tem sido compreendido restritivamente, sem atender à possibilidade da existência de interesses públicos conflituantes, de interesses privados apoiados por interesses públicos e de interesses públicos que suportem o pedido de suspensão[97], de tal modo que o conceito de interesse público compreende um único interesse, o prosseguido pela Administração. Nesta prática, o conceito de «grave lesão do interesse público» tem sido pouco colorido, sem atender ao interesse geral da comunidade à legalidade administrativa, o interesse específico prosseguido pela Administração («administração/resultado») e o interesse geral da comunidade à correcta e efectiva definição do conflito de interesses (públicos e privados)[98].

Bem vistas as coisas, a imprecisão e o casuísmo na compreensão do conceito de «grave lesão do interesse público» estão presentes neste Acórdão quando o tribunal qualifica como «interesse social relevante» o conjunto de interesses públicos envolvidos no caso concreto, esquecendo

[96] Acórdão publ. BMJ, 1987, n.º 371, p. 526.

[97] É excepção a esta regra o Acórdão do STA, de 17.09.1996, p. n.º 40 935. Este Acórdão foi publicado nos *Cadernos de Justiça Administrativa*, 7, 1998, e teve a anotação de José Eduardo Figueiredo Dias ("A suspensão da eficácia e a polissemia da noção de interesse público; um salto em frente na protecção do ambiente"), a pp. 10 ss.

[98] A este propósito, e neste sentido, vd. A. Romano Tassone, "Risarcibilità del danno e tutela cautelare amministrativa", *Diritto amministrativo*, 1, 2001, pp. 23 ss.; esp. p. 28.

que o interesse subjacente à declaração de utilidade pública da expropriação do referido terreno tem em vista não só a execução do Plano de Urbanização do Alto do Lumiar e a execução do PER (programa de erradicação de barracas, em Lisboa e no Porto, e realojamento das famílias que nelas residem) como também tem como objectivo a construção (nesse terreno) de 125 casas para 125 famílias.

Na verdade, o tribunal entendeu, sem tom nem som, que o interesse público subjacente a esta expropriação não tem a mesma natureza do interesse visado com a construção de uma auto-estrada, de uma ponte ou de um aterro, pois, no caso que é apreciado pelo Supremo, o interesse que se opõe à decretação da suspensão não consiste num «interesse da comunidade em geral», mas traduz um conjunto de «interesses individuais»[99].

Neste contexto, sem prejuízo de voltarmos a esta questão, a respeito da compreensão dos conceitos de «prejuízo de difícil reparação» e «grave lesão do interesse público», principalmente deste último, cujos contornos parecem cada vez mais «diluídos»[100] e difíceis de delimitar, a pincelada que pretende ilustrar a prática jurisprudencial regra, à qual (nestes aspectos) o Acórdão apenas foge numa pequena parte, não pode ser senão em tons que demonstrem a necessidade de, para o futuro, alterar o sentido da interpretação dos conceitos referidos e de reconstruir tais noções na base da *ratio* do instituto cautelar.

2.

No que respeita ao momento da verificação das condições de procedência da suspensão da eficácia do acto, também neste ponto, a matiz prática corrente coincide com a que se seguiu, inicialmente, neste Aresto: as

[99] Mais uma vez ficou por esclarecer qual é o conceito de «interesse público» que está subjacente à compreensão da alínea b) do art. 76.º da LPTA. O conceito que os tribunais administrativos têm de «interesse público» não coincide com o da doutrina. A este propósito, vd. J. C. Vieira de Andrade, "Interesse Público", *Dicionário Jurídico da Administração Pública,* Vol. V, Lisboa, 1993, pp. 275 ss.; José Rodríguez Pontón, *Pluralidad de Intereses en la Tutela Cautelar del Proceso Contencioso-Administrativo,* Barcelona, 1999, pp. 82 ss., esp. pp. 108 e 109.

[100] É esta a expressão que J.-P. Markus ("Sursis à exécution et intérêt général", AJDA, 1996, p. 260) usa para descrever a prática tradicional dos tribunais administrativos, respeitante ao (antigo) processo de *sursis à exécution.*

condições são apreciadas cumulativamente e em separado[101], o que tem tido como consequência a decretação da suspensão com «parcimónia»[102] e com a atitude «cautelosa»[103]. Aos requerentes é exigida a demonstração do prejuízo de difícil reparação resultante da imediata execução do acto, numa perspectiva de causalidade adequada[104]. E, num segundo momento, exige-se, também, que da suspensão não resulte uma grave lesão para o interesse público.

Tradicionalmente, essa apreciação tem sido caracterizada pela sobrevalorização do requisito negativo, a tal ponto que a suspensão tem sido considerada como uma excepção à regra de que em qualquer acto há um interesse público na sua imediata execução[105] **(2.1.)**. Nesta ordem de ideias, não é, pois, de estranhar que o requerente da suspensão tenha sido o «parente pobre»[106], sempre esquecido no momento de apreciação dos pressupostos de procedência do seu pedido **(2.2.)**.

2.1.

As mil cores pintadas neste Acórdão resultam também do distanciamento da prática tradicional relativa à apreciação do requisito previsto na al. b)

[101] Neste sentido, vd., Acórdão do TCA, de 25 de Março de 1999, publ. *in* F. Rodrigues Pardal/A. Madeira Bordalo, *Antologia de Acórdãos do Supremo Tribunal Administrativo e Tribunal Central Administrativo,* Ano II, n.º 2, 1999, Coimbra, pp. 267 ss.

[102] Expressão que M. Fouletier (« La loi du 30 juin 2000 relative au référé devant les juridictions administratives », *revue française de droit administratif,* 16 (5), 2000, p. 27) usa a propósito da prática jurisprudencial relativa ao (tradicional) processo de *sursis à exécution*.

[103] Expressão de J. C. Vieira de Andrade, *A Justiça Administrativa* ... cit., p. 182.

[104] Neste sentido, Acórdão do TCA, de 15 de Outubro de 1998, Acórdão do TCA de 4 de Dezembro de 1997 e Acórdão do TCA de 3 de Dezembro de 1998, todos recolhidos *in* F. Rodrigues Pardal/A. Madeira Bordalo, *Antologia de Acórdãos do Supremo Tribunal Administrativo e Tribunal Central Administrativo,* respectivamente, Ano II, n.º 1, 1998, pp. 280 ss.; Ano I, n.º 1, 1998, pp. 246 ss.; Ano II, n.º 1, 1998, pp. 284 ss.

[105] Neste sentido, M. Fernanda Maçãs, "Tutela judicial efectiva e suspensão da eficácia: balanço e perspectivas", *Cadernos de Justiça Administrativa,* 16, 1999, p. 54; Mário Aroso de Almeida, "Medidas cautelares no ordenamento contencioso – Breves notas", *Direito e Justiça,* Vol. XI, tomo 2, 1997, esp. pp. 142 ss.

[106] Também se aplica no processo de suspensão da eficácia de actos a ideia de Maria da Glória Ferreira Pinto Dias Garcia, "As medidas cautelares entre a correcta prossecução do interesse público e a efectividade dos direitos dos particulares", *Cadernos de Justiça Administrativa,* 22, 2000, p. 52.

do art. 76.º da LPTA: Sem qualquer embaciamento, o tribunal considerou, por um lado, que nem sempre (e toda) a suspensão da expropriação por utilidade pública urgente determina grave lesão do interesse público – afastando-se, assim, da posição do Supremo revelada no Acórdão de 14.01.1998, p. n.º 43368-A, que entendeu que nestas situações «o bem comum exige não só que o bem expropriado passe a pertencer ao expropriante, como ainda que este entre na sua posse o mais rapidamente possível» – e, por outro lado, julgou que, no caso concreto, nada indicava nos autos a urgência da expropriação, que poderia ser motivada pela existência de prazos de financiamento, por exemplo.

Assim, neste âmbito, é de realçar no papel, com cores novas e originais, o afastamento do tribunal da prática tradicional quanto à apreciação do requisito negativo de procedência da suspensão: o «ubíquo»[107] interesse público, que era mecanicamente apreciado em abstracto, deu lugar neste Acórdão à sua análise (e verificação) em concreto. E, por isso, podemos dizer que o receio que um dia tolheu o Supremo de proceder à apreciação em concreto da gravidade resultante para o interesse público da suspensão da eficácia de uma expropriação por utilidade pública, parece, pois, ultrapassado. Esta valoração não traduz nenhuma «intromissão ilegítima do poder judicial na função administrativa»[108].

2.2.

Também da prática jurisprudencial corrente, respeitante à apreciação em separado das condições de procedência da suspensão, se afasta (aparentemente) este Aresto. Ora, ainda que numa primeira leitura nos pareça que o tribunal apreciou em separado as condições de procedência da suspensão, na verdade, considerando atentamente os fundamentos da decisão (principalmente, os incluídos na sua parte final), verificamos que foi introduzido um juízo (adicional), se não expresso pelo menos implícito, de ponderação de interesses. Contudo, mau grado a dita boa vontade em «balançar interesses», o juízo ponderativo foi incompleto e pouco abrangente: resumiu-se a saber quão prescindível seria a construção dos referidos fogos naquele exacto local e se o interesse no realojamento das

[107] Expressão de J.-P. Markus, «Sursis à exécution et intérêt général ... cit., p. 252.

[108] Acórdão de 3 de Novembro de 1987, publ. BMJ, 1987, n.º 371, p. 529.

famílias desfavorecidas seria conciliável com o interesse de conservação da quinta.

Na verdade, neste juízo de ponderação a suspensão da eficácia do acto não foi pensada entre a correcta prossecução do interesse público, considerando a globalidade de interesses subjacentes à expropriação e à urgência na sua execução, e a efectividade na tutela do direito do requerente, que obrigaria a averiguar a natureza desse direito (ou dos seus interesses)[109]. E também foi alheio ao juízo a consideração do factor tempo – o tempo que demora a ser proferida a causa principal – numa perspectiva bidimensional[110]. Ora, parece-nos, pois, que o tribunal, ao decidir suspender a expropriação da Quinta dos Milagres, escreveu certo por linhas, um pouco, tortas...

3.

Tem sido notória, no que respeita à apreciação das condições de procedência da suspensão, a recusa em examinar perfunctoriamente a ilegalidade do acto ou a aparência de bom direito do requerente. Se, por um lado, o juiz cautelar tem vindo a afirmar que no processo de suspensão não lhe é exigido que aprecie sumariamente se o acto a suspender é ou não ilegal — devendo o tribunal nesse caso deixar esta questão intocada e em aberto **(3.1.)** —, por outro lado, o juiz chega a presumir, às vezes sem fundamento, a validade do mesmo. Neste contexto, já foi referido pela doutrina que, se perante o primeiro tipo de comportamento dos tribunais, o requerente nem sempre sai prejudicado[111] **(3.2.)**, já o segundo tipo de prática parece *abusiva*, visto que transfere e antecipa no tempo o ónus da prova sobre a questão de invalidade do acto[112].

[109] Aderimos, assim, ao pensamento de Maria da Glória Ferreira Pinto Dias Garcia, "As medidas cautelares entre a correcta prossecução do interesse público e a efectividade dos direitos dos particulares ... cit., pp. 54 e 55.

[110] Para uma visão global da tutela jurisdicional provisória sob o ângulo dos efeitos negativos do factor tempo, numa perspectiva bidimensional, vd. F. Schoch, *Vorläufiger Rechtsschutz und Risikoverteilung im Verwaltungsrecht,* Heidelberg, 1988, esp. pp. 892 a 958; 1310 a 1318.

[111] Neste sentido, Pedro Machete, "A suspensão jurisdicional da eficácia de actos administrativo ... cit., p. 287.

[112] Neste sentido, Mário Aroso de Almeida, "Medidas cautelares no ordenamento contencioso... cit., pp. 143 e 144 e do mesmo autor, "Suspensão de eficácia de actos administrativos de execução de sentença", *Cadernos de Justiça Administrativa,* 11, 1998, p. 19. Vd., tb. no mesmo

3.1.

E foi no sentido de que no processo de suspensão da eficácia «nada relevam» as considerações feitas quanto à legalidade do acto administrativo que andou o tribunal, considerando, portanto, «irrelevantes as considerações feitas sobre a falta de fundamentos de facto e de direito da expropriação». E uma vez que a lei enumera os requisitos de procedência da suspensão «de verificação cumulativa», não incluindo nenhum referente à existência de uma séria aparência (ou de dúvida séria) da ilegalidade do acto, também neste caso o juiz evitou proceder, durante a instrução cautelar, a qualquer exame sumário para averiguar qual seria, em termos de probabilidade, o desenlace do recurso contencioso de anulação.

3.2.

Contas feitas, a condição de aparência de bom direito, ou *fumus boni iuris* – que é condição conatural ao juízo cautelar e que no processo de suspensão poderia ter tido como funções aproximar relativamente os interesses e facilitar a sua ponderação[113], afastar a consideração do efeito negativo para o interesse público provocado pela suspensão da eficácia de acto ostensivamente nulo e combater a *parasita* presunção de validade do acto – tem estado, e ficou mais uma vez (pelo menos aparentemente), fora do exame de verificação das condições de procedência deste processo cautelar.

Falta-nos saber, contudo, se a negação, pelo tribunal, em apreciar sumariamente a ilegalidade do acto foi total, uma vez que, ao questionar a «imprescindibilidade da construção dos referidos fogos, naquele exacto local – Quinta dos Milagres» (subl. é do Ac.), o tribunal está a formular, exactamente, uma questão que, sob o ponto de vista da legalidade, designadamente atendendo ao princípio da proporcionalidade, cabe ao juiz do recurso de anulação responder. Não sabemos, ao certo, se, afinal, não terá existido no espírito do juiz uma dúvida séria quanto ao desenlace do recurso de anulação (e quanto à absoluta necessidade da expropriação da Quinta dos Milagres), suficiente para sustentar e justificar a prudente suspensão.

sentido, M. FERNANDA MAÇÃS, "Tutela judicial efectiva e suspensão da eficácia: balanço e perspectivas ... cit., pp. 54 ss.

[113] Neste sentido, MÁRIO AROSO DE ALMEIDA, "Medidas cautelares no ordenamento contencioso... cit., p. 145.

4.

Fazer uma aguarela sobre a suspensão da eficácia do acto impõe que se ilustre na brancura do papel outras facetas deste processo que, ainda que não digam completamente respeito ao caso em apreço, se reflectem nos fundamentos do Acórdão e que gostaríamos de aqui ver retratados. Tem sido prática corrente dos tribunais administrativos portugueses considerar os actos administrativos de conteúdo negativo como actos impossíveis de suspensão, mesmo que do seu conjunto se tenham vindo a salvar alguns, como, designadamente, os actos negativos com efeitos positivos[114]. Invoca-se como fundamento da negação[115] a falta de utilidade na suspensão do acto negativo, porque este não produz efeitos inovadores na ordem jurídica. E acrescenta-se também que a suspensão da eficácia do acto de conteúdo negativo traduz uma intromissão dos tribunais no exercício da função administrativa[116].

Não podemos deixar de passar o pincel por tons escuros para representar na folha a rejeição do prejuízo de retardamento da sentença anulatória no momento da decisão da suspensão da eficácia. Neste momento, o juiz tem parecido indiferente quer aos prejuízos que resultam da satisfação demasiado tardia da pretensão do requerente ao acto favorável, quer a considerar se o acto negativo é emitido no exercício de poder vinculado (e se, por isso, provavelmente, a sentença anulatória conterá uma *condenação* implícita quanto ao tipo de efeitos que a Administração deverá dela

[114] Sobre esta problemática, vd. Cláudio Monteiro, *Suspensão da Eficácia de Actos Administrativos de Conteúdo Negativo*, AAFDL, 1990, pp. 125 ss.; M. Fernanda Maçãs, *A Suspensão Judicial da Eficácia dos Actos Administrativos*... cit., esp. pp. 84 ss.

[115] A este propósito vd. Acórdãos do TCA, de 18 de Janeiro de 1997 e de 25 de Março de 1999, ambos recolhidos *in* F. Rodrigues Pardal/A. Madeira Bordalo, *Antologia de Acórdãos do Supremo Tribunal Administrativo e Tribunal Central Administrativo*, respectivamente, Ano II, n.º 2, 1999, Coimbra, pp. 261 ss. e pp. 264 ss.

[116] Esta prática (e a sua justificação) não difere da prática tradicional dos tribunais administrativos franceses, espanhóis e italianos. A este propósito, e a respeito dos fundamentos da rejeição dos pedidos de suspensão da eficácia de actos de conteúdo negativo, vd., respectivamente, O. Schrameck, «"Le sursis à exécution des décisions de rejet", *revue française de droit administratif*, 4 (1), 1988, pp. 47 ss.; C. Escudero Herrera, "De la instrumentalidad y otras características de las medidas cautelares en el orden contencioso-administrativo. Especial referencia a la suspensión de las disposiciones y actos», *Actualidad Administrativa*, 25, 1998, pp. 548 a 552; S. Romano, "La tutela cautelare nel processo amministrativo italiano", *Amministrare*, 1, 1999, pp. 102 a 105.

retirar no momento da execução). A antevisão desses efeitos no processo de suspensão poderia ter permitido a sua antecipação no tempo, por via da sua inclusão na sentença cautelar[117]. A suspensão poderia ter integrado o específico efeito proléptico quanto ao dever da Administração reapreciar o acto de indeferimento[118]. E nesta perspectiva, o conteúdo da sentença de suspensão da eficácia poderia ter sido encontrado por aproximação ao processo de execução de julgados[119], conseguindo produzir um efeito *pedagogicamente* preventivo perante o recurso de anulação do acto ou de *bypass* perante a inércia da Administração[120].

Julgamos que à suspensão da eficácia tem sido apenas reconhecido o perfil funcional, *do para que serve*, que é apto a revelar a função de combate ao *periculum in mora* de infrutuosidade, mas não suficiente para demonstrar que o processo de suspensão da eficácia do acto, porque também opera por antecipação e regula interinamente o objecto sob que incide a causa principal[121], é apto a dar tutela a outras situações, e não apenas às tradicionalmente reconhecidas[122].

[117] No mesmo sentido, quanto a esta possibilidade, vd. J.-M. Février, « Remarques sur la procédure du sursis à exécution (L'exemple du contententiuex de l'urbanisme) », *Droit et ville*, 46, 1998, p. 22; Yves Gaudemet, « Les procédures d'urgence dans le contentieux administratif », *revue française de droit administratif*, 4 (3), 1988, p. 425.

[118] Neste sentido, M. ANDREIS, *Tutela sommaria e tutela cautelare nel processo amministrativo*, Milano, 1996, p. 176 e pp. 218 ss.

[119] A este propósito, vd. E. Antonio Apicella, "Le ingiunzioni di pagamento nel processo amministrativo", *Rivista di Diritto Processuale*, 2, 2001, pp. 516 ss., esp.; pp. 522 e 523.

[120] Vd. a propósito da prática jurisprudencial italiana que concretiza este pensamento, M. Concetta Fuccillo, *La tutela cautelare nel processo amministrativo*, Padova, 1999, pp. 100 a 113 e pp. 120 a 122.

[121] Neste sentido, F. Schoch (*Verwaltungsgerichtsordnung*, München, 1998, em comentário ao § 123.º VwGO, n. m. 149, p. 69) entende que há sempre uma antecipação quando o juiz decreta tutela provisória, ainda que seja através do efeito suspensivo da acção impugnatória do acto – aliás, no que se refere à «*aufschiebende Wirkung*» esta provoca «*die Vorwegnahme der Hauptsach*, [enquanto] *Normalfall*», ou seja a antecipação da causa principal é um efeito normal. Como diz F. Schoch («*Die gemeinsame rechtliche Wirkung von Sicherungsanordnung, Regelungsanordnung und aufschiebender Wirkung liegt in einer vorläufigen Gestaltung der Verhältnisse*») a composição provisória das relações resulta da actuação de todas as formas de tutela provisória e não somente das *ordens provisórias*.

[122] Neste sentido, veja-se como a recente alteração do regime dos processos de *référé* francês vem neste sentido. O novo *référé-suspension* permite expressamente ao juiz ordenar a suspensão de actos de conteúdo negativo e dirigir intimações provisórias à Administração. Aliás, a

O reconhecimento generalizado de uma incapacidade da decisão que põe fim ao processo de suspensão da eficácia do acto para intimar a Administração a actuar, como se a decisão contivesse implícitas *condenações* interinas que exigiriam medidas provisórias positivas de execução, fica a dever-se com certeza à «infância difícil» deste processo, semelhante à do recurso, que impediu a sua «catarse» jurisprudencial e dogmática e tem provocado a redução da *coisa* ao seu *nomen iuris*[123].

É necessária uma nova compreensão do conteúdo da decisão de suspensão da eficácia do acto. E é tão mais necessária quanto mais complicada é a coordenação entre os âmbitos de actuação do recurso contencioso de anulação e da acção para reconhecimento de direitos ou interesses legalmente protegidos e quanto mais duvidosa é a relação de primazia/exclusão entre a suspensão da eficácia de actos e as providências cautelares não especificadas.

Ainda que com avanços e recuos, bem sabemos que a incapacidade, que alguns chamam «congénita»[124], do processo de suspensão da eficácia

jurisprudência tradicional do *Conseil d'État*, a este propósito revelada em 23 de Fevereiro de 1970, no caso *Amoros*, foi posta em dúvida (e abandonada) no caso *Ouatah*, em Dezembro de 2000, ainda antes da entrada em vigor da lei de 30 de Junho de 2000. Mercê da integração no âmbito do *sursis à exécution* dos poderes de injunção que a lei de 8 de Fevereiro de 1995 atribui ao juiz da causa principal, e numa perspectiva de «quem pode o mais pode o menos», foi reconhecido que a suspensão do acto implica sempre uma medida provisória (positiva ou negativa) de execução por parte da Administração, pelo que não impede que se dirijam intimações provisórias à Administração. A este propósito, vd. as conclusões do *Commissaire du Government* F. Lamy. Vd no sentido do texto, P. Cassia/A. Béal, « Les nouveaux pouvoirs du juge administratif des référés », *La Semaine Juridique*, 20, 2001, p. 981 e pp. 986 e 987; R. Denoix de Saint Marc, «La réforme des procédures d'urgence: le nouveau référé administratif», *revue française de droit administratif*, 16 (5), 2000, pp. 946 e 947; R. Vandermeeren, « La réforme des procédures d'urgence devant le juge administratif», AJDA, 9, 2000, pp. 967 e 968; M. Guyomar/P. Collin, «Chronique générale de jurisprudence administrative française», AJDA, 2, 2001, pp. 146 ss.

123 Adaptamos no texto expressões já utilizadas, em outro contexto, por Vasco Pereira da Silva, *Ensinar Direito (a Direito) Contencioso Administrativo*, Coimbra, 1999, p. 79; e "'O nome e a coisa' – A acção chamada recurso de anulação e a reforma do contencioso administrativo", *Cadernos de Justiça Administrativa*, 22, 2000, pp. 36 ss.

124 Expressão que é empregue tanto pela doutrina nacional como estrangeira para descrever um fenómeno comum. É empregue por J. C. Vieira de Andrade, *A Justiça Administrativa* ... cit., p. 184. E por R. Vandermeeren, « La réforme des procédures d'urgence devant le juge administratif ... cit., p. 706.

de actos para intimar a Administração a reapreciar antecipadamente um acto de indeferimento (e para a intimar provisoriamente a praticar certa conduta), tem sido remediada pela aplicação das providências cautelares não especificadas. Todavia, nem por isso, tem sido muito significativa a ampliação da garantia cautelar neste quadro, uma vez que a incerteza quanto à delimitação dos campos de actuação destes meios cautelares tem provocado a rejeição mecânica das providências cautelares não especificadas[125].Também a prática jurisprudencial mais antiga relativa à suspensão parcial de efeitos, bem como à suspensão sujeita a termo e condição não pode estar representados nesta aguarela em traços significativos.

II.

O momento mais interessante deste Acórdão, que suspende parcialmente o despacho que declara a utilidade pública com carácter de urgência da expropriação de oito parcelas de terreno, na parte em que este expropria a Quinta dos Milagres, é marcado por uma intenção implícita, de introduzir no processo de suspensão o «balanço de conveniência»[126] da medida cautelar (já para não falar na inovadora adesão ao critério do *fumus non mali iuris*, que julgamos ter, também, acontecido neste Aresto).

Pese embora ter existido, salvo o devido respeito, um erro nos elementos a contrabalançar, já que o que foi pesado não deveria ter sido e o que deveria ter sido não foi, esta inovação, ainda que ambígua, não é despicienda; bem pelo contrário traduz as tais «boas perspectivas»[127] que se têm vindo a augurar para o processo da suspensão da eficácia[128].

[125] As dificuldades na harmonização dos campos de actuação do processo de suspensão e das providências cautelares estão marcadas no Acórdão do TCA de 27.02.1998, p. n.º 847/98. Algumas pistas quanto à solução foram já dadas pelo TCA (através do Acórdão de 04.02.1999, p. n.º 2263), contudo, parecem insuficientes. Vd. anotação de Carla Amado Gomes, "Todas as cautelas são poucas no contencioso administrativo", *Cadernos de Justiça Admistrativa*,18, 1999.

[126] Apelamos ao «balance of convenience» a que recorre a jurisprudência britânica durante o exame (e que inclui também ao *strong prima facie case test*) que precede a emissão de uma a *interim injunction*. A este propósito, vd. V. Varano, "Appunti sulla tutela provvisoria nell'ordinamento inglese", *Les mesures provisoires en procédure civile*, Milano, 1985, pp. 245 a 247; Jonathan Manning, *Judicial Review Proceedings*, London, 1995, pp. 35 e 36; Íñigo del Guayo Castiella, *Judicial Review y Justicia Cautelar*, Madrid, 1997, pp. 87 a 90.

[127] Neste sentido, J. C. Vieira de Andrade, *A Justiça Administrativa* ... cit., p. 183.

[128] No mesmo sentido, ainda que no contexto da aplicação do DL. n.º 134/98, de 15 de Maio, este balanço de conveniência da medida foi já utilizado como critério central no Acórdão do

O balanço de conveniência da medida cautelar que julgamos correcto, e do qual ainda se afastou o Aresto, situa-se em torno da urgência processual dos direitos ou interesses defendidos no recurso de anulação. Explicando melhor – e recorrendo aos fundamentos de uma decisão do Tribunal Superior de Justiça de Navarra, o qual, apoiado no *fumus boni iuris,* suspendeu a eficácia de um acto que declarava a utilidade pública da expropriação de um imóvel com vista à construção de habitações sociais – a análise da urgência processual pressupõe que «antes de expropriar definitivamente, [se questione] a necessidade da urgência de tal medida, e a sua conformidade com a lei, pois não vá acontecer que, depois de executado o acto, venha a ser ditada a sentença favorável ao autor e o retorno à situação anterior seja impossível»[129].

Somos da opinião que o tribunal, para aferir a conveniência da medida, deve colocar num mesmo *prato* da balança não só a urgência na expropriação como também a provável perda de eficácia da acção administrativa diferida. E no outro *prato,* deve ser colocada a urgência em impedir a execução imediata do acto, visto que a espera pela sentença final do recurso é de molde a criar uma situação de factos irreversíveis e, por consequência, a perda definitiva da tutela jurisdicional efectiva do direito do requerente.

Esta aferição da conveniência da medida pressupõe a consideração do factor tempo numa perspectiva bidimensional, que atende à urgência dos interesses de ambas as partes e aos riscos provocados pelo factor tempo a que estão expostos os referidos interesses.

III.

O balanço de conveniência da medida cautelar que, segundo cremos, vai mais ao encontro do princípio da tutela jurisdicional efectiva, pauta-se por algumas directrizes **(1.)**. E a aplicação deste raciocínio a este caso, em concreto, levaria à emissão de uma suspensão mais proporcional **(2.)**.

STA, de 6 de Setembro de 2000, publ. *Acórdão Doutrinais do Supremo Tribunal Administrativo,* n.º 476, pp. 206 ss.

[129] Neste sentido, *Auto* do Tribunal Superior de Justiça de Navarra de 19 de Novembro de 1990, anotado por J. Suay Rincón, "La suspensión de la expropriación: el '*fumus boni iuris*' como criterio determinante para la adopción de una medida cautelar", *Revista de Estudios de la Administración Local y Autonómica,* 251, 1991, pp. 659 ss. esp. 670.

1.

Em primeiro lugar devemos atender à natureza da ponderação: a ponderação é realizada no exercício do poder jurisdicional **(1.1.)**. Depois, devemos considerar que a ponderação é de natureza cautelar **(1.2.)** e que se concretiza num duplo juízo **(1.3.)**.

1.1.

O juiz da suspensão do acto não é *um administrador* e por isso não pode preocupar-se com a questão de saber se são (ou não) «inconciliáveis aqueles dois interesses – o do realojamento de forma digna dos agregados familiares mais desfavorecidos e o da conservação da Quinta dos Milagres», a menos que, para apoiar o sentido da sua decisão, procure exercer um controlo preliminar, superficial e provisório da legalidade e tenha como objectivo ponderar as duas situações de urgência processual. Tal como não é à Administração que cabe definir o interesse público, também não é ao juiz do processo de suspensão da eficácia de actos que cabe conciliar interesses, mas sim ao legislador[130]. E como julgar a Administração não é administrar, e como a prossecução do interesse público se faz mediante a lei, a garantia provisória dos interesses das partes, deverá fazer-se pelo controlo antecipado da legalidade, uma vez que, ao mesmo tempo e simultaneamente, se estará a controlar objectivamente a legalidade da actuação da Administração (e também aqui há um interesse público a proteger) e, subjectivamente, a proteger a posição jurídica dos particulares[131].

1.2.

O juiz da suspensão da eficácia do acto, que actua no exercício da função jurisdicional para controlo interino/antecipado da legalidade, não deixa de ser também um juiz que actua no âmbito de um processo cautelar, por isso, as suas decisões têm uma função meramente instrumental, têm natureza provisória e são proferidas após uma cognição sumária cautelar. A ponderação a efectuar pelo juiz da suspensão deve atender

[130] Neste sentido, J.–P. Markus, «Sursis à exécution et intérêt général ... cit., p. 257. A este propósito, vd. Arcangelo Monacilium, "I limiti della tutela cautelare nel processo amministrativo», www.giust.it, secção de «articoli e note».

[131] A este propósito, vd. F. Hufen, *Verwaltungsprozeßrecht,* 3. ª ed., München, 1998, n. m. 1 e n. m 8, pp. 531 e 534.

à sua função: a de manter em aberto a solução para a causa principal, de forma a permitir que o juiz do recurso exerça a sua função integralmente, isto é que dite para as partes no processo, em definitivo e de forma útil, uma solução para a relação material controvertida. É necessário, portanto, ponderar a urgência de ambas partes e os riscos. A ponderação funcional da urgência é predeterminada para afastar a produção de situações de facto consumado, que se podem produzir, para ambas as partes, inevitavelmente pela passagem normal (e cada vez mais anormal) do tempo, enquanto se aguarda a solução final. Que sempre há um conjunto de factos que se produzem definitivamente, e sem retrocesso, no tempo intermédio, é uma verdade com a qual o juiz do processo cautelar tem de lidar.

Por isso, a ponderação da urgência tem de ser feita de forma a repartir, proporcionalmente à aparência do seu direito, os riscos de produção dessas situações resultantes da espera da sentença principal[132], uma vez que já é suficiente o facto de o recurso não ter efeito suspensivo. Como há necessidade de repartir proporcionalmente esses riscos de ameaça de produção de uma situação de factos irreversíveis – que tanto pode ser provocada pelo deferimento como pelo indeferimento da medida cautelar, para cada uma das partes – cumpre encontrar no *fumus boni iuris* um suporte para tutelar prioritariamente uma das partes.

Repartir proporcionalmente implica cumprir o dogma da proibição da antecipação da causa e considerar que o objectivo desta decisão é acautelar, sem comprometer, a solução para a causa; é proteger, sem definir definitivamente, o *quid* que está numa situação de espera[133]. A decisão do juiz da suspensão deve pautar-se pela provisoriedade. A suspensão deverá ser sempre duplamente provisória: no sentido de que os efeitos que se causam à contraparte não podem ser irreversíveis e na perspectiva do benefício provisório que se dá ao requerente; este não pode ser entendido senão como somente temporário, até que se decida a causa principal[134]. A ponderação exige que, no tempo intermédio, apenas se ditem medidas

[132] Neste sentido, F. Schoch, "Grundfragen des verwaltungsgerichtlichen vorläufigen Rechtsschutzes", *Verwaltungs-Archiv*, 1991, pp. 157 ss.

[133] Concordamos, pois, com Carla Amado Gomes, "À espera de Ulisses. Breve análise da Secção I do Capítulo VI do Anteprojecto de Código dos Tribunais Administrativos/II (as medidas cautelares)", Separata da *Revista do Ministério Público*, 84, 2000, pp. 49 ss.

[134] Neste sentido, H. Huba, "Grundfälle zum vorläufigen Rechtsschutz nach der VwGO", *Juristische Schulung*, 12, 1990, pp. 983 a 990, esp. p. 986.

que sejam as menos prejudiciais para ambas as partes. A ponderação só faz sentido que exista no processo cautelar para produzir uma repartição de riscos: e, nomeadamente, a repartição do risco de o juiz decretar uma decisão cautelar errada[135].

Ainda que provisória de direito, a suspensão cautelar tem sempre implícita a ameaça de se julgar mal. Todavia, como o tempo no processo é um elemento tão relevante – não apenas factor de ouro como é a própria justiça[136] – que o juiz deve aventurar-se a repartir entre as partes os riscos envolventes à emissão de uma decisão errada. Para diminuir esse risco há uma solução: ponderar e conhecer os fundamentos das partes de forma sumária e antecipada e, em termos de probabilidades, examinar qual será o desfecho da causa principal[137]. Quanto maior for o risco de a decisão cautelar produzir uma situação irreversível mais fundamentada tem de ser a posição da parte que dela beneficia. Ponderar pode implicar inclusive a aceitação do sacrifício do direito de uma das partes (ou do interesse que defende no recurso) ao interesse cuja existência tem mais probabilidades de ser confirmada na causa principal.

1.3.

A emissão de uma medida cautelar implica sempre um juízo de ponderação, que está presente duas vezes no momento da análise das condições de procedência da medida: na apreciação da urgência das partes (incluindo a urgência na tutela de interesses de terceiros) e na apreciação do *fumus*. Quanto mais significativa e acreditada for a urgência do requerente menor relevância deverão assumir os prejuízos que se causam à parte contrária.

[135] Neste sentido, vd., F. SCHOCH, "Grundfragen des verwaltungsgerichtlichen vorläufigen Rechtsschutzes ... cit., pp. 157 a 159.

[136] E. J. COUTURE, *Proyeto de Código de Procedimiento Civil*, Buenos Aires, 1954, p. 34.

[137] As reformas mais recentes operadas no sistema italiano vão no sentido da aceitação do *fumus boni iuris* como um critério central de procedência da tutela cautelar. Neste sentido, o art. 3.º da Lei 21 de Julho de 2000, n.º 205, impõe ao tribunal o dever de fundamentar o sentido da sua decisão cautelar, tanto no que respeita ao «prejuízo alegado», como no que respeita «à razoável previsão sobre o êxito do recurso», resultantes do «exame sumário». Neste sentido, vd. F. CARINGELLA/G. DE MARZO/F. DELLA VALLE/R. FAROFOLI, *La nuova giurisdizione esclusiva del giudice amministrativo*, Milano, 2000, pp. 641 ss. A este propósito, para mais desenvolvidas considerações, www.giust.it, secção de «articoli e note», NAZARENO SAITTA, "Riti abbreviati e tutela cautelare: un passo indietro?".

Ao mesmo tempo, quanto maiores são os prejuízos causados à contraparte (ou a terceiros) mais fundamentado e evidente deverá ser o *fumus*[138]. Esta ponderação nada tem de semelhante com a ponderação adicional de interesses em jogo, que entrega ao juiz cautelar um poder discricionário para negar a medida requerida ainda que os pressupostos conaturais de procedência cautelar estejam fundamentados[139]. Instituir ou não instituir a ponderação de interesses como um critério autónomo e adicional de ponderação, que seja cumulativo e ao mesmo tempo negativo – em termos de permitir que o sim da medida cautelar, após a comprovação do *fumus boni iuris* e da provável produção de uma situação de factos consumados, fique no livre arbítrio do juiz[140] – eis uma questão cuja resposta caberá, com certeza, ao sistema legal ou à prática jurisprudencial[141] dar (e arriscar).

Contudo, ainda que se considere que o processo não serve só para proteger uma das partes (o administrado)[142], havendo uma fundamentada aparência de ilegalidade na actuação da Administração, não conseguimos evitar de considerar que a prática jurisprudencial de pesagem momentânea (e por acréscimo) de prejuízos significa a realização de justiça efectiva,

[138] Neste sentido, vd. as considerações de J. VAN COMPERNOLLE, « Les mesurres en droit belge. Introduction générale », *Les mesures provisoires en droit belge, français et italien. Étude de droit comparé*, Bruylant, Bruxelles, 1998, pp. 12 e 13; L. DU CASTILLON, "Les pouvoirs, au provisoire, du juge des référé: déraison de la mesure ou mesure de la raison?", *Les mesures provisoires en droit belge, français et italien. Étude de droit comparé*... cit., pp. 34, 36 e 37.

[139] Sobre esta questão tão complicada, vd. F. SCHOCH, *Verwaltungsgerichtsordnung*... cit., ns. ms. 62 ss., pp. 28 ss., que entende que «o motivo da *ordem provisória*» e «o direito à *ordem provisória*» são as condições de procedência normais, sendo a ponderação de interesses públicos e privados um «critério incongruente». Para uma consideração mais desenvolvida, vd. K. FINKELNBURG/K. P. JANK, *Vorläufiger Rechtsschutz im Verwaltungsstreitverfahren*... cit., ns.ms. 160 a 164, pp. 74 a 76. Cfr. a posição de F. HUFEN (*Verwaltungsprozeßrecht* ... cit., , n. m. 15, pp. 572 e 573) que defende a ponderação de interesses públicos e privados, como uma tarefa obrigatória antes da emissão de uma ordem provisória.

[140] Sobre esta questão, J. RODRÍGUES PONTÓN, *Pluralidad de Intereses en la Tutela Cautelar*... cit., pp. 69 ss., pp. 119 ss. e esp. p. 198.

[141] A propósito da jurisprudência comunitária, que vai neste sentido, C. MORVIDUCCI, "*Fumus boni iuris* e misure cautelari nel processo comunitário", *Rivista Italiana di Diritto Pubblico Comunitario*, 1999, pp. 705 ss., esp. p. 725.

[142] No Ac. do STA de 08.07.1997 (publicado nos *Cadernos de Justiça Administrativa*, 8, 1998, pp. 37 ss.) foi reconhecido que o processo administrativo não se compadece com uma defesa exclusiva dos interesses do particular.

salvo se o interesse público [ou o interesse de terceiros] *não exigir outra coisa*[143]. Afinal, se o «*Senhor* do interesse público é a lei e não a Administração»[144], há mais razões para centrar no *fumus boni iuris* a apreciação das condições de procedência, dando preferência antecipada à pretensão que, provavelmente, merecerá a protecção definitiva. E isto sem prejuízo de as opções de concretização do critério do *fumus* poderem variar entre a «razoável certeza quanto ao êxito na causa principal» e o «*fumus non mali iuris*»[145].

2.

Em jeito de síntese, cumpre só referir duas ideias: a primeira que diz respeito ao juízo de balanço de interesses que o juiz efectuou neste Aresto. Este esteve parcialmente próximo do descrito, visto que o tribunal não se limitou a examinar, em separado, se a suspensão causaria uma «grave lesão para o interesse público» e nem realizou, propriamente, uma ponderação entre «interesses privados» e «interesses públicos»; ousou (e bem) ponderar situações de urgência, faltando-lhe apenas a pesagem na repartição proporcional de riscos. Em segundo lugar queremos referir-nos ao *aparente* recurso ao critério do *fumus*. Ainda que nos seus fundamentos o tribunal o não tenha dito, parece-nos que este foi apreciado e de forma determinante na decisão de suspender a expropriação urgente: por um lado existiu a incerteza (ou dúvida séria) quanto à absoluta necessidade da expropriação daquela parcela de terreno (ou seja, a dúvida séria quanto ao desenlace do processo principal) e, por outro lado, pairou a ameaça de destruição irreversível de uma parte da quinta, desacompanhada de elementos objectivos que revelassem a urgência da expropriação. Houve também uma ponderação do *fumus boni iuris*.

Finalmente, pretendemos discutir se uma outra solução para o caso, mais proporcional e sensível aos interesses subjacentes à expropriação urgente, não exigiria, em alternativa, duas diferentes atitudes, uma vez que da instrução realizada sumariamente no processo cautelar não se pode

143 Neste sentido, E. García de Enterría, *La batalla por las medidas cautelares*, 2ª ed., Madrid, 1995, esp. pp. 215 e 216.

144 Como diz, L. F. Colaço Antunes, *O Direito Administrativo e a sua Justiça no Início do Século XXI*, Coimbra, 2001, p. 45.

145 Também neste sentido, Mariano Bacigalupo, *La nueva tutela cautelar en el contencioso-administrativo*, Madrid, 1999, pp. 32 ss., p. 171.

concluir, segundo parece, que da imediata posse administrativa da Quinta dos Milagres poderia resultar o desalojamento familiar, a destruição do palacete e do jardim (com o seu lago e árvores centenárias) – visto que dos 13. 507 m^2 que integram esta propriedade só é incluída na expropriação uma parcela de terreno de 11. 696 m^2, sendo que a dimensão dos edifícios habitacionais e do jardim não ultrapassam, salvo melhor opinião, os 1. 000 m^2.

Uma solução, que não parece alheia à vontade dos requerentes da suspensão, iria no sentido de reduzir (ainda mais) o conjunto de efeitos do acto de expropriação, de modo a permitir a suspensão da eficácia do acto apenas (e só) quanto aos efeitos que o tribunal considerou adequados a produzir um prejuízo de difícil (ou impossível) reparação. Uma outra, que fosse conduzida pelo princípio da proporcionalidade[146], poderia obrigar a reflectir sobre a oportunidade da emissão de uma suspensão sujeita a cláusula acessória (termo, *reserva* ou condição).

Mais adequadas ao caso do que uma suspensão sujeita a termo (que implicaria a determinação de um período de tempo de vigência para a suspensão), ou que a suspensão sujeita a reserva: a reserva do poder de revogação, por alteração de circunstâncias (visto que a decisão cautelar está sujeita à cláusula *rebus sic stantibus*)[147], seriam a suspensão sujeita a condição ou a decretação provisória de suspensão (suspensão provisória interlocutória), sendo esta *de iure condito* de mais difícil aceitação. Esta última, a suspensão provisória da eficácia do acto – por um prazo curto de vigência, passível de alteração ou revogação se, depois de notificada a decisão ao requerido, este alegasse factos ou produzisse meios de prova, não tidos em conta pelo tribunal, que pudessem afastar (ou reduzir) os fundamentos da providência – seria, no nosso entender, a solução ideal, considerando algumas das limitações dos normativos vigentes que regem

[146] Segundo a regra da proporcionalidade, as medidas provisórias não podem impor ao requerido um sacrifício desproporcionado relativamente aos interesses que o requerente deseja acautelar. Neste sentido, M. Teixeira de Sousa, *Estudos sobre o Novo Processo Civil*, Lisboa, 1997, p. 249.

[147] Neste sentido, ou pelo menos mostrando-se receptivo a esta possibilidade, J. C. Vieira de Andrade, *A Justiça Administrativa*... cit., p. 183. Vd. tb., M. Fernanda Maçãs, "Tutela judicial efectiva e suspensão da eficácia: balanço e perspectivas... cit., p. 55.

o processo de suspensão da eficácia de actos, inclusive o art. 103.º, n.º 2 da LPTA[148].

Fazer depende a provisoriedade da suspensão do acto de uma condição resolutiva não nos parece ser uma resposta inoportuna. Nesta ordem de ideias, a extinção da suspensão de execução da expropriação poderia ficar dependente da prova sumária, pela entidade recorrida, de que a parcela de terreno expropriada não privaria «o agregado familiar do direito de habitarem no palacete e habitação complementar da referida quinta e usufruírem do seu jardim e logradouro».

A posição do Supremo, muito mais generosa do que a nossa, só prova, que «a cultura da urgência»[149] está a invadir o contencioso administrativo, inclusive o processo que tradicionalmente foi *conduzido* de forma *iníqua* e *cega* e, cuja procedência esteve dependente da superação de obstáculos de chumbo (a presunção infundada quer de validade do acto, quer da imediata necessidade de execução para prossecução do interesse público): o processo de suspensão da eficácia de actos administrativos. No final desta aguarela, que descolorirá, surge-nos a dúvida sobre se é ao «esquecimento»[150] do interesse público ou se é à lembrança de que o juiz cautelar é principal guardião da tutela jurisdicional efectiva no contencioso administrativo, que se fica a dever, com este Acórdão, a entrada na «cidadela»[151] que muitos consideravam impenetrável.

[148] Esta solução, que tem cabimento no âmbito de outros sistemas processuais, seria aceitável nos termos do *código* que contemple o art. 131.º da Proposta de Lei que aprova o Código de Processo nos Tribunais Administrativos e Fiscais, que foi apresentada à Assembleia da República. A resposta que se dá pode configurar-se plausível ponderados vários factores: considerando o art. 103.º, n. 2 da LPTA e a limitação da possibilidade de recurso jurisdicional do Acórdão do Supremo que decide sobre o pedido da suspensão da eficácia de actos, atendendo ao princípio da adequação processual e à possibilidade de aplicação *ex vi* art. 1.º da LPTA, com as devidas adaptações, do art. 388.º, n. 1, al. b) *in fine* e 2 do CPC, ao caso concreto.

[149] Neste sentido, R. Denoix de Saint Marc, « La réforme des procédures d'urgence: le nouveau référé administratif ... cit., p. 942.

[150] A este propósito, vd. L. F. Colaço Antunes, *O Direito Administrativo e a sua Justiça no Início do Século XXI*... cit., pp. 11 e 12, pp. 41 ss.

[151] Esta expressão que B. Pacteau (*Contentieux administratif*, 5.ª ed., Paris, 1999, p. 288) utiliza para descrever o domínio que o «caractère exécutoire de l'acte administratif» tem no processo, volta a ser usada por M. Fouletier ("La loi du 30 juin 2000 relative au référé devant les juridictions administratives ... cit., p. 983) para referir que, após a reforma do sistema de processos urgentes na França, se duvida que esta cidadela tenha ficado a salvo.

QUINTO ESTUDO

"A GARANTIA DO PRAZO RAZOÁVEL: O JUIZ DE ESTRASBURGO E O JUIZ NACIONAL"

Cadernos de Justiça Administrativa, 44, 2004, pp. 43-67

A garantia do prazo razoável, o juiz de Estrasburgo e o juiz nacional: como reparar o dano?

SUMÁRIO: **0.** Introdução; **I.** O direito a uma decisão judicial em prazo razoável e os seus meios de defesa (ou «remédios»), *maxime* reparadores; **II.** A tutela cautelar antecipatória como instrumento razoavelmente obrigatório neste domínio.

0.

Quinze anos decorridos após o inovador aresto das *Garagens Pintosinho*/1989 – na altura considerado como «um *leading case* da *jurisdictio* portuguesa no domínio da responsabilidade do Estado»[152] –, deparamo-nos agora com um *mirabile dictu* nesta matéria, que, por isso mesmo, justifica uma reflexão: o Acórdão do Tribunal Central Administrativo (=TCA) de 30.10.2003, proc. n.º 12 780, pelo qual o juiz administrativo, tendo considerado indiciada a obrigação de indemnização do dano decorrente da violação do direito a uma decisão judicial em prazo razoável, condena o Estado-juiz, através do decretamento de uma providência cautelar especificada do Código do Processo Civil (=CPC), a reparar provisoriamente esse dano, sob a forma de renda mensal.

[152] Neste sentido, J. J. Gomes Canotilho, anotação ao Acórdão de 7 de Março de 1989, *Revista de Legislação e de Jurisprudência*, ano 123.º, 1990-1991, n.º 3799, p. 305.

O Acórdão *faialense* do TCA – se assim o quisermos designar – não é, de facto, o primeiro a reconhecer que o ordenamento jurídico português consagra o direito a uma decisão judicial em prazo razoável, ainda que não afirme que este é um direito fundamental constitucionalmente consagrado; tão-pouco é dianteiro a reconhecer a responsabilidade do Estado pelos prejuízos decorrentes da violação da garantia processual do prazo razoável; e muito menos é pioneiro a decretar uma providência cautelar antecipatória com vista a realizar no contencioso administrativo a tutela jurisdicional efectiva de direitos fundamentais.

E, porém, o aresto *sub judice* é admirável, como dissemos, não só porque consolida os avanços dados neste domínio pela jurisprudência dos tribunais administrativos, mas também porque é, *si rite recordor*, o primeiro a fixar uma renda mensal provisória a favor da vítima do mau funcionamento do serviço de justiça – isto, numa perspectiva **(I.)**.

Numa outra perspectiva, que atende ao actual momento de transformação do contencioso do prazo razoável, o Acórdão *faialense* destaca-se por estar em sintonia com a mais recente jurisprudência de Estrasburgo que versa sobre o direito a uma decisão judicial em prazo razoável e as suas garantias (*maxime* contenciosas) – os processos *Kudła c. Polónia*/2000 e *Gouveia da Silva Torrado c. Portugal*/2003 **(II.)**.

I.

São exactamente as situações mais «impressivas» de demora excessiva do processo, para dizê-lo com a linguagem do Acórdão *sub judice*, como é aquela que dá origem ao aresto e que normalmente justifica a condenação de um Estado em Estrasburgo, e o tipo de soluções que para aquelas situações recomendam os órgãos da Convenção, como é esta que o TCA encontrou, que nos reforça a certeza de que existe um direito a uma decisão judicial em prazo razoável **(1.)** e de que as suas garantias contenciosas podem funcionar no plano do ordenamento jurídico interno **(2.)**.

1.

Como o aresto em análise confirma, o direito a uma decisão em prazo razoável está realmente previsto no ordenamento jurídico português, tanto numa fonte de direito internacional, a Convenção Europeia dos Direitos do Homem (= CEDH), em relação à qual se cumpriram todas as formalidades para a sua regular aplicação em Portugal[153], como na Constituição da República Portuguesa (= CRP) e nas leis do processo (quer do processo civil, nos termos do n.º 1 do art. 2.º do CPC, quer do processo administrativo, nos termos do n.º 1 do art. 2.º do CPTA) **(1.1.)**.

Contudo, não obstante a jurisprudência portuguesa reconhecer a existência do direito a uma decisão em prazo razoável e não desconhecer os critérios/parâmetros de medição de razoabilidade elaborados pelos órgãos da Convenção, esta ainda revela fragilidades na valoração do conceito «prazo razoável» **(1.2.)**.

1.1.

De facto, o direito a uma decisão em prazo razoável integra o conjunto de garantias processuais previstas no artigo 6.º § 1 da Convenção: «qualquer pessoa tem direito a que a sua causa seja examinada equitativa e publicamente, num prazo razoável, por um tribunal independente e imparcial, estabelecido pela lei, o qual decidirá, quer sobre a determinação dos seus direitos e obrigações de carácter civil, quer sobre o fundamento de qualquer acusação em matéria penal contra si dirigida. (...)». E sobre este direito, designado por direito ao processo equitativo, e especialmente sobre o seu específico conteúdo e amplitude, bem como sobre cada uma das garantias processuais nele incluídas, há abundante jurisprudência dos órgãos da Convenção (e actualmente do TEDH)[154], pelo que, em parte, por via da «técnica das noções autónomas»[155] e da «teoria dos elementos

[153] Sobre este assunto, vd. o nosso, "Do novo contencioso administrativo e do direito à justiça em prazo razoável", in: *Estudos em Comemoração do Décimo Aniversário da Licenciatura em Direito da Universidade do Minho,* Coimbra, 2004, pp. 345 ss.; e vd. tb. bibliografia sobre este tema aí citada.

[154] A este propósito, vd. F. Sudre, "À propos du dynamisme interprétatif de la cour européenne des droits de l'homme", *La Semaine Juridique* (JCP), I-335, 2001, pp. 1365 ss; P. Lambert, "La cour européenne de droits de l'homme", *Journal des Tribunaux Droit Européen,* n.º 17- 3.º ano, 1995, pp. 58 ss.

[155] A este propósito, vd. F. Matsher, «"La jurisprudence de la cour relative à l'article 6 de la convention", *Documentação e Direito Comparado,* n.º 33/34, 1988, p. 469.

inerentes ao direito»[156], as incertezas que se colocam neste domínio vão sendo evolutivamente elucidadas[157].

E, com efeito, o TEDH tem esclarecido que a razoável duração do processo – «da qual depende a boa administração da justiça e a sua credibilidade» – se aprecia em concreto, considerando a urgência e a complexidade do litígio. A *Cour de Estrasburgo* tem vindo a esclarecer que – em princípio – um processo que demore numa instância mais de três anos excede o prazo razoável. Contudo, sublinhamos, é uma questão de princípio geral, pois a sua comprovação depende da análise sistemática *in concreto* de cada processo, atendendo a certos critérios/parâmetros de medição.

Mas o direito a uma decisão em prazo razoável tem também sede na Lei Fundamental e, desde 1997, tem mesmo previsão autónoma no n.º 4 do art. 20.º da CRP. O legislador constituinte, talvez motivado pelo «impressionismo jurídico» da jurisprudência dos órgãos de Estrasburgo — como já foi dito[158]— veio confirmar a garantia processual à justiça em prazo razoável, já antes (pelo menos) compreendida no direito de acesso aos tribunais. Com efeito, «mesmo que [durante algum tempo fosse] duvidoso tratar-se de um direito fundamental autónomo», ainda assim, o direito a uma decisão judicial em prazo razoável foi sendo «compreend[ido] [pelo Tribunal Constitucional] no direito de acesso aos tribunais, previsto com carácter geral no art. 20.º CRP»[159], e considerado,

156 Neste sentido, F. Sudre, "À propos du dynamisme interprétatif de la cour européenne des droits de l'homme... cit., pp. 1365 ss.

157 Sobre este assunto, vd. o nosso, "Do novo contencioso administrativo e do direito à justiça em prazo razoável», in: *Estudos em Comemoração...* cit., pp. 345 ss.

158 Neste sentido, Luis Catarino, "Responsabilidade por facto jurisdicional – contributo para a reforma do sistema geral de responsabilidade civil extracontratual do Estado", *Responsabilidade Civil Extra-contratual do Estado,* Trabalhos preparatórios da reforma, Ministério da Justiça, 2002, p. 283. Sobre a influência do TEDH na legislação e na jurisprudência portuguesas vd. Sérvulo Correia/Rui Medeiros/ Bernardo Diniz de Ayala, "Vers une protection juridictionnelle commune des citoyens en europe (?)", in : *Estudos de Direito Processual Administrativo,* Lisboa, 2002, esp. p. 60.

159 Acórdão do TC de 13.4.1988, proc. n.º 86/235, publ. in: DR II série, n.º 193, de 22.8.1988, p. 7629. No mesmo sentido, vd. Acórdão do TC de 23.5.1990, proc. n.º 89/154, publ. in: DR, II série, n.º 240, de 18.10.1991, p. 10430 e Acórdão do TC de 3.6.1992, proc. n.º 91/119, publ. in: DR II série, n.º 211, de 12.9.1992, p. 8495.

pela doutrina, como «dimensão constitutiva do direito à protecção jurisdicional»[160].

O direito que a Lei Fundamental garante a todos no n.º 4 do art. 20.º – «a que uma causa em que intervenham seja objecto de decisão em prazo razoável» – também se traduz na existência de procedimentos judiciais caracterizados pela celeridade e prioridade para defesa dos direitos, liberdades e garantias e na garantia fundamental do arguido em ser julgado no mais curto prazo de tempo compatível com as garantias de defesa, no domínio do processo penal (art. 32.º, n.º 2).

Lamenta-se apenas que o Tribunal Constitucional, não obstante ter referido múltiplas vezes que o direito de acesso aos tribunais compreende o direito à decisão judicial em prazo razoável[161], não se tenha ainda pronunciado, salvo o erro, sobre o específico conteúdo do direito a uma decisão judicial em prazo razoável[162].

1.2.

Enfim, o direito à justiça em prazo razoável, contemplado na CEDH ou de acordo com *indirizzo* constitucional, é um direito vigente que tem como destinatários directos e sujeitos passivos todos os órgãos do poder judicial — especialmente, o juiz quando é dotado de amplos poderes de condução do processo[163] — e que obriga a que a protecção jurisdicional seja nas várias jurisdições temporalmente adequada e sem dilações indevidas, impondo a existência de processos adequados, principalmente para aqueles casos em que a duração do processo é logo em termos constitucionais exigida

160 Neste sentido, J. J. Gomes Canotilho, anotação ao Acórdão de 7 de Março de 1989... cit., p. 306.

161 Acórdão publicado in: DR, II série, n.º 54, de 5.3.1997, p. 2818. No mesmo sentido, vd. Acórdão do TC de 10.7.1996, proc. n.º 95/197, publ. in: DR, II série, n.º 293, de 19.12.1996, p. 17610.

162 Mais recentemente, chamado a pronunciar-se sobre se a exigência das garantias administrativas necessárias violam o direito de acesso à justiça e o direito à justiça em prazo razoável, o TC não referiu «uma única palavra» (M. Torres, «Informação de jurisprudência», *Cadernos de Justiça Administrativa*, 27, 2001, p. 57) quanto a esta última questão (Acórdão n.º 99/2001, p. 640/99, de 13.03.2001, Publicado in: DR, II série, n.º 131, 06.06.2001, p. 9557).

163 Neste sentido e para outras considerações, vd. J. C. Vieira de Andrade, *Os Direitos Fundamentais na Constituição Portuguesa de 1976*, 2.ª ed., Coimbra, 2001, esp. p. 235.

em termos de celeridade e prioridade[164]. É certo, contudo, que julgar como razoável ou irrazoável a duração do processo continua a ser a tarefa mais difícil.

E comprova tais dificuldades, designadamente, o modo como os tribunais administrativos apreciam os pressupostos de responsabilização do Estado-juiz pela demora excessiva do processo[165]. E o Acórdão *faialense* não demonstra dificuldades diferentes. Na verdade, o TCA seguiu um método silogístico inédito nesta matéria: a «esperança média de vida [=] (...) 70 anos» e «estes 17 anos correspondem a um quarto da vida de uma pessoa», logo: «[17 anos] à espera de uma decisão jurisdicional definitiva (...) [é] manifestamente irrazoável, e, por este motivo, (...) [demonstra] indiciariamente a obrigação de indemnizar fundada em responsabilidade extracontratual do Estado por facto ilícito». Ora, procurando encontrar o *fumus boni iuris* servindo-se do seu «*flair*»[166], para invocar a linguagem de García de Enterría, este método talvez sirva apenas para casos em que a duração do processo excede manifestamente o razoável.

Bem sabemos que, em matéria de prova, ao juiz administrativo cautelar não é exigido mais do que a realização de uma *summaria cognitio* quanto à existência provável da obrigação de o Estado indemnizar os danos emergentes do mau funcionamento do serviço de justiça, contudo, não duvidamos que a metodologia seguida pelo TCA quanto à cognição (e justificação) desta condição de procedência da providência cautelar de arbitramento não tem ímpeto universal, que inspire o seu seguimento.

[164] Sobre este assunto, para mais desenvolvimentos, J. J. Gomes Canotilho/Vital Moreira, *Constituição da República Portuguesa Anotada,* 3.ª ed., Coimbra, 1993, 163; Jorge Miranda, *Manual de Direito Constitucional,* Tomo IV, 3.ª ed., Coimbra, 2000, pp. 256 ss.; esp. p. 260 ss.; J. J. Gomes Canotilho, *Direito Constitucional e Teoria da Constituição,* 6.ª ed., Coimbra, p. 498.

[165] Assim, por um lado, nos termos do Decreto-lei n.º 48 051, o STA vai exigindo a verificação dos pressupostos do facto, ilicitude, culpa, dano e nexo de causalidade entre facto e dano; outras vezes, contudo, a metodologia da jurisprudência de Estrasburgo – que consiste na análise da complexidade do processo, do comportamento das partes e da actuação das autoridades judiciárias – é seguida pelos juízes portugueses no momento da apreciação da razoabilidade da duração da causa. Por outro lado, em algumas situações, esses critérios/parâmetros são aplicados em alternativa com aqueles e noutras situações nem sequer são tidos em conta no exame. Sobre esta questão, vd. o nosso, «Do novo contencioso administrativo e do direito à justiça em prazo razoável», *Estudos em Comemoração...* cit., pp. 368 e 369.

[166] Neste sentido, E. García de Enterría, "Novedades sobre los procesos en el conflicto de pesca anglo-español", in: *La batalla por las medidas cautelares,* 3.ª ed., Madrid, 2004, p. 84.

Além disso, como o projecto de lei sobre o regime de responsabilidade civil extracontratual do Estado e demais entidades públicas, na versão que se conhece, de 06.05.2003, também não prevê pressupostos específicos para este tipo de responsabilidade do Estado-juiz por mau funcionamento do serviço de justiça, e muito menos dita orientações precisas para apreciação do prazo razoável, a questão parece permanecer em aberto.

Cumpre, por tudo isto, reflectir sobre a importância da metodologia dos órgãos da Convenção e sobre a necessidade de, na ausência de critérios próprios para avaliar o «prazo razoável», os tribunais nacionais seguirem a metodologia daqueles.

Os órgãos de Estrasburgo para avaliarem do fundamento das queixas que lhes são apresentadas contra os Estados, tendo por base a violação da garantia do prazo razoável, seguem uma «metodologia sistemática»[167], assente em critérios que são testados caso a caso, portanto *in concreto,* e numa perspectiva global[168]. Este método, em que se encontra uma «suficiente dose de racionalidade»[169], não obstante o intérprete possuir uma margem de apreciação num caso concreto, assenta na apreciação dos seguintes critérios/parâmetros, *scilicet*[170]: (*i*) a complexidade do processo;

[167] Neste sentido, O. Corten, *L'utilisation du 'raisonnable' par le juge international,* Bruxelles, 1997, p. 557; J. M. B. Sanchez-Cruzat, *Derecho Administrativo y Tribunal Europeo de Derechos Humanos,* Madrid, 1996, p. 113.

[168] Sobre o *dies ad quo* e o *dies ad quem,* tanto em matéria penal como civil, vd. L. Sermet, *Convention Européenne des Droits de l'Homme et Contentieux Administratif français,* Faculté de droit et de science politique d'Aix-Marseille, 1993-1994, pp. 322 ss.; G. Cohen-Jonathan, *La Convention Européenne des Droits de l'Homme,* Economica-PUAM, 1989, pp. 419 a 423 ; J.-P. CÉRÉ, "L'article 6 de la Convention européenne des droits de l'homme et le procès disciplinaire en prison", *La Semaine Juridique- Édition Générale,* I-316, n.º 18, 2001, p. 870.

[169] Neste sentido, O. Corten, *L'utilisation du 'raisonnable' par le juge international*... cit., pp. 560 e 561.

[170] Seguindo, em síntese, o raciocínio já desenvolvido em outro lugar, quanto à apreciação da complexidade do processo, *primo,* os órgãos da Convenção atendem tanto às circunstâncias de facto como aos aspectos de direito do processo que são susceptíveis de contribuir para que o mesmo demore para além do razoável a definir-se definitivamente: número de pessoas a que respeita a causa; o tipo de peças processuais, nomeadamente os articulados; a produção de prova, inclusive a pericial, a realizada por via de cartas precatórias e a complexidade das investigações quando se trata, nomeadamente, de um processo de dimensão internacional; a dificuldade da elaboração de sentença, número de jurisdições envolvidas por via de recurso e a elaboração de conta; as dificuldades decorrentes da própria aplicação do direito ao caso concreto, considerando as dúvidas sobre as questões de direito ou a própria natureza intrincada

(*ii*) o comportamento das partes e (*iii*) a actuação das autoridades competentes no processo. Mais recentemente, a jurisprudência de Estrasburgo autonomizou a partir do primeiro critério um outro, (*iv*) que atende ao assunto sob que incide o processo e à urgência na prolação da decisão judicial, «l'enjeu du litige»[171].

Pois bem, como demonstraremos em seguida, a metodologia dos órgãos da convenção não pode ser ignorada mesmo pelo juiz da causa cautelar, já que é com base nela que o TEDH apura com o maior grau possível de objectividade o que se pode considerar como duração irrazoável e, consequentemente, se há ou não violação do direito.

do litígio, são também tidas em conta pelo juiz europeu no momento em que examina se a duração excessiva do processo se ficou a dever ou não a este pressuposto; *secundo*, quanto ao comportamento das partes no processo, o juiz de Estrasburgo analisa em que temos a actuação (ou omissão) daquelas contribui para existência de dilações irrazoavelmente indevidas no processo, tanto no que respeita à vinda ao mesmo para exercício de direitos como na utilização de mecanismos processuais; e, *tertio*, o comportamento das autoridades nacionais é considerado numa perspectiva ampla, uma vez que a avaliação *in concreto* da existência ou não de dilações indevidas num processo atende não só ao comportamento tido no processo pelas autoridades judiciárias, mas contempla também a apreciação do comportamento de outras entidades do Estado, inseridas até no poder executivo e legislativo, cujas omissões poderão traduzir no plano internacional incumprimento da obrigação de resultado decorrente do art. 6.º, § 1 CEDH. Aos olhos dos órgãos da Convenção, nem a invocação de excesso de zelo na realização de prova, nem a falta de meios estruturais e recursos, nem o cumprimento do princípio do dispositivo justificam a prolação irrazoavelmente tardia da sentença. *Quarto*, «l'enjeu du litige», obriga a considerar a natureza do processo e o assunto sobre que este versa. Este critério destacou-se a partir da apreciação dos processos relativos às transfusões de sangue contaminado, accionados em Estrasburgo contra o Estado francês e, mais recentemente, contra a Itália. Os órgãos da Convenção consideraram que a urgência na resolução do caso pode obrigar à prolação prioritária de uma sentença. E, nesse sentido, entenderam que o período de dois anos pode ser considerado para as vítimas como um tempo de espera irrazoável. Para mais desenvolvimentos, vd. o nosso, «Do novo contencioso administrativo e do direito à justiça em prazo razoável», Estudos em Comemoração... cit., p. 355 ss.

[171] E mais recentemente, foi também com base neste critério que a Comissão reconheceu que o Estado italiano tinha violado o art. 6.º da CEDH num processo que há quatro anos opunha 195 pessoas contaminadas com o HIV (ou com o vírus de hepatite B ou C) ao Ministro da Saúde, tendo o Comité de Ministros fixado uma indemnização a favor de três dos autores no processo nacional. Sobre este assunto, vd. R. Medda/C. Octave/A. R. Ascoli/I. R. Boano, "La ragionevole durata dei processi", *Giustizia-documenti, (L'Italia e la Convenzione europea dei diritti dell'uomo)*, n.º 1-2, 2000, pp. 146 a 148.

2.

Como dissemos, o aresto em análise, que reafirma o direito de o particular obter o ressarcimento dos danos emergentes da violação da garantia fundamental ao prazo razoável – e, consequentemente, que consolida a evolução jurisprudencial em curso neste domínio, no nosso país (**2.1.**) – é revelador da tal fase de amadurecimento pela qual passam os regimes nacionais substantivos e adjectivos de responsabilidade civil do Estado-juiz pelos danos decorrentes da violação daquela garantia processual (**2.2.**).

2.1.

Com efeito, o regime pelo qual o Estado-juiz vem sendo responsabilizado pelos danos decorrentes do mau funcionamento do serviço público da justiça, que inclui «[a] lentidão da justiça, [o] ilícito da burocracia dos tribunais, [o] processo que se perde, que se extravia, que fica escondido debaixo de um monte»[172], enfim, que respeita à não pronúncia de decisão judicial em tempo razoável tem vindo a evoluir significativamente, não só no plano interno como também aos olhos do TEDH.

Durante muito tempo existiu, de facto, a incerteza quanto a saber se o regime jurídico por via do qual se concretiza essa responsabilidade, o Decreto-Lei 48 051, de 21 de Novembro de 1967, atenua o *deficit* que a existência de uma lacuna legislativa causa na protecção dos particulares em situações de violação da garantia fundamental ao prazo razoável. E, consequentemente, também esta dúvida se alastrou à jurisdição competente para conhecer da acção pelas dilações temporais indevidas.

Enfim, hoje se já se afirma com alguma segurança a existência de respostas para as questões formuladas – nomeadamente que a jurisdição administrativa é a competente – , já noutra altura se vacilou e até se acreditou que os tribunais administrativos tinham mesmo competência para apreciar a responsabilidade do Estado por danos decorrentes de puros actos jurisdicionais. Pois bem, nos últimos cinco anos a evolução jurisprudencial neste domínio tem sido, de facto, significativa[173] e as incer-

[172] Neste sentido, D. Freitas do Amaral, "Intervenção", *Responsabilidade Civil Extra-contratual do Estado,* Trabalhos preparatórios da reforma, Ministério da Justiça, 2002, p. 50.

[173] Esta jurisprudência foi iniciada pelo Supremo Tribunal Administrativo no conhecido (e, durante tanto tempo, solitário) processo das *Garagens Pintosinho,* a que já fizemos referência. Neste Acórdão, de 7 de Março de 1989, o Supremo, estando em causa uma demora de 5 anos

tezas têm sido ultrapassadas, embora sempre num ritmo três passos para a frente e um para trás[174].

No que respeita ao regime jurídico pelo qual o Estado deve responder parece poder afirmar-se já com segurança que a responsabilidade do Estado pela demora irrazoável na prolação das decisões judiciais decorre do art. 22.º da CRP, concretizando-se por via do regime do Decreto-lei n.º 48 051, que é o regime de responsabilidade civil extracontratual da Administração por actos de gestão pública[175]. E consequentemente, em resposta à segunda questão, tem sido afirmado que a jurisdição administrativa é a competente para decidir sobre estas questões[176]. E, para firmar esta certeza, em muito contribuiu a Circular n.º 11/2002 do Procurador-Geral da República, segundo a qual os magistrados do Ministério Público se deveriam abster de contestar a competência *ratione materiae* dos tribunais administrativos para apreciar estas acções.

Hoje, com o ETAF, que entrou em vigor há poucos meses, deixou de existir dúvida quanto à competência da jurisdição administrativa para decidir as questões de responsabilidade civil extracontratual resultante do exercício da função jurisdicional, para todas as situações, com a excepção da questão de erro judiciário cometido por tribunais pertencentes a outras ordens de jurisdição (art. 4.º, n.º 1, g) e art. 4.º, n.º 3, a)).

2.2.

Também aos olhos do TEDH a eficácia e utilidade desta acção sobre responsabilidade civil do Estado-juiz, com fundamento no art. 22.º da CRP e no Decreto-lei n.º 48 051, de 21 de Novembro de 1967, parece estar actualmente comprovada.

para prolação de sentença no Tribunal de Trabalho, esclareceu que age com culpa o juiz que, tendo realizado o julgamento de uma acção, só cinco anos mais tarde profere correspondente sentença, sem que houvesse qualquer circunstância anormal que o justificasse, sendo que a lei vigente determinava que a mesma fosse ditava para a acta ou lavrada no prazo máximo de três dias. Foi um salto importante dado nesta matéria, a invocação da «culpa funcional dos serviços». Acórdão publicado in: AD, 344-345, p. 1035. Vd. a anotação de J. J. Gomes Canotilho, *Revista de Legislação e Jurisprudência*, n.º 3799, pp. 293 ss.

[174] Sobre esta questão, para mais desenvolvimentos, vd. o nosso, "Do novo contencioso administrativo e do direito à justiça em prazo razoável ... cit., pp. 364 ss.

[175] Neste sentido, Jorge Miranda, *Manual de Direito Constitucional...* cit., p. 289.

[176] A este propósito, vd. J. C. Vieira de Andrade, *A Justiça Administrativa. Lições*, 3.ª ed., Coimbra, 2000, pp. 30 e 31.

Na verdade, a dúvida quanto a saber se esta constituiria ou não o mecanismo útil e eficaz a esgotar antes do recurso aos órgãos de Convenção, nos termos do anterior art. 26.º da CEDH, foi discutida no caso *João José da Silva Macedo c. Portugal*/1989. O governo português afirmou que sim à sua eficácia e utilidade, embora não tivesse conseguido apresentar um único exemplo de jurisprudência em que tal tivesse acontecido com sucesso. Não conseguiu, por isso, claro (!), convencer a Comissão[177].

Contudo, à semelhança da experiência francesa[178] e espanhola[179], também muita coisa entretanto mudou no panorama português. Mais recentemente, no processo *Gouveia da Silva Torrado c. Portugal/2003*, tendo a mesma questão sido discutida na *Cour* de Estrasburgo, já o governo português justificou a eficácia e a utilidade da acção de responsabilidade nacional, recorrendo a um quadro estatístico que revelava a existência de 25 processos pendentes na jurisdição administrativa contra o Estado. Com efeito, segundo esses dados — que, aliás, o TEDH considerou suficientes para justificar o indeferimento da queixa apresentada contra o Estado português por não terem sido esgotados os recursos nacionais —, em quatro desses processos invocados, em que se incluem os processos do STA *Pires Neno*/1998 e *Alecarpeças, Lda.*/2001, o Estado foi condenado a ressarcir os prejuízos resultantes do mau funcionamento do serviço de justiça por violação do prazo razoável.

Também em relação ao caso francês, a *Cour* europeia só mais recentemente veio considerar o recurso previsto no art. L. 781. 1 do Código da Organização Judiciária como via de tutela eficaz para as vítimas da demora excessiva do processo judiciário. Actualmente, considera que este já adquiriu «um grau de certeza jurídica suficiente» para ser encarado, à luz do art. 35.º § 1 CEDH, como recurso útil, sendo que os particulares devem accioná-lo antes de recorrer ao TEDH, sob pena verem o

[177] Neste sentido, M. Antoni Nowicki, "Les lenteurs des procédures civiles et pénales et la manière de les combattre", *Bulletin de droit de l'homme*, n.º 8, 1998, p. 65.

[178] Sobre este assunto, vd. F. Sudre, "Chronique de jurisprudence de la Cour Européenne de Droits de l'homme: affaires françaises (2001)", *revue du droit public*, n.º 3, 2002, pp. 694 e 695.

[179] A este propósito, vd. R. López Muñoz, *Dilaciones indebidas y responsabilidad patrimonial de la Administración de Justicia*, 2.ª ed., Granada, 2000, pp. 207 ss.

seu requerimento rejeitado por não esgotamento das vias internas (caso *Giummarra e o. c. França*/2001)[180].

II.

Após quase dez anos passados desde que o juiz administrativo decretou pela primeira vez uma providência cautelar não pertencente ao cardápio das medidas cautelares previstas na LPTA, confirma-se, com este aresto, que a realização da tutela jurisdicional plena e efectiva na jurisdição administrativa depende da aplicação de providências cautelares, conservatórias ou antecipatórias, que sejam adequadas ao caso concreto.

O caminho, entretanto, percorrido pela jurisprudência tem revelado que nem somente de providências cautelares atípicas se precisa no contencioso administrativo. O arbitramento provisório de uma quantia constitui uma das providências nominadas previstas no CPC que *a priori* não estaríamos à espera de ver decretadas pelo juiz administrativo sem que tivesse por base a sua previsão numa lei processual administrativa. A evolução jurisprudencial neste domínio tem sido, portanto, espantosa e é disso prova este Acórdão, por via do qual é decretado o arbitramento de reparação provisória de modo a obviar a uma situação premente de carência, mesmo fora do quadro das novas disposições cautelares do CPTA (art. 112.º, n.º 2, e) e art. 133.º).

Enfim, para além das questões que o Acórdão trata, que já focámos, há uma interessante que já foi parcialmente introduzida e merece mais atenção: a de saber o que deve entender-se por indício suficiente da obrigação de indemnizar (art. 403.º, n.º 3, *in fine* CPC). O TCA respondeu que «é manifesto que 14 anos entre o inquérito e o acórdão em 1.ª instância a que acrescem mais 3 anos a aguardar a decisão jurisdicional definitiva, pendente de recurso entre os tribunais da Relação e o Supremo, pulverizam qualquer consideração de prazo razoável exigido pelo art. 6.º n.º 1 da CEDH» **(1.)**.

Finalmente, cumpre destacar a importância que este aresto também tem se o analisarmos à luz da jurisprudência de Estrasburgo, ditada nos processos *Kudła c. Polónia*/2000 e *Gouveia da Silva Torrado c. Portugal*/2003.

[180] Sobre este assunto, vd. F. Sudre, "Chronique de jurisprudence de la Cour Européenne de Droits de l'homme... cit., pp. 694 e 695 ; L. Boré, "Le délai raisonnable et l'épuisement des voies de recours internes ", *La Semaine Juridique*, II-10 491, n.º 11, 2001, pp. 555 ss.

Através desta jurisprudência, o TEDH tem manifestado a intenção de transferir para o juiz nacional a tarefa de defesa do direito à justiça em prazo razoável, exigindo que nos ordenamentos jurídicos internos estejam previstos recursos «úteis» e «eficazes», tal como obriga o artigo 13.º da Convenção, sendo que a apreciação da «utilidade» e «eficácia» dos recursos internos deve ter em conta a duração da própria acção ou outro recurso interno de ressarcimento de danos resultantes da violação do prazo razoável. Estes devem ser efectivos e resolvidos num prazo razoável (processo *Gouveia da Silva Torrado c. Portugal*/2003)(**2.**).

1.

Antes da entrada em vigor do CPTA, a aplicação de tutela cautelar no contencioso administrativo não poderia, de facto, revelar maior sucesso. Depois de umas quantas providências cautelares do CPC emitidas no contencioso administrativo — umas não especificadas e outras nominadas — e de muitas providências decretadas no âmbito do contencioso contratual sujeito ao Decreto-lei n.º 134/98, de 15 de Maio, defere, agora, o TCA a providência cautelar antecipatória de arbitramento de reparação provisória.

O requerente, titular do direito de indemnização, invocou uma de duas possibilidades de solicitar o arbitramento de uma quantia mensal a título de reparação provisória do dano sofrido[181]: quando em consequência do facto ilícito, ocorra um dano susceptível de pôr seriamente em causa o sustento ou a habitação do lesado, nos termos do art. 403.º, n.º 4 CPC. Esta providência cautelar, dogmaticamente considerada como providência cautelar antecipatória, incluiu-a o legislador no âmbito das providências cautelares e, por conseguinte, a técnica da antecipação nela concretizada não se destina a acelerar a obtenção da tutela definitiva, mas sim a remediar o «*periculum in mora* de retardamento»[182] da indemnização definitiva[183].

E, pelo que já se afirmou, esta providência que visa obstar ao «pericolo di tardività» ou «pericolo *del* ritardo» da sentença principal, combatendo o

[181] Sobre este assunto, vd. João Cura Mariano, *A Providência Cautelar de Arbitramento de reparação Provisória*, Coimbra, 2003, pp. 70 ss.

[182] A este propósito, vd. Isabel Celeste M. Fonseca, *Introdução ao Estudo Sistemático da Tutela Cautelar no Processo Administrativo*, Coimbra, 2002, pp. 117 ss., esp. 126.

[183] Neste sentido, M. Teixeira de Sousa, «Prefácio» a Célia Sousa Pereira, *Arbitramento de Reparação Provisória*, Coimbra, 2003, p.8.

prejuízo que resulta da impossibilidade de realização imediata do direito, não é uma alternativa à acção sobre responsabilidade do Estado-juiz. Ela comunga de características das demais providências cautelares — *instrumentalidade*, *sumariedade* e provisoriedade — e tem como razão de ser específicos *periculum in mora* e *fumus boni iuris*.

Neste sentido, e nos termos do art. 403.º, n.º 2 CPC, o juiz deferirá a providência requerida, desde que se verifique uma situação de necessidade (em consequência dos danos sofridos) e desde que esteja indiciada a existência de obrigação a cargo do requerido. Julgamos, pois, que o requerente mais não tem do que fazer prova sumária do direito à renda mensal[184].

Pois bem, segundo alguma doutrina, na senda de CALAMANDREI[185], deve distinguir-se, em termos de carga probatória, a situação de cada uma duas condições de atribuição da renda mensal. Assim, quanto ao *periculum in mora, id est* conjunto de factos que integram a situação de necessidade («desde que se verifique uma situação de necessidade»), este pressuposto deverá ser suficientemente provado (nos termos do n.º 4 do art. 381.º). Contudo, se alguma doutrina entende que o preenchimento desta condição depende da «formação dum juízo de certeza», já outros consideram bastante «um juízo de probabilidade mais forte e convincente» quanto à sua existência[186]. E no que diz respeito ao *fumus boni iuris* (ou indício, nos termos do art. 403.º, n.º 2 *in fine*: da «existência de obrigação de indemnizar»), o requerente deverá alegar, justificando, os pressupostos de facto da responsabilidade do requerido. E também a este propósito, para uns bastará a «simples justificação»[187]e para outros é necessário «o juízo de verosimilhança, ou seja, a probabilidade da sua existência»[188].

[184] Neste sentido, J. LEBRE DE FREITAS/A. MONTALVÃO MACHADO/R. PINTO, *Código de Processo Civil Anotado*, Vol. 2.º, Coimbra, 2001, pp. 112 e 113.

[185] A este propósito, vd. ISABEL CELESTE M. FONSECA, *Introdução ao Estudo Sistemático da Tutela Cautelar no Processo Administrativo*...cit., p. 101, nota 303.

[186] Quando a esta questão, vd., respectivamente, J. LEBRE DE FREITAS/A. MONTALVÃO MACHADO/R. PINTO, *Código de Processo Civil Anotado*... cit., pp. 35 e 36; ALBERTO DOS REIS, *Código de Processo Civil anotado*, Vol. I, 3.ª ed.-reimpressão, Coimbra, 1982, p. 621.

[187] A este propósito, vd. A. VAZ SERRA, "Provas", *Boletim do Ministério da Justiça*, 110, p. 79.

[188] A. ABRANTES GERALDES, "Procedimentos cautelares especificados", in: *Temas da Reforma do Processo Civil*, Vol. IV, Coimbra, p. 150; e tb. "Procedimento cautelar comum", in: *Temas da Reforma do Processo Civil*, Vol. III, Coimbra, 1998, pp. 209 ss.

Pelo que acabámos de demonstrar, a questão da *sumariedade* cautelar está envolvida, pelo menos terminologicamente[189], em alguma controvérsia. Se a doutrina é unânime a fazer corresponder o conceito de *summaria cognitio* a superficialidade, urgência e simplicidade na realização de prova – distinguindo-a bem da prova *stricto sensu* –, contudo, já é menos consensual quanto a fazer corresponder tal conceito aos de probabilidade e verosimilhança[190], sendo certo até que para alguma doutrina *sumariedade* cautelar significa que o requerente de uma providência cautelar apenas deva justificar o bom fundamento das suas afirmações, em termos de probabilidade e não em termos de verdade[191].

Com efeito, «a prova da simples justificação, credibilidade ou prova informativa», que é conhecida na dogmática alemã por *Glaubhaftmachung*[192], «exige um grau de probabilidade inferior ao exigido pela prova»[193]. E neste sentido, concordando com os fundamentos do TCA, como ao juiz cautelar não cabe a função de «afirmar o direito como existente» mas sim assegurá-lo na expectativa de que ele venha a ser definitivamente declarado, quanto ao grau de prova, deve considerar-se bastante «não a verdadeira prova, mas a simples justificação»[194] – uma justificação que seja suficiente para criar no juiz a convicção sobre a provável existência do direito acautelado.

[189] A propósito de considerações sobre a polémica de fundo, vd. A. Carratta, *Profili sistematici della tutela anticipatoria* ... cit., pp. 240 a 266, esp. p. 247 e p. 258, nr. 181; B. Cavallone, «Les mesures provisoires et les règles de preuve», *Les mesures provisoires en droit belge, français et italien. Étude de droit comparé*, coord. de J. Van Compernolle/G. Tarzia, Bruxelles, 1998, pp. 163 ss., esp. 164 e 165 e pp. 171 a 174.

[190] Neste sentido, Adelino da Palma Carlos, "Procedimentos cautelares antecipadores", *O Direito*, ano 105, Jan./Mar., 1973, p. 242.

[191] Neste sentido, Alberto dos Reis, "A figura do processo cautelar", Separata do n.º 3 do BMJ, 1947, pp. 23 a 24.

[192] A este propósito, e sobre bibilografia que versa sobre esta temática, vd., Isabel Celeste M. Fonseca, *Dos Novos Processos Urgentes no Contencioso Administrativo (função e estrutura)*, Lisboa, 2004, pp. 90 ss, esp. p. 90, nota 254.

[193] Neste sentido, J. Castro Mendes, *Do conceito de prova em processo civil*, Lisboa, 1961, p. 322.

[194] A este propósito, vd. Manuel de Andrade, *Noções Elementares do Processo Civil*, 2.ª ed., Coimbra, 1979, p. 9; A. Vaz Serra, "Provas", *Boletim do Ministério da Justiça*, 110, p. 82 (nota, 31-a); M. Teixeira de Sousa, *Estudos sobre o Novo Processo Civil*, Lisboa, 1997, pp. 230 e 231 e pp. 232 e 233.

Ora, o requerente, justificou suficientemente os factos constitutivos da situação de necessidade e alegou os pressupostos constitutivos da responsabilidade, sendo certo que também fundamentou o nexo de causalidade que exige o art. 403.º, n.º2 CPC: o estado de necessidade deve ser uma consequência do dano gerador da obrigação de indemnização. É bem verdade que a situação de necessidade do requerente precedia já o facto gerador de responsabilidade a cargo do Estado. Contudo, não se duvida que o dano decorrente do mau funcionamento do serviço de justiça acentuou e contribuiu para o agravamento do estado de necessidade económica do lesado. Por conseguinte, ao juiz só cumpriria, em termos de probabilidade, crer que tais pressupostos se verificariam.

Há, pois, apenas um aspecto em relação ao qual divergimos da opção tomada pelo TCA: a de não aplicar os critérios elaborados pelos órgãos de Estrasburgo para averiguar sumariamente da obrigação de indemnizar a cargo do Estado-juiz. Como dissemos no início desta anotação, o TCA apurou o *fumus boni iuris*, quase por «olfacto»[195], seguindo um silogismo inédito nesta matéria.

Ainda que não haja especial razão para censurar, neste caso, a metodologia usada, já que a demora do processo-crime é de facto manifestamente irrazoável, pensamos contudo, que se deverá proceder de modo distinto no futuro. Pois, como o TEDH já o afirmou, dois anos de demora na prolação de uma sentença, pode considerar-se como irrazoável. Ora, nestes casos, como o juiz cautelar «não poderá seguir o seu nariz»[196] para encontrar o «humo de buen derecho», julgamos que o juiz cautelar não tem outra alternativa senão analisar a condição referida segundo os critérios/parâmetros elaborados pelo TEDH, cumprindo ao requerente justificá-la em conformidade com estes moldes. Como é óbvio, para verificar se está ou não indiciada a obrigação de o Estado-juiz indemnizar *ad interim* o dano decorrente do mau funcionamento de justiça, o juiz deve ficar convencido da sua existência em termos de probabilidade.

2.

Deixamos para final a análise do ponto mais interessante do aresto *sub judice*: a sintonia do aresto *faialense* com a jurisprudência europeia que

[195] E. García de Enterría, "Novedades sobre los procesos ... cit., p. 84.

[196] Neste sentido, E. García de Enterría, « Novedades sobre los procesos... cit., p. 84.

evidencia uma atitude de transferir para o juiz nacional o papel de guardião da garantia do prazo razoável.

Na verdade, o sistema europeu do contencioso do prazo razoável, sem prejuízo da renovação introduzida pelo Protocolo n.º 11, permanece como sempre esteve consagrado: assenta no princípio do carácter subsidiário do juiz que tem sede em Estrasburgo, na regra de que cabe aos Estados prevenir e remediar previamente as violações alegadas e no imperativo de que os pedidos dirigidos aos órgãos da Convenção não podem ser accionados senão em momento posterior ao esgotamento dos recursos internos existentes (sob pena de tais requerimentos dirigidos ao Tribunal serem rejeitados, nos termos do actual art. 35.º CEDH, ex. art. 26.º).

Contudo, não ignoramos que através do processo *Kudła c. Polónia*/2000, o TEDH não se resumiu apenas a eleger o art. 13.º CEDH como «antídoto»[197] imediato contra os efeitos perversos resultantes do Protocolo n.º 11. Com efeito, pensamos que o tribunal de Estrasburgo, ao proceder a uma «clara alteração de orientação jurisprudencial»[198] quanto ao papel que o art. 13.º CEDH deverá passar a desempenhar no sistema do contencioso europeu do prazo razoável, quis introduzir alterações no modelo de defesa desta garantia processual **(2.1.)**.

O sistema, que durante tanto tempo foi fundamentalmente confiado aos órgãos da Convenção, e que desembocava amiúde na condenação dos Estados contratantes a compensar equitativamente as vítimas pelos prejuízos decorrentes do incumprimento da obrigação imposta pelo art. 6.º da Convenção, nos termos do actual art. 41.º (ou ex-50.º) CEDH, apresenta uma nova configuração e tem subjacente uma nova intencionalidade: as garantias do direito a uma decisão judicial em prazo razoável, nos termos do art. 13.º CEDH, devem integrar a ordem jurídica interna dos Estados e, de acordo com a jurisprudência citada, de entre esses remédios deve constar uma via de reparação do danos resultantes da violação do

[197] Neste sentido, J.-F. Flauss, "Le droit à un recours effectif au secours de la règle du délai raisonnable : un revirement de jurisprudence historique", *Revue trimestrielle de droits de l'homme*, 2002, p. 180.

[198] Neste sentido, e para outras considerações, vd. P. Frumer, "Le recours effectif devant une instance nationale pour dépassement du délai raisonnable. Un revirement dans la jurisprudence de la Cour européenne des droits de l'homme", *Journal des Tribunaux-Droit Européen*, Mars, 2001, n.º 77- 9.º année, p. 52.

prazo razoável[199]. *Id est*, lembrando um ditado popular italiano – também invocado pela *Corte d'appello de Brescia*, a propósito da aplicação da recém criada «Lei Pinto»[200] – , tudo nos leva a crer que a evolução, em curso, do contencioso do prazo razoável é no sentido de «lavare i panni sporchi in famiglia» **(2.2.)**.

2.1.

Se tradicionalmente, os órgãos da Convenção consideravam que o direito a um recurso efectivo não obrigava um Estado signatário a criar órgãos ou vias de recurso (incluindo jurisdicionais) para defesa da garantia do prazo razoável no espaço nacional[201], com a jurisprudência *Kudła c. Polónia*/2000, o entendimento só pode ser outro. Na verdade, o TEDH, modificando o sentido da sua corrente jurisprudencial, declarou que o art. 13.º «deverá garantir a existência de um recurso efectivo junto das instâncias nacionais, por via do qual deva ser possível a qualquer pessoa queixar-se na jurisdição nacional de ter existido uma violação da obrigação imposta pelo art. 6.º § 1 CEDH aos Estados contratantes». E, consequentemente, ultrapassando uma jurisprudência que impedia a análise da eventual violação conjunta do art. 13.º e do art. 6.º, o tribunal de Estrasburgo reconheceu que um Estado pode ser condenado tanto pelo não cumprimento da obrigação decorrente da disposição 6.º da CEDH como pela violação do art. 13.º CEDH.

2.2.

Ora, para que isso não aconteça, e pelo contrário para que se proceda à transferência bem sucedida para o juiz nacional do papel do juiz

[199] Neste sentido, J.-F. Flauss, "Le droit à un recours effectif au secours de la règle du délai raisonnable... cit., pp. 194 ss.

[200] Decisão de 6/29 giugno 2001, n.º 43, da *Corte d'appello de Brescia, Secção civil*, in: *Equa riparazione del danno causato da un'irragionevole durata del processo*. Acessível in: www. delittoecastigo. info.

[201] O art. 13.º consagra o direito a um recurso efectivo, segundo o qual qualquer pessoa, cujos direitos ou liberdades reconhecidos na Convenção tiverem sido violados, tem direito a uma via de recurso perante uma instância nacional, mesmo quando a violação tiver sido cometida por pessoas que actuaram no exercício das suas funções oficiais. Sobre as obrigações decorrentes do art. 13.º CEDH para os Estados, vd. Ireneu Cabral Barreto, *A Convenção Europeia dos Direitos do Homem*... cit., pp. 222 ss.

europeu, necessário se torna que aquele esteja apto para realizar uma tutela eficaz do direito e *mutatis mutandis* que possa atribuir às vítimas do não cumprimento da obrigação do prazo razoável indemnizações certas e suficientes (caso *Scordino c. Itália*/2003)[202]. E, continuando o mesmo raciocínio, para que a atitude de *esvaziamento* do TEDH não tenha um efeito *boomerang*, necessário se torna que os regimes jurídicos nacionais de responsabilização do Estado-juiz pelo atraso indevido na pronúncia de decisões judiciais sejam «eficazes», «adequados» e «acessíveis» (caso *Gouveia da Silva Torrado c. Portugal*/2003).

Assim, se na Itália, por exemplo, o legislador consagrou um regime específico de responsabilização por violação do art. 6.º § 1 CEDH, como resposta à obrigação decorrente do art. 13.º CEDH – uma lei adoptada em 24 de Março de 2001, conhecida por «Lei Pinto»[203], que prevê um regime próprio da responsabilidade do Estado, por danos patrimoniais e não patrimoniais resultantes da violação do direito à justiça em prazo razoável[204]–, no ordenamento jurídico português o mecanismo cautelar de arbitramento de reparação provisória, previsto no art. 403.º CPC e também actualmente (e já em vigor) no art. 112.º, n.º 2, e) + art. 133.º do CPTA, pode constituir, em conjunto com a acção sobre responsabilidade civil, uma igual solução para as exigências resultantes para Portugal do mesmo artigo da Convenção.

Pois bem, o arbitramento provisório de uma quantia, decretado por estar (apenas) indiciada a obrigação do Estado indemnizar os prejuízos

202 A este propósito, vd. L. Stilo, "Legge 'Pinto' e ricorso a 'Strasburgo': due strumenti solo in apparenza reciprocamente sostituibili", anotação à decisão n.º 43 de 2001 da *Corte d'appello de Brescia*, in: *Equa riparazione del danno causato da un'irragionevole durata del processo*, acessível in: www. delittoecastigo.info.

203 A Lei n.º 89, de 24 de Março de 2001, mais conhecida pelo nome do senador que foi o responsável pela sua apresentação (Michele Pinto), constitui uma garantia de ressarcimento dos prejuízos resultantes da violação do direito a uma decisão judicial em prazo razoável, fazendo depender de três pressupostos a atribuição às vítimas de uma reparação equitativa: i) irrazoável duração do processo; ii) o dano (patrimonial e não patrimonial); e iii) a existência de um nexo de causalidade entre o primeiro e o segundo requisitos. Para mais desenvolvimentos quanto aos objectivos e quanto às experiências vividas no período posterior à entrada em vigor da Lei, vd. L. Stilo, "La 'legge Pinto'... in pillole", acessível in: www. delittoecastigo. info.

204 Sobre este assunto, entre outros, vd. L. Stilo, "Genesi storica e politica della legge n.º 98 del 24 marzo 2001", acessível in: www. delittoecastigo.info.

decorrentes da violação do direito a uma decisão judicial em prazo razoável, é, no nosso entender, uma providência cautelar razoável, tanto mais que a apreciação da «utilidade» e «eficácia» dos recursos internos – nos termos dos artigos 13.º CEDH – deve ter em conta a duração da própria acção de responsabilidade ou outro recurso interno de ressarcimento de danos resultantes da violação do prazo razoável. E, como bem se sabe, as acções sobre responsabilidade civil são, de entre os demais processos julgados pelos tribunais administrativos de círculo, aqueles processos que sofrem de maior morosidade para definitivamente serem julgados[205]. Em média demora 25 meses.

Neste sentido, em síntese, como os recursos para obter o ressarcimento pelo dano resultante da violação da disposição 6.º § 1 CEDH devem ser também efectivos e resolvidos num prazo razoável (processo *Gouveia da Silva Torrado c. Portugal*/2003), a reparação provisória cautelar serve, neste domínio, para complementar a utilidade e a eficácia – nos termos do art. 13.º da CEDH – da acção portuguesa sobre responsabilidade civil do Estado-juiz. E, nesta perspectiva, pode constituir um mecanismo razoavelmente obrigatório para evitar a responsabilidade do Estado português por violação conjunta do art. 6.º § 1 e artigo 13.º da CEDH, como se infere da jurisprudência *Kudła c. Polónia*/2000[206].

Enfim, *tempus fugit*. E, por isso, esta condenação do Estado-juiz a reparar *ad interim* o dano decorrente do mau funcionamento do serviço de justiça constitui, no nosso entender, o caminho mais curto (per)corrido – *et pour cause*, mais correcto – para recuperar o tempo *irrazoavelmente* perdido.

[205] Neste sentido, Vital Moreira/Catarina Sarmento e Castro, *A justiça administrativa em Portugal (1974-1999)*, Relatório de um projecto de investigação, in: *Reforma do Contencioso Administrativo*, Vol. II, Coimbra, 2003, p. 406, gráfico n.º 39.

[206] Além disso, ainda que se atenda aos riscos que podem resultar para a entidade requerida do deferimento da providência de arbitramento, cumpre dizer que o regime previsto no CPC acautela os seus interesses: uma vez fixada a reparação definitiva, as quantias que tenham sido pagas a título de reparação provisória são lhe deduzidas (n.º3); além de que o requerida terá direito à restituição de tudo o que tiver pago, se não for atribuída reparação definitiva, ou da diferença que houver, se a reparação definitiva for inferior à provisória (405.º, n.º 2 CPC), nos termos do regime do enriquecimento sem causa e sem prejuízo de aplicação do regime de responsabilidade do requerente, nos termos do art. 390.º, n.º 1. Sobre este assunto, vd. João Cura Mariano, *A Providência Cautelar*... cit., pp. 111 ss.

SEXTO ESTUDO

"O PROCESSO CAUTELAR COMUM NO NOVO CONTENCIOSO ADMINISTRATIVO: POR NOVOS CAMINHOS DE TEMPO DIVIDIDO"

in: *Scientia Ivridica*, maio-gosto, n.º 299, 2004, pp. 237-286

O processo cautelar comum no novo contencioso administrativo: por novos caminhos de tempo dividido

Sumário[*]**: 0. Introdução:** O processo administrativo e o tempo. **I.** Do antigo ao novo modelo cautelar. O caminho percorrido. **II.** O CPTA e os processos urgentes (autónomos e cautelares. III. Os processos cautelares: o processo cautelar comum. **IV Síntese final:** O tempo e o processo administrativo

0.

Tempus edax rerum: nada resiste ao camartelo do tempo, o tempo é o destruidor das coisas. E nem os direitos e interesses legítimos, que se realizam no contencioso administrativo, escapam ao poder devorador do tempo.

É natural, pois, que seja já antiga a preocupação de encontrar uma solução para o tempo. Tanto mais que o tempo tem um diferente valor para os sujeitos que intervêm na realização da justiça administrativa: cada sujeito rege a sua actividade por distinto andamento, cada qual tem as suas prioridades; e a urgência de uns é tantas vezes oposta à

[*] Devemos a inspiração para o título do artigo a Sophia de Mello Breyner Andresen («No tempo dividido», in: *No Tempo Dividido,* Obra Poética, Caminho, 2003): "No tempo dividido: E agora ó Deuses que vos direi de mim?/Tardes inertes morrem no jardim./Esqueci-me de vós e sem memória /Caminho nos caminhos onde o tempo/Como um monstro a si próprio se devora".

urgência de outros[207]. Com efeito, por um lado, a realização do interesse público exige a imediata execução de actos administrativos, mesmo que eventualmente ilegais, e fundamenta a regra do efeito não suspensivo dos recursos contenciosos. Por outro lado, em sentido oposto, é a ainda a realização do interesse geral que justifica que a Administração reivindique tempo para avaliar, ouvir os interessados, ponderar e finalmente decidir.

O poder de auto-tutela declarativa e o poder de auto-tutela executiva, que o direito substantivo dá à Administração Pública de tipo executiva, impõe tratamento prioritário do interesse que ela realiza e condiciona a escolha das técnicas que a lei do processo nos tribunais administrativos há-de consagrar[208].

Contudo, olhando a questão pela perspectiva da satisfação dos interesses individuais dos particulares, e principalmente tendo em consideração a realização do seu direito fundamental de acesso à justiça administrativa, as regras e os princípios, há pouco aparentemente bem alicerçados, poderão parecer mais frágeis.

E, sem dúvida, os interesses individuais dos particulares revelam uma outra ordem de prioridades. Se não atentemos: ao recorrer aos tribunais administrativos para obter uma tutela jurisdicional efectiva e em prazo razoável, os particulares revelam uma urgência individual que é oposta à urgência dos interesses que a Administração realiza e à urgência de outros interesses particulares também contrapostos aos seus, os interesses dos contra-interessados.

Por um lado, o particular tem necessidade e urgência em paralisar imediatamente a actuação da Administração que considera lesiva, pois só assim evita que se formem situações de facto consumado, enquanto

[207] Como, assim, afirmámos no nosso *Dos novos processos urgentes no contencioso administrativo (função e estrutura)*, Lisboa, 2004, pp. 13 ss.

[208] Considerando a questão nesta perspectiva, a proposta de consagração de um modelo processual semelhante ao alemão, que acolha a regra do efeito suspensivo automático dos recursos impugnatórios de decisões administrativas, encontra naqueles argumentos alguns dos obstáculos ao seu acolhimento. O CPTA, no seguimento da LPTA, prevê a regra do efeito não suspensivo da acção administrativa especial (impugnatória) de actos administrativos, no art. 50.º, n.º 2. E no que respeita aos espaços próprios da Administração e ao princípio da separação de poderes, o CPTA fixa os limites ao poder judicial no art. 3.º: os tribunais não podem controlar a conveniência ou a oportunidade da Administração.

aguarda que o tribunal se pronuncie sobre a ilegalidade da actuação administrativa — já que o processo impugnatório, por si só, não impede a execução do acto. Com efeito, exemplificando, o particular que é notificado do despacho que declara a utilidade pública, com carácter de urgência, da expropriação de um seu terreno com vista a nele ser construída uma rotunda para facilitar e agilizar o trânsito na cidade, não tem alternativa senão impugnar a decisão lesiva e requerer a sua imediata suspensão. Considerando, pois, a problemática agora deste modo, fica claro que o tempo dos interesses individuais de um particular não coincide, nem com o da Administração Pública, nem com o dos contra-interessados. E, ao mesmo tempo, por outro lado, em face da omissão ilegal, jurídica ou material, e mesmo perante dúvidas quanto ao reconhecimento de uma situação jurídica subjectiva, é a mesma razão que justifica a necessidade de o particular exigir a emissão de actos, normas e prestações materiais que lhes são legalmente devidos, ou o restabelecimento de direitos e interesses violados, e que a Administração tarda em adoptar ou esclarecer.

E, enfim, ainda devemos contar com o tempo daquele que coordena os tempos na realização da tutela judicial efectiva dos interesses públicos e privados, devendo-o fazer em prazo razoável: o juiz administrativo. Este, que tem como função dirimir os litígios emergentes das relações jurídicas administrativas e que controla a legalidade da actuação da Administração, deve velar para que as sentenças que dita sejam efectivas (arts. 20.º, 202.º, n.º 2 e 212.º, n.º 2 e 268.º, n.º 4 CRP). A dificuldade é, portanto, patente: se por um lado, a boa administração da justiça, com suficiente realização de prova e exercício do direito de contraditório, exige tempo, um tempo longo; a verdade é que a demora fisiológica do processo é apta a frustrar a tutela dos direitos e interesses subjacentes à causa. O que poderá contribuir para que, nem entidades públicas, nem particulares fiquem satisfeitos com o trabalho dos tribunais.

Pelo que, em suma, o tempo do juiz e os tempos longos dos actos processuais são incompatíveis com o tempo dos outros sujeitos do processo, podendo uma das partes tirar proveito da demora do processo e podendo a outra sair irremediavelmente prejudicada. Basta que, no entretanto, se tenham produzido as tais situações de facto consumado, contrárias às pretensões da parte vencedora no processo; situações que impedirão que aquele que recorreu à justiça frua plenamente dela.

Contudo, «a necessidade de recorrer ao processo não pode prejudicar quem tem razão» (CHIOVENDA)[209]. E, por isso, o tempo deve ser dividido: *rectius*, os riscos de produção de um dano irreversível devem ser repartidos pelas partes, enquanto a causa principal está pendente, uma vez que «a duração do processo não deve alterar o equilíbrio inicial de forças entre [elas]»[210], nem muito menos deve permitir que uma delas perca antecipadamente a causa.

Pois bem, na ausência de outras técnicas processuais, os instrumentos que provavelmente contribuem com maior sucesso para uma conciliação dos tempos não coincidentes dos sujeitos processuais são os processos cautelares: «conciliam o fazer bem com o fazer rápido» (CALAMANDREI)[211]. E isto principalmente se tivermos em atenção a patologia que caracteriza a jurisdição administrativa, traduzida na lentidão excessiva dos processos pendentes nos tribunais administrativos.

São estes instrumentos acessórios que acautelam a efectividade das sentenças proferidas nos processos principais e que resolvem algumas das situações de urgência – função que partilham, mas apenas em parte, com os processos urgentes autónomos. É o *periculum in mora, id est* o prejuízo ou «dano marginal» que resulta da demora do processo principal, juntamente com o *fumus boni iuris, scilicet* a aparência de bom direito do requerente, apreciável segundo a probabilidade de este vir a ter sucesso no processo principal, que justifica a adopção de providências cautelares. E como realizam esta função? Com intromissão no objecto da causa principal ou sem intromissão. Deste distinto *modus faciendi* da providência cautelar resulta a sua diferente natureza: as providências antecipatórias ou conservatórias[212]. Contudo, devemos dizer que, ao invocarmos os

[209] Sobre a importância desta frase de G. CHIOVENDA na dogmática da tutela cautelar, vd. ISABEL CELESTE M. FONSECA, *Introdução ao Estudo Sistemático da Tutela Cautelar no Processo Administrativo*, Coimbra, 2002, pp. 71 ss.

[210] Neste sentido, J. RODRÍGUEZ-MUÑOZ, "Las medidas cautelares en la Ley de la Jurisdicción Contenciosa-Administrativa", in: *La Justicia Administrativa. Libro homenaje al Prof. Dr. Rafael Entrena Cuesta*, Barcelona, 2003, p. 936.

[211] Sobre este assunto e para maiores desenvolvimentos sobre a importância do pensamento de P. CALAMANDREI na caracterização funcional da tutela cautelar, vd. a nossa *Introdução ao Estudo Sistemático da Tutela Cautelar*... cit., pp. 82 ss.

[212] Por todos, vd. A. PROTO PISANI, "I provvedimenti d'urgenza ex art. 700 c.p.c.", in: *Appunti sulla giustizia civile*, Bari, 1982, p. 353 ss.; esp. pp. 391 ss.; F. TOMMASEO, "Provvedimenti

conceitos «providências conservatórias» e «providências antecipatórias», pretendemos, sobretudo, identificá-las e distingui-las quanto ao modo como actuam perante a causa principal[213].

As providências conservatórias actuam perante «o perigo de infrutuosidade» ou «pericolo *nel* ritardo» da sentença de mérito e produzem um efeito protector do *status quo* (ou *quid* ou objecto) sob que incide o processo principal. Ou melhor, à semelhança de *Hans Castorp*, também diremos que as providências cautelares produzem um efeito hermético. Esta personagem da obra clássica de Thomas Mann, *A Montanha Mágica,* nas suas longas conversas com *Settembrini,* acerca do tempo, da transformação que o tempo traz consigo e da metamorfose dos corpos, sugeria singelamente que uma compota ou lata de conserva hermeticamente fechada, e colocada na prateleira, está situada fora do tempo. Ora, podemos também afirmar que as providências conservatórias (tentam) fechar hermeticamente o objecto sob que incide a causa, situando-o fora do tempo. E é assim que estas protegem o objecto da causa perante a transformação que o tempo traz consigo, evitando a consumação de uma lesão. É, portanto, um «efeito hermético», aquele que a providência conservatória produz. É através deste tipo de medidas que se obsta à imediata demolição da casa (que, de acordo, com a Administração) ameaça ruir, ao abate de animais alegadamente doentes ou ainda ao corte de árvores eventualmente em mau estado de conservação. Através destas providências consegue-se impedir a expulsão imediata de um estrangeiro, após ter sido notificado de que deve abandonar o país no prazo de 10 dias, ou o encerramento de um restaurante, que as entidades sanitárias consideraram como pondo em risco a saúde pública. A suspensão da exoneração da comissão de serviço, insuficientemente fundamentada, e a suspensão da execução de uma sanção disciplinar desproporcionada são exemplo de outras providências conservatórias. E o arresto, o arrolamento e o embargo de obra (provavelmente ilegal) são também providências que produzem um certo efeito hermético em relação ao objecto do processo principal.

d'urgenza", in: *Enciclopedia del Diritto,* XXXVII, Milano, 1988, p. 856 e esp. p. 858; E. VULLO, *L'attuazione dei provvedimenti cautelari,* Torino, 2001, pp. 10 ss.

213 Para considerações mais desenvolvidas e referências bibliográficas sobre esta temática, vd. a nossa *Introdução ao Estudo Sistemático da Tutela Cautelar...* cit., pp. 112 ss.

Enfim, já perante o perigo de retardamento («pericolo di tardività» ou «pericolo *del* ritardo» da sentença principal), *id est* em face do prejuízo que resulta da impossibilidade de realização imediata do direito, a decisão cautelar tem um efeito antecipatório: ela já não pretende evitar a alteração do *quid* sob que incide a causa, mas, sim, antecipar para ele os hipotéticos efeitos da decisão de mérito, procurando também, ao fim e ao cabo, evitar a consumação de uma lesão de um outro género. A providência cautelar antecipatória inova e amplia, portanto, no tempo o *status quo* (o *quid* ou objecto) sob que incide o processo principal[214].

Através destas providências, que têm distinto *modus operandi*, obtém-se uma quantia devida pela Administração e que ela alegadamente não cumpre (por exemplo, o processamento de um vencimento), uma prestação (como designadamente, a prestação de cuidados de saúde, educação ou habitação), ou um acto (uma autorização, uma licença) ou a restituição de uma coisa, como a atribuição provisória de disponibilidade de utilização de um imóvel expropriado, enquanto pende a acção para exercício do direito de reversão. Através destas permite-se o exercício de um direito ou faculdade, como a possibilidade de um candidato reintegrar um procedimento concursal do qual havia sido excluído; ou a realização antecipada de uma prova escolar ou a intimação para um comportamento.

Os instrumentos cautelares, ainda que devam sempre deixar em aberto a solução para a causa principal[215], e, por isso, não obstante serem duplamente instrumentais perante o direito material, concretizam uma técnica necessária em qualquer modelo processual, já «que nascem e vivem provisoriamente ao lado da tutela principal, com a função de lhe preparar o terreno e lhe aprontar os meios mais aptos para o seu êxito»[216].

I.

O período que antecedeu a reforma do contencioso administrativo foi lamentavelmente caracterizado pela ausência de instrumentos adequados

[214] Para considerações mais desenvolvidas sobre este tema, vd. a nossa *Introdução ao Estudo Sistemático da Tutela Cautelar*... cit., pp. 117 ss. esp. 126 ss. Vd. tb. referências monográficas citadas.

[215] Sobre esta questão, e para consulta de referências bibliográficas sobre esta temática, vd. a nossa *Introdução ao Estudo Sistemático da Tutela Cautelar*... cit., pp. 132 a 136.

[216] P. Calamandrei, *Introduzione allo studio sistematico*... cit., p. 33.

de gestão do tempo no processo. Todos conhecemos as insuficiências de que sofria o anterior modelo de tutela cautelar e recordamos bem as deficiências «congénitas» de que padecia o solitário processo de suspensão da eficácia do acto administrativo **(1.)**. Contudo, os ventos de mudança sopravam e a reforma tornou-se inevitável **(2.)**.

1.

Lembram-nos com certeza da valoração economicista e restritiva de conceitos indeterminados previstos nas três alíneas do n.º 1 do art. 76.º da LPTA; da apreciação separada desses pressupostos e da ausência de ponderação de interesses públicos e privados; bem como nos ocorre a falta de apreciação do critério da aparência de bom direito e a impossibilidade de suspensão tanto de actos de conteúdo negativo como de normas administrativas. E guardamos ainda na memória as limitações do modelo em face de todas as actuações da Administração, como por exemplo no âmbito do contencioso contratual e perante a actuação ou omissão não jurídica da Administração Pública.

Neste contexto, podemos afirmar que, no passado, o direito substantivo que atribuía à Administração Pública de tipo executiva poderes de auto-tutela declarativa e poderes de auto-tutela executiva foi combinando bem com o «sacrossanto» princípio do efeito não suspensivo do recurso de anulação de actos administrativos, previsto na LPTA, e com a aplicação restritiva da suspensão da eficácia do acto administrativo, permitindo à Administração Pública beneficiar de mais um privilégio ou prerrogativa, «especialmente odioso»[217], como escreve García de Enterría, a demora excessiva do processo administrativo.

É bem verdade que na segunda metade da década de 90 os tribunais administrativos, especialmente sensíveis ao direito dos particulares de acesso aos tribunais e à tutela jurisdicional efectiva, iniciaram a aplicação mais generosa do processo da suspensão da eficácia do acto e a aplicação subsidiária de providências cautelares do CPC.

Ainda assim, e não obstante a inovadora jurisprudência administrativa mais recente, da qual já se contam algumas suspensões de eficácia em que existe ponderação de interesses, interpretação flexível dos pressupostos

[217] Vd. E. García de Enterría, "Introducción", Comentario a la Ley de la Jurisdicción Contencioso-Administrativa de 1998, REDA, 100, pp. 17 e 18.

de deferimento, umas quantas providências cautelares decretadas no domínio geral — arresto, arbitramento provisório de uma quantia[218], providências cautelares não especificadas (de reconhecimento provisório de uma situação jurídica e intimação para inclusão de um direito de preferência de um dos candidatos nas condições de um concurso público) — e outras tantas em sede do contencioso dos contratos sujeitos ao Decreto-lei 134/98, de 15 de Maio, e, ainda não obstante, como dissemos, a ampliação do âmbito das intimações previstas nos art. 82.º e 86.º da LPTA, a verdade é porém outra: o Tempo nem sempre foi sendo considerado como elemento presente e certo na realização do direito material de quem até à entrada em vigor do CPTA recorreu aos tribunais administrativos[219].

Perante um quadro de desagrado, que incluía a morosidade da justiça, a falta de instrumentos cautelares de raiz administrativa, a prolongada omissão do legislador ordinário em concretizar o modelo constitucional de tutela jurisdicional efectiva, que desde a revisão de 1997 incluía o direito a providências cautelares adequadas, impunha-se a reforma[220]. E também em Portugal estaria na altura de conquistar o tempo perdido[221].

2.

E, aliás novos ventos de mudança sopravam favoráveis à revisão do modelo[222]. Em Espanha em Julho/1998, na França e na Itália em meados do ano 2000, as reformas dos modelos de urgência seguiram uma tendência comum, passível de servir de inspiração ao legislador português: manteve-se o princípio do efeito não suspensivo dos recursos impugnatórios e

[218] Acórdão do TCA de 30.10.2003, proc. n.º 12 780, cuja (nossa) anotação se encontra no prelo: «A obrigação do Estado-juiz de reparar *ad interim* o dano decorrente do mau funcionamento do serviço de justiça: correndo em busca do tempo irrazoavelmente perdido».

[219] Para uma síntese, vd. a nossa, "A urgência na reforma do processo administrativo", in: *Reforma do Contencioso Administrativo, O Debate Universitário*, Lisboa, 2000 (texto aqui publicado como Segundo Estudo).

[220] Neste sentido, D. Freitas do Amaral/M. Aroso de Almeida, «O novo contencioso administrativo», *Expresso*, 3 de Janeiro de 2004, pp. 22 e 23.

[221] No mesmo sentido, mas a propósito da reforma francesa, por S. De La Sierra, "En busca del tiempo perdido. Breves apuntes sobre la reciente reforma de la justicia administrativa en Francia", REDA, 116, 2002, pp. 557 ss.

[222] Para uma síntese, vd. o nosso, *Dos Novos Processos Urgentes no Contencioso Administrativo...* cit., pp. 45 a 55.

ampliou-se o rol dos mecanismos cautelares[223]. E na França, principalmente, foram introduzidas significativas novidades nos processos de *référé*, designadamente beneficiou-se com simplicidade os já existentes e dois novos processos foram criados: *référé-suspension* e o *référé-liberté*[224]; na Espanha e na Itália os modelos acolheram o princípio da atipicidade cautelar[225] e neste último país foi consagrado um conjunto de processos urgentes autónomos de resolução definitiva de conflitos[226].

Ao mesmo tempo, no espaço europeu, a influência (e a «censura»[227]) tanto do TJCE como do TEDH acabou por ter efeito positivo na alteração da disciplina cautelar do contencioso administrativo.

Com efeito, O TJCE, desde o famoso caso *Factortame*, tem vindo a esclarecer que os tribunais nacionais estão obrigados a aplicar medidas provisórias, segundo critérios por si «pedagogicamente»[228] ditados, tanto para defender a aplicabilidade uniforme da Ordem Jurídica Comunitária como para tutelar de forma efectiva os direitos dos particulares, atribuídos àqueles pelo Direito europeu[229]. Estes critérios *europeus* foram também tomados em conta pelo legislador português.

[223] Por todos, quanto ao modelo espanhol, vd. J. González Pérez, *Comentarios a la Ley de la Jurisdicción Contencioso-Administrativa (ley 29/1998, de 13 de julio)*, Tomo II, 4.ª ed., 2003, pp. 2278 ss.

[224] Neste sentido e a propósito das preocupações subjacentes à nova sistematização e reforma dos processos de «référé», por todos, vd. D. Labetoulle, « La genèse de la loi du 30 juin 2000 », in : *Le nouveau juge administratif des référés. Réflexions sur la réforme opérée par la loi du 30 juin 2000*, Annales de la Faculté de Droit de Strasbourg, eds. P. Wachsmann, n.º 5, 2002, pp. 17 ss.

[225] Ainda a propósito do modelo espanhol, vd. E. García de Enterría/T.-R. Fernández, *Curso de Derecho Administrativo II*, 8.ª ed., Madrid, pp. 638 ss.; C. Chinchilla Marín, "La tutela cautelar", in: *Comentarios a la ley de la Jurisdicción Contencioso-Administrativa*, Valladolid, 1999, pp. 563 ss.

[226] A este propósito, por todos, vd. R. Garofoli/M. Protto, *Tutela Cautelare, Monitoria e Sommaria nel Processo Amministrativo*, Milano, 2002.

[227] A este propósito, vd. E. García de Enterría, "El Tribunal de Justicia de las Comunidades Europeas constata y censura dos graves quiebras de nuestro derecho administrativo en materia de entes sujetos al derecho público y de medidas cautelares contencioso-administrativas", REDA, 119, 2003, pp 473 ss.

[228] Expressão de M. Fromont, « La convergence des systèmes de justice administrative en europe ... cit., p. 129.

[229] Sobre este assunto, Fausto de Quadros, "Algumas considerações gerais sobre a reforma do contencioso administrativo. Em especial, as providências cautelares", *Reforma do Contencioso Administrativo* ... cit., pp. 151 ss.

Enfim, para a reforma igualmente contribuiu o sentido da jurisprudência do TEDH que tem incidido sobre o «direito ao recurso efectivo» (art. 13.º CEDH) e o «direito ao recurso equitativo» (art. 6.º CEDH), consagrados ambos na Convenção Europeia dos Direitos do Homem (=CEDH). Segundo a orientação do Tribunal de Estrasburgo, da leitura combinada destas normas convencionais resulta a obrigação de os Estados garantirem aos seus cidadãos uma boa administração da justiça, o que inclui, nomeadamente, o direito a obter medidas provisórias (nos termos do art. 39.º do Regulamento do TEDH) – como foi discutido no caso família chilena *Cruz Varas contra Suécia*/1991[230]– ou outras medidas urgentes, como ficou confirmado no caso *Kudła contra Polónia*/2000.

E teve igualmente impacto positivo num momento de reforma a crítica do TEDH[231], que vinha deixando cada vez menos sem castigo os Estados que proporcionam aos seus cidadãos justiça «escargot»[232]. Deixou-o bem claro, tantas vezes, nas condenações ao Estado português, e especialmente no processo *Gouveia da Silva Torrado c. Portugal*/2003, mais recentemente[233].

[230] Vd. *Affaire Cruz Varas e outros c. Suécia, Arrêt du 20 mars 1991*, n. 46/1990/237/307, publ. in : RUDH, 1991, pp. 209 ss. E, em especial, sobre o caso, vd. Cohen-Jonathan, "De l'effet juridique de « mesures provisoires » dans certaines circonstances et de l'efficacité du droit de recours individuel : à propos de l'arrêt de la Cour de Strasbourg Cruz varas du 20 mars 1991", RUDH, 1991, pp. 205 ss. ; E. García de Enterría, "De la légitimité des mesures provisoires prises par la Commission et la Cour Européennes des Droits de l'Homme", *Revue Trimestrielle des Droits de L'Homme,* 1992, pp. 251 ss.

[231] A este propósito, vd., por exemplo, J.-F. Flauss ("Le droit à un recours effectif. L'article 13 de la Convention européenne des droits de l'homme", RUDH, 1991, esp. pp. 330 ss.), O. Dugrip ("L'applicabilité de l'article 6 de la CEDH aux juridictions administratives", RUDH, 1991, pp. 336 ss.) e J.-L. Pissaloux ("Quelques réflexions dubitatives sur les nouvelles procédures du référé administratif", *Droit Administratif, Editions du Juris-Classeur,* (1re Partie), octrobre, 2001, pp. 4 ss.).

[232] Expressão de B. Le Gendre, "La Cour européenne contre la justice escargot", *Le Monde,* Mercredi, 4 janvier, 1989, p. 10.

[233] Sobre este assunto, vd. o nosso, "Do novo contencioso administrativo e do direito à justiça em prazo razoável", *Estudos em Comemoração do Décimo Aniversário da Licenciatura em Direito da Universidade do Minho,* Coimbra, 2004, esp. pp. 342 e 343.

II.

A consideração do Tempo no processo administrativo só vem a acontecer com o novo Código de Processo nos Tribunais Administrativos (= CPTA), uma vez que este, em conjunto com o novo ETAF, vem consagrar um conjunto variado de técnicas de tratamento do tempo processual.

E, designadamente, o CPTA vem prever de modo muito original um grupo de processos destinados a proteger as situações de urgência, sistematizando-o autonomamente a par de um contencioso declarativo e a par de um contencioso executivo: o contencioso urgente. E deste o legislador distingue os processos cautelares, acolhidos no título V.

Mais propriamente, neste domínio do contencioso urgente, o CPTA dá um especial tratamento ao tempo curto — às situações de urgência, aquelas que exigem cuidado célere e prioritário. O contencioso urgente, que abarca tanto o Título IV (art. 97.º ss.) como o Título V (art. 112. ºss.), agrupa, em suma, os processos urgentes autónomos e os processos urgentes cautelares.

Do Título IV constam: o processo impugnatório urgente em matéria eleitoral (art. 97.º ss.); o processo impugnatório urgente, relativo ao contencioso pré-contratual (art. 100.º ss.); o processo de intimação para exercício do direito à informação procedimental, consulta de documentos e passagem de certidões (art. 104.º ss.); e o processo de intimação para protecção de direitos, liberdades e garantias (art. 109.º ss.).

Podemos afirmar *grosso modo* que os processos urgentes visam dar solução para um tipo de urgência distinta daquela a que acode os processos urgentes cautelares. São céleres, simplificados e permitem com urgência alcançar uma decisão de mérito, que transitará em julgado (**(1.)**.

Já o Título V consagra o processo cautelar comum, que dá solução para «o dano marginal» que resulta da demora de um processo principal (*periculum in mora*), em virtude de o direito do requerente se afigurar como provavelmente existente (*fumus boni iuris*). O processo urgente cautelar permite alcançar apenas uma decisão provisória. E, enfim, porque o processo cautelar é instrumental na dupla perspectiva, funcional e estrutural, este dependente sempre do processo principal, do qual é acessório e com o qual tramita «sempre acoplado».

A decisão proferida no processo urgente cautelar assenta numa cognição sumária cautelar, que é sinónimo de superficialidade no momento da cognição: quer de simplicidade na realização de prova; quer de probabilidade no momento da sua valoração. Ora, nos processos urgentes autónomos não se realiza a *sumariedade cautelar*[234].

O Título V inclui tanto a disciplina regra que rege o processo cautelar comum, como prevê disposições particulares para a decretação de algumas providências cautelares especificadas (**2.**).

1.

Antes de analisarmos o processo cautelar comum, cumpre destacar, ao de leve, alguns aspectos funcionais e estruturais sobre cada um dos processos urgentes autónomos, nos quais não se reconhece as características de *instrumentalidade*, nem provisoriedade, nem *sumariedade* cautelar[235].

O CPTA prevê no domínio dos processos urgentes, dois tipos de impugnações e dois processos para intimação urgente[236]. O processo urgente eleitoral, já previsto na LPTA, foi integrado sem alterações relevantes no CPTA. É o primeiro processo impugnatório dos demais processos urgentes, previsto no Título IV e no art. 97.º ss.

Serve este processo para resolver questões respeitantes a um procedimento eleitoral através do qual se designam os titulares de órgãos administrativos electivos[237], como exemplo os procedimentos eleitorais que decorrem em estabelecimentos e serviços públicos, em

[234] Sobre o conceito de cognição sumária cautelar, vd. F. Tommaseo, *I provvedimenti d'urgenza. Struttura e limiti della tutela anticipatoria,* Padova, 1983, pp. 167 ss. esp. pp. 170 e 171; L. Montesano, "Strumentalità e superficialità della cognizione cautelare", *Rivista di Diritto Processuale,* 1999, pp. 309 ss.; e, ainda que com alguma divergência quanto ao tipo de meios de prova, vd. L. Lombardo, "Natura e caratteri dell'istruzione probatoria nel processo cautelare", *Rivista di Diritto Processuale,*2, 2001, pp. 478 ss.

[235] A este propósito, para mais desenvolvimentos, vd. o nosso *Dos Novos Processos Urgentes no Contencioso Administrativo* ...cit., pp. 61 ss., esp. pp. 70 ss.

[236] Para considerações mais desenvolvidas, vd. M. Aroso de Almeida, *O Novo Regime Do processo nos Tribunais Administrativos,* Coimbra, 2003, pp. 223 ss.; João Caupers, *Introdução ao Direito Administrativo,* Lisboa, 7.ª ed. 2003, pp. 347 ss.; J. C. Vieira de Andrade, *A Justiça Administrativa (lições),* 4.ª ed., Coimbra, 2003, pp. 225 ss.

[237] Neste sentido, Acórdão do STA, de 28.11.2002, proc. n.º 01070/02, publ. in. www.sta.mj.pt.

escolas secundárias e superiores, institutos politécnicos[238] e associações públicas[239].

Uma vez que, salvo melhor opinião, não se encontram diferenças significativas entre este e o antigo processo eleitoral previsto na LPTA, o processo impugnatório urgente em matéria eleitoral continuará a servir para resolver questões que englobam não só o acto eleitoral em sentido estrito ou votação (e respectiva homologação[240]) como também abrange os actos conexos, nomeadamente os pré-eleitorais[241] (que se referem, nomeadamente, ao recenseamento, à marcação de eleições, à apresentação de candidaturas e à campanha eleitoral) e os pós-eleitorais[242] (relativos, designadamente, ao apuramento e à verificação de poderes dos candidatos eleitos)[243].

Exemplo:

Na sequência da eleição dos órgãos sociais da ANET (= Associação Nacional dos Engenheiros Técnicos), o Senhor Y, mandatário da lista vencida, tendo tomado conhecimento de irregularidades ocorridas no decurso da votação e no apuramento de resultados, foi aconselhado a solicitar a anulação do acto eleitoral[244].

238 A este propósito, vd. Acórdão do STA, de 02.09.1987, proc. n.º 025301, publ. in: apêndice do DR, de 16.08.1993; Acórdão do STA, de 21.01.1999, proc. n.º 027324; Acórdão do STA, de 21.06.2001, proc. n.º 046739; Acórdão do STA, de 24.10.2001, proc. n.º 047949Acórdão do STA, de 22.05.2002, proc. n.º 0747/02, publ. in: www.sta.mj.pt; Acórdão do STA, de 12.11.2002, proc. n.º 01379/02; Acórdão do STA, de 02.10.2002, proc. n.º 01372/02; Acórdão do STA, de 14.08.2002, Acórdão do STA, de 21.05.2002, proc. n.º 0583/02, publ. in: www.sta.mj.pt; Acórdão do STA, de 20.03.2003, proc. n.º 0401/03, publ. in: www.sta.mj.pt.

239 Neste sentido, Acórdão do STA, de 02.09.1983, proc. n.º 025301, publ. in: Apêndice do DR de 16.08.1993; Acórdão do STA, de 26.04.1995, proc. n.º 037093; Acórdão do STA, de 15.07.1998, proc. n.º 043884.

240 Neste sentido, Acórdão do STA, de 02.07.1998, proc. n.º 039233; Acórdão do STA, de 08.07.1999, proc. n.º 038228. Em sentido contrário, Acórdão do STA, de 15.07.1998, proc. n.º 043884.

241 Neste sentido, Acórdão do STA, de 15.06.1993, proc. n.º 031838; Acórdão do STA, de 02.10.2002, proc. n.º 01372/02; Acórdão do STA, de 14.08.2002, Acórdão do STA, de 21.05.2002, proc. n.º 0583/02, todos publ. in: www.sta.mj.pt;

242 Neste sentido, Acórdão do STA, de 26.04.2001, proc. n.º 047502.

243 Seguimos o raciocínio e a terminologia de MANUEL FREIRE BARROS, «Um problema de legitimidade activa no contencioso eleitoral administrativo ... cit., p. 25.

244 A este propósito, cfr. Acórdão do STA de 26.04.2001, proc. n.º 047502, acessível in: www.sta.mj.pt.

Esta hipótese constitui exemplo de uma situação a resolver por meio deste processo urgente eleitoral, que deverá ser instaurado no tribunal administrativo de círculo da área da sede do órgão cuja eleição se impugna (art. 20.º, n.º 3 CPTA) e para a qual aquela entidade, mandatário da lista vencida, terá legitimidade activa – já que podem lançar mão do contencioso eleitoral quem na eleição em causa seja, nomeadamente, eleitor ou elegível[245]. Neste processo o juiz, como tem poderes de plena jurisdição, pode inclusive condenar a cumprir normas em falta, pelo que a sentença pode não se resumir a anular ou a declarar a nulidade de actos ilegais praticados no procedimento eleitoral.

1.2.

Em segundo lugar, cumpre evidenciar, em três pontos, o processo urgente para impugnação de actos administrativos relativos à formação de contratos de empreitada e concessão de obras públicas, de prestação de serviços e fornecimento de bens, que é o processo impugnatório previsto em segundo lugar no domínio do contencioso urgente[246]:

Primo: Este processo resulta da integração no CPTA, com algumas alterações, do regime constante do Decreto-Lei n.º 134/98, de 15 de Maio, pelo que, por isso mesmo, não inclui no seu âmbito o restante contencioso de formação dos demais contratos da administração.

Secundo: O novo processo urgente é o meio próprio para impugnar não só actos administrativos relativos à formação destes contratos — actos que, em princípio, serão em maior número do que os tradicionalmente reconhecidos, a adjudicação e a exclusão de um concorrente —, como também é o processo adequado para directamente impugnar o programa, o caderno de encargos ou qualquer outro documento conformador do procedimento de formação dos contratos mencionados, com fundamento na ilegalidade das especificações técnicas, económicas ou financeiras que constem desses documentos.

[245] Neste sentido, Acórdão do STA, de 01.10.1998, proc. n.º 44 180; Acórdão do STA, de 06.07.2000, proc. n.º 046236; Acórdão do STA, de 21.062001, proc. n.º 046739; Acórdão do STA, de 06.02.1997, proc. n.º 041303; Acórdão do STA, de 01.10.1998, proc. n.º 044180, publ. in *Cadernos de Justiça Administrativa*, 18, 1999, pp. 20 ss.

[246] Cfr. art. 100.º ss. do CPTA, bem como a secção I do capítulo II do título III, cuja disciplina se aplica subsidiariamente a este contencioso pré-contratual.

Tertio: O objecto do processo urgente pode ainda ser ampliado[247] em duas situações, sendo que em ambas situações se pressupõe que um destes contratos foi celebrado — ou mesmo cumprido — durante o decurso do processo urgente. Estas situações poderão acontecer nomeadamente quando a imediata prossecução do interesse público exija a celebração do contrato, não sendo os interesses do requerente suficientemente relevantes para obstar à sua consumação[248].

Assim sendo, doravante, se não se puder evitar que a Administração celebre um destes contratos enquanto o processo urgente corre termos, o CPTA permite a ampliação do objecto deste processo à impugnação do próprio contrato entretanto celebrado, nos termos dos artigos 102.º, n.º 4 e 63.º CPTA.

E perante idêntico tipo de situações consumadas, se para o autor do processo urgente se configurar uma «situação de impossibilidade absoluta» que impeça a satisfação dos seus interesses, o CPTA prevê a possibilidade de o tribunal fixar o montante de uma indemnização, em vez de se pronunciar sobre o pedido formulado, devendo ouvir as partes para esse efeito (art. 102.º, n.º 5).

Sem menosprezar as referidas soluções - que dão finalmente uma solução para uma dificuldade que a jurisprudência anterior resolvia sem uniformidade[249] - , cumpre, contudo, realçar o necessário uso de mecanismos que evitem, durante a pendência do processo, a produção de situações de facto consumado: como são a nova «audiência pública», prevista no art. 103.º, e as providências (cautelares) específicas, previstas para o contencioso contratual, no art. 132.º. É que, tratando-se por exemplo de contratos de fornecimento de bens consumíveis, a possibilidade de se formarem situações de facto consumado é muito fácil.

Através das providências cautelares específicas é possível corrigir antecipadamente as ilegalidades de especificações contidas nos documentos

[247] Cfr. art. 102.º, n.º 4 e n.º 5 CPTA.

[248] A propósito de casos que eventualmente configurem exemplo desta situação, vd. Maria João Estorninho, "A propósito do Decreto-Lei n.º 134/98, de 15 de Maio, e das alterações introduzidas ao regime de contencioso dos contratos da Administração Pública ...", *Cadernos de Justiça Administrativa*, 11, 1998, p. 7.

[249] Sobre este assunto, vd. o nosso "A Justiça Administrativa dos Contratos da Administração. Da (ainda) *Ária de Inútil Precaução*", *Scientia Ivridica*, n.º 290, 2001, pp. 83 ss. (texto aqui reunido como Terceiro Estudo).

do concurso; solicitar a suspensão de actos administrativos inseridos no procedimento de formação do contrato; solicitar providências atípicas de natureza antecipatória, que permitam, nomeadamente, a vinda ao procedimento de um concorrente dele excluído; e até a própria suspensão do procedimento de formação do contrato.

A modalidade de decretamento provisório de uma providência — o imediato diferimento da assinatura do contrato por um determinado prazo ou até final do processo cautelar, à semelhança da solução incluída expressamente no *référé-précontractuel* pela recente reforma do contencioso urgente francês[250], poderá revelar-se indispensável (e, por isso, equacionável) para certas situações de especial urgência — ou para situações em que as partes tenham interesse em acelerar a assinatura do contrato —, em relação às quais a *demora* normal do próprio processo cautelar pode propiciar a formação de situações de facto consumado. Tratar-se-á, neste caso de proceder a um género de decretamento provisório de uma providência cautelar no âmbito contratual.

Exemplo:

No âmbito do concurso para aquisição de 500.000 marcas auriculares para identificação de pequenos ruminantes, a empresa A, tendo tido conhecimento do conteúdo do despacho do Presidente do Conselho de Administração da Direcção Geral de Veterinária, de 10 de Maio de 2003, pelo qual este adjudica a aquisição dos referidos bens à concorrente B, decide impugnar o referido acto

[250] Como explica a doutrina francesa, a prática nos tribunais foi revelando que o anterior regime de *référé-précontractuel* continha uma «uma brecha» (ou falha) pela qual «fugia» a plena eficácia do instrumento cautelar, uma vez que as partes apressavam a assinatura do contrato, impedindo terceiros de solicitar a suspensão do procedimento contratual e, consequentemente, anulando a possibilidade de solicitar a sua aplicação, já que este mecanismo cautelar não pode ser accionado depois de celebrado o contrato. Com a reforma fica assegurada a possibilidade de o juiz, ou o magistrado competente, antes de realizar a instrução, impedir de imediato que tal situação decorrente da assinatura do contrato aconteça, podendo ordenar o diferimento imediato da assinatura do contrato até final do processo cautelar ou por um prazo de vinte dias («enjoindre de différer la signature du contrat jusqu'au terme de la procédure, et pour une durée maximum de vingt jours»). Neste sentido, vd. B. POUJADE, "Le référé précontractuel", *revue française de droit administratif*, 2002, pp. 279 ss., esp. p. 280 ; F. LLORENS, "Le référé précontractuel entre continuité et changement", in : *Les nouveau juge administratif des référés. Réflexions sur la réforme opérée par la loi du 30 juin 2000* ... cit., pp. 57 ss.

e solicitar medidas provisórias adequadas a obstar à celebração do mencionado contrato[251].

Situação para qual se sugere o recurso ao processo previsto no art. 100.º CPTA. Através do qual se pretenderá impugnar o acto relativo ao procedimento de formação do contrato — a adjudicação. Em conjunto com este processo urgente e para evitar a produção de uma situação de facto consumado, deverá utilizar-se o processo cautelar especificado, previsto no art. 132.º CPTA, sob pena de poder vir a formar-se uma situação irreversível, do género das configuradas no 102.º, n.º 4 e, principalmente, n.º 5.

1.3.

As duas intimações urgentes previstas na nova lei constituem processos expeditos de condenação[252]: para a prestação de informações, consulta de processos ou passagem de certidões, nos artigos 104.º e ss. e para a protecção de direitos, liberdades e garantias, nos artigos 109.º e ss.

Através deste primeiro processo urgente - que na lei anterior tinha natureza cautelar, mas que a doutrina e a jurisprudência já vinham considerando como acção especial autónoma[253] - podem os administrados não só exercer autonomamente os direitos fundamentais à informação procedimental, fundado nos artigos 61.º a 64.º do CPA, e o direito à informação extra-procedimental, consagrado no art. 268.º, n.º 2 da CRP e na Lei n.º 65/93, de 26 de Agosto, ou seja o direito de acesso aos arquivos e registos administrativos[254], como também podem (juntamente com o Ministério Público) solicitar elementos que considerem necessários para

[251] A este propósito, cfr. Acórdão do STA de 09.04.2003, proc. n.º 0563/03, acessível in: www.sta.mj.pt.

[252] Sobre este assunto, vd. D. Freitas do Amaral/M. Aroso de Almeida, *Grandes Linhas da Reforma do Contencioso Administrativo* ... cit., pp. 94 ss.

[253] Neste sentido, J. C. Vieira de Andrade, *A Justiça Administrativa* ... cit., p. 196, nr. 40; J. M. Sérvulo Correia, "O direito dos administrados à informação: *ubi ius, ibi remedium*", *Cadernos de Justiça Administrativa,* 5, 1997, pp. 3 a 14; José Eduardo Figueiredo Dias, "Relevo prático da "intimação para consulta de documentos" na garantia jurisdicional do direito à informação dos administrados", *Cadernos de Justiça Administrativa,* 5, 1997, pp. 50 a 57; Castro, Catarina Sarmento, "Direito à informação procedimental: os interesses e os interessados. Todos diferentes, todos iguais?", *Cadernos de Justiça Administrativa,* 31, 2002, pp. 42 ss.

[254] Sobre esta temática, vd. Raquel Carvalho, *O Direito à Informação Administrativa Procedimental,* Porto, 1999 e *Lei de acesso aos documentos da Administração,* Porto, 2000.

instruir uma acção impugnatória de um acto administrativo[255]: elementos que a Administração não integrou na notificação (publicação) do acto ou integrou de forma deficiente. Tal pedido pode contemplar a indicação do autor do acto, da data em que o acto foi praticado e dos fundamentos da decisão, produzindo «efeito interruptivo» quanto aos prazos em curso para accionar este processo principal (art. 106.º).

Exemplos:

1.

A SETEFRETE (Sociedade de Tráfego e Cargas, S.A.), pretendendo accionar uma acção contra a Administração dos Portos de Setúbal e Sesimbra, dirigiu à mesma entidade uma carta, pela qual requeria obter a seguinte informação: «se a *Sapec Agro S.A.* solicitou, até ao momento, o seu licenciamento para o exercício da actividade de movimentação de cargas no porto de Setúbal e se o fez em que fase se encontra o procedimento e qual o sentido provável da decisão». Tendo sido recusada tal informação, a SETEFRETE, porque considera violado o seu direito à informação procedimental – o direito de ser informada pela Administração, sempre que o requeira, sobre o andamento do procedimento em que se é directamente interessado – , pretende recorrer aos tribunais administrativos.

Este seria o meio adequado para discutir da possibilidade de satisfação da pretensão da empresa em causa, que esta deveria dirigir ao TAC do tribunal da área da sede da autoridade requerida (art. 20.º, n.º 4).

2.

O Presidente do Instituto Superior Politécnico de Viana de Castelo, considerando que o Senhor Professor X, actual director da Escola Superior de Ciências Empresariais de Valença, deixou de possuir as qualidades indispensáveis para o exercício do cargo, decidiu exonerá-lo do cargo que exercia em regime de comissão de serviço.

Neste sentido, por faltarem à notificação do acto elementos necessários que permitissem ao Senhor Professor X accionar a acção administrativa especial com vista a impugnar o referido acto, e, porque a entidade em causa, a pedido deste, não mencionou nenhuma informação quanto à data do acto e quanto aos fundamentos da exoneração, o advogado considerou necessário recorrer ao tribunal administrativo para intimar a entidade administrativa a fornecer ao seu cliente os elementos em falta.

[255] Cfr. Art. 104.º , n.º 2 e art. 60.º, n.º 2 CPTA.

1.4.

A finalizar cumpre realçar o processo urgente autónomo mais inovador: a intimação para protecção de direitos, liberdades e garantias.

Este processo vem responder a necessidades e propostas já tão conhecidas[256] e tão evidenciadas com a 4.ª revisão constitucional, após ter sido incluído no art. 20.º n.º 5 o direito a procedimentos judiciais caracterizados pela celeridade e prioridade para tutela efectiva e em tempo útil contra ameaças ou violações de direitos, liberdades e garantias pessoais. A sua importância é verdadeiramente significativa tanto mais que em Portugal não se prevê o sistema de recurso de amparo para o Tribunal Constitucional para directamente obter a defesa destes direitos fundamentais.

A intimação é um processo de tramitação rápida e flexível que tem como finalidade obter a tutela de um direito fundamental da categoria de direitos, liberdades e garantias, ameaçado, no seu exercício útil, por um comportamento positivo ou omissivo da Administração Pública ou de um particular (designadamente, um concessionário)[257].

Vamos configurar um exemplo para procurarmos perceber quando é que um particular pode lançar mão deste processo[258]:

A propósito do direito de manifestação, imaginemos que em virtude das comemorações do Dia Mundial do Trabalhador, uma Associação Sindical do Porto resolve promover uma manifestação pelas principais ruas e praças da cidade. E consideremos que, na sequência do cumprimento do dever de aviso prévio, o Governador Civil, ainda que não tenha proibido em absoluto a manifestação, determina condicionalismos desproporcionados relativos aos locais e ao tempo da realização desse evento. Consideremos

[256] A este propósito, vd. J. J. Gomes Canotilho, *Direito Constitucional e Teoria da Constituição* ... cit., pp. 501 e 502; J. C. Vieira de Andrade, *Os Direitos Fundamentais* ... cit., pp. 356 ss., esp. p. 356, nr. 82 e p. 360; Jorge Miranda, *Manual de Direito Constitucional* ... cit., pp. 256 ss., esp. p. 260.

[257] Sobre este processo de intimação urgente, vd. João Caupers, *Introdução ao Direito Administrativo... cit.*, pp. 350 ss.; M. Aroso de Almeida, *O Novo Regime do Processo nos Tribunais Administrativos...* cit., pp. 238 ss.; Carla Amado Gomes, "Pretexto, contexto e texto da intimação para protecção de direitos, liberdades e garantias", policopiado, gentilmente cedido pela autora.

[258] Exemplo que já configurámos no nosso *Dos Novos Processos Urgentes no Contencioso Administrativo* ...cit., pp. 82 e 83.

que os promotores recorrem à justiça no sentido de ver anulada tal decisão e restabelecido o direito violado[259].

Uma vez que a intimação urgente só «pode ser requerida quando a célere emissão de uma decisão de mérito [...] se revele indispensável para assegurar o exercício, em tempo útil, de um direito, liberdade ou garantia, por não ser possível ou suficiente, nas circunstâncias do caso, o decretamento provisório de uma providência cautelar, segundo o disposto no artigo 131.º»[260], verificamos que esta intimação tem um carácter residual. E, por isso, só pode ser accionada quando a providência cautelar urgentíssima, prevista no art. 131.º, se mostrar impossível ou insuficiente.

Ora, a situação fantasiada constitui exemplo de um caso em que a tutela cautelar se afigura, sob o ponto de vista técnico-jurídico, como impossível ou insuficiente para solucionar o diferendo. Com feito, só a intimação urgente para tutela deste direito fundamental será o meio adequado, pois, (*i*) no caso concreto há uma situação de natureza improrrogável, que reivindica uma decisão judicial inadiável, pois há urgência imposta por uma data próxima, já marcada; (*ii*) e o conflito a resolver tem natureza que não se compadece com uma providência cautelar, que seja meramente provisória, (*iii*) uma vez que esta pretensão urgente obriga o tribunal, por um lado, a pronunciar-se de modo definitivo (irreversível) e, por outro lado, obriga a considerar o diferendo de forma global, de tal modo que a decisão abarca todo o objecto da causa principal (a decidir).

Em suma, a providência cautelar seria não só insuficiente como seria impossível para resolver a questão, já que produziria uma solução total e *fatal da causa*, porque esgotaria e esvaziaria a utilidade de qualquer sentença posterior de mérito, que viesse a ser emita no âmbito de um processo principal. Esta chegaria, aliás, já tarde demais, muito depois de a manifestação ter decorrido (com ou sem limitações desproporcionais).

Quanto ao âmbito da intimação urgente, esta poderá servir para tutelar tanto os direitos, liberdades e garantias pessoais como os de participação

[259] A propósito do conteúdo do direito de manifestação e desta questão, vd., J. MIRANDA, *Manual de Direito Constitucional* ... cit., pp. 488 ss.; J. J. GOMES CANOTILHO/VITAL MOREIRA, *Constituição da Republica Portuguesa Anotada* ... cit., pp. 254 ss.; J. P. MIRANDA DE SOUSA, "O direito de manifestação", BMJ, 375, 1988, pp. 13 ss.; Parecer da Procuradoria-Geral da República, "Direito de manifestação", BMJ, 331, 1983, pp. 244 ss.

[260] Cfr. Art. 109.º ss. CPTA.

política[261]; tanto os previstos no catálogo como também outros de natureza análoga, consagrados fora dele (na Constituição, no direito internacional ou na lei) e talvez possa proteger não somente os *clássicos* direitos fundamentais como também os *novos*[262], ditos *direitos de solidariedade*, de *3.ª ou 4.ª geração*. A título de exemplo, uma vez que o direito ao ambiente, enquanto direito fundamental, goza do regime dos direitos, liberdades e garantias[263], não custará a aceitar que a resolução dos conflitos jurídico-administrativos em matéria ambiental, quer digam respeito a relações entre particulares, quer a actuações ou omissões da Administração lesivas do ambiente, seja alcançada por via da intimação para tutela de direitos, liberdades e garantias, se no caso concreto os seus pressupostos se verificarem[264]. Julgamos que de igual modo em relação a certos direitos dos estrangeiros, *de asilo, de comunicação* e *assistência* e *de reagrupamento familiar*[265] se poderá pensar no mesmo tipo de resposta.

Para terminar, desejamos destacar dois aspectos inovadores da intimação. Um aspecto traduz-se no conteúdo da decisão: a sentença determina o comportamento a adoptar pela entidade requerida, podendo especificar o comportamento concreto a tomar, a entidade que o deve adoptar e o prazo em que o deve fazer. A sentença pode inclusive traduzir-se na condenação da Administração na prática de um acto administrativo ou na intimação à Administração para executar um acto já praticado. Nestes casos, porque falamos de actos estritamente vinculados, a sentença pode produzir um efeito sub-rogatório: a sentença pode produzir os efeitos do acto administrativo que a Administração deveria ter praticado.

E o outro aspecto a realçar respeita à garantia de execução da intimação: sem prejuízo de outro tipo de sanções, o incumprimento da intimação pode sujeitar a entidade intimada ao pagamento de uma sanção pecuniária compulsória, como se prevê no artigo 110.º, n.º 5.

[261] A este propósito, considere-se a posição de J.C. VIEIRA DE ANDRADE, *Os Direitos Fundamentais*... cit., p. 360, nr. 90.

[262] Sobre este assunto, J. C. VIEIRA DE ANDRADE, *Os Direitos Fundamentais* ... cit., pp. 62 ss.; V. PEREIRA DA SILVA, *Verde cor de Direito* ... cit., p. 23 ss.

[263] Neste sentido, V. PEREIRA DA SILVA, *Verde cor de Direito* ... cit., p. 23 ss.

[264] Neste sentido, M. AROSO DE ALMEIDA, "Tutela Jurisdicional em Matéria Ambiental", *Estudos de Direito do Ambiente*, Porto, 2003, pp. 91 e 93.

[265] Sobre a natureza destes direitos, J. C. VIEIRA DE ANDRADE, *Os Direitos Fundamentais* ... cit., pp. 84 e 85.

Exemplo:

Imaginemos[266] que um grupo de cidadãos anuncia uma reunião pacífica de demonstração de solidariedade para com um Presidente de Câmara, recentemente constituído arguido num processo crime. E consideremos que, na sequência do dever de aviso prévio, a entidade competente, tendo tido conhecimento da planeada visita ao local de um dirigente do mesmo partido, que momentos antes tornara pública a desconfiança política em relação ao referido Presidente, proíbe, por razões de segurança, a realização do evento, no local desejado e na data pretendida[267]. A intimação para tutela de direitos, liberdades e garantias poderia constituir a processo urgente adequado a instaurar no tribunal da área onde deva ter lugar o comportamento ou omissão pretendidos (art. 20.º, n.º 5).

2.

Fazendo um ponto da situação quanto às novidades próprias da tramitação dos processos urgentes previstos no Título IV CPTA, cumpre destacar a simplicidade, a informalidade e a urgência.

Os processos urgentes autónomos têm de comum o facto de serem céleres, tramitarem autonomamente em face de qualquer outro processo e decidirem o fundo da causa. Por um lado, estão dotados com as características típicas do tipo de processos urgentes, cujo regime geral se prevê no art. 36.º, n.º 2 CPTA, e, portanto, entre outros aspectos, (*i*) os prazos fixados são curtos ou são passíveis de encurtamento pelo juiz; (*ii*) algumas fases são dispensáveis ou abreviáveis em função da urgência que subjaz à relação material controvertida; (*iii*) correm em férias e com dispensa de vistos prévios; (*iv*) os actos de secretaria são praticados no próprio dia; *v*) são processos cujo recurso jurisdicional pode produzir efeito meramente devolutivo[268]; *vi*) e cujos prazos durante o recurso jurisdicional são

[266] A propósito da prévia resolução do problema da jurisdição competente cfr. art. 14.º do Decreto-Lei n.º 406/74, de 29 de Agosto, Acórdão do Tribunal dos Conflitos de 10.07.1986, pub. BMJ, 360, 1986, pp. 319 ss., art. 212.º, n.º 3 da CRP, art. 4.º, n.º 1 a) do ETAF.

[267] A propósito do conteúdo do direito de reunião e manifestação, vd., J. Miranda, *Manual de Direito Constitucional*... cit., pp. 488 ss.; J. J. Gomes Canotilho/Vital Moreira, *Constituição da Republica Portuguesa Anotada* ... cit., pp. 254 ss.; J. P. Miranda de Sousa, "O direito de manifestação", BMJ, 375, 1988, pp. 13 ss.; Parecer da Procuradoria-Geral da República, «Direito de manifestação», BMJ, 331, 1983, pp. 244 ss.

[268] Esta é a solução prevista no CPTA, a propósito dos processos cautelares e do processo urgente para protecção de direitos, liberdades e garantias. Cfr. art. 143.º, n.º 2 CPTA.

reduzidos a metade e cujo julgamento pelo tribunal superior se faz com prioridade sobre os demais processos[269].

Por outro lado, o legislador foi suficientemente criativo para os fazer beneficiar de instrumentos verdadeiramente originais. Neste sentido, a novidade dos novos processos urgentes passa, entre outros aspectos, pela possibilidade de as questões serem tratadas oralmente – *maxime* possibilidade de, numa audiência oral, ser discutida e, eventualmente, julgada a questão trazida a juízo –, designadamente no processo urgente relativo ao contencioso pré-contratual, art. 103.º; e pela possibilidade de adaptação da tramitação processual, atendendo às circunstâncias do caso concreto: o tribunal pode gerir os trâmites e o andamento do próprio processo e a sua velocidade. Assim acontece na intimação para tutela de direitos, liberdades e garantias, dada a versatilidade de tramitação prevista nos artigos 110.º e 111.º. Esta pode ser mais rápida ou mais lenta, conforme o grau de urgência existente e a complexidade da matéria sob que incide o processo. Através da tramitação mais veloz – que é, em parte, idêntica à tramitação mais rápida para adopção de uma providência cautelar na modalidade de decretamento provisório, nos termos do art. 131.º – o juiz poderá decidir em 48 horas, podendo realizar a audição do requerido por qualquer meio de comunicação que considere adequado.

III.

O modelo de tutela cautelar consagrado no CPTA caracteriza-se pela abertura, plenitude e autonomia. Estas características, bem presentes no art. 112.º, n.º 1 e n.º 2, resultam da técnica que o legislador consagrou: o princípio do *numerus apertus* da tutela cautelar, por via da concretização naquele normativo de uma cláusula aberta em conjunto com a previsão exemplificativa de providências possíveis de decretação na justiça administrativa.

Assim, em primeiro lugar, o tribunal pode decretar (a medida ou as medidas «que se mostrem adequadas a assegurara utilidade da sentença» principal. E significa que os particulares ou as entidades administrativas podem requerer, em cumulação ou alternativa, todas e quaisquer medidas que, no caso concreto, sejam idóneas a assegurar a efectividade do processo principal.

[269] Neste sentido, art. 147.º, n.º 2 CPTA.

Em segundo lugar, desta técnica resulta que o modelo tem uma vocação abrangente em relação ao universo de pretensões que se fazem valer a título principal no contencioso administrativo, pelo que tanto as pretensões que se fazem valer através da acção administrativa comum, como as que se exercitam através da acção administrativa especial têm protecção cautelar.

É ainda de referir, em terceiro lugar, que o modelo tem elasticidade para cobrir o conjunto diverso das formas de actuação da administração, isto é, o modelo cautelar estende-se ao universo de conflitos emergentes de uma relação jurídica administrativa, diga ela respeito a um acto administrativo, normas regulamentares, actos ou omissões materiais, contratos da Administração ou outras formas de actuação informal da Administração.

E, enfim, numa última perspectiva, o modelo cautelar é auto-suficiente perante o modelo civil, e isto não obstante também consentir, com base no critério de adequação e no pressuposto da adaptabilidade, a aplicação das providências cautelares especificadas do CPC. É certo que também apresenta limites.

Lembrando algumas das pretensões que cabem no âmbito da acção administrativa comum (art. 37.º CPTA), podemos dizer que se a Administração pode ser obrigada a reconhecer uma situação jurídica subjectiva, uma qualidade ou o preenchimento de condições, por via das acções de simples apreciação, nos termos do art. 37.º, n.º 2 a) e b) (*i*); a praticar ou abster-se de comportamentos, nomeadamente de não emissão de acto lesivo (actos, em princípio, que a lei proíbe, por serem contrários a direitos fundamentais), através da acção impositiva ou inibitória, nos termos do art. 37.º, n.º 2, c) (*ii*); a adoptar condutas necessárias ao estabelecimento de direitos ou interesses violados; por via da acção impositiva, nos termos do art. 37.º, n.º 2, d) (*iii*); a cumprir deveres de prestação, nomeadamente o pagamento de uma quantia, a entrega de uma coisa ou a prestação de um facto (como seja a prestação de cuidados de educação, saúde e habitação), através da acção condenatória, nos termos do art. 37.º, n.º 2, e) (*iv*), como princípio, nada impede o juiz cautelar de tutelar estas mesmas pretensões, desde que o faça provisoriamente e com o objectivo de assegurar a efectividade da sentença proferida nessa acção principal.

E, designadamente, tal como no âmbito da acção administrativa especial (art. 46.º CPTA) pode o tribunal não só anular e declarar a ilegalidade de um acto ou de uma norma emitida ao abrigo de disposições de direito administrativo como também condenar a Administração na prática do acto legalmente devido e também pode – dada a possibilidade de cumulação de pedidos, permitida no art. 4.º, como regra geral, e, especialmente, no art. 47.º – condenar Administração a reparar os danos resultantes da actuação ou omissão ilegal ou condenar a Administração a proceder à adopção de actos e operações necessários para reconstituir a situação que existiria se o acto anulado não tivesse sido praticado e dar cumprimento aos deveres que ela não tenha cumprido – também o juiz cautelar, com algumas cautelas reforçadas, o pode fazer interinamente. Sairá do âmbito do poder cautelar exactamente o mesmo tipo de casos que extravasam os poderes do juiz da causa principal: os tais casos de valoração própria e exclusiva da Administração que são, assim e bem, guardados perante quem não tem a seu cargo a função administrativa. Afinal, *sola apis mel conficit.* Em suma, por via da elasticidade da cláusula aberta prevista no art. 112.º, n.º 1, é possível assegurar provisoriamente a tutela de todas as pretensões que a título principal se exercitam **(1.)**.

Assim, e principalmente quando esteja em causa o poder de antecipação da causa principal, o juiz cautelar só não poderá decidir definitivamente a causa – de acordo com a universal proibição de antecipar definitivamente a decisão sobre a causa principal («Verbot der Vorwegnahme der Hauptsache» (Jank/Finkelnburg e Schoch) ou «interdiction de faire prejudice au principal» (Chapus, Pacteau, Debbasch/Ricci) –, nem dar ao requerente mais (ou coisa diferente) do que seja permitido ao juiz de mérito[270], já que a necessária «identidade» entre os efeitos a antecipar e os efeitos antecipados obriga o juiz cautelar a «conter-se» (Tommaseo)[271].

Em síntese, não obstante a elasticidade do modelo cautelar desenhado no CPTA e sem prejuízo de o legislador não ter limitado expressamente o poder do juiz cautelar – fixando apenas «as medidas devem limitar-se ao necessário para evitar a lesão dos interesses defendidos pelo requerente», nos termos do art. 120.º, n.º 3 – a verdade é a plenitude e a abertura do

[270] Para outras considerações e referências bibliográficas sobre esta temática, vd. a nossa *Introdução ao Estudo Sistemático da Tutela Cautelar...* cit., pp. 128 a 136.

[271] Sobre este assunto, em especial, vd. F. Tommaseo, *I Provvedimenti d'Urgenza. Struttura e limiti della tutela anticipatoria,* Padova, 1983, pp. 209 ss. Vd. tb., para outras considerações sobre a técnica da antecipação, A. Carratta, *Profili sistematici della tutela anticipatoria,* Torino, 1997, pp. 57 ss.

modelo apenas estão circunscritas pelos limites que decorrem da natureza instrumental, sumária e provisória da tutela cautelar (2.).

1.
A título de exemplo, o juiz administrativo pode decretar, isolada ou cumulativamente, as providências conservatórias e antecipatórias, especificadas, como são a suspensão da eficácia de um acto administrativo ou de uma norma, ou outras inominadas.

Exemplo:

Por despacho do Secretário de Estado da Administração Local e do Ordenamento do Território foi declarada a utilidade pública, com carácter de urgência, da expropriação de oito parcelas de terreno, sitas na Quinta da Musgueira, necessárias à execução do programa de realojamento da zona denominada «Alto do Lumiar».

Fazendo parte do conjunto de imóveis a expropriar uma parcela de terreno denominada Quinta dos Milagres, onde se prevê que sejam construídos 125 fogos, e constituindo esta quinta um conjunto edificado com características arquitectónicas históricas e culturais marcantes, entre as quais se conta um palacete e um jardim com lagos, ambos do sec. XVIII, o seu proprietário, receando a produção de um dano irreversível, solicita a imediata suspensão da eficácia do acto.

Com a alteração introduzida no CPTA pela Lei n.º 4-A/2003, de 19 de Fevereiro, ao juiz cautelar será possível não somente suspender normas cujos efeitos se produzam imediatamente e sem dependência de um acto administrativo ou jurisdicional de aplicação (sendo que neste caso a suspensão produz efeitos circunscritos a um caso, nos termos do art. 130.º, n.º1), como pode igualmente decretar a suspensão, com alcance geral, dos efeitos de qualquer norma. Todavia, neste caso, se o requerente não for o Ministério Público, o deferimento do pedido depende da demonstração de que a aplicação da norma em causa foi recusada por qualquer tribunal, em três casos concretos, com fundamento na sua ilegalidade.

Exemplo:

1.

Na sequência do Despacho Reitoral n.º 6/2001, de 6 de Junho, dois professores catedráticos da Faculdade de Arquitectura da Universidade Técnica de

Lisboa, pretendendo intimar o reitor para este completar e definir o ponto 4.4 da norma e, nestes termos especificar um conjunto de matérias como sendo da competência exclusiva do Conselho Científico da Faculdade de Arquitectura, vieram impugnar o Despacho e solicitar tanto a suspensão parcial do ponto n.º 4 da norma como requerer uma providência cautelar com natureza de intimação dirigida à Administração para que, provisoriamente, completasse a norma de acordo com o ordenamento jurídico, de modo a que fossem diminuídas as possibilidades de surgirem factos consumados, irreversíveis»[272].

O juiz cautelar pode proceder à atribuição provisória da disponibilidade de um bem (art. 112.º, n.º 2, c) do CPTA)

Exemplo:

O Senhor X dirigiu ao tribunal administrativo uma acção para exercício do direito de reversão de um seu imóvel, já que, tendo o mesmo sido expropriado pelo Fundo de Fomento de Habitação, com vista a nele ser construído um hospital, ao mesmo iria ser dado um fim distinto daquele que sustentou a sua expropriação e a sua imediata posse administrativa. Tendo tido conhecimento que o Instituto de Gestão e Alienação do Património Habitacional do Estado já ocupava o referido imóvel e se preparava para dar início a obras de adaptação, o Senhor X solicitou, em cumulação, a medida de atribuição provisória de disponibilidade de utilização do bem (art. 112.º, n.º 2 c), o pedido de arrolamento de bens deixados pela Entidade administrativa no imóvel (art. 421.º CPC)[273] e solicitou que, de imediato, a entidade em causa se abstivesse de intervir por qualquer forma na estrutura do prédio[274].

Do mesmo modo pode permitir a autorização provisória ao interessado para prosseguir uma actividade (art. 112.º, n.º 2, d) e igualmente permitir que um particular seja provisoriamente admitido num concurso ou num exame (art. 112.º, n.º 2, b), podendo o juiz sujeitar a duração dos efeitos da sentença cautelar a um termo ou a uma condição.

[272] Cfr. Acórdão do STA de 11.07.2002, proc. n.º 997/02, acessível in: www.sta.mj.pt.

[273] Neste sentido, concordando com um dos dois exemplos dados por CARLA AMADO GOMES ("O regresso de Ulisses: um olhar sobre a reforma da justiça cautelar administrativa", *Cadernos de Justiça Administrativa*, 39, 2003, p. 5, nota 10).

[274] Cfr. Acórdão do TCA, de 04.02.1999, proc. n.º 2263/99, publ. in CJA-18-27.

Exemplo:

1.

O Senhor Y dirigiu à Direcção Geral de Pescas e Aquacultura o pedido de renovação da emissão de licença de pesca para uma embarcação. Tendo o mesmo sido recusado e, em consequência disso, ficando impossibilitado de apresentar o projecto de candidatura a subsídio para substituição de embarcação – uma vez que aquela é pressuposto da apresentação da candidatura ao concurso – , o Senhor Y, considerando-se lesado, porque o prazo de candidatura se encontra em decurso, veio solicitar ao tribunal competente a tutela cautelar adequada[275].

A providência cautelar pode também traduzir-se na regulação provisória de uma situação jurídica, traduzida na condenação da Administração no pagamento de uma quantia por conta de prestações alegadamente devidas pela Administração ao particular ou a título de reparação provisória de danos (art. 112.º, n.º 2, e) e art. 133.º);

Exemplo:

1.

Um português a residir no Canadá, tendo-se constituído como assistente num processo crime que há mais de 17 anos está pendente na jurisdição criminal portuguesa – que contempla os factos relativos à relação estabelecida entre este sujeito e a Caixa Económica Faialense —, solicitou a condenação do Estado-juiz a reparar provisoriamente, sob a forma de renda mensal, o dano que para ele resultou da violação do seu direito a uma decisão judicial em prazo razoável[276].

2.

Imaginemos que a entidade administrativa competente procedeu à extinção da atribuição de um subsídio de educação de que beneficiavam oito crianças que frequentavam o ensino especial. Nesta sequência, os respectivos encarregados de educação, invocando que nos termos da lei têm direito aos subsídios, impugnam o referido despacho e requerem a título provisório a atribuição do subsídio de educação especial.

[275] A este propósito, cfr. Acórdão do STA de 16.04.2002, proc. n.º 1588/02, acessível in: www.sta.mj.pt.

[276] A este propósito, vd. Acórdão do TCA, proc. n.º 12780/03, de 30.10.2003, acessível in: www.dgsi.pt

Enfim, a intimação para a adopção ou abstenção de uma conduta por parte de um particular, incluindo concessionários, em face da alegada violação ou o fundado receio de violação de normas de direito administrativo, integra a lista exemplificativa de providências cautelares, prevista no art. 112.º, n.º 2, f), e art. 37.º, n.º 3.

Exemplos:

1.

Um residente em Lisboa, considerando que as obras da linha do metropolitano que decorrem na frente ribeirinha de Lisboa, entre o sítio Poço da Marinha e Santa Apolónia, não foram precedidas de estudos, autorizações e pareceres prévios (violando, por isso, diversas disposições legais) e que tais obras, porque afectam o lençol freático, ameaçam danificar irreversivelmente os edifícios históricos circundantes, veio requerer a intimação da empresa Metropolitano de Lisboa E.P. e do Agrupamento Complementar de Empresas-ACE para se absterem de dar continuidade aos trabalhos e procederem à suspensão imediata das obras[277].

2.

A Câmara Municipal X, tendo sido confrontada com a construção de uma garagem em desacordo com a licença concedida e com a recusa do proprietário em reformular a obra, deliberou, depois de ter ordenado ao transgressor a sua demolição, que tal tarefa fosse levada a cabo pelos serviços camarários.

Porque a execução tardava em ser executada, um vizinho, residente numa moradia unifamiliar construída em lote contíguo, tendo requerido ao Presidente da Câmara que executasse a deliberação tomada e não obtendo qualquer resposta, recorreu aos tribunais administrativos e solicitou a intimação do seu vizinho para proceder à adopção do comportamento em falta[278].

O juiz cautelar pode igualmente adoptar providências no âmbito do procedimento de formação de contratos, designadamente a suspensão de um acto (adjudicação ou exclusão), corrigir ilegalidades de elementos do concurso ou proceder à suspensão do próprio procedimento contratual

[277] Situação subjacente ao Acórdão do TCA de 07.10.1999, proc. n.º 3319/99, acessível in: www.dgsi.pt/

[278] Hipótese configurada a partir do Acórdão do TCA de 16.04.1998, p. n.º 41 132, publ. CJA, 13, 1999.

(art. 46.º, n.º 3 (ou 100.º ss.) e ainda nos termos do art. 112.º, n.º 2, a) e art. 132.º);

Exemplo:

1.

No âmbito do concurso com vista à para celebração de um contrato de empreitada de pavimentação com relva sintética de um campo de futebol, financiado pelo Instituto do Desporto da Região Autónoma da Madeira, a entidade competente resolveu excluir do procedimento um dos candidatos, uma vez que este não preenchia os pressupostos legais estabelecidos. Neste contexto, o candidato excluído recorreu do acto de exclusão e solicitou, em alternativa, ou a suspensão do procedimento de formação do referido contrato ou a sua vinda ao procedimento[279].

A produção antecipada de prova constitui também uma medida cautelar. E as providências cautelares especificadas do CPC podem também ser decretadas pelo juiz administrativo.

Em contas simples, por via da técnica consagrada no CPTA – cláusula geral e providências exemplificadas – é possível tanto a cumulação de providências conservatórias com antecipatórias como a sua decretação em alternativa, sendo certo que a possibilidade de combinação de providências cautelares abrange também as de raiz civil. E, deste modo, a cumulação de providências conservatórias com providências antecipatórias dependerá no caso concreto do tipo de *periculum in mora* existente, do hipotético regulamento para a causa principal e do conjunto de efeitos que seja necessário antecipar para obviar ao específico *periculum in mora*[280].

Exemplos:

1.

Consideremos que, na sequência da abertura de concurso para provimento de uma vaga para técnico superior de 2.ª classe, para o serviço de contabilidade da Universidade Z, e após ter sido afixada lista definitiva em que o requerente fica posicionado em segundo lugar, este, invocando várias ilegalidades, entre

[279] Hipótese inspirada no Acórdão do TCA, de 16.11.2000, proc. n.º 5088, sumariado in: CJA-25-57.

[280] Sobre a temática dos limites da antecipação, vd. a nossa *Introdução ao Estudo Sistemático da Tutela Cautelar*... cit., pp. 128 a 136.

as quais a não realização da audiência de interessados, impugna o referido concurso e, cumulativamente, a título principal requer que a Administração seja condenada a adoptar os actos e operações necessários para reconstituir a situação que existiria se o procedimento não tivesse sido praticado com ilegalidades e a cumprir todos os deveres legais que entretanto não havia cumprido. E a título cautelar, o requerente solicita que a Administração se abstenha de nomear o candidato que ficou posicionado em primeiro lugar, enquanto o juiz da causa principal não se pronunciar sobre o mérito da causa.

2.
Condições comuns de procedência das providências cautelares: a divisão proporcional do tempo. Assim, como o *periculum in mora* e o *fumus boni iuris* — ou (*«pericolo di insoddisfazione del diritto apparente»* e *«apparenza di un diritto»*, na terminologia exacta de Calamandrei) — constituem a razão de ser da tutela cautelar, eles são, por isso, as condições positivas de procedência das providências. Todavia, o CPTA estabelece uma variação e combinação originais destes pressupostos (art. 120.º). Cumpre, por conseguinte, distinguir essas três combinações:

2.1.
Na primeira situação (ou caso), apenas faz menção ao *fumus boni iuris* (na medida em que se prevê como requisito a «evidente procedência da pretensão formulada no processo principal. Assim, estando, designadamente, em causa o pedido de suspensão de acto manifestamente ilegal, de acto de aplicação de norma já anteriormente anulada ou de acto idêntico a outro já anteriormente anulado ou declarado nulo ou inexistente, a lei faz depender a procedência da medida somente de um único pressuposto: o *fumus boni iuris* (art. 120.º n.º 1, a), que se deve valorar em termos de evidência. Por conseguinte, num primeiro caso, sempre que o juiz considere «evidente a procedência da pretensão formulada ou a formular no processo principal» deve decretar a providência cautelar e abster-se de analisar outros pressupostos.

Numa segunda situação (ou caso), o legislador faz depender o decretamento da tutela cautelar de dois pressupostos positivos: o *periculum in mora e fumus boni iuris,* juntando um terceiro pressuposto, neste caso negativo: a ponderação de interesses públicos e privados (assim sendo nos termos do art. 120.º, n.º 1, b) e c) e art. 120.º, n.º 2)

Explicando com mais detalhe, nesta segunda combinação, estando em causa o decretamento de providências cautelares conservatórias ou antecipatórias, o legislador condiciona-as ao conjunto de três pressupostos, dois de natureza positiva, que são o *periculum in mora e fumus boni iuris, e um terceiro* de natureza negativa ou excludente, que se traduz numa necessária preponderância dos interesses *do requerente,* após a sua análise numa ponderação de interesses públicos e privados em presença (art. 120.º, n.º 1, b) e c) e art. 120.º, n.º 2).

E a este propósito dizer que, ao contrário da condição de procedência do *fumus boni iuris* – que é distintamente valorada conforme esteja em causa uma providência cautelar conservatória ou antecipatória, o *periculum in mora* é avaliado de igual modo para ambas, a saber: «fundado receio da constituição de uma situação de facto consumado ou da produção de prejuízos de difícil reparação para os interesses que o requerente visa assegurar no processo principal».

Quanto ao pressuposto de aparência de bom direito, ou *fumus boni iuris,* este é valorado de modo diferente conforme seja requerida a providência conservatória ou a antecipatória. Pois bem, a providência cautelar conservatória é decretada «desde que não seja manifesta a falta de fundamento da pretensão formulada no processo principal» ou desde que não seja manifesta a existência de circunstâncias que obstem ao conhecimento da questão de mérito». Esta é a variação negativa do *fumus, a* correspondente ao *fumus non mali iuris.*

Já a procedência da providência antecipaória, como bem se compreende, obriga a uma análise mais intensa da causa e, por conseguinte, o tribunal deverá ajuizar se é provável que a pretensão formulada no processo principal virá a ser julgada procedente. O juiz deverá realizar um exame mais sério do aquele que é exigido para a medida conservatória.

Finalmente, o CPTA adiciona aos dois pressupostos referidos de procedência das providências cautelares conservatórias e antecipatórias, um outro que tem um poder central e negativo: a ponderação de «interesses públicos e privados, em presença».

Dispõe o legislador que não obstante a verificação dos demais pressupostos a providência «será recusada» pelo tribunal — ainda que esteja certo de que se produzirá uma situação de facto consumado (ou a produção de prejuízos de difícil reparação) e ainda que esteja convencido de que a pretensão do requerente venha a ser julgada procedente no processo principal — se, após uma devida ponderação dos interesses públicos e privados em presença, considerar que «os danos que resultariam da sua concessão se [mostram] superiores àqueles que podem resultar da sua recusa, sem que esses danos possam ser evitados ou atenuados pela adopção de outras providências».

Por causa deste balanço, a ponderação proporcional de interesses públicos e privados pode impedir a decretação de uma providência cautelar conservatória ou antecipatória.

Contudo, e sem prejuízo do que já afirmámos em outro lugar[281], devemos realçar que este balanço deve ser integrado num poder-dever de ponderação global, a que o art. 120.º, n.º 2, n.º 3, n.º4 e n.º 5 impõe. Com efeito, podendo apurar que tipo de prejuízos resultarão (provavelmente) da decretação da providência solicitada e devendo averiguar quais serão as providências adequadas a minorar tais prejuízos, o juiz administrativo deve atender à parte final do n.º 2, bem como os números 3 e 4 do art. 120, abstendo-se de indeferir automaticamente aquela providência se esta é apta a causar danos aos interesses públicos e privados em presença[282].

É, portanto, neste sentido que entendemos a parte final do n.º 2, do art. 120.º, já que o juiz antes de negar a providência cautelar com fundamento no resultado do balanço de interesses efectuado, deve avaliar se adopção de outra medida pode evitar ou atenuar os danos, não negando, sem mais, a providência cautelar requerida, *primo*. No mesmo sentido impõe-se considerar o n.º 3 do mesmo artigo, que faculta ao juiz a possibilidade de decretar uma outra providência diferente da requerida, de forma a causar um dano inferior aos interesses públicos e privados em causa (ouvidas as partes) *iterum*. E, *tertium*, nem toda a lesão de interesses públicos e privados justifica o indeferimento da medida. Com efeito, nos termos do n.º 4 do art. 120.º do CPTA, sempre que os prejuízos resultantes para os interesses públicos e privados sejam integralmente reparáveis mediante indemnização pecuniária, o tribunal pode impor a prestação de uma garantia em vez de rejeitar a providência cautelar solicitada. Além de que, em certos casos, pode presumir que o interesse público não é lesado com a decretação da providência solicitada (art. 120.º, n.º 5). Enfim, julgamos

[281] Vd. o nosso, *Dos Novos Processos Urgentes no Contencioso Administrativo*... cit., pp. 66 a 69 e pp. 109 e 110.

[282] A este propósito, vd. J. C. Vieira de Andrade, *A Justiça Administrativa*.... cit., pp. 303 e 304.

que a divisão proporcional de riscos do tempo por todos os interesses obriga a que o juiz tome em consideração nesta ponderação o n.º 2, o n.º 3 e o n.º 4 do art. 120.º

Finalmente, a terceira situação ou caso, em que se exige apenas a garantia como pressuposto de decretamento da providência. Neste caso, estando em causa o pagamento de quantia certa sem natureza sancionatória, a procedência da medida cautelar só depende da constituição de garantia (art. 120.º, n.º 6).

Apraz ainda dizer que o CPTA prevê dois grupos específicos de condições de procedência de certas providências cautelares: um para a regulação provisória de quantias e outro para as medidas provisórias a adoptar no âmbito do contencioso pré-contratual (respectivamente, art. 133.º, n.º 2 e art. 132.º, n.º 6).

3.

As principais características dos instrumentos cautelares revelam-se no regime do processo cautelar comum que o CPTA consagra. Pretendemos, por isso, nesta parte final do trabalho, analisar o processo cautelar comum, tendo como coordenadas os traços da *instrumentalidade*, da provisoriedade e da *sumariedade da tutela cautelar que a lei processual administrativa consagra.*

3.1.

A *instrumentalidade* está bem marcada na cláusula aberta do n.º 1 do art. 112.º e revela-se na função servil que o processo cautelar em relação processo principal, sendo apto para através dele o juiz decretar as providências necessárias a assegurar a efectividade da sentença que vier a ser ditada no processo principal.

A *instrumentalidade* funcional do processo cautelar reflecte-se na sua estrutura processual e no nexo, no vínculo e no «cordão umbilical» que ata as duas vias processuais. Essa relação de relativa autonomia e dependência do processo cautelar para com o processo principal[283] projecta-se no regime da legitimidade activa e passiva, no tribunal competente, na duração dos efeitos das providências e das causas de caducidade das mesmas, no momento em que o processo cautelar deve ser instaurado

[283] O processo cautelar tem tramitação autónoma, mas é apensado ao processo principal. Cfr. art. 113.º, n.º 2 e n.º 3 CPTA

e no modo como segue termos. Assim: (*i*) o processo cautelar tem tramitação autónoma, mas é apensado ao processo principal (113.º, n.º 2 e n.º 3); (*ii*) a legitimidade da parte no processo cautelar afere-se pela legitimidade da parte no processo principal (art. 112.º, n.º1 e art. 113.º, n.º 1); (*iii*); o tribunal competente para decidir a causa cautelar é o tribunal competente para julgar o processo principal (art. 20.º, n.º 6 e art. 114.º, n.º2); (*iv*) um conjunto de causas de caducidade da providência dizem respeito às vicissitudes do processo principal ou do direito que nele se faz valer (art. 122.º, n..º 2 e n.º 3, 123.º); (*v*) o processo cautelar pode ser instaurado tanto previamente como juntamente com o processo principal; (vi) podem requerer-se providências cautelares durante a pendência do próprio processo (n.º 1 do art. 113.º, e alíenas a), b) e c) do n.º 1 do art. 114,.º), sendo, em suma, certa a ideia de que, quanto à regra temporal, como escreve João Caupers, ela «é simples»: a providência «pode ser pedida quando se precisa dela»[284].

3.2.

Atendamos agora, em segundo lugar, à provisoriedade. Juntamente com a característica anterior, o CPTA consagra também a da provisoriedade, ainda que aqui o legislador tenha introduzido uma «novidade»[285] no art. 121.º.

Entre outros aspectos – sem atendermos agora à problemática proibição de antecipação da solução para a causa principal, que também inclui uma das suas vertentes –, a provisoriedade da decisão ditada neste tipo de processos urgentes revela-se pela duração limitada dos seus efeitos no tempo e, por conseguinte, pela sua incapacidade para produzir efeitos de caso julgado, quer no próprio processo cautelar, quer perante a causa principal[286].

[284] João Caupers, *Introdução ao Direito Administrativo* ...cit., p. 368.

[285] Adaptamos a expressão de M. Teixeira de Sousa, «Cumulação de pedidos e cumulação aparente no contencioso administrativo», *Cadernos de Justiça Administrativa,* 34, 2002, p. 33.

[286] Neste sentido, E. García de Enterría («Prólogo» a Isabel Celeste M. Fonseca, *Introdução ao Estudo da Tutela Cautelar no Processo Administrativo* ... cit., esp. pp.12 e 13; tb. publ. in REDA, 115, 2002, pp. 393 ss.) considera a provisoriedade, avaliada pela incapacidade de formar caso julgado, (juntamente com a sumariedade) a principal característica distintiva da tutela cautelar.

Com efeito, dispõe o CPTA que, com a excepção de um caso, que os processos urgentes cautelares finalizam com as providências cautelares. E estas são sempre provisórias, porque, pela sua função, jamais podem ser definitivas (art. 122.º n.º 2, 3). Elas são interinas porque só subsistem até caducarem (art. 123.º)[287]; sendo, em algumas situações, temporárias, porque sujeitas a termo ou condição (art. 122.º, n.º 2), e, porque passíveis de revogação, alteração ou substituição *rebus sic stantibus* (art. 124.º). Por outras palavras, a decisão ditada no processo cautelar pode ser revogada ou modificada durante a pendência da causa principal com o fundamento na alteração das circunstâncias de facto e de direito inicialmente existentes à data do deferimento ou indeferimento da respetiva decisão provisória, sendo esta segunda decisão acontecer por iniciativa do próprio tribunal, a requerimento dos interessados (incluindo os contra-interessados, parece-nos), ou do Ministério Público, quando não tenha sido ele o requerente.

Ademais, o CPTA prevê a possibilidade de decretamento provisório de uma providência cautelar para casos «de especial urgência» e para protecção cautelar de direitos, liberdades e garantias. Neste âmbito, estando em causa a lesão iminente e irreversível de direitos fundamentais, ou outra situação de especial urgência, o juiz pode decretar provisoriamente a medida cautelar numa fase inicial do processo cautelar e sem que este esteja, portanto, concluso (art. 131.º).

Pode ser emita no prazo de quarenta e oito horas e sem que estejam recolhidos todos os meios de prova. Como é urgentíssima e duplamente provisória só subsistirá até ao dia em que for emitida uma nova decisão de levantamento, manutenção ou alteração da decisão cautelar anterior, devendo as partes pronunciar-se quanto a isso.

[287] Como dissemos, o legislador relaciona as causas de caducidade da providência cautelar com as vicissitudes do processo principal e do direito material a acautelar. No que diz respeito ao primeiro tipo de causas de caducidade, o CPTA enumera, entre outras, as seguintes: a não interposição do processo principal, dentro de um prazo, que, na ausência de outro, é de três meses; a negligente condução do processo, da qual resulte a paralisação deste durante mais de três meses; o trânsito em julgado da sentença principal desfavorável; ou execução da sentença principal bem sucedida. Quanto ao segundo tipo de causas, a extinção do direito ou interesse que fundamenta a providência cautelar, é uma delas.

Exemplo:

Mateta Íasasoluka Mamvidila, cidadão angolano, tendo tido conhecimento da decisão da Senhora Comissária Nacional Adjunta para os Refugiados, de 29.04.2002, pela qual confirmava o despacho do Director Geral do Serviço de Estrangeiros e Fronteiras de inadmissibilidade dos pedidos de asilo e de autorização de residência por razões humanitárias (por si formulados), decidiu de imediato impugnar a decisão em causa e solicitar a adopção de providências cautelares adequadas, entre as quais a suspensão da decisão e o pedido de continuação de apoio económico e social[288].

Para esta situação só a modalidade de decretamento provisório de uma providência cautelar seria a forma mais adequada de protecção, já que os prazos fixados no procedimento cautelar comum demonstram ser demorados demais. E isto porque, não obstante o pedido de suspensão da eficácia do acto impedir a autoridade administrativa, recebido o duplicado do requerimento, de executar o acto e não obstante o facto de aquela dever impedir, com urgência, que os serviços competentes procedam à sua execução (art. 128.º, n.º 1 e n.º 2), a verdade é que — e já para não falar da insuficiência da suspensão do acto de conteúdo negativo para tutelar esta situação —, ainda assim, a proibição de executar o acto administrativo, naquele artigo prevista, poderá mostrar-se demorado demais e, por isso, inútil.

Em suma, a modalidade de decretamento provisório de uma providência conservatória, traduzida na suspensão da decisão de inadmissibilidade do pedido de asilo e, consequentemente, na paralisação de consequências resultantes dessa decisão, e de uma antecipatória, de prestação social, parece ser a forma mais adequadas ao caso.

Na verdade, deve-se ao regime especial previsto na Lei n.º 15/98, de 26 de Março, a situação normal de proceder à expulsão do estrangeiro ainda em momento anterior ao seu conhecimento da decisão final sobre a questão da legalidade da decisão de inadmissibilidade do pedido de asilo. O regime especial previsto na Lei n.º 15/98, de 26 de Março, é, de facto, de molde a evitar o exercício de garantias contenciosas pelo requerente antes da sua expulsão e é, portanto, um regime que desconhece o direito à tutela judicial efectiva de quem formula o pedido de asilo[289].

[288] Sobre este assunto, cfr. Lei 15/98, de 26 de Março, (lei do asilo) e Acórdão do TCA de 02.10.2003, proc. n.º 12603/03, acessível in: www.dgsi.pt/

[289] Neste sentido, podemos questionar se o direito de asilo, que se traduz no direito de um cidadão ameaçado procurar refúgio num outro Estado, também inclui o direito de recorrer

Com efeito, o regime especial prevê prazos curtos, quer para exercício de recurso da decisão de inadmissibilidade do pedido de asilo (que é de 8 dias quando dirigido ao Tribunal Administrativo de Círculo, nos termos do art. 16.º, n.º 2), quer para a execução de consequências resultantes da decisão de inadmissibilidade do pedido de asilo — como designadamente, estando em causa a situação de clandestinidade, a expulsão do estrangeiro, no caso de este não ter abandonado voluntariamente o país no prazo de 10 dias (art. 15.º, n.º 1). Tais prazos dificilmente se conciliam com os prazos mais dilatados, previstos na disciplina geral do contencioso administrativo[290].

3.3.

Em conformidade com a «instrumentalidade hipotética»[291], o regime relativo à prolação da sentença nos processos cautelares consagra a *sumariedade* cautelar: o deferimento da providência cautelar pressupõe a existência de um juízo juízo de probabilidade baixo quanto à existência dos pressupostos de deferimento da medida e pressupõe mesmo um juízo «hipotético»[292] no que concerne à existência direito acautelado.

Por um lado, é clara a superficialidade da instrução, uma vez que o CPTA dispõe que o requerente deve «especificar, de forma articulada, os fundamentos do pedido» e oferecer «prova sumária da respectiva existência» (art. 114.º, n.º 3, g)). A realização de prova é, portanto, agilizada, podendo o tipo de meios de prova consistir em prova testemunhal ou outra oferecida pela entidade e contra-interessados ou ser realizada por

aos tribunais e consequentemente o direito à tutela judicial efectiva. A este propósito, J. J. Gomes Canotilho (*Direito Constitucional e Teoria da Constituição*, 6.ª ed., Coimbra, p. 402) refere que o direito de asilo não implica que este cidadão possa e deva recorrer aos tribunais. «Recorrer aos tribunais do Estado da sua nacionalidade ("o Estado perseguidor") é quase um *non sense* e recorrer aos tribunais do Estado asilante pressuporia a eliminação de uma tendencial discricionariedade política na concessão do direito de asilo». Sobre este assunto, cfr. Nuno Piçarra, "Em direcção a um procedimento comum de asilo", *Themis*, n.º 3, 2001, pp. 291 ss.

290 A este propósito, vd. Andreia Sofia Pinto Oliveira, "A recusa de pedidos de asilo por "inadmissibilidade"", in: *Estudos em Comemoração do Décimo Aniversário da Licenciatura em Direito da Universidade do Minho*, Coimbra, 2004, pp. 79 ss., esp. pp. 86 e 87

291 Expressão de P. Calamandrei, *Introduzione allo studio sistematico* ... cit., pp. 59 a 64; "Verità e verosimiglianza nel processo civile", *Rivista di Diritto Processuale*, 1955, pp. 22 ss.

292 Neste sentido, P. Frisina, "Tutela cautelare atípica e provvisoria assicurazione degli effeti della sentenza di mero acertamento", *Rivista di Diritto Processuale*, 4, 1988, p. 896.

iniciativa do tribunal, sendo inclusive possível ao juiz indeferir a realização de meios de prova requeridos.

Pensamos, pois, que também nos termos do CPTA, a sumariedade cautelar está presente quando o juiz pode em casos de especial urgência, emitir providências cautelares num prazo de 48 horas, tendo como suporte os elementos já colhidos ou aos quais possa ter imediato acesso e sem que deva proceder a maiores diligências (art. 131.º, n.º 3). Nestas situações de absoluta urgência, julgamos que o juiz pode mesmo, ainda que tal não resulte expressamente da lei, emitir uma providência *inaudita altera parte*, a menos que, «quando as circunstâncias o imponham», considere necessário proceder à audição do requerido, podendo fazê-lo informalmente «por qualquer meio de comunicação que se revele adequado» (art. 131.º, n.º 4).

E, ainda que o CPTA não especifique clara e expressamente qual é o grau de prova que o juiz cautelar deve considerar realizado, não faria sentido que outro grau de prova fosse necessário que não a probabilidade/verosimilhança[293].

Devemos confessar que uma análise isolada do art.118.º, n.º 1 nos impediria de chegar a estas conclusões, visto que, em termos de produção de prova, impõe o ónus de impugnação especificada e, na falta de oposição, estabelece a presunção de veracidade dos factos. Não nos parece, porém, que a lógica subjacente à sistematização dos processos cautelares no CPTA nos leve a pensar que o legislador discorda dos conceitos de probabilidade/verosimilhança da doutrina clássica italiana e portuguesa, como, hoje em dia, parece ser mais comum[294].

Pelo contrário, julgamos que, na globalidade, o CPTA concretiza a *sumariedade* cautelar. E, neste sentido, parece-nos correcto pensar que o CPTA, em termos de grau de prova, aceita que o requerente de uma providência cautelar apenas justifique, torne credível, isto é, prove o bom fundamento das suas afirmações, e dos factos que seja possível provar, em

[293] Neste sentido, ADELINO DA PALMA CARLOS, "Procedimentos cautelares antecipadores", *O Direito*, ano 105, Jan./Mar., 1973, p. 242.

[294] A este propósito, vd. A. CARRATTA, *Profili sistematici della tutela anticipatoria* ... cit., pp. 240 a 266, esp. p. 247 e p. 258, nr. 181; B. CAVALLONE, « Les mesures provisoires et les règles de preuve», *Les mesures provisoires en droit belge, français et italien. Étude de droit comparé*, coord. de J. VAN COMPERNOLLE/G. TARZIA, Bruxelles, 1998, pp. 163 ss., esp. 164 e 165 e pp. 171 a 174.

termos de probabilidade e não em termos de verdade[295]. Com efeito, como é nisto que se traduz o princípio de prova própria desta categoria de tutela jurisdicional– conhecida na dogmática alemã por *Glaubhaftmachung*[296]– não faria sentido que o CPTA dele se afastasse.

Em suma, e uma vez que os pressupostos de decretamento são eles mesmos fixados em termos hipotéticos, parece-nos que, quanto ao grau de prova fixado pelo legislador português, deve considerar-se bastante «não a verdadeira prova, mas a simples justificação»[297], sendo certo que, sobretudo em relação ao fumus boni iuris, falamos de uma justificação que seja suficiente para criar no juiz a convicção sobre a provável existência do direito acautelado[298], visto que ao juiz cautelar não cabe a função de «afirmar o direito como existente», mas, sim, assegurá-lo na expectativa de que ele venha a ser definitivamente declarado.

Enfim, a *sumariedade* cautelar, que, como vimos, caracteriza a instrução tanto quanto ao pressuposto do *periculum in mora* como do *fumus*,

[295] Neste sentido, Alberto dos Reis, "A figura do processo cautelar", Separata do n.º 3 do BMJ, 1947, pp. 23 a 24.

[296] A este propósito, O. Jauernig (*Zivilprozeßrecht*, 27.ª ed., München, 2002, p. 198) refere que «die Glaubhaftmachung erfordert einen geringeren Grad von Wahrscheinlichkeit als der volle Beweiß, nämlich nur die überwiegende wahrscheinlichkeit „die gute Möglichkeit", daß die Behauptung wahr oder unwahr ist». No mesmo sentido M. Gehrlein, *Zivilprozessrecht nach der ZPO-Reform 2002*, München, 2001, n.m. 27, pp. 137. e tb. I. Scherer (*Das Beweismaß bei der Glaubhaftmachung*, Köln, Berlin, Bonn, München, 1996, pp. 19 ss. e pp. 85 ss.), o qual apenas defende uma intensificação da cognição para os casos em que uma ordem provisória produza definitividade *de facto*. K. Reichold (in: H. Thomas/H. Putzo/R. Hüsstege, *Zivilprozessordnung*, 24.ª ed. 2002, München, n.m. 4, p. 1518) refere que «die Glaubhaftmachung bedeutet gegenüber der Beweisführung im normalen Verfahren eine Erleichterung, ist entbehrlich». W. Grunsky (in: *Stein/Jonas, Kommentar zur Zivilprozeßordnung*, 21.ª ed. 1996, ns.ms. 8 ss., esp. n.m. 10, pp. 374 a 376) defende que «im summarischen Verfahren ist die Beweisführung insofern erleichtert, also bloße Glaubhaftmachung genügt und kein Beweis zur vollen Überzeugung des Gerichts erforderlich ist».

[297] Neste sentido, Manuel de Andrade, *Noções Elementares do processo Civil*, 2.ª ed., Coimbra, 1979, p. 9.

[298] Neste sentido, F. Schoch in: F. Schoch/E. Schmidt-Assmann/R. Pietzner, *Verwaltungsgerichtsordnung*, München, 2002, em comentário ao § 80, ns.ms. 278 a 283, pp. 119 a 120; e em comentário ao § 123, ns.ms. 92 ss, pp. 43 ss., esp. n.m. 94 p. 43 onde o autor refere: «Zur Glaubhaftmachung genügt es, wenn die behaupteten Tatsachen so dargelegt sind, daß das Gericht von ihrer überwiegenden Wahrscheinlichkeit ausgeht.»

manifesta-se na valoração de prova e na natureza do juízo cautelar, que é distinto da *sumariedade* da decisão que concerne aos processos urgentes autónomos.

4.

Em último lugar, cumpre realçar a originalidade dos aspectos estruturais do processo cautelar comum: a simplificação, a rapidez e a informalidade.

Na medida em que o processo cautelar comum comunga das regras próprias dos processos urgentes, a tramitação cautelar é simplificada e célere, nos termos da disciplina prevista no n.º 2 do art. 36.º. Dito isto, no entanto, o processo cautelar é ainda disciplinado por um regime especial que proporciona essa simplicidade, agilidade e informalidade: (***i***) é permitida a correcção da petição inicial: art. 114.º, n.º 4 e n.º 5; (***ii***) no que diz respeito aos contra-interessados, o desconhecimento da identidade e residência não prejudica o pedido cautelar: o requerente pode pedir certidão de que constem esses elementos, instruindo o processo com ela, ou com prova de que a requereu (art. 115.º e art. 117.º) e os contra-interessados podem ser citados por anúncio (tendo dez dias para contestar); (***iii***) Também as normas relativas à tomada da decisão revelam rapidez (prazo: o juiz tem 5 dias para decidir após a conclusão da instrução) e procedimento de decisão é simplificado: art. 119.º); (***iv***) as regras referentes à notificação da decisão impõem urgência; (***v***) e a execução a decisão cautelar goza de garantias (art. 122.º, n.º1), sendo que para certas providências – providências infungíveis – as garantias de execução incluem instrumentos mais eficazes: a possibilidade de condenar de imediato o titular do órgão competente ao pagamento de uma sanção pecuniária compulsória (127.º, n.º 1 e n.º 2).

IV.

Apurando tudo, podemos afirmar que o tempo foi finalmente atendido pelo legislador, sendo proporcionalmente dividido no CPTA. Desde logo, quanto à conciliação do tempo de todos os sujeitos que intervêm na realização da justiça administrativa, julgamos que a variedade de técnicas positivadas e tentadas revela essa intenção de harmonização de temporalidades conflituantes. Melhor talvez fosse impossível. Se não vejamos, em três ideias de síntese, o que mudou com a reforma introduzida pela Lei n.º 15/2002, de 22 de Fevereiro.

No momento posterior à reforma, para gerir o tempo, o CPTA não concretiza apenas instrumentos cautelares e não concretiza apenas os processos urgentes. Associando-se às soluções que o ETAF também consagrou (medidas de organização da jurisdição administrativa e de racionalização de meios e recursos), o legislador veio prever outro tipo de soluções ou paliativos para o tempo. Não seria razoável desenvolver este assunto aqui[299], contudo, a título de exemplo, podemos neste momento invocar alguns instrumentos que o CPTA acolheu para dar tratamento ao tempo processual[300]: ao tempo longo, *scilicet,* demora patológica do processo; ao tempo médio, *id est,* demora fisiológica do processo, e tempo curto, a saber, situações de urgência.

Concretizando, referimo-nos, entre outros instrumentos de gestão do tempo longo, à possibilidade de resolução extrajudicial de conflitos (art. 187.º CPTA), de extensão de efeitos das sentenças, prevista no art. 161.º, e de resolução de processos em massa (art. 48.º CPTA).

Quanto ao tratamento do tempo médio — duração normal do processo —, o CPTA consagra o princípio da cooperação e boa-fé processual (arts. 1.º e 8.º, n.º 1/2); várias possibilidades de modificação objectiva da instância (45.º, n.º 1 e 63.º); a cumulação de pedidos (art. 47.º); a possibilidade de o conhecimento do mérito da causa se fazer por despacho saneador (art. 87.º, n.º 1, b); e a possibilidade de fundamentação sumária de sentença.

Como não podíamos deixar de reiterar neste resumo final, no que diz especial respeito ao tratamento do tempo curto — à situação de urgência ou que urge cuidado célere e prioritário —, o CPTA prevê no Título IV e no Título V dois tipos de soluções distintas: os processos urgentes autónomos e os processos urgentes cautelares.

Recapitulando, os processos cautelares são os que permitem considerar simultaneamente o tempo de todos os sujeitos que intervêm na realização da justiça, repartindo entre eles no interm, ou *nell frattempo,* os riscos do tempo. E, por isso, é actualmente possível que os particulares

[299] Sobre este assunto, vd. o nosso texto, «Do novo contencioso administrativo e do direito à justiça em prazo razoável», *Estudos em Comemoração do Décimo Aniversário da Licenciatura em Direito da Universidade do Minho,* Coimbra, 2004, esp. 371 ss.

[300] Sobre esta temática, vd. AAVV, *Le temps dans la procédure,* Actes du colloque organisé le 5 décembre 1995 sous la direction de J.-M. Coulon/M.-A. Frison-Roche, Paris, 1996.

possam solicitar quaisquer providências, tanto contra a Administração Pública como contra particulares (art. 37.º, n.º 3 e art. 112, n.º 2, f). E, do mesmo modo, não é de afastar a possibilidade de a Administração poder requerer medidas cautelares tanto contra as entidades administrativas como contra particulares (art. 37.º, n.º. 2, c) – pelo menos em situações em relação às quais a Administração Pública está desprovida do seu poder de auto-tutela declarativa e executiva, não tendo poder de autoridade para impor àqueles a adopção ou abstenção de comportamentos. Ou seja, reforçando a ideia: entidades públicas podem solicitar providências contra particulares (art. 37.º, n.º 2, j) e art. 112.º, n.º 1) e podem requerer providências também contra entidades administrativas (art. 37.º, n.º 2, j) e art. 112.º, n.º 1). Assim, de facto, dada a possibilidade prevista na alínea j), n.º 2, do art. 37.º, pode configurar-se a situação de na mesma pessoa colectiva, certos órgãos poderem figurar como entidade requerente e outros como entidade requerida.

O Ministério Público (titular da acção pública) pode solicitar providências cautelares tanto contra a Administração (nos termos do n.º 1 do art. 124.º, e do n.º 1 e n.º 2 do art. 130.º), nomeadamente quando esteja em causa a suspensão da eficácia de normas, como contra particulares.

E, enfim, estando em causa a defesa de saúde pública, o ambiente, o urbanismo, o ordenamento do território, a qualidade de via, o património cultural e os bens do Estado, os titulares da acção popular, que são quaisquer pessoas, associações e fundações defensoras desses interesses, autarquias locais e Ministério Público, podem solicitar providências contra a Administração Pública e contra particulares.

Uma outra ideia que desejamos deixar neste momento de apanhado final diz respeito à divisão proporcional de interesses públicos e privados envolvidos. Como se deixou assinalado, em considerações anteriores, a divisão proporcional do tempo revela-se, desde logo, como condição *informada* de procedência das providências cautelares, prevista no art. 120.º, n.º 2, segunda parte. De facto, o princípio da proporcionalidade obriga a uma interpretação sistemática desta disposição, e, consequentemente, exige a consideração do texto do n.º 3 e n.º 4 do art. 120.º. Como é esta, como julgamos, a consideração mais adequada do terceiro pressuposto de deferimento das providências cautelares conservatórias e antecipatórias, podemos dizer que o tempo foi proporcionalmente dividido no processo administrativo.

A responsabilidade do requerente por danos que, com dolo ou culpa grosseira, tenha causado aos interesses públicos e privados, que está prevista nos termos dos art. 126.º, integra-se no espírito do sistema que acabámos de resumir, já que reflecte uma faceta da repartição dos riscos do tempo entre os do requerente (públicos ou privados) e os demais interesses públicos e privados envolvidos.

Deixamos para o final a interrogação que vem já implícita no texto e que respeita à natureza dos poderes de que o legislador veio dotar o juiz da urgência. Questionamo-nos se não terá criado um super-juiz da urgência. Vejamos: a imagem *calamendreiana* do juiz cautelar, como «polícia do processo», sempre atento, poderoso e promotor da boa administração da justiça, parece, de facto, estar desenhada no novo CPTA[301]. E esta figura de juiz cautelar está delineada, desde logo, nos momentos em que *o scopo pubblicistico*[302] da tutela cautelar se manifesta no Título V do CPTA, como são aqueles em que o princípio do inquisitório claramente prevalece sobre o princípio do dispositivo. E há, na verdade, aspectos da disciplina do processo cautelar comum em que a destrinça entre o exercício do poder judicial e «aquele de natureza administrativa de polícia» se mostra menos nítida. Com efeito, para dizê-lo com as palavras de CALAMANDREI, «o exercício de poderes de prevenção, concretizado em via de urgência e com base num juízo provisório, no qual há uma grande margem de oportunidade, aponta para a função, verdadeira e própria, de polícia». Ora, os momentos de aceleração do processo, de *sumariedade* da cognição, de múltiplos poderes de iniciativa do juiz, todos eles, e só para exemplificarmos, serão suficientes para demonstrar que o legislador consagrou no CPTA um regime cautelar que visa defender mais a eficácia da justiça, *rectius*, «a seriedade», «a boa imagem» da função jurisdicional, do que a tutela dos direitos e interesses individuais das partes[303].

Enfim, a título de exemplo, para além de o juiz cautelar administrativo ter poderes para avaliar qual dos interesses em presença pode prevalecer – que é o que resulta da leitura conjunta do art. 120.º, n. 2, n.º 3.º e n.º 4, como vimos – ele pode, na falta de oposição da Administração (quanto ao

301 Neste sentido, P. CALAMANDREI, *Introduzione allo studio sistematico* ... cit., pp. 144.

302 Sobre estes aspectos, vd. P. CALAMANDREI, *Introduzione allo studio sistematico* ... cit., p. 143.

303 Usamos terminologia no texto de P. CALAMANDREI, *Introduzione allo studio sistematico* ... cit., pp. 144.

deferimento da providência requerida, nos termos dos pressupostos do art. 120.º, n.º 5), presumir que a medida cautelar não prejudica o interesse público, salvo se a lesão for manifesta ou ostensiva, fazendo lembrar um *jurássico* momento da história do contencioso administrativo, em que julgar a Administração era ainda administrar.

Um outro exemplo de super-poder atribuído ao juiz cautelar traçado no CPTA está previsto no n.º 2 do art. 127.º: quando a sentença cautelar exija da Administração a adopção de providências infungíveis, de conteúdo positivo ou negativo, o juiz administrativo pode condenar de imediato o titular do órgão competente ao pagamento de uma sanção pecuniária compulsória que se mostre adequada a fazer cumprir a providência (art. 127.º, n.º 2).

E, em casos de especial urgência ou de iminente violação de direitos, liberdades e garantias, voltamos a descobrir um super-juiz: um juiz que tem poder para (oficiosamente) decretar a providência cautelar conservatória ou antecipatória através da modalidade mais rápida de decretamento de uma sentença cautelar prevista no CPTA. Não se ignora, de facto, que, quando haja especial urgência ou quando esteja em causa a tutela de direitos, liberdades e garantias que de outro modo não possam ser exercidos, o decretamento provisório da providência deva, em princípio, ser requerida pelo interessado (art. 131.º, n.º1). Contudo, salvo melhor opinião, o tal *o scopo pubblicistico*[304], que caracteriza sistematicamente todo o Título V do CPTA, e o tal poder-dever de o juiz cumprir o princípio da tutela jurisdicional efectiva, justifica, em nossa opinião, o deferimento de uma providência urgentíssima, mesmo que a mesma não tenha sido requerida — pelo menos, em casos em que a petição evidencie a possibilidade de lesão iminente e irreversível de direitos fundamentais ou a existência de uma situação de especial urgência. E, nestes casos, a providência urgentíssima decretada pode corresponder à pedida ou não, sendo certo que o juiz deverá poder emitir uma outra que considere mais adequada ao caso concreto. A este respeito, isto é, quanto a mais uma possibilidade de o juiz decidir em sentido diferente do pedido (art. 131.º, n.º3), julgamos que, tal como se aplicam neste caso as condições de procedência previstas no art. 120.º, n.º1 a) ou as previstas no art. 120.º, n.º 1, b) e c) + n.º2, também as limitações estabelecidas no n.º 3, do art. 120.º,

[304] P. Calamandrei, *Introduzione allo studio sistematico* ... cit., p. 143.

se aplicam à modalidade especial, porque mais rápida, do decretamento provisório da providência. Tanto mais que, neste caso, não é claro se o juiz deve ouvir as partes para este efeito (e, além do mais, nem é permitida a impugnação da decisão cautelar provisória). Ainda que estas *limitações*, impostas pela urgência, sejam posteriormente acertadas, já que as partes podem pronunciar-se depois sobre o levantamento, manutenção ou alteração da providência decretada, ainda assim, como a decisão provisória é notificada de imediato a quem a deva cumprir, podendo produzir um efeito irreversível aos interesses demais interesses em presença, públicos e privados. Pelo que, em síntese, devem aqui ser consideradas as condições comuns de procedência e a limitação do n.º 3 do art. 120.º, afinal *ubi eadem est ratio, idem jus.*

Enfim, no extremo do conjunto de poderes extraordinários do juiz cautelar, o CPTA prevê um novo que extravasa o âmbito tradicional dos poderes cautelares: o poder de, preenchidos alguns pressupostos, decidir a causa principal[305]. Ora, esta é uma excepcional possibilidade de o novo juiz cautelar administrativo ser juiz da causa principal, possibilidade que, salvo o erro, só tem consagração legal no sistema italiano. Com efeito, com a recente reforma, introduzida pelo art. 3.º da *legge 21 de luglio 2000, n.º 205*, o legislador generalizou a possibilidade de o juiz definir já na fase cautelar, após realizada a prova, o mérito da causa, não restringindo esta possibilidade às situações de urgência[306].

Já no caso português, julgamos que a faculdade de antecipação da decisão de mérito, que obriga à convolação do processo cautelar em processo principal, tem apenas como razão de ser a tutela da urgência e as insuficiências da técnica da antecipação cautelar e o dilema da provisoriedade cautelar. Salvo melhor opinião, julgamos que, mais do que uma razão atinente ao princípio da economia processual, é mais uma vez a urgência na protecção de especiais interesses que justifica metaformose do processo e a *transformação* do juiz cautelar em juiz de mérito.

[305] Para considerações mais desenvolvidas, vd. o nosso, *Dos Novos Processos Urgentes no Contencioso Administrativo*... cit., pp. 47 ss.

[306] A este propósito, vd., por exemplo, G. Corso, *La giustizia amministrativa*, Bologna, 2002, pp. 126 e 127; G. D'Innella, *L'evoluzione della tutela sommaria e cautelare nel processo amministrativo* ... cit., pp. 78 ss., esp. p. 80. E fundamentalmente, vd. M. Rossi Sanchini, "La nuova tutela cautelare ... cit., pp. 1090 ss., esp. 1094.

E estes interesses poderão ser, desde logo, como é claro, todos aqueles que não integram o âmbito da possibilidade de antecipação de decisões de mérito para tutela de direitos, liberdades e garantias; e serão também outros, como, por exemplo, os previstos n.º 2, do art. 9.º, *id est* bens de natureza colectiva, bens de natureza infungível, que dificilmente suportam lesões irreversíveis[307], assim como todos os outros interesses de ordem pessoal ou profissional em que esteja em causa a sobrevivência de alguém. As situações de urgência, por existir um período de tempo limitado, ou uma data marcada, podem justificar também a antecipação da solução de mérito.

Exemplo:

1.

O proprietário de uma habitação, situada junto da Albufeira da Caniçada, tendo alertado a entidade administrativa competente para a violação de normas de protecção ambiental resultantes das actividades recreativas de circulação de barcos de recreio a motor na albufeira e não tendo conseguido obter a aplicação de coimas, accionou um processo de intimação para comportamento contra a «Turística, S.A.», no sentido de a mesma «remover a embarcação fundeada na Albufeira da Caniçada e proceder à demolição do respectivo ancoradouro»[308].

Quanto aos pressupostos, o legislador fixa dois grupos: *Primo*, o juiz deverá reconhecer que uma «simples» providência cautelar não é suficiente para resolver a questão, já que a «natureza das questões e a gravidade dos interesses envolvidos» exigem com urgência «a resolução definitiva do caso»; *Secundo*, a lei determina também que, para o efeito, em termos de prova, tenham sido trazidos ao processo todos os elementos necessários, visto que neste domínio o juiz já não deverá ajuizar em termos de probabilidade, mas sim em termos de verdade processual.

[307] Neste sentido, vd. J. C. Vieira de Andrade, *A Justiça Administrativa*... cit., p. 313, nota 660; e Carla Amado Gomes, "O regresso de Ulisses ... cit., p.12.

[308] Hipótese inspirada no Acórdão do STA de 28.11.1996, proc. n.º 41 249, publicado nos *Cadernos de Justiça Administrativa*, com a anotação de Elisabeth Fernandez, "Normas de protecção ambiental. Deficit de execução. Processo de intimação para um comportamento".

Enfim, está apresentado o regime que o novo CPTA veio estabelecer para dar solução ao tempo processual. Resta-nos desejar que a escrita do legislador actue como a do poeta — «que [v]eio sem que os outros nunca o vissem [e] as suas palavras devoraram o tempo»[309].

[309] Terminamos, mais uma vez, com SOPHIA DE MELLO BREYNER ANDRESEN, «O Poeta», in: *No Tempo Dividido*, Obra Poética, Caminho, 2003.

SÉTIMO ESTUDO

"VERDADE E VEROSIMILHANÇA: O (PROVÁVEL) ERRO DE CALAMANDREI"

in: *Boletim da Faculdade de Direito da Universidade de Coimbra*, Vol. LXXXI (81), Coimbra, 2005, pp. 633-672

Verdade e verosimilhança: o (provável) erro de Calamandrei

SUMÁRIO: 0. Introdução. **I.** Tese: a verosimilhança de Calamandrei. **II.** Antítese: o erro de CALAMANDREI. **III.** Síntese: a verdade de Calamandrei.

0.

«Aller Beweis ist richtig verstanden nur Wahrscheinlichkeitsbeweis» (WACH): assim inicia CALAMANDREI um artigo que versa sobre a intensidade da convicção do juiz, ou questão qualificada pelos ingleses como *quantum* da prova, intitulado «verdade e verosimilhança no processo civil»[310] – um artigo publicado em 1955, onde o autor, ao afirmar que «toda a prova, a bem ver, não é senão prova de verosimilhança», demonstra ter aderido ao «*Wahrscheinlichkeitsprinzip*»[311]. É, aliás, neste

[310] P. CALAMANDREI, "Verità e verosimiglianza nel processo civile", *Rivista di Diritto Processuale*, 1955, p. 164.

[311] A este princípio deu W. SAUER particular relevo num estudo cuja publicação acontecera poucos anos antes de CALAMANDREI ter escrito o seu artigo (1951). Esse livro intitula-se *Allgemeine Prozessrechtslehre* e é nele, de facto, que SAUER afirma que «a justiça como valor absoluto é tão inatingível pelo juiz, como a pura verdade pelo investigador ou a pura beleza pelo artista», tendo destacado o *princípio da probabilidade* como princípio orientador de opções de política judiciária. É, precisamente neste contexto que SAUER defende a introdução no processo de um mecanismo que permita ao juiz poupar tempo perante causas inverosímeis, *id est*, um dispositivo que permita ao juiz apreciar liminarmente os aspectos formais e substanciais

cenário de relatividade processual que CALAMANDREI nos apresenta o seu conceito de verosimilhança, ao mesmo tempo que torna públicas as suas reservas à proposta de triagem de acções *prima facie* infundadas, defendida por SAUER. Tal mecanismo é considerado um atentado à «garantia de liberdade»[312] dos cidadãos.

Introduzido o conceito de verosimilhança, percebe-se que este é empregue em sentido amplo por CALAMANDREI, para responder negativamente à pergunta sobre se é possível uma certeza absoluta a respeito de afirmações processuais, transmitindo, com tal expressão, o fatal limite do conhecimento processual. Tal conceito corresponde à «relatividade processual que é própria da natureza humana e é própria também, logicamente, do juiz, mesmo do mais escrupuloso e atento»[313]. Contudo, para CALAMANDREI o vocábulo verosimilhança não significa apenas isto.

Assim, se na perspectiva da relevância jurídica no resultado final do processo, CALAMANDREI não encontrou razão para distinguir o juízo de verdade do juízo de verosimilhança, uma vez que aquela distinção só acontece num perfil lógico, psicológico ou moral, já considerou relevante distinguir tais juízos nos momentos em que a própria lei os contrapõe e lhes dá relevância autónoma. É neste quadro, pois, que nos são apresentados dois outros sentidos para o mesmo conceito, *verosimilhança em sentido menos amplo* e *verosimilhança em sentido restrito*. Este último é associado por CALAMANDREI ao *quantum* da prova necessário para o decretamento de certas providências urgentes, *maxime*, as providências cautelares **(I.)**.

Até aos nossos dias, estes conceitos são tidos por certos e, em particular, aquele conceito de verosimilhança em sentido restrito, não foi apenas naquela altura considerado correcto e amplamente seguido. Na realidade,

da acção e que o autorize a rejeitar sumariamente a acção se a considerar *prima facie* infundada ou inverosímil.

312 P. CALAMANDREI, "Verità e verosimiglianza... cit., p. 192.

313 A propósito da «corrente dogmática» e da «corrente probabilística», vd. J. CASTRO MENDES, *Do conceito de prova em processo civil,* Lisboa, 1961, pp. 317 ss. e A. VAZ SERRA, "Provas. (Direito probatório material)", BMJ, 1961, n.º 110, p. 82. Aquela afirmação coincide com a defendida pela corrente probabilística, que, segundo CASTRO MENDES (*Do conceito de prova...* cit., p. 319), é a que, naquela altura, agrupa a grande maioria de juristas (CROSS, FURNO, SAUER, CARNELUTTI), incluindo ele próprio. Vd. tb. J. LEBRE DE FREITAS, *Introdução ao Processo Civil,* Coimbra, 1996, pp. 160 e 161; RUI RANGEL, *O ónus da prova no processo civil,* Coimbra, 2002, pp. 37 ss.

a sua influência faz-se ainda hoje sentir dentro e fora da Europa[314]. Em Portugal, teve uma receptividade significativa, tanto na jurisprudência como na dogmática[315]. E, como se conhece bem a importância que a obra de Calamandrei teve na de Albertto Dos Reis e qual foi o contributo deste na reforma da disciplina processual civil[316], podemos dizer que o acolhimento aconteceu também no plano legal.

Imagine-se, contudo, que, de repente, alguém vem dizer que o conceito sumariamente introduzido de Calamandrei não passa de um equívoco? Ora, em abono da verdade, cumpre reconhecer que certos autores vieram mais recentemente afirmar que aquele conceito calamandreiano é, de facto, um equívoco jurídico, cuja origem está num erro de tradução da expressão alemã «Wahrscheinlichkeit», já que aquela palavra não poderia nunca ter sido traduzida pela palavra italiana «verosimiglianza»[317]. E, como se já não bastasse a afirmação da existência de um erro, também há quem entenda que a doutrina que se inspirou nos estudos de Calamandrei acrescentou a este erro outros novos, tendo multiplicado os equívocos do autor, fazendo passar a ideia de que a cognição sumária, própria dos processos cautelares, é uma «cognição menos intensa», «reduzida» e de «qualidade inferior», um tipo de cognição que pode mesmo prescindir da produção de qualquer meio de prova.

[314] Por todos, vd. G. Tarzia, "La tutela cautelare", in: *Il nuovo processo cautelare,* Padova, 1993, pp. XXII ss.

[315] Sobre esta influência, vd., entre outros, Barbosa de Magalhães, "Natureza jurídica dos processos preventivos e seu sistema no Código de Processo Civil", ROA, ano 5, n.ºs 3/4, 1945, 27 a 91; J. Alberto Dos Reis, "A figura do processo cautelar", BMJ, 1947, esp. p. 24 e p. 25; Manuel A. D. de Andrade, *Noções Elementares de Processo Civil,* Coimbra, 1956, esp. p. 9 e p. 11; Antunes Varela/J. Miguel Bezerra/Sampaio e Nora, *Manual de Processo Civil,* 2.ª ed., Coimbra, 1985, p. 25; L. P. Moitinho de Almeida, *Providências cautelares não especificadas,* Reim., Coimbra, 1981, pp. 22 ss.; Adelino da Palma Carlos, "Procedimentos cautelares antecipadores", *O Direito,* ano 103, 1973, p. 241.

[316] A este propósito, vd. R. Goldschmidt, "Intorno al progeto d'un nuovo codice di procedura civile portoghese", *Rivista di Diritto Processuale Civile,* 1936, p. 280.

[317] Cumpre destacar A. Proto Pisani, "La tutela sommaria (note *de jure condito* e *de jure condendo*", in: *Appunti sulla Giustizia Civile,* Bari, 1982, pp. 310 ss., esp. pp. 345 ss.; A. Carratta, *Profili sistematici della tutela anticipatoria,* Torino, 1997, pp. 254 ss.; B. Cavallone, "Les mesures provisoires et les règles de preuve », *Les mesures provisoires en droit belge, français et italien. Étude de droit comparé,* coord. J. Van Compernolle/G. Tarzia, Bruxelles, 1998, pp. 164 ss.

Com efeito, para um grupo de autores, o juízo de verosimilhança assim concebido, como «juízo hipotético», vulgarmente associado à urgência dos processos cautelares, não tem existência jurídica. E, como não tem e nunca teve verdadeira consagração legal, consideram que tal conceito não é juridicamente concebível, uma vez que o juiz cautelar não pode decidir favoravelmente ao requerente sem que este prove o que alega. E, igualmente, referem que o juiz, ao proceder ao exame do *thema probandum* do processo cautelar, não pode realizar um juízo menos intenso nem pautar-se por critérios distintos daqueles que orientam a formação do juízo de mérito **(II.)**.

No ordenamento jurídico alemão a expressão «Wahrscheinlichkeit» é vulgarmente associada ao § 294 da *Zivilprozeßordnung* (= ZPO). Este preceito consagra um modelo de instrução probatória especial, «eine besondere Art der Beweisführung»[318], apenas aplicável a casos específicos, *maxime*, aos processos sumários de «Arrest» e de «einsweilige Verfügungen». Em confronto com o modelo regra previsto no § 286 ZPO, cuja configuração permite obter a livre convicção do juiz sobre a verdade dos factos, aquele apresenta-se realmente como especial. E este adjectivo decorre tanto do procedimento propriamente dito, que é simplificado, informal e acelerado, como resulta sobretudo do grau inferior de prova quanto à realidade dos factos que é, nestes casos, exigido para que o juiz decida favoravelmente a quem os alega.

Neste contexto do *Beweismaß*, a *Glaubhaftmachung* é, pois, associada à *Wahrscheinlichkeit* ou probabilidade, sendo esta entendida como medida de convicção inferior à exigida pelo modelo da prova plena («Vollbeweis»)[319].

[318] É exactamente assim que Leipold (in: Stein-Jonas, *Kommentar zur Zivilprozeßordnung,* 21.ª ed. 1996, ns. ms. 1) define a «Glaubhaftmachung»: «ist eine besondere Art der Beweisführung, die durch freiere Formen der Beweisaufnahme und eine geringeres Mass der richterlichen Überzeugung erleichtert».

[319] Com efeito, como escrevem F. Baur/W. Grunsky (*Zivilprozeßrecht,* 10. überarbeitete Auflage, 2000, p.165), enquanto «durch den Beweis soll dem Richter die volle Überzeugung von der Wahrheit oder Unwahrheit einer tatsächlichen Behauptung vermittelt werden. Von der vollen Überzeugung zu unterscheiden ist die Glaubhaftmachung: Hier begnügt sich der Richter mit einem geringeren Grad von Gewißheit („Wahrscheinlichkeit"). No mesmo sentido, G. Baumgärtel/ H. Prütting (*Einführung in das Zivilprozeßrecht,* 8. Auflage, Berlin, 1994, p. 61) escrevem, no contexto do «Beweismaß», se distingue a prova sumária («Glauhaftmachung») da prova plena («Vollbeweis»): «Der Richter muß die volle

Contudo, ainda assim, e porque a *Glaubhaftmachung* não está definida em nenhum preceito legal, a compreensão desta figura não se tem mostrado nada pacífica[320]. Hoje, entre várias posições doutrinais diferentes, uma que considera suficiente «a não falta de fundamento da pretensão («nicht leichtfertig»), outra que entende ser necessária a demonstração de uma boa possibilidade («gute Möglichkeit»)[321] de atingir a prova de que as alegações são fundadas e outra que não encontra razão para distinguir a «Glaubhaftmachung» da «Vollbeweis» no que respeita ao «Beweismaß», a corrente maioritária indica como certa a ««überwiegende Wahrscheinlichkeit»[322].

Enfim, é esta, pois, a razão de ser deste artigo: procurar perceber em que é que se traduz o erro de CALAMANDREI e tentar apurar se aquele conceito de verosimilhança em sentido restrito pode, de algum modo, traduzir bem a expressão *Wahrscheinlichkeit,* isto por um lado. Por outro lado, o objectivo deste texto é resgatar, no que for possível, os conceitos calamandreianos e introduzi-los no estudo sobre o contencioso administrativo de urgência **(III.)**.

I.

O conceito amplo de verosimilhança, que seria sinónimo de verdade juridicamente possível – e, que é o mesmo, de probabilidade – era bem distinguido por CALAMANDREI de um outro conceito de verosimilhança a que a lei processual daria relevância autónoma. Aquele primeiro incorpora a lógica afirmada por VOLTAIRE (em «Vérité», no *Dictionnaire*

Überzeugung von der Wahrheit der behaupteten Tatsachen gewinnen (§ 286 I). Soweit in besonderen Fällen die Glaubhaftmachung genügt (vgl. Z. B. §§ 920 II, 936), reicht ein geringerer Grad von Wahrscheinlichkeit aus (§ 294 I)».

320 Sobre a *Glaubhaftmachung,* vd. fundamentalmente I. SCHERER, *Das Beweismaß bei der Glaubhaftmachung,* Köln, Berlin, Bonn, München, 1996.

321 A este propósito, O. JAUERNIG (*Zivilprozeßrecht,* 27.ª ed., München, 2002, p. 198) refere que «die Glaubhaftmachung erfordert einen geringeren Grad von Wahrscheinlichkeit als der volle Beweis, nämlich nur die überwiegende Wahrscheinlichkeit, „die gute Möglichkeit", daß die Behauptung wahr oder unwahr ist». No mesmo sentido, M. GEHRLEIN, *Zivilprozessrecht nach der ZPO-Reform 2002,* München, 2001, n.m. 27, pp. 137.

322 A propósito da sua aplicação nos processos urgentes de «Arrest» e da «einstweilige Rechtsschutz», vd. W.-D. WALKER, *Der einstweilige Rechtsschutz im Zivilprozeß und im arbeitsgerichtlichen Verfahren,* Tübingen, 1993, pp. 209 a 233, esp. pp. 223 a 225 e 228 a 231.

Philosophique): «as verdades históricas não são outra coisa senão probabilidades» **(1.)**. O segundo surge exactamente a partir do momento em que a lei processual dá relevância autónoma aos conceitos de verdade e de verosimilhança. Neste contexto, CALAMANDREI considerou fundamental explicar o sentido jurídico das expressões «facto possível», «facto verosímil» e «facto provável» **(2.)**. Em particular, foi necessário destacar o conceito de verosimilhança em sentido restrito, aquele a que corresponde o juízo próprio dos processos sumários cautelares, a que, vulgarmente, se associa o vocábulo latino de *summaria cognitio* **(3.)**.

1.

«Todo o sistema probatório civil é ordenado não só a permitir mas também a impor ao juiz que se satisfaça em julgar os factos não segundo os critérios de verdade, mas de acordo com o seu sucedâneo, segundo critérios de verosimilhança», dizia CALAMANDREI. «O juiz não pode actuar como o historiador»: mesmo perante uma situação de *non liquet*, tem de procurar a todo o custo resolver a controvérsia, devendo *cobrir a incerteza dos factos com um manto de certeza jurídica*. E para isso «deve contentar-se com a verdade formal, aquela que é obtida através dos artifícios da prova legal ou que resulta dos mecanismos automáticos de repartição do ónus da prova». Enfim, «mesmo quando está certo da verdade material, o juízo que produz é de probabilidade e de verosimilhança e não de verdade absoluta». De uma forma ou de outra, não há como evitar, concluía CALAMANDREI: «nem mesmo o juiz mais exigente foge à relatividade que é própria da natureza humana: aquilo que se vê é somente aquilo que é possível ver-se. Não a verdade, mas verosimilhança: isto é, aparência (que pode ser também ilusão) de verdade[323].

Enfim, uma primeira noção de verosimilhança, que acaba por ser sinónimo de «probabilidade», de «verdade processual» e de «certeza jurídica», é, nestes termos, dada por CALAMANDREI. Com efeito, escrevia, então, que, não obstante a eventual incerteza psicológica que pode rodear o processo de convicção do juiz, na etapa final, depois de realizar tudo o que é possível fazer para encontrar a verdade, «intervém na consciência

[323] P. CALAMANDREI ("Verità e verosimiglianza... cit., p. 166.) escreveu exactamente o seguinte: «Anche per il giudice più scrupolo ed attendo vale il fatale limite di relatività che è propria della natura umana: quello che si vede è solo quello che ci par di vedere. Non verità, ma verosimiglianza: cioè apparenza (che può essere anche illusione) di verità.».

do juiz uma espécie de iluminação irracional, um verdadeiro acto de fé, que, no momento da prolação de sentença, transforma a probabilidade em certeza». Mas, «a tranquilizante certeza está próxima da verosimilhança» e resulta de um juízo mais ou menos aproximativo da verdade, dependendo de caso para caso, segundo o tipo de prova que serviu de base à formação da convicção. Contudo, como alertava, «a incerteza psicológica deixa de ter relevância jurídica a partir do momento em que a sentença transita em julgado, já que nesse momento surge a certeza jurídica».

E, finalmente, concluía: «ainda que o caso julgado não crie uma presunção de verdade sobre os factos, «já que o que era branco continua branco e o que era quadrado não se torna redondo», a verdade é que o caso julgado produz a irrevogabilidade jurídica do decidido, e, por isso, a partir desse momento, deixa de ser necessário e oportuno distinguir se o julgado se formou com base num juízo de verdade ou num juízo de verosimilhança[324].

2.

Se, num primeiro momento, os dois conceitos, verdade e verosimilhança, significam para CALAMANDREI a mesma coisa, já diferente significado adquiria para o autor o conceito de verosimilhança quando este era destacado na lei processual. É nesta circunstância, quando se procede à concretização do «facto verosímil», que CALAMANDREI apela para a utilização das «máximas de experiência» («Erfahrungssätze») – conceito auxiliador que havia sido introduzido no processo civil por um processualista alemão, F. STEIN, a propósito do juízo sobre a possibilidade ou impossibilidade de um facto.

Assim, seguindo a metodologia do professor alemão, que afirmara que se um facto impossível – porque é um facto que, de acordo com os conhecimentos da experiência, nunca aconteceu e que, de acordo com tais máximas de experiência, leva a concluir que não é verdadeiro, porque pertence a uma categoria de factos que *in rerum natura* não acontecem – não pode ser classificado como reverso do facto notório[325], também

[324] P. CALAMANDREI, "Verità e verosimiglianza... cit., p. 167.

[325] Com efeito, P. CALAMANDREI ("Verità e verosimiglianza... cit., p. 167) aderindo ao pensamento de STEIN, refere que «la notorietà è la conoscenza, appartenente alla comune conoscenza storica, della verità di un singolo fatto concreto (per es. è notorio che la capitale dello Stato italiano è Roma; il contrario della notorietà non è l'impossibilità ma la comune

CALAMANDREI considerava necessário empregar as máximas de experiência para apurar «o facto verosímil», já que este não é reverso do «facto notório». Com efeito, considerava que também neste contexto, isto é, para julgar um facto como verosímil, se deveria recorrer «a um critério de ordem geral, já precedentemente adquirido segundo o *quod plerumque accidit*, tendo em conta que a experiência ensina que os factos daquela categoria surgem normalmente em circunstâncias similares àquelas que estão presentes no caso concreto», pelo que, seguindo o Professor de Florença, «também se retira desta experiência que este facto aparente pode ser verdadeiro; e *viceversa*, também se conclui que esse é inverosímil, quando parecer divergir do critério da normalidade».

Tudo isto para perceber que a aferição jurídica do que seja facto verosímil passa pela formação do juízo de verosimilhança e para a formação deste juízo é suficiente a mera justificação por via da alegação. E, assim, CALAMANDREI ensina este propósito que, longe do sentido jurídico, é mais difícil perceber a distinção entre possibilidade, impossibilidade, verosimilhança e inverosimilhança, já que estes têm um carácter fundamentalmente relativo: variam de acordo com o tipo de juízo que é feito, se em abstracto ou se em concreto, e conforme o nível cultural de quem ajuíza, e variam de dia para dia, visto que, com o avanço da própria ciência, novos factos entram no domínio da possibilidade e da verosimilhança. Donde, a diferença entre a possibilidade, a verosimilhança e a probabilidade é muito ténue e está em continua mudança, sendo cada vez mais difícil escolher um critério utilizável para o domínio judicial. Assim, se no domínio do senso comum, possível é aquilo que pode ser verdadeiro, verosímil é aquilo que tem aparência de ser verdadeiro e provável será aquilo que pode provar-se como verdadeiro, CALAMANDREI desencorajava a introdução desta lógica de diferenciação no processo. Com efeito, o autor afirmava que, nesta ordem, estes conceitos – possível, verosímil e provável – constituem uma gradual aproximação, uma progressiva acentuação, em direcção ao reconhecimento daquilo que é verdadeiro. O facto verosímil está mais perto da verdade do que o possível, mas também está mais longe daquele do que o facto provável, uma vez que este vai para além da aparência[326].

conoscenza che un certo fatto in concreto non é vero (per es. è notorio che la capitale dello Stato italiano non è Firenze)».

[326] P. CALAMANDREI, "Verità e verosimiglianza... cit., p. 171.

Se o problema assim colocado parece esgotado, já que o conceito de verosimilhança é sinónimo de probabilidade e de verdade, variando apenas de intensidade, já o mesmo não acontece quando o legislador o tipifica autonomamente como juízo e lhe dá relevância autónoma, não obstante ser emitido no decurso de um processo. E, assim, CALAMANDREI renova a busca de delimitação jurídica do conceito de verosimilhança, procurando saber a que corresponde tal conceito. E refere que quando a lei processual dá relevância autónoma à verosimilhança, «designadamente quando dispõe sobre a possibilidade de se formarem juízos de verosimilhança *in itinere*», «o conceito assume não só uma função instrumental mas também adquire uma função selectiva ou eliminatória». E, assim acontece, por exemplo, quando o juiz actua no domínio probatório, quando decide sobre a admissibilidade de uma prova antes tida como inadmissível, ou quando prevê sobre a possibilidade de o juiz apreciar liminarmente o carácter fundado ou infundado da acção, podendo ainda assumir relevância como critério autónomo, quando, no sistema da prova livre, se permite que, no final, o juiz valore a prova produzida ou quando se autoriza que o juiz o use como instrumento para atenuar os limites da prova ou a rigidez das regras de repartição do ónus da prova[327].

E, de resto, concluía CALAMANDREI, «o juízo de verosimilhança, nos casos em que o direito processual o considera autonomamente relevante tem isto de característico: é um juízo realizado não sobre factos, mas sobre a afirmação dos factos, isto é, a partir da alegação (*positio*) do facto proveniente da parte requerente que está obrigada a prová-lo e que o afirma como já existente»[328], sendo essa justificação considerada suficiente para

[327] P. CALAMANDREI, "Verità e verosimiglianza... cit., p. 179.

[328] Como ensinava CALAMANDREI, para se perceber esta distinção é necessário atender ao momento em relação ao qual, no decurso do processo, a lei considera útil dar diferente relevância aos dois juízos. Por vezes, o sistema probatório pode atribuir ao juízo de verosimilhança uma relevância preventiva. Assim acontece quando este é realizado num momento inicial do processo, antes de recolhido o material probatório e antes de proferido o juízo definitivo de verdade. Com efeito, no quadro do modelo *secundum allegata et probata partium*, o juízo de verdade surge posteriormente à prova, sendo resultado de um confronto entre a representação da parte (*thema*) e a representação das provas (demonstração). Ao contrário, o juízo de verosimilhança surge ainda na fase da alegação e não aguarda pela representação probatória do facto a provar: antes desse exame em concreto, ele baseia-se na máxima de experiência, que atende à frequência com que na realidade se produzem factos desse tipo

formar a convicção do juiz quanto à existência do facto, dispensando-o da sua prova[329].

3.

O juízo de verosimilhança tem, contudo, um sentido mais restrito quando apresentado no contexto dos processos sumários e a propósito da urgência. Aqui, nos processos sumários («procedimenti sommarii»)[330] — que eram então definidos pelo Professor italiano como «processos que visam simplificar e acelerar a prolação de uma decisão judicial e que têm natureza provisória e urgente» —, o juízo de verosimilhança, que também pode ser formado tendo por base apenas a mera alegação, é típico porque tem uma diferente finalidade e uma diferente estrutura. Este tipo de juízo de verosimilhança, que o Mestre de Florença considerava como «um fenómeno processual diverso» daquele que examinou na maior parte do seu artigo e que também se distingue da verosimilhança com função eliminatória, de que falámos ainda há pouco, tem por base «provas mais leves» ou provas *prima facie*, como lhe chamava CHIOVENDA, que são suficientes para dar lugar à prolação de uma decisão possessória ou cautelar favorável ao requerente.

afirmados. É um «juízo típico abstracto» que não surge da oposição entre várias representações probatórias, mas surge do confronto entre aquilo que a parte afirma e o juízo de ordem geral pré-estabelecido, tendo por objecto a categoria típica dos factos do género. Enfim, aquele tem uma natureza final e este tem um carácter instrumental. E o autor dá-nos conta de existência de juízos preliminares de verosimilhança com função eliminatória e selectiva. Com efeito, CALAMANDREI indica no seu artigo, designadamente, um conjunto de situações em que o juízo de verosimilhança se realiza no curso da instrução, e mais propriamente na sua fase inicial, quando o juiz é chamado preliminarmente a decidir designadamente sobre a admissibilidade da prova proposta pelas partes ou sobre a admissibilidade da própria acção. Neste último caso, esta solução, que para CALAMANDREI era ainda, nessa altura, de *iure condendo*, permitia, como regra geral, examinar liminarmente a acção e avaliar da sua *attendibilità prima facie*, daqui resultando a eliminação à nascença de acções *prima facie* infundadas.

[329] P. CALAMANDREI ("Verità e verosimiglianza... cit., p. 182) ensina também que este tipo de juízo com função selectiva e eliminatória tem tradição na história do processo. A este propósito relembra o *iuramentum calumniae*, nos termos do qual a parte é chamada a jurar em termos de boa fé (*Istud juretur, quod lis sibi justa videtur*), sendo que a negação de juramento tinha como consequência o indeferimento da petição. Esta declaração, que é relembrada neste contexto pelo Professor italiano, servia, pois, como instrumento de triagem ou selecção preliminar de acções.

[330] P. CALAMANDREI, "Verità e verosimiglianza... cit., p. 186.

E são casos típicos deste fenómeno, isto é, casos de verosimilhança contemplados na lei processual civil italiana, na altura em que CALAMANDREI escreveu o seu artigo, os processos sumários para tutela da posse (art. 1168.º do código civil) – nos termos do qual «a reintegração dependia da simples notoriedade do facto» – e os processos sumários cautelares, cuja decisão judicial favorável dependeria da realização de informações sumárias, desde que necessárias. Com feito, assim estava previsto para a decretação da providência cautelar meramente conservatória (nos termos do art. 690.º c.p.c.), da providência de realização antecipada de prova (nos termos do art. 695.º c.p.c.), do arresto (nos termos do art. 672, 4.ª alínea), do embargo de obra nova, cuja pronúncia dependia de «sommaria cognizione del fatto», nos termos do art. 1171.º, e das providências de urgência (previstas no art. 700.º c.p.c.).

Em todos estes casos, dizia o Professor florentino, citando SARACENO: «a possibilidade de utilização de provas *leviores* não constitui uma simples faculdade dada ao juiz, bem pelo contrário, estas normas vinculam-no, de tal modo que ele deve decidir favoravelmente ao requerente mesmo na falta de prova que lhe dê certeza».

Nestas disposições, e em outras análogas, alertava CALAMANDREI, «o legislador não fala expressamente de verosimilhança: prefere referir que a providência é precedida de «sommarie informazioni», «assunte quando occore». Mas, como também advertia o jurista italiano, a instrução sumária realizada nestes processos cautelares resume-se, na realidade, a um «juízo de verosimilhança assente sobretudo na credibilidade («attendibilità») da alegação, «a qual pode somente ser suficiente» para suportar a decretação da providência cautelar requerida, bastando, para isso, que, no caso concreto, o juiz não considere necessário realizar mais prova («sommarie informazioni») para alcançar um grau maior de credibilidade das alegações[331]. De qualquer modo, aquele juízo de verosimilhança é um «juízo hipotético»[332].

[331] No texto original de P. CALAMANDREI («Verità e verosimiglianza... cit., p. 186) pode ler-se o seguinte: «Ma questa sommarietà di indagine si risolve in realtà quasi sempre in un giudizio di verosimiglianza fondato soprattutto sulla attendibilità della allegazione, la quale può bastare essa sola, qualora il giudice ritenga che non ci sia bisogno neanche di assumere sommarie informazioni per renderla maggiormente credibile, alla concessione del provvedimento».

[332] CALAMANDREI (*Introduzione allo* cit., pp. 64 ss.) utiliza a expressão «juízo hipotético» querendo com ela dizer que a cognição sumária sobre a existência do direito tem valor «non di

No conjunto dos processos sumários exemplificados, consagrados na legislação italiana em 1955, o juízo de verosimilhança neles previsto «é considerado pela lei com relevância autónoma», «como fase distinta e contraposta à fase de descoberta da verdade»; é, substancialmente, uma forma de transformar a alegação em prova». «Ou seja, para dizê-lo melhor, permite em certos casos dar uma relevância provisória a simples alegações de parte, atenuando o rigor do princípio segundo o qual a afirmação dos factos que a parte faça a seu favor deve considerar-se destituída de qualquer credibilidade[333]. Nestes casos, também a *pro se declaratio* pode ser credível para o juiz, desde que verosímil»[334].

Enfim, receando que a clarificação do conceito não fosse total, Calamandrei elucidou ainda que no tipo de casos que acabámos de exemplificar — *maxime,* nos processos cautelares previstos no c.p.c. em 1955 —, o juízo de verosimilhança não tem uma função eliminatória, «nem constitui uma primeira fase obrigatória do momento da instrução de um processo», nem «um género de comporta que se ergue perante

accertamento ma di ipotesi»: «se questa ipotesi corrisponda alla realtà si potrà vedere soltanto quando sara emanato il provvedimento principale». E a este propósito, seguindo o pensamento de Calamandrei, observa Liebman («Unità del procedimento cautelare cit., p. 252) que em relação ao direito alegado pelo requerente, o juiz cautelar não pode «accertare l'esistenza», uma vez que «accertare l'esistenza è compito proprio del processo principale, bensì soltanto constatar la verosimiglianza».

333 Calamandrei (*Introduzione allo...* cit., pp. 62 ss) distingue, no entanto, dois níveis de aprofundamento na análise dos pressupostos da procedência da providência cautelar: o grau de probabilidade sobre a existência do *periculum in mora* deve estar mais perto da certeza do que o do *fumus boni iuris.* «O juiz cautelar deve ter a certeza da existência do receio de dano jurídico», porque deve existir um estado objectivo de iminência do prejuízo ou dano», e «deve satisfazer-se com a mera aparência do direito invocado», já que declarar com certeza o direito cabe ao juiz da causa principal. Não se duvida, pois, que Calamandrei, sem deixar de falar no exame superficial do tipo *summaria cognitio,* defendia a existência de uma diferente intensidade de juízos: um juízo próximo da certeza sobre a produção do dano e um juízo de probabilidade sobre a existência do direito. Este pensamento influenciou claramente a doutrina portuguesa, onde também se distingue a profundidade da cognição quanto ao *periculum in mora* e quanto ao *fumus boni iuris.* Neste sentido, quanto à doutrina mais antiga, vd. J. Albertos dos Reis, «A figura do processo cautelar... cit., p. 57; Adelino da Palma Carlos, «Procedimentos cautelares... cit., p. 244; L. P. Moitinho De Almeida, *Providências cautelares não especificadas...* cit., p. 22; A. M. Pessoa Vaz, «Les mesures provisoires et les procédures préventives dans l'évolution du droit de procédure portuguais... cit., p. 182;

334 Neste sentido, P. Calamandrei, «Verità e verosimiglianza... cit., p. 187.

a alegação verosímil para dar lugar ao *accertamento* aprofundado da verdade». Pelo contrário, o juízo de verosimilhança realizado no âmbito dos processos sumários (designadamente os «cautelares»), «realizado, muitas vezes, a olho nu», é suficiente para despoletar a pronúncia de decisões judiciais favoráveis, sendo que estas, por causa da sua instrumentalidade, estão destinadas a ter uma duração provisória, já que num outro processo, no qual o juiz procede à cognição aprofundada da verdade, «usando para o efeito instrumentos de precisão», será proferida uma decisão judicial definitiva que substituirá a provisória[335]. Aquelas são, pois, decisões interinas, que por isso mesmo podem fundar-se «num pedestal pouco resistente de verdade, também ela interina, pronunciada a partir de uma valoração de verosimilhança»[336]. E «para casos como estes [ia concluindo CALAMANDREI:] a doutrina prefere falar não em prova, mas em "credibilidade", "justificação" (CHIOVENDA) ou "Glaubhaftmachung" (SAUER)»[337].

II.

Conhecidos os diversos sentidos da expressão verosimilhança, mormente do seu sentido restrito, apresentamos, agora, a crítica que certos autores lhe têm dirigido. Por certo, é uma crítica que se pode estender ao mesmo tipo de posição defendida pelos que se têm inspirado nos textos daquele autor. Neste contexto, e por uma questão de lógica, as críticas

[335] Este conceito é explicado por CALAMANDREI tanto na sua *Introduzione* (pp. 113 ss.), como no seu artigo intitulado "Efficacia della sentenza dichiarativa di fallimento in pendenza di prove sull'opposizione", in: *Giuri. it.*, 1937, I, pp. 307 ss., esp. pp. 314.

[336] É o seguinte o conteúdo do artigo de CALAMANDREI ("Verità e verosimiglianza... cit., p. 187): «Qui, in questi procedimenti sommari, basta il giudizio di verosimiglianza a dar luogo senz'altro al provvedimento (possessorio o cautelare) favorevole: il che è ammesso, perché questo è un provvedimento destinato ad aver vita provvisoria, fino a che in un altro processo, nel quale il giudice procederà normalmente a una indagine approfondita di verità, si possa giungere al provvedimento definitivo, destinato a prendere il posto di quello provvisorio. Si tratta di provvedimenti interinali; che, appunto per questo, possono fondarsi sul piedistallo poco resistente di una verità anch'essa interinale, quale può venir fuori da una semplice valutazione di verosimiglianza».

[337] Segundo CALAMANDREI ("Verità e verosimiglianza... cit., p. 187), esta noção cobre também outras disposições do processo ordinário, no âmbito do qual para o cumprimento de actos singulares (ou para evitar as consequências que resultam da sua omissão) basta, em vez da prova, a verosímil alegação de um «justificado motivo».

são extensíveis a TOMMASEO[338] e a MONTESANO[339]. E, entre nós, porque a doutrina de CALAMANDREI teve uma enorme receptividade, a começar em ALBERTO DOS REIS, é possível que a crítica atinja toda a dogmática[340].

Assim, tal crítica tem sido de facto dirigida em várias direcções. *Primo*: o conceito de verosimilhança, juntamente com o de «aparência», sendo entendido como contraposto a «verdade» e «certeza», é um conceito equívoco; *Secundo*: aquele conceito é associado a procedimentos de instrução probatória de natureza mais rudimentar e de «qualidade inferior»[341], isto é, procedimentos instrutórios «menos fortes»[342], logo tal conceito é juridicamente errado; *Tertio*: aquela afirmação traduz

[338] A este propósito, F. TOMMASEO (*I provvedimenti d'urgenza. Struttura e limiti della tutela anticipatoria*, Padova, 1983, p. 171) escreve o seguinte: «il carattere cautelare di un determinato provvedimento può essere anche fondato sul modo in cui esso si forma e, in particolare, sul modo in cui si forma il convincimento del giudice all'atto della concessione della misura richiesta». Na verdade, «l'estraneità d'una funzione dichiarativa dall'ambito della tutela cautelare è provata dal tipo di giudizio che si svolge nel suo interno e che si risolve sempre in una valutazione di verosimiglianza, fondata su un calcolo di probabilità dell' esistenza del diritto cautelando».

[339] A este propósito, L. MONTESANO ("Strumentalità e superficialità della cognizione cautelare», *Rivista di Diritto Processuale*, n.º 2, 1999, p. 309) escreve que a «cognizione cautelare è di quelle che si suol definire sommarie: sommarie significa (...) che nelle cognizioni, di cui ora si parla, le istruttorie, in riguardo ai fatti che ne sono oggetto e alle fonti del convincimento del giudice, sono o solo meno complete o anche meno approfondite e più affrettate nella ricerca delle verità di quel che sono le istruttorie della cognizione che possiamo definire normale, cioè disciplinata nel libro II del c.p.c.». Para outras considerações do mesmo autor, vd. *La tutela giurisdizionale dei diritti*, 2.ª ed., Torino, 1994, pp. 291 ss.

[340] A este propósito, e para uma visão actual destes conceitos, vd., entre outros, M. TEIXEIRA DE SOUSA, *Estudos sobre o Novo Processo Civil*, Lisboa, pp. 230 ss. e pp. 233 ss.; J. LEBRE DE FREITAS/A. MONTALVÃO MACHADO/R. PINTO, *Código de Processo Civil Anotado*, Vol. 2.º, Coimbra, 2001, pp. 21 ss. e pp. 30 a 40.; A. S. ABRANTES GERALDES, «Procedimento cautelar comum», in: *Temas da Reforma do Processo Civil*, III vol., Coimbra, 1998, pp. 206 ss.; PAULO S. PINHEIRO, *O procedimento cautelar comum no direito processual do trabalho*, Coimbra, 2004, pp. 22 ss., CÉLIA S. PEREIRA, *Arbitramento de reparação provisória*, Coimbra, 2003, pp. 34 ss.; JOÃO C. MARIANO, *A providência cautelar de arbitramento de reparação provisória*, Coimbra, 2003, pp. 39 ss.; RITA L. DE FARIA, *A função instrumental da tutela cautelar não especificada*, Lisboa, 2003, pp. 37 e 38, pp. 55 ss., esp. pp. 170 a 186.

[341] Expressão utilizada por B. CAVALLONE, "Les mesures provisoires et les règles de preuve... cit., p. 164.

[342] Crítica apresentada por A. PROTO PISANI, especialemnte em: "Appunti sulla tutela cautelare nel processo civile", *Rivista di Diritto Civile*, 1987, p. 109, p. 128 e p. 129.

a ideia de que nos processos sumários a simplificação da produção de prova vai ao ponto de se resumir a demonstrar, ainda que de modo vago e «esfumado», a existência do direito alegado, ou seja o *fumus boni iuris*, logo é uma afirmação de ordem empírica e não tem valor jurídico. E a origem dos equívocos foi «o erro de tradução» da expressão alemã «Wahrscheinlichkeit»[343].

Neste contexto, certos autores italianos, entre os quais se incluem PROTO PISANI (**1.**), CARRATA (**2.**) e CAVALLONE (**3.**), propõem que se ponha de parte a afirmação de que o *accertamento* sumário é de intensidade menor e, por isso, de qualidade inferior à do juízo pleno. Defendem, pois, que, não obstante a complexidade e heterogeneidade que caracteriza a multiplicidade de processos sumários previstos na legislação italiana vigente, só faz sentido falar na existência de um único sistema de *cognitio summaria*, que, por contraste com o sistema de *cognitio plena*, se caracteriza pela simplificação procedimental, não sendo «o critério da qualidade do juízo» suficiente para diferenciar aqueles dois sistemas.

1.

Introduzimos, em primeiro lugar, a crítica de PROTO PISANI. Este autor, não obstante acolher, em larga medida, as ideias de CHIOVENDA e de CALAMANDREI sobre a tutela cautelar, afasta-se delas em certos momentos[344]. E distancia-se, designadamente, a propósito da técnica da sumariedade, uma vez que ao não distinguir a tutela sumária cautelar da sumária *lato senso*, reconhece que aquela técnica é globalmente um instrumento de luta contra o tempo[345]. E, por conseguinte, ao distinguir

[343] Neste sentido, A. CARRATTA (*Profili sistematici della tutela anticipatoria*... cit., p. 254, nota 170) cita o texto de M. TARUFFO (*La prova dei fatti*... cit., p. 159) que vai no mesmo sentido de afirmar o erro de tradução «iniciado por CALAMANDREI e não eliminado pela doutrina posterior): o conceito «Wahrscheinlichkeit» não poderia ser traduzido pelo de «verosimiglianza», uma vez que a palavra mais adequada seria «probabilidade». E cita a opinião contrária de C. SCARSELLI (*L'opposizione di terzo*..., pp. 233 ss.), para quem há um substrato comum entre ambas as expressões: probabilidade e verosimilhança.

[344] Sobre a influência dos autores no pensamento de A. PROTO PISANI, recomenda-se a leitura do seu artigo, intitulado "Chiovenda e la tutela cautelare", que foi publicado na *Rivista di Diritto Processuale*, 1988, pp. 16 ss., esp. p. 26.

[345] A. PROTO PISANI ("Sulla tutela giurisdizionale differenziata", *Rivista di Diritto Processuale*, 1979, pp. 536 ss., esp. pp. 576) refere, aliás, que «il bisogno di tutela urgente, nel senso di

o *accertamento sommario cautelar* do *accertamento sommario* realizado fora de um processo cautelar (*maxime*, em processo sumário justificado por razões de urgência e por razões de efectividade da tutela), PROTO PISANI não encontra qualquer característica que diga respeito à qualidade dos juízos. Aliás, o juízo realizado para apurar o *fumus boni iuris* é um «accertamento somario in senso tecnico»: «é, por isso, um *accertamento* realizado pelo juiz no decurso de um processo (ou sub-processo) cujas modalidades de instrução probatória dependem fundamentalmente da vontade discricionária do juiz (e não da previsão do legislador), incluindo as formas simplificadas de aquisição e produção dos meios de prova»[346]. Neste sentido, o autor refere que «a sumariadade do *accertamento* próprio da decisão cautelar não difere em nada da sumariedade do *accertamento* próprio da decisão sumária não cautelar, proferida com respeito pelo contraditório e em caso de urgência». Em ambos os casos, indica PROTO PISANI, «o juiz só pode decidir favoravelmente ao requerente se o direito deste lhe parecer existente, tendo em conta os elementos de prova oferecidos pelas partes ou resultantes das diligências do tribunal». Para si, o que diferencia profundamente as duas espécies de decisões não é a função, nem a qualidade e nem a natureza do *accertamento*, mas sim a sua idoneidade para ditar uma disciplina definitiva para a relação controvertida».

O autor discorda, assim, da posição de TOMMASEO e MONTESANO – para quem a diferença reside na qualidade do *accertamento* – tendo, assim, considerado que esta posição resulta da «má interpretação» de uma página da *Introduzione allo studio sistematico dei provvedimenti cautelari* de CALAMANDREI, a qual também contém uma expressão equívoca: «juízo hipotético». Com efeito, PROTO PISANI não partilha a mesma ideia defendida pelos autores mencionados que defendem que, por um lado, no processo cautelar, o *accertamento* é sumário porque é «hipotético», no sentido de que, como afirma TOMMASEO, «prescinde da aquisição de material probatório por apenas ser necessária a formação da verosimilhança das alegações das

soddisfazione immediata del proprio diritto, può essere soddisfatto non solo attraverso la tecnica della tutela sommaria cautelare, ma anche attraverso la tecnica della tutela sommaria *tout court*», o que pode acontecer quando, como refere o autor, «il legislator prevede che nel corso di un procedimento a cognizione piena ed esauriente possa instaurarsi un subprocedimento destinato a concludersi in tempi brevi com un provvedimento sommario in tutto o in parte anticipatorio del contenuto della futura ed eventuale sentenza a cognizione piena».

[346] A. PROTO PISANI, «Procedimenti cautelari... cit., p. 10.

partes, fundada em termos de mero cálculo de probabilidade» – uma vez que no processo cautelar não se pretende «declarar a existência do direito» («dichiarare esistente il diritto»)[347] – e, por outro lado, que a cognição sumária não cautelar (aquela fundada em termos de urgência e não tendo por base um carácter privilegiado da prova) tende a formar um *accertamento* sumário porque é realizado em processo «com contraditório rudimentar»[348]. Outra é, portanto, a diferença.

2.

Envolvido no estudo sistemático sobre a função e a estrutura de processos previstos actualmente no ordenamento jurídico italiano, que concretizam a técnica da antecipação *tout court*, CARRATTA alerta-nos para a falta de uniformidade que a doutrina tem revelado na definição dos conceitos de «processo sumário» e de «cognição sumária», ao mesmo tempo que nos informa que não é de hoje que «os instrumentos de tutela sumária» são consagrados nos sistemas processuais como alternativa aos denominados ordinários[349]. Como evidencia, são vários os tipos de instrumentos que permitem chegar à tutela sumária.

[347] Neste sentido, F. TOMMASEO (*I provvedimenti d'urgenza* ... cit., pp. 167 ss., esp. p. 171) considera que, no processo cautelar, o juiz pode decretar uma providência de urgência tendo por base a valoração probabilística das alegações do requerente, à luz do *id quod plerumque accidit*, as quais são consideradas suficientes para acreditar a existência dos factos alegados. Em sentido contrário, PROTO PISANI («Procedimenti cautelari... cit., p. 19) considera que «l'accertamento a base dei provvedimenti cautelari ha da essere sempre sommario-superficiale, anche nei casi di assunzione di sommarie informazioni», accertamento da effettuare sulla base di elementi probatori di conoscenza dei fatti rilevanti e non già alla stregua di una valutazione di verosimiglianza delle *sole* affermazioni delle parti».

[348] Neste sentido, A. PROTO PISANI ("Procedimenti cautelari", in: *Enciclopedia Giuridica*, Vol. XXIV, Roma, 1991, p. 10) alerta para a perigosidade desta interpretação, uma vez que permitiria a decretação da tutela cautelar sem a realização de qualquer prova. Aliás, para o autor, o combate à perigosidade que é intrínseca à decretação da tutela cautelar exige, por um lado, a «redução da sumariedade no que respeita ao *fumus*, para que não haja uma transformação do juízo cautelar num juízo de mérito, e a intensificação do conhecimento do elemento de facto, por outro lado. Ao mesmo tempo, o juiz deve proceder a uma análise bilateral do *periculum in mora*, de tal modo que deve valorar comparativamente o dano que poderá decorrer da decretação da providência para o intimado e o prejuízo que poderá ser causado ao autor, no caso de a da providência requerida ser negada (p. 12).

[349] A este propósito, vd. A. CARRATTA, *Profili sistematici della tutela anticipatoria*... cit., pp. 229 ss.

Neste sentido, CARRATTA, procurando responder à questão por si formulada – como se distingue a cognição que precede a pronúncia de decisões judiciais propriamente antecipatórias da cognição sumária cautelar –, conclui que a diferença reside apenas no «grau mínimo de probabilidade exigido para a emissão de cada uma das pronúncias emitidas nesses processos», já que em ambos os casos se está perante processos sumários com cognição de natureza sumária, sendo que nos processos antecipatórios *tout court* a natureza sumária da cognição tanto é sinónimo de «cognição não completa» e «não definitiva» como de «cognição informal», variando, pois, segundo os casos previstos na lei[350]. No entanto, o autor considera que, no âmbito da «ampla e genérica categoria das decisões judiciais propriamente antecipatórias, devem distinguir-se diversos graus

[350] Neste contexto, CARRATTA dá-nos conta de três tipos diferentes de decisões antecipatórias *tout court*: decisões que têm subjacente um «accertamento pleno», mas não «definitivo ou não exaustivo»; decisões que têm subjacente um «accertamento limitado a uma parte dos factos da causa (precisamente aos constitutivos); e as decisões antecipatórias, cujo «accertamento» resulta de um procedimento instrutório e de meios de prova tidos por diferentes dos típicos ou normais. Por exemplo, estas decisões podem depender (ou resultar) da «prova produzida ou junta, até ao momento, no processo» («raggiungimento della prova») sobre os factos constitutivos do pedido principal. Assim acontece, segundo o autor, designadamente, para a emissão das decisões judiciais de «ordinanza» previstas nos artigos 423 (alínea segunda), no artigo 186-quarter e no artigo 24 da Lei n.º 990/1969. Ou pode corresponder à valoração como «irrelevante ou insuficiente» dos elementos de prova produzidos pela parte contrária (situação prevista no artigo 18, alínea sétima do Estatuto dos Trabalhadores) ou à valoração da não apresentação de contestação (situação prevista para a emissão da *ordinanza* contemplada no artigo 423, primeira alínea, e da prevista no art. 186-bis), circunstância que determina *a relevatio ab onere probandi*. Outras vezes, a decisão antecipatória *tout court* pressupõe um «accertamento» parcial, na medida em que, não tendo as excepções invocadas pela parte contrária fundamento em prova escrita (ou em prova que possa imediatamente ser produzida), aquele *accertamento* é limitado, numa primeira fase, aos factos constitutivos, sendo alargado apenas, num outro momento mais adiantado do processo, aos factos modificativos e extintivos. Assim acontece, segundo o autor, nos casos da decisão judicial de «ordinanza», prevista nos artigos 665 e 648. Em outros casos, parte-se de uma particular credibilidade («attendibilità») de elementos de prova que o legislador determinou pontualmente (como acontece no «procedimento monitorio» e no caso da «ordinanza» prevista no artigo 186-ter), casos em que a decisão antecipatória surge numa primeira fase (fase sumária) de um processo em curso, ou surge tendo por base um «accertamento» resultante de prova adquirida, não segundo os meios probatórios comuns, mas de modo informal, como acontece na decisão prevista no artigo 28.º do *Estatuto dos Trabalhadores*.

de elaboração probatória, tendo em conta o perfil próprio do material lógico e argumentativo que serve de suporte à decisão judicial».

Neste cenário, Carratta defende a adopção de um conceito amplo de cognição sumária, sendo o mesmo sinónimo de «cognição não plena», que inclui: *Primo*, o tipo de cognição que até pode ser plena, mas não é definitiva; *Secundo*, o tipo de cognição que é parcial, isto é, que é limitada apenas a uma parte dos factos da causa, v.g., que não atende aos factos modificativos ou extintivos, normalmente invocáveis pelo demandado; *Tertio*: o tipo de cognição que resulta de um procedimento de instrução probatória distinto do procedimento regra ou comum.

Neste sentido, afastando-se das posições clássicas que consideram que a sumariedade cautelar se traduz na possibilidade de o juiz valorar em termos de verosimilhança as alegações do requerente, o autor considera que o carácter sumário dos processos cautelares está marcado no próprio preceito do c.p.c. (669-sexies)[351], quando dispõe sobre a informalidade da produção de prova, sendo que tal modelo de instrução sumária combina com a instrumentalidade e com a provisoriedade da tutela cautelar e ambas as características combinam com o grau inferior de convicção que, nestes casos, é exigido ao juiz para decidir.

Enfim, do pensamento de Carrata deduzem-se várias conclusões: *Primo*, o conceito de *Wahrscheinlichkeit*, que é próprio da *Glaubhaftmachung*, ou *accertamento* de que depende no ordenamento jurídico civil alemão a pronúncia das *einstweilige Verfügungen* e do *Arrest*, não poderia nunca corresponder ao conceito italiano de «verosimilhança»[352]; *Secundo*, aquele conceito corresponde a probabilidade, devendo ser entendido numa perspectiva gradualista, que inclua «diferentes graus de probabilidade»;

[351] O primeiro parágrafo do art. 669-sexies dispõe o seguinte: «Il giudice, sentite le parti, omessa ogni formalià non essenziale al contraddittorio, procede nel modo che ritiene più opportuno agli atti di istruzione indispensabili in relazione ai presupposti e ai fini del provvedimento richiesto, e provvede con ordinanza all'accoglimento o al rigetto della domanda». E o parágrafo 2.º estabelece o seguinte: «Quando la convocazione della controparte potrebbe pregiudicare l'attuazione del provvedimento, provvede con decreto motivado assunte ove occorra sommarie informazioni. In tal caso fissa, con lo stesso decreto, l'udienza di comparizione delle parti davanti a sé entro un termine non superiore a quindici giorni (...). A tal udienza il giudice, con ordinanza, conferma, modifica o revoca i provvedimenti emanati con decreto.».

[352] Neste sentido, A. Carratta, *Profili sistematici della tutela anticipatoria*... cit., p. 254, nota 170.

Tertio, a diferença entre a cognição sumária cautelar e a cognição própria do tipo de processos antecipatórios por si estudados prende-se apenas com o «grau mínimo de probabilidade exigido para a emissão de cada uma das pronúncias emitidas nesses processos», sendo que a primeira pressupõe a aquisição de um grau mínimo de probabilidade sobre a existência dos factos.

3.
Finalmente, apresentamos a crítica mais directa ao pensamento calamandreiano, a de CAVALLONE. Entende este autor que o conceito de verosimilhança «é pouco convincente», mostrando-se menos convincente ainda «a imagem do juiz que não procura a verdade e nem aspira à certeza jurídica», ou seja, aquela figura de «um juiz que fica satisfeito com a verosimilhança ou com a aparência de situações de facto alegadas», «aquilo que se descreve através da fórmula *fumus boni iuris*»[353]. Com efeito, acrescenta o autor, que, «antes de mais, é preciso dizer que estes termos são habitualmente utilizados com pouco rigor» e com equívoco. Por exemplo, a «verosimilhança» – que, substancialmente, não é senão a conformidade ao *id quod plerumque accidit*, segundo as regras e máximas da experiência, e que respeita às alegações das partes sobre os factos – tem, na verdade, pouco a ver com «probabilidade», que, na realidade, resulta da avaliação da prova efectivamente produzida». E, então, o autor esclarece a origem do equívoco: «como se demonstrou, a confusão existente na doutrina italiana, tem como explicação o facto de ambos os termos [verosimilhança e probabilidade] se exprimirem na língua alemã pelo vocábulo *Wahrscheinlichkeit*»[354].

Neste sentido, a probabilidade, enquanto medida de convicção suficiente é aquela que serve também para o juiz do processo de cognição plena. Na realidade, também este deve, em geral, contentar-se com a «probabilidade», uma vez que a verdade é um conceito excessivo para a investigação judiciária – e, mesmo, para qualquer uma que seja humana. Então, para CAVALLONE, «a certeza» e a «aparência» são termos psicológicos e literários, que de sentido jurídico têm muito pouco[355]. E, assim,

[353] B. CAVALLONE, "Les mesures provisoires et les règles de preuve... cit., p. 173.

[354] B. CAVALLONE, "Les mesures provisoires et les règles de preuve... cit., p. 173.

[355] B. CAVALLONE, "Les mesures provisoires et les règles de preuve... cit., p. 173.

conclui: «não é, pois, verdade que o juiz que emite uma decisão judicial provisória avalie o material probatório rodeando-se de critérios diferentes dos seguidos pelo juiz de mérito quando emite a decisão definitiva (que surge de acordo com a «apreciação prudente», nos termos do art. 116.º c.p.c., ou de acordo com as regras de prova legal existentes).

Contudo, este autor também considera que se, a propósito de cognição sumária, não deve falar-se em exame menos intenso e em juízo qualitativamente diferente, já deve, no entanto, destacar-se como distinto o aspecto respeitante à quantidade do material probatório sob que versa a cognição do juiz ou, mesmo, ao modo como esse material é produzido e junto ao processo. Ainda assim, reconhecendo a simplificação que caracteriza os processos cautelares no sistema processual civil italiano, CAVALLONE entende que «nunca se poderá afirmar que nos processos cautelares o exame do *thema probandum* é mais esfumado que o habitual»[356]. Outra é, portanto, a diferença.

E a diferença tem fundamentalmente a ver com a simplificação procedimental. É neste contexto que CAVALLONE alarga o campo de abrangência do sistema da *cognitio summaria* e defende o afastamento dos conceitos de verosimilhança, *fumus boni iuris,* aparência, juízo hipotético e outros clássicos. Neste sentido, o Professor de Milão aponta as seguintes ideias: *Primo,* a cognição sumária não é própria somente de processos tendentes a obter decisões judiciais provisórias, mas é também encontrada em numerosos processos especiais de natureza diversa, tais como aqueles que segundo a dogmática italiana são comummente designados por processos sumários *tout court* (ou em sentido restrito), ou processos sumários sem função cautelar, e processos de jurisdição voluntária[357]; *Secundo,* a escolha pelo legislador de formas «simplificadas» de instrução – e «alternativas» quando confrontadas com o modelo de instrução vigente no processo ordinário – e que geralmente são catalogadas e agregadas segundo a noção clássica de *cognitio summaria,* não obedece a critérios que atendem ao tipo de efeitos das decisões proferidas, ou seja, não está conexa com a maior ou menor estabilidade dos efeitos dessas pronúncias e com a sua eventual incapacidade para formarem caso julgado; *Tertio,* também não preside à escolha de tais formas de cognição simplificada o princípio de

[356] B. CAVALLONE, "Les mesures provisoires et les règles de preuve... cit., p. 173.

[357] B. CAVALLONE, "Les mesures provisoires et les règles de preuve... cit., pp. 163.

que «em tempo de guerra não se limpam armas», ainda que a urgência e a necessidade de ser pronunciada uma decisão judicial imediatamente eficaz possa justificar a simplificação; sendo, pois, outras e muitas as razões que obrigam a que as decisões judiciais não sejam precedidas de uma rigorosa e intensa averiguação da factualidade litigiosa[358].

O modelo da *cognitio summaria* não é, de facto, nada de menor ou de pior do que é o modelo de instrução probatória ordinário: é simplesmente diferente, porque é um modelo articulável, simplificado e informal, no âmbito do qual o juiz tem um poder maior de conformação e simplificação processual. E a simplificação pode variar de caso para caso, sendo que a recolha informal de prova é um dos tipos de simplificação previsto para os processos cautelares, tanto para o procedimento cautelar comum (art. 669-sexies, primeira alínea do c.p.c.) como para os demais processos cautelares tipificados na legislação italiana (nos artigos 670.º a 691.º). Contudo, daqui não resulta que a intensidade do exame seja mais superficial[359]. Na verdade, no seu entender, o que se destaca de especial no juízo cautelar é o critério especial de decisão a que o juiz cautelar deve recorrer numa situação de *non liquet*: «o do balanço de interesses opostos».

III.

Uma vez que uma das críticas que a doutrina actual dirige a CALAMANDREI é a de ter introduzido um conceito equívoco na dogmática italiana no momento em que traduziu *Wahrscheinlichkeit* por verosimilhança, dando origem a uma expressão sem significado jurídico autónomo, cumpre perceber qual é a dimensão de tal erro, começando por perceber em que é que se traduz o modelo da *Glaubhaftmachung*[360] **(1.)**.

A *Glaubhaftmachung*, porque «significa sobretudo simplificação por contraste com o modelo normal de produção de prova» (THOMAS-

[358] B. CAVALLONE, "Les mesures provisoires et les règles de preuve... cit., p. 164.

[359] Cfr. B. CAVALLONE, "Les mesures provisoires et les règles de preuve... cit., p. 170.

[360] É o seguinte o conteúdo do § 294 ZPO: «(Glaubhaftmachung)», (Abs. 1): «Wer eine tatsächliche Behauptung glaubhaft zu machen hat, kann sich aller Beweismittel bedienen, auch zur Versicherung an Eides Statt zugelassen werden»; (Abs. 2): «Eine Beweisaufnahme, die nicht sofort erfolgen kann, ist unstatthaft». Tradução própria: «Justificação»: (n.º 1) «Aquele que tem de tornar credível uma alegação de facto pode utilizar todos os meios de prova, podendo admitir-se também a declaração sob juramento». (n.º 2) «A prova que não pode realizar-se imediatamente é inadmissível».

-PUTZO)[361] e porque pode traduzir uma reduzida intensidade da *Schlüssigkeitsprüfung*, facilmente harmonizáveis com a tutela provisória e com a tutela de situações de urgência, tem aplicação nos processos de *Arrest* e das *einstweilige Verfügungen*, isto é, naqueles processos previstos, respectivamente, nos §§ 916, 935 ZPO, que são aptos a desembocar em decisões provisórias que visam assegurar a efectividade das sentenças a proferir em processos principais. Com efeito, os pressupostos de que depende o decretamento de tais medidas asseguradoras – «der Anspruch und der Arrestgrund» – devem apenas ser justificados («sind glaubhaft zu machen»), nos termos do § 920, Abs. 2, *ex vi* § 936 ZPO[362]. Por outras palavras, tais pressupostos não precisam de ser provados nos termos da prova plena, já que o tribunal procede à sua averiguação num «exame sumário»[363] **(2.)**.

Devemos reconhecer que esta expressão «exame sumário» é polissémica. E, não obstante a *Glaubhaftmachung* estar vulgarmente associada à *Wahrscheinlichkeit* ou probabilidade, enquanto medida de convicção inferior à exigida pelo § 286 ZPO, ou modelo da prova plena («Vollbeweis»)[364],

[361] Para H. THOMAS/ H. PUTZO (ZPO, *Zivilprozeßordnung*, München, 1995, p. 1395), «Die Glaubhaftmachung (Abs. II § 294 ZPO) bedeutet gegenüber der Beweisführung im normalen Verfahren eine Erleichterung ist entbehrlich in den Fällen des §§ 921, 935 ZPO. Sie genügt auch in der mündliche Verhandlung für andere notwendige Tatsachen als Anspruch und Grund und für den Gegner zur Widerlegung (...).

[362] A este propósito, cumpre ver W.-D. WALKER, *Der einstweilige Rechtsschutz im Zivilprozeß und im arbeitsgerichtlichen Verfahren*, Tübingen, 1993, pp. 51 ss.; pp. 180 a 231 e 215; esp. pp. 209 a 231, esp. ns.ms. 313 a 321, onde o autor reforça a conexão entre a *Glaubhaftmachung* e o carácter urgente dos respectivos processos.

[363] Como escrevem G. BAUMGÄRTEL/ H. PRÜTTING (*Einführung in das Zivilprozeßrecht*, 8. Auflage, Berlin, 1994, p. 94) «der Antragsteller muß die Voraussetzungen für den Erlaß einer einstweiligen Verfügung glaubhaft machen (§§ 936, 920). Der Entscheidung des Gerichts geht eine summarische Prüfung des Verfügungsgrundes voraus».

[364] É o seguinte o conteúdo do § 286 ZPO: («Freie Beweiswürdigung»), (Abs. 1): «Das Gericht hat unter Berücksichtigung des gesamten Inhalts der Verhandlungen und des Ergebnisses einer etwaigen Beweisaufnahme nach freier Überzeugung zu entscheiden, ob eine tatsächliche Behauptung für wahr oder für nicht wahr zu erachten sei. In dem Urteil sind die Gründe anzugeben, die für die richterliche Überzeugung leitend gewesen sind. (Abs. 2): An gesetzliche Beweisregeln ist das Gericht nur in den durch dieses Gesetz bezeichneten Fällen gebunden». Tradução própria: (Livre apreciação de prova): (n.º 1): «O tribunal, tendo em conta o íntegro conteúdo dos debates e o resultado da prova eventualmente produzida, decidirá de acordo com a sua livre convicção sobre se as alegações de facto devem ou não ser

os conceitos apresentados surgem num quadro de muita complexidade e polémica doutrinal, onde falta uniformidade sobre a exacta intensidade do exame e da medida de prova considerada suficiente para que o tribunal considere certa factualidade «glaubhaft gemacht» **(3.)**.

1.

Juntamente com o modelo regra consagrado no § 286 ZPO, o sistema processual civil alemão prevê no § 294 ZPO um modelo especial de prova, denominado *Glaubhaftmachung*, que, de acordo com o estudo de SCHERER, tem na *Bescheinigung* a sua figura antecedente. É, aliás, por isso, que não se encontra em nenhum preceito da ZPO uma definição completa da «justificação», visto que aquela outra já suscitava muita controvérsia[365]. Enfim, o facto de o legislador não ter legalmente definido a *Glaubhaftmachung*, nem ter estabelecido qual a medida de prova necessária para se considerar certo facto suficientemente justificado, significa que esta tarefa foi de propósito deixada para os tribunais e para a doutrina. Contudo, dada a dificuldade existente, a tarefa foi sendo realizada sem uniformidade, de tal modo que, como escreve SCHERER, na actualidade, 150 anos volvidos sobre a polémica em torno da *Bescheinigung*, a questão em torno do entendimento sobre a *Glaubhaftmachung* e sobre os argumentos invocados a favor de cada uma das posições da doutrina

consideradas verdadeiras. Na sentença, serão indicados os motivos que terão sido fundamentais para a formação da convicção do tribunal. (n.º 2): «O tribunal está sujeito a normas legais de prova apenas nos casos previstos nesta lei».

365 Com efeito, a discussão em torno do grau de intensidade da convicção do juiz considerado suficiente pela *Bescheinigung* foi decorrendo entre duas correntes opostas: uma, a encabeçada por G. W. Wetzell, que entendia que a medida de prova exigida pela *Bescheinigung* correspondia à mera probabilidade («bloße Wahrscheinlichkeit») e a outra corrente considerava que a *Bescheinigung* exigia a plena certeza («volle Gewißheit»). Esta posição era defendida por H. K. Briegleb. De qualquer modo, e de acordo com a primeira corrente, que era dominante, para que a convicção do juiz se formasse em termos de «mera probabilidade» era suficiente que o comportamento do requerente não demonstrasse ser precipitado ou mal intencionado. Há uma terceira corrente, de que W. Brauer é adepto, que é muito próxima da primeira, que apontava para a probabilidade e considerava que para a avaliação da medida de convicção necessária pela *Bescheinigung* era importante a avaliação da natureza do prejuízo decorrente da decisão para o requerido, de tal modo que este deveria possuir sempre a natureza provisória e reversível. Para outras considerações, vd. I. Scherer, *Das Beweismaß bei der Glaubhaftmachung...* cit., pp. 30 a 36.

quanto à intensidade da prova necessária para se considerar acreditada ou justificada certa factualidade alegada continua exactamente no mesmo ponto[366]. Com efeito, «Glaubhaftmachung» não tem sido unanimemente entendida pela doutrina, nem a jurisprudência tem conseguido apresentar critérios claros e uniformes de diferenciação entre este modelo de formação da convicção do juiz que é típico dos processos urgentes e o modelo que rege a formação da convicção do juiz de mérito.

A doutrina maioritária afirma que a *Glaubhaftmachung* constitui um procedimento de instrução probatória especial («eine besondere Art der Beweisführung»). E esta consideração abrange, por um lado, o procedimento propriamente dito, que é regido fundamentalmente pelo princípio da liberdade da forma, sendo que a prova é realizada de forma simplificada ou informal, acelerada e com alguma restrição quanto aos meios de prova utilizáveis (§ 294, Abs. 2 ZPO), e, por outro lado, estende-se ao *Beweismaß*, isto é, à ao grau de intensidade da convicção do tribunal quanto à realidade dos factos alegados que, nestes casos, se exige para que seja proferida uma decisão favorável a quem alega. Neste sentido, a posição actual maioritária da doutrina e da jurisprudência vai no sentido de que nestes casos se exige uma medida inferior de prova e um menor grau de convicção do juiz quanto à realidade dos factos alegados[367]. Aliás, neste preciso contexto do *Beweismaß*, a *Glaubhaftmachung* tem sido tratada

[366] Neste sentido, I. Scherer, *Das Beweismaß bei der Glaubhaftmachung*... cit., p. 47.

[367] Com efeito, F. Baur/W. Grunsky (*Zivilprozeßrecht*, Zehnte, überarbeitete Auflage, 2000, p.165) escrevem «durch den Beweis soll dem Richter die volle Überzeugung von der Wahrheit oder Unwahrheit einer tatsächlichen Behauptung vermittelt werden. Von der vollen Überzeugung zu unterscheiden ist die Glaubhaftmachung: Hier begnügt sich der Richter mit einem geringeren Grad von Gewißheit („Wahrscheinlichkeit"). Sie reicht dort aus, wo das Gesetz dies ausdrücklich vorsieht (wichtig vor allem im Arrest- und einstweiligen Verfügungsverfahren, §§ 920, 936). Mittel der Glaubhaftmachung sind alle Beweismittel, wenn sie sofort verfügbar („präsent") sind (§ 294 II), ferner die Versicherung an Eides statt (§ 294 I)». No mesmo sentido, G. Baumgärtel/ H. Prütting (*Einführung in das Zivilprozeßrecht*, 8. Auflage, Berlin, 1994, p. 61) escrevem, no contexto do «Beweismaß», se distingue a prova sumária («Glauhaftmachung») da prova plena («Vollbeweis»): «Der Richter muß die volle Überzeugung von der Wahrheit der behaupteten Tatsachen gewinnen (§ 286 I). Soweit in besonderen Fällen die Glaubhaftmachung genügt (vgl. Z. B. §§ 920 II, 936), reicht ein geringerer Grad von Wahrscheinlichkeit aus», sendo que «wichtigstes Mittel der Glaubhaftmachung ist die eidesstattliche Versicherung (§ 294 I)».

pela jurisprudência[368] e pela doutrina como medida de prova inferior à prova plena. A doutrina mais antiga, BAUR/GRUNSKY, por exemplo[369], classificava-a, por isso, como «semiplena probatio»[370].

Daqui resulta, pois, um aspecto caracterizador importante: no contexto do «Beweismaß», a *Glaubhaftmachung* aparece como modelo em que há redução («Reduzierung») de intensidade de convicção do tribunal quanto à realidade factual, opondo-se ao modelo da prova plena («Vollbeweis»), ou modelo comum ou ordinário de instrução («ordentlichen Erkenntnisverfahren»), no âmbito do qual impera o princípio da livre convicção do tribunal quanto à verdade dos factos alegados[371].

[368] Como diz I. SCHERER (*Das Beweismaß bei der Glaubhaftmachung...* cit. p. 93): «Das Beweismaß bei der Glaubhaftmachung wird von der Rechtsprechung vielmehr in einem bestimmten Rahmen unterhalb des Vollbeweises flexibel gehandhabt».

[369] Neste sentido, F. BAUR/W. GRUNSKY, *Zivilprozeßrecht*, 10. überarbeitete Auflage, 2000, p.158.

[370] Sobre esta questão, H. PRÜTTING (in: *Münchener Kommentar zur Zivilprozeßordnung*, München, 1992, p. 1781), em anotação ao § 294 ZPO, escreve o seguinte: «Im einzelnen enthält § 294 Anordnungen, wie diese besondere Art der Beweisführung zu erfolgen hat. Vor allem aber ergibt sich aus der Norm, daß an die Glaubhaftmachung einer tatsächlichen Behauptung geringere Anforderungen zu stellen sind als an den Beweis der Tatsache im Rahmen des § 286. Man hat deshalb früher die Glaubhaftmachung als eine „semiplena probatio" bezeichnet».

[371] A este propósito, por exemplo, M. GEHRLEIN (*Zivilprozessrecht nach der ZPO-Reform 2002*, München, 2001, p. 126) refere: «Im Prozess wird über Rechtsfragen, mehr aber noch über die Wahrheit oder Unwahrheit behaupteter Tatsachen gestritten. Beweisen bedeutet, dem Gericht die Überzeugung von der Wahrheit einer Tatsache zu verschaffen.», sendo que, quanto ao «Beweismaß» o autor (p. 137) contrapõe e distingue o «Vollbeweis» da «Glaubhaftmachung». A prova plena é assim explicada: «Aus § 286 ZPO ergibt sich, dass der Beweis erst erbracht ist, wenn das Gericht die volle Überzeugung von der Wahrheit oder Unwahrheit einer Tatsache gewonnen hat. Eine überwiegende Wahrscheinlichkeit reicht nicht aus. Allerdings wird nicht eine absolute, naturwissenschaftliche Gewissheit verlangt. Der Richter darf und muss sich in tatsächlich zweifelhaften Fällen mit einem für das praktische Leben brauchbaren Grad von Gewissheit begnügen, der den Zweifeln Schweigen gebietet, ohne sie völlig auszuschließen. Es genügt ein so hoher Grad von Wahrscheinlichkeit, dass vernünftige Zweifel schweigen». Já, para o autor, a Glaubhaftmachung corresponde a um outro grau de convicção: com efeito, «In gewissen Fällen nimmt das Gesetz einen geringeren Grad von Überzeugung hin und lässt eine Glaubhaftmachung genügen. Dabei reicht die überwiegende Wahrscheinlichkeit, „die gute Möglichkeit", dass die Behauptung wahr oder unwahr ist. Eine bloße Glaubhaftmachung sehen etwa § 920 Abs 2 ZPO (Arrest und einstweilige Verfügung) vor. Die Glaubhaftmachung kann nur durch präsente, sofort verfügbare Beweismittel erfolgen (§ 294 Abs. 2 ZPO)». Neben

Neste sentido, se as normas que regem este modelo de realização da prova e de formação da convicção do juiz fossem exactamente iguais aos da *Glaubhafmachung* – e se, por conseguinte, se aplicassem aos processos sumários com função cautelar (aos processos das *einstweilige Verfügungen* e do *Arrest)* – haveria a anulação de uma das virtualidades dos processos sumários e haveria a duplicação de exames e a sobreposição de juízos. Além de que, o carácter provisório destas decisões combina com a natureza, a estrutura e a função da «Glaubhaftmachung»[372].

Ora, é exactamente por isto que se considera que no processo sumário das providências asseguradoras (§ 920, Abs. 2 ZPO *ex vi* § 936 ZPO) a *Glaubhaftmachung* se traduz no facto de os pressupostos de que depende o decretamento destas medidas provisórias de natureza cautelar não precisarem de ser plenamente provados, nos termos da *Vollbeweis*, prevista no § 286 ZPO. Aqueles pressupostos necessitam apenas de ser justificados e tornados credíveis (*glaubthaft gemacht*) pelo requerente[373]. Com a expressão *Glaubhaftmachen* quer-se também dizer que o grau de convicção do juiz quanto à verificação daqueles pressupostos pode ser inferior àquele que seria necessário se o tribunal exigisse a sua prova plena, sendo, então, suficiente uma probabilidade menor de convicção do juiz quanto à

den fünf klassischen Beweismitteln kann sich der Beweisführer auch der eidesstattlichen Versicherung bedienen (§ 294 Abs. 1 ZPO)»

372 Como diz I. SCHERER (*Das Beweismaß bei der Glaubhaftmachung...* cit. 95): «Sowohl aufgrund der Gesetzesmaterialien als auch aufgrund von Zweck und Funktion der Glaubhaftmachung ist hinsichtlich des Beweismaßes grundsätzlich von einer Reduzierung des für den Vollbeweis erforderlichen Beweismaßes auszugehen; ausreichend ist daher die Überzeugung des Richters vom Vorliegen einfacher überwiegender Wahrscheinlichtkeit. Gerechtfertigt wird diese Beweismaßreduzierung durch die Tragweite der Entscheidung, die aufgrund einer Glaubhaftnmachung ergehen kann: Diese hat typischerweise nur vorläufigen Charakter».

373 Como referem H. THOMAS/ H. PUTZO (ZPO, *Zivilprozeßordnung,* München, 1995,p. 1427), «Die Glaubhaftmachung (Abs. II § 294) bedeutet gegenüber der Beweisführung im normalen Verfahren eine Erleichterung ist entbehrlich in den Fällen des § 921 II». Sendo também aplicável noutros momentos do processo de «Arrest». Por exemplo, nos termos do § 920, Abs. 3 ZPO, o pedido pode ser formulado oralmente perante a secretaria do tribunal. E nos termos do § 944 ZPO, nos casos urgentes e nos casos em que a providência cautelar é decretada *inaudita altera parte,* o Presidente do tribunal pode decidir, em vez deste, sobre o pedido formulado pelo requerente, sendo que «Dringender Fall bedeutet, daß die Entscheidung durch das Kollegium für den Gläubiger eine nachteilige Verzögerung mit sich bringt».

existência dos factos alegados, podendo o juiz realizar um exame menos intenso quanto à verificação daqueles factos[374].

Se estas afirmações são comuns entre a doutrina, já em relação a outros aspectos de pormenor quanto à concretização deste modelo de prova a divergência vai acontecendo com maior significado. O âmbito objectivo da *Glaubhaftmachung* é um deles: enquanto que para uma parte da doutrina só os factos são objecto da apreciação e da convicção sumária do juiz[375], caindo os aspectos de direito no sistema de cognição plena, para outra parte da doutrina tanto os aspectos de direito como os aspectos de facto devem ser sempre sumariamente apreciados e valorados, tanto mais que o § 920 não faz qualquer distinção entre o pressuposto de direito e o de facto, pelo contrário inclui nele expressamente o *Anspruch* (Abs. 2)[376]. Segundo SCHERER, o modelo da *Glaubhaftmachung* aplica-se apenas aos factos («Tatsachen»), uma vez que somente estes são passíveis de justificação ou de demonstração em termos de verosimilhança, excluindo-se, pois, as questões jurídicas («Rechtsfragen»). Pelo que o § 920 (Abs. 2) ZPO não pode considerar-se como excepção[377].

A questão do tipo de meios de prova admitidos no modelo da *Glaubhaftmachung* tem também sido objecto de discussão, sendo que, se no âmbito do processo ordinário de cognição se admite todo o tipo de provas tipificadas (isto é, a inspecção judicial (*Augenschein*), a testemunhal (*Zeugenbeweis*), a produzida por peritos (*Sachverständigenbeweis*), a prova

[374] W. Grunsky (in: *Stein/Jonas, Kommentar zur Zivilprozeßordnung*, 21.ª ed. 1996, em anotação ao § 920, ns.ms. 8 ss., esp. n.m. 10, pp. 374 a 376) defende que «im summarischen Verfahren ist die Beweisführung insofern erleichtert, als bloße Glaubhaftmachung genügt und kein Beweis zur vollen Überzeugung des Gerichts erforderlich ist». No mesmo sentido, vd. R. Geimer/ R. Greger (in: *ZÖLLER-Zivilprozessordnung-Kommentar*, 23. Auflage, Köln, 2002, p. 838, em anotação ao § 294 ZPO.

[375] Por exemplo, a este propósito, H. Thomas/ H. Putzo (ZPO, *Zivilprozeßordnung*, München, 1995, p. 450) referem na anotação ao § 294 ZPO que «Glaubhaftmachung ist eine Beweisführung, die dem Richter einen geringeren Grad von Wahrscheinlichkeit vermitteln soll. Sie kommt nur in Frage für beweisbedürftige Tatsachen». E referem também que «wenn Glaubhaftmachung für eine Partei zulässig ist, gilt sie auch zur Widerlegung für die Gegenpartei». Contudo, também referem em anotação ao § 920, Abs. 2 que «mit Glaubhaftmachung sind die Tatsachen (...) gemeint, iü ist die Intensität der rechtlichen Prüfung nicht erleichtert (p. 1395).

[376] Sobre esta questão, vd. D. Leipold, *Grundlagen... cit.*, pp. 64 ss.

[377] Neste sentido, vd. I. Scherer, *Das Beweismaß bei der Glaubhaftmachung*... cit., esp. p. 61.

documental (*Urkundenbeweis*) e o depoimento de parte (*Beweis durch Parteivernehmung*), para a *Glaubhaftmachung* do processo sumário, o § 294, Abs. 1 ZPO admite qualquer tipo de prova, desde que imediatamente acessível (§ 294, Abs. 2 ZPO), e admite, portanto, tanto os meios de prova típicos como os atípicos (*Freibeweis*), incluindo as declarações sob juramento[378]. A única limitação em termos dos meios de prova decorre, pois, do § 294, Abs. 2 ZPO – onde se exige a imediata disponibilidade dos meios de prova ou a actual possibilidade de produção da prova. Em todo o caso, o juiz tem consciência que a sua decisão pode basear-se numa apreciação restrita dos factos, visto que a prova pode não estar imediatamente disponível.

2.

A «Glaubhaftmachung» assume uma particular importância nos processos urgentes com função cautelar das *einstweilige Verfügungen* e do *Arrest*, dadas as características que estes possuem. Podemos dizer que a simplificação, a informalidade, a aceleração e a possível intensidade inferior de convicção previstas para estes processos combinam bem com a instrumentalidade e com a provisoriedade de tais medidas asseguradoras[379].

Com efeito, neste tipo de processos urgentes, a *Glaubhaftmachung* traduz-se no facto de os pressupostos de que depende o seu deferimento apenas necessitarem de ser justificados e tornados credíveis (*glaubthaft*

[378] Vd. a anotação ao § 920 ZPO de M. HUBER, in: *Kommentar zur Zivilprozessordnung*, herausgegeben von H.-J. MUSIELAK, 3. Auflage, München, 2002, pp. 2108 a 2111. Este autor refere que «Die Vorschrift [§ 920, Abs. 2] enthält eine Beweismaßreduzierung», sendo que «Glaubhaftmachung bedeutet, dass für die richterliche Überzeugung von einer Tatsache nur eine überwiegende Wahrscheinlichkeit erforderlich ist; es muss also wahrscheinlicher sein, dass Anspruch und Arrestgrund bestehen als umgekerhrt. Diese Beweiserleichterung gilt im gesamten Arrestprozess, also auch bei mündlicher Verhandlung über das Gesuch oder nach Widerspruch bzw. Berufung gegen den Arrestbehelf. Sie hindert aber keine Partei, Vollbeweis zu erbringen, z.B. im Arrestgesuch durch Vorlage einer den Anspruch beweisenden Urkunde oder in der mündlichen Verhandlung durch einen mitgebrachten Zeugen. Für die Art der Glaubhaftmachung gilt § 294 ZPO. Danach sind statthaft z.B. eidesstattliche Versicherung des Gläubigers oder Dritten, anwaltliche Versicherung, schriftliche Zeugenaussagen, Privatgutachten, oder Verweisung auf die Hauptsacheakten». Vd. Tb. M. VOLLKOMMER, in: *ZÖLLER-Zivilprozessordnung-Kommentar*, 23. Auflage, Köln, 2002, p. 2253 e p. 2254, em anotação ao § 920 ZPO.

[379] A este propósito, vd. W.-D. WALKER, *Der einstweilige Rechtsschutz ...* cit., pp. 223 a 225.

gemacht) pelo requerente, nos termos do § 920, Abs. 2 ZPO *ex vi* § 936 ZPO. E, neste sentido, com a expressão *Glaubhaftmachen* quer-se dizer que o grau de convicção do juiz quanto à verificação daqueles pressupostos pode ser inferior àquele que seria necessário se o tribunal exigisse a sua prova plena.

Aliás, no contexto do *Beweismaß* exigido nos processos acelerados das *einstweilige Verfügungen* e do *Arrest,* há uma doutrina maioritária que prefere falar em decisões «auf blosse Glaubhaftmachung» dos factos alegados, esclarecendo que isto significa que «an Stelle der richterlichen Überzeugung von der Wahrheit einer Behauptung nur der Eindruck der (überwiegenden) Wahrscheinlichkeit der Behauptung erforderlich ist»[380]. E, de acordo com esta doutrina, a (überwiegenden) Wahrscheinlichkeit obtém-se, pois, através de todos os meios de prova idóneos a formar a convicção sumária (= «Glaubhaftmachung») das alegações de facto, nos termos do § 294 ZPO, sendo, pois, apenas de excluir aquelas que não possam ser imediatamente produzidas («nicht sofort erfolgen kann»). Ora, este especial tipo de processo instrutório, regido pelo princípio da liberdade de prova, conduz à formação de um grau menor da convicção do juiz, que, claro está, se justifica, quer pelo carácter urgente da medida, quer pela particularidade do caso, por exemplo, por ser uma decisão emitida *inaudita altera parte*, quer ainda pela natureza provisória e interina da decisão.

De qualquer modo, os §§ 921 e 922 estabelecem que o arresto e a ordem provisória tanto podem ser pronunciados num procedimento sumário com realização plena do contraditório (discussão oral contraditória («mündliche Verhandlung»), adquirindo a decisão a forma de *Endurteil*, como podem ser decretados num procedimento *inaudita altera parte* («ohne mündliche Verhandlung»), através de *Beschluß.* O tribunal pode adoptar estas medidas cautelares, ainda que os seus pressupostos não estejam sumariamente provados, devendo, neste caso, contudo, ser prestada adequada garantia pelo requerente a favor do requerido[381].

[380] Neste sentido, Leipold, *Grundlagen*... cit., pp. 23 ss.

[381] Com efeito, o § 921, que dispõe sobre o «Arrestgesuch», prescreve o seguinte: «Die Entscheidung kann ohne mündliche Verhandlung ergehen». E prescreve também que «Das Gericht kann, auch wenn der Anspruch oder der Arrestgrund nicht glaubhaft gemacht ist, den Arrest anordnen, sofern wegen der dem Gegner drohenden Nachteile Sicherheit geleistet

E o tribunal pode igualmente fazer depender de uma garantia a adopção da providência requerida mesmo quando os pressupostos de deferimento do «Arrest» estão justificados[382].

Parece, assim, que a expressão «Glaubhaftmachung» também corresponde a informalidade e a celeridade na realização da prova. Afinal, o que diferencia o juízo formado em termos de *Wahrscheinlichkeit*, típica dos processos sumários das providências com função cautelar, do juízo do processo de mérito, previsto no § 286 ZPO, não será tanto a ausência total de prova ou a diferente valoração de cada específico meio de prova, mas é também o modo livre, breve e flexível de realização da prova, já que vinga o princípio da liberdade de forma. Pelo que tal expressão tem, pois, dois sentidos, um associado à estrutura simplificada, variável e acelerada do procedimento e o outro referente ao grau inferior de convicção que o juiz deve realizar depois de apurado o resultado da prova[383].

3.

A questão mais complicada é, contudo, a que respeita ao próprio conceito de *Glaubhaftmachung* na perspectiva de qual deva ser o grau de convicção suficiente para que deva considerar-se os *facta probanda* justificados ou «glaubhaft gemacht». Como vimos nas considerações introdutórias, a propósito da figura que antecedeu a *Glaubhaftmachung*, a *Bescheinigung*, verificámos que não foi possível à doutrina fixar um critério único para determinar a medida adequada para considerar suficientemente justificados os factos alegados. Ao logo dos tempos, a doutrina foi variando na escolha desses critérios[384]. A mais antiga considerava que *summatim*

wird. Es kann die Anordnung des Arrestes von einer Sicherheitsleistung abhängig machen, selbst wenn der Anspruch und der Arrestgrund glaubhaft gemacht sind».

382 A este propósito, vd. W.-D. Walker, *Der einstweilige Rechtsschutz*...cit., pp. 223 ss., pp. 228 ss.

383 Para uma síntese, vd. W.-D. Walker, *Der einstweilige Rechtsschutz*...cit., pp. 209 a 233, esp. pp. 223 a 225 e 228 a 231.; S. Vogg, *Einstweiliger Rechtsschutz und vorläufige Vollstreckbarkeit*, Berlin, 1991, pp. 78 a 85; E. Schilken, *Die Befriedigungsverfügung*, Berlin, pp. 115 a 133, esp. 113.

384 Sobre esta questão, H. Prütting (in: *Münchener Kommentar zur Zivilprozeßordnung*, München, 1992, p. 1781), em anotação ao § 294 ZPO, escreve o seguinte: «Man hat deshalb früher die Glaubhaftmachung als eine „semiplena probatio" bezeichnet. Wenn auch heute solche Vorstellungen wie die Führung eines"halben" Beweises überholt sind, so findet doch

cognoscere outra coisa não poderia significar senão a necessária substituição da certeza pela simples probabilidade («blosse Wahrscheinlichkeit), sendo, contudo, variável a intensidade da probabilidade considerada necessária e sendo igualmente variáveis os critérios subjacentes à avaliação desse intensidade[385]. Actualmente, a doutrina dominante tende a fazer corresponder essa medida de prova sumária à «überwiegende Wahrscheinlichkeit», ou seja, considera suficiente a preponderante probabilidade sobre a verificação dos factos alegados. E as razões apontadas são a diminuição da medida da prova em geral, a natureza da decisão em particular, uma vez que se trata de decisões com carácter urgente e provisório e de decisões que podem ser proferidas sem a audição prévia do requerido.

Na actualidade, e porque se tem em conta os interesses opostos de ambas as partes, a posição dominante inclina-se para exigir uma probabilidade

die Frage nach der erfolgreichen Führung eines Beweises nunmehr ihre Fortsetzung in der Diskussion um den Grad der Wahrscheinlichkeit, der erreicht sei muß. Zwar hat sich bei dieser Diskussion gezeigt, daß eine genaue Zahlenangabe der erforderlichen Wahrscheinlichkeit nicht möglich und praktisch nicht hilfreich ist, dennoch kann in dem weiten Spektrum von der extrem hohen Wahrscheinlickeit über die hohe Wahrscheinlickeit, die überwiegende Wahrscheinlichkeit und die geringe Wahrscheinlichkeit bezüglich des Beweismaßes der Glaubhaftmachung aus heutiger Sicht eine bestimmte Abstufung zugewiesen werden, nämlich die überwiegende Wahrscheinlichkeit. Dies ergibt sich bereits daraus, daß einerseits für die Glaubhaftmachung eine sehr hohe Wahrscheinlichkeit (vergleichbar dem Beweismaß des § 286 Abs. 1 ZPO) nicht verlangt werden kann, daß aber andererseits ein Richter, der das Gegenteil der behaupteten Tatsache für wahrscheinlicher hält als die Behauptung („geringe Wahrscheinlichkeit"), im eigentlichen Sinne des Wortes die behauptete Tatsache nicht für glaubhaft ansehen wird».

[385] A este propósito, vd. O. Jauernig, *Zivilprozeßrecht*, 27.ª ed., München, 2002, p. 198; M. Gehrlein, *Zivilprozessrecht nach der ZPO-Reform 2002*, München, 2001, n.m. 27, pp. 137: W. Grunsky in: *Stein/Jonas, Kommentar zur Zivilprozeßordnung*, 21.ª ed. 1996, ns.ms. 8 ss., esp. n.m. 10, pp. 374 a 376. Por exemplo, Schuschke escreve a este propósito o seguinte: «Eine Tatsache ist glaubhaft gemacht, wenn aufgrund der vorgelegten Glaubhaftmachungsmittel (§ 294 ZPO) die „überwiegende Wahrscheinlichkeit" besteht, daß sie zutrifft». E, no mesmo sentido, Hartmann (in: A. Baumbach/ W. Lauterbach/ J. Albers, *Zivilprozeßordnung (Kommentar)*, München, 56.ª ed., 1998. p. 1033) ao pretender definir «Glaubhaftmachung», começa por invocar Platão: «Ich weiß aber, daß die Reden, die sich nur auf die Wahrscheinlichkeit stützen, Geschwätz sind und... einen gar leicht täuschen». E, depois, refere que esta «ist ein geringerer Grad der Beweisführung», sendo que «Beweis ist eine an Sicherheit grenzende Wahrscheinlichkeit (§ 286)» e «Glaubhaftmachung ist weniger, nämlich nur eine überwiegende Wahrscheinlichkeit». E, finalmente, sintetiza: «Dabei ist eine Überspannung zu vermeiden».

significativa ou preponderante («überwiegende Wahrscheinlichkeit»), sendo que a este propósito, um pouco na sequência da jurisprudência, há posições doutrinais distintas, algumas minoritárias. Há uma posição minoritária que vem defendendo uma maior flexibilidade na apreciação dos pressupostos e na fixação do grau de prova, tendo em conta, designadamente, a ponderação dos interesses de ambas as partes. Continua a existir a corrente que faz corresponder o conceito de justificação à ausência de comportamento precipitado por parte do requerente e existe igualmente aquela outra que identifica a *Glaubhaftmachung* com a prova plena. Finalmente, há ainda uma corrente doutrinal que vai no sentido de considerar a medida de prova necessária para a *Glaubhaftmachung* numa dupla perspectiva: assim, para casos em que a decisão deixa em aberto a apreciação da situação jurídica que é objecto da causa principal, tem-se considerado suficiente que a situação jurídica da causa principal pareça, pelo menos, possível. Já em relação àquelas em que não há nenhuma dúvida sobre a situação processual se configura a formação de uma convicção tão intensa quanto a que é típica da «Vollbeweis»[386].

A consideração dos interesses de ambas as partes, a proximidade entre a decisão provisória e a decisão de fundo, a intensidade da interferência na esfera do requerido e a possibilidade de a decisão provisória causar uma definitividade de facto, todos estes aspectos são argumentos invocados a favor da flexibilidade da avaliação do grau de probabilidade necessário nos processos de *Glaubhaftmachung*. Neste contexto, cumpre destacar a aceitação do «Überwiegensprinzip», tendo este sido também integrado nos processos urgentes. Defende-se, pois, neste contexto, que o juiz deve adoptar um conceito flexível de probabilidade, podendo este variar entre um baixo e um alto grau, atendendo ao caso concreto[387].

[386] Para uma síntese, vd. W.-D. WALKER, *Der einstweilige Rechtsschutz*...cit., pp. 209 a 233, esp. pp. 223 a 225 e 228 a 231; I. SCHERER, *Das Beweismaß bei der Glaubhaftmachung*...cit., pp. 39 ss.

[387] Neste sentido, T. STOLZ, *Einstweiliger Rechtsschutz und Schadensersatzpflicht*, Köln, Berlin, Bonn, München, 1989, p. 57. Tb. R. BENDER ("Das Beweismass", In: *Festschrift für F. Baur*... cit., p. 247, p. 258; recensão a R. MOTSCH, in: JZ, 8, 1984, pp. 371 e 372) considera que o grau de probabilidade deve variar entre um baixo nível e um altíssimo grau («geringe Wahrscheinlichkeit»/ pouca probabilidade (= superior a 25%), «überwiegende Wahrscheinlichkeit»/probabilidade relevante (= superior a 50%), «hohe Wahrscheinlichkeit»/probabilidade alta (= superior a 75%) e «Sicherheit Wahrscheinlichkeit»/ quase certeza (= superior a 99,8%), tendo em conta as circunstâncias do caso.

Esta tem sido também a posição da jurisprudência dos tribunais. Inicialmente, a jurisprudência não conseguiu chegar a uma posição uniforme quanto à força probatória da justificação ou demonstração da verosimilhança. Só mais recentemente foi encontrada uma fórmula nos termos da qual a força probatória da *Glaubhaftmachung* residia na «überwiegenden Wahrscheinlichkeit». Apesar desta fórmula, supostamente mais clara, o grau de exigência foi variando de caso para caso. A determinação da medida da prova necessária tem vindo a variar conforme os critérios escolhidos: a ponderação de interesses, a proximidade entre a decisão provisória e o conteúdo da decisão principal e a intensidade de ingerência na esfera do requerido são alguns deles. O risco de a decisão judicial adoptada com base na *Glaubhaftmachung* causar danos irreparáveis aos interesses do requerido foi sendo eleito como critério determinante para determinar o grau de probabilidade suficiente, introduzindo flexibilidade na sua apreciação. Contudo, como refere SCHERER, o papel preponderante do critério dos «danos irreparáveis» foi-se apresentando como método enganador: generalista, pouco preciso e pouco seguro. Uma coisa é certa, para a jurisprudência, quer dos tribunais judiciais, quer dos tribunais administrativos[388], a medida de prova exigida pela demonstração da verosimilhança (*Glaubhaftmachung*) deve ser avaliada com flexibilidade e sempre num grau inferior ao da prova plena[389].

Neste sentido, porque o juiz tem de formar uma convicção e porque não há uma medida válida para todos os casos, SCHERER considera que a medida de prova resultante da *Glaubhaftmachung* tem de ser definida de forma diferente da tradicional: terá de ser constituída como uma medida regra de prova – «Regelbeweismaß» – que admite excepções concretas. Ou seja, por outras palavras, deve corresponder ao mesmo *Konstruktionsprinzip* que subjaz à prova plena. Como medida de prova normal, a *Glaubhafmachung* exige a convicção do juiz sobre a existência dos factos alegados em termos de probabilidade preponderante. Contudo, e por causa das decisões definitivas de facto, SCHERER faz apelo à

[388] A este propósito, por todos, vd. K. FINKELNBURG/K. P. JANK, *Vorläufiger Rechtsschutz im Verwaltungsstreitverfahren*, Auflage, München, 1998, pp. 62 ss., ns.ms. 138 ss.

[389] A este propósito, vd. I. SCHERER, *Das Beweismaß bei der Glaubhaftmachung*...cit., pp. 19 a 28, esp.p. 93.

excepção[390]. Com efeito, este autor entende que, nos casos concretos, o juiz tem de avaliar se a decisão requerida é susceptível de criar uma situação de facto definitiva. Se assim for, este tem de exigir um idêntico grau de probabilidade que resulta da prova plena. Neste contexto, se o juiz, através do processo de *Glaubhaftmachung*, não ficar convencido sobre a verdade da factualidade alegada tem de recusar o pedido[391].

Chegados a este ponto, cumpre apresentar as nossas conclusões:

I. Num contexto de relatividade processual e numa lógica do *Wahrscheinlichkeitsprinzip*, CALAMANDREI traduz a palavra alemã «Wahrscheinlichkeit» pelo vocábulo italiano «verosimiglianza», demonstrando, assim, ter aderido à corrente probabilística.

1. E a associação da expressão «Wahrscheinlichkeit» a verosimilhança não configura nenhum erro jurídico, mormente se entendermos este último conceito no seu sentido amplo, uma vez que este é empregue como sinónimo de «probabilidade», de «verdade processual» e de «certeza jurídica». Afinal, como escreveu o autor, «todo o sistema probatório civil é ordenado a permitir que o juiz, ao averiguar os factos, fique satisfeito não com a descoberta da verdade, mas com o seu sucedâneo, a verosimilhança».

2. Num segundo momento, CALAMANDREI utiliza a expressão verosimilhança num sentido menos amplo, a propósito de situações a que a lei processual dá relevância autónoma, «designadamente quando dispõe sobre a possibilidade de se formarem juízos de verosimilhança *in itinere*».

[390] Com efeito, I. SCHERER (*Das Beweismaß bei der Glaubhaftmachung*... cit., p. 93) refere o seguinte: «Das Beweismaß bei der Glaubhaftmachung muß daher völlig anders als bisher üblich definiert werden: Es ist konstruiert als Regelbeweismaß mit Ausnahmen, folgt demselben Konstruktionsprinzip, das auch dem Vollbeweis zugrunde liegt. Als Regelbeweismaß fordert die Glaubhaftmachung richterliche Überzeugung vom Vorliegen überwiegender Wahrscheinlichkeit; in dem praktisch sehr relevanten Ausnahmebereich der de facto endgültigen Entscheidung ist hingegen richterliche Wahrheitsüberzeugung entsprechend dem für den Vollbeweis nötigen Beweismaß erforderlich».

[391] I. SCHERER (*Das Beweismaß bei der* Glaubhaftmachung... cit., p. 93) entende que: «Im konkreten Fall muß der erkennende Richter prüfen, ob die begehrte Entscheidung de facto endgültig sein wird. Ist dies der Fall, so hat er die dem Vollbeweis entsprechenden Anforderungen an die Glaubhaftmachung zu stellen. Wird er daher durch die Glaubhaftmachung nicht von der Wahrheit der Tatsachenbehauptung überzeugt, so hat er den Antrag zurückzuweisen.»

Aqui, «o conceito assume não só uma função instrumental mas também adquire uma função selectiva ou eliminatória». Nestes casos específicos, «em que o direito processual o considera autonomamente», «o juízo de verosimilhança tem um aspecto característico: é um juízo realizado não sobre factos, mas sobre a afirmação dos factos, isto é, a partir da alegação (*positio*) do facto, proveniente da parte requerente que está obrigada a prová-lo e que o afirma como já existente», sendo que as «máximas de experiências» permitem chegar ao conhecimento do «facto verosímil».

3. Num terceiro sentido, o conceito de verosimilhança é associado por Calamandrei à tutela cautelar. «O juízo de verosimilhança» é considerado como oposto ao «juízo de verdade», uma vez que tem por base «provas mais leves» ou «provas *prima facie*». Sobretudo, o Professor entendia que tal juízo de verosimilhança se diferencia como «fenómeno processual diverso» na medida em que, num perfil estrutural, «pode resultar tanto da realização de prova sumária e informal como pode assentar na credibilidade («attendibilità») da alegação, «a qual pode somente ser suficiente» para suportar a decretação da providência cautelar requerida, bastando, para isso, que no caso concreto o juiz não considere necessário realizar mais prova, para alcançar um grau maior de credibilidade das alegações». Como também se assume como fenómeno diverso na medida em que, num perfil funcional, o juízo de verosimilhança é um «juízo hipotético», isto é, um juízo associado às providências cautelares, isto é, a decisões interinas, que por isso mesmo podem fundar-se «num pedestal pouco resistente de verdade, também ela interina, pronunciada a partir de uma valoração de verosimilhança». E para uma melhor compreensão do sentido restrito do seu conceito de verosimilhança, Calamandrei apelava à expressão «Glaubhaftmachung» (Sauer).

II. Mais recentemente, num cenário social totalmente alterado e num quadro jurídico heterogéneo, são várias as vozes que denunciam o equívoco do conceito calamandreiano de verosimilhança em sentido restrito, ao mesmo tempo que criticam os conceitos de «aparência», de «juízo hipotético» e de «*fumus boni iuris*».

1. Neste sentido, para um conjunto de autores, contrapor o conceito de verosimilhança a «verdade», é um equívoco; associar esse conceito a procedimentos de instrução probatória de natureza mais rudimentar e de «qualidade inferior» e a procedimentos instrutórios «menos fortes» é juridicamente errado; E a origem dos equívocos está na tradução para o italiano de um *falso amigo*: a expressão alemã «Wahrscheinlichkeit».

2. Depois de revisitarem o conceito, alguns destes autores propõem um novo conceito de *summaria cognitio*, reduzindo-o ao aspecto procedimental e associando-o a uma cognição de qualidade igual à cognição plena, já que ambas devem desembocar num juízo de probabilidade.

3. Estas críticas apresentadas não são originais, mormente se atentarmos nas posições doutrinais alemães que, ao longo dos anos, têm sido expressas a propósito dos conceitos de «Wahrscheinlichkeit» e de «Glaubhaftmachung». Aliás, no contexto da *intensität der Schlüssigkeitsprüfung* realizado pelo tribunal nos processos sumários das *einstweilige Verfügungen* e do *Arrest*, há quem associe o exame de concludência realizado nos processos cautelares ao exame completo que é realizado no processo principal, não fazendo qualquer distinção de qualidade e quantidade entre um e outro.

III. A *Glaubhaftmachung*, que está prevista no § 294 ZPO, constitui um modelo de instrução probatória especial («eine besondere Art der Beweisführung») perante o modelo regra de «prova plena» («Vollbeweis»), ou modelo regra ou comum, que está contemplado no § 286 ZPO e que tem como função convencer o juiz da verdade dos factos alegados.

1. Este modelo, que apenas se aplica aos casos legalmente previstos, especialmente aos processos sumários de urgência, é especial, quer no que diz respeito ao procedimento propriamente dito, que é regido fundamentalmente pelo princípio da liberdade da forma (§ 294, Abs. 2 ZPO), quer no que diz respeito ao menor grau de convicção do juiz quanto à realidade dos factos alegados, que a lei considera suficiente. Os pressupostos do «Arrest» e das «einstweilige Verfügungen» devem apenas ser justificados («sind glaubhaft zu machen»).

2. Num quadro legal caracterizado pela ausência de definições, coube à jurisprudência e à doutrina fixar um conjunto de soluções. Neste sentido, o entendimento prevalecente vem sendo no sentido de que, enquanto no âmbito do processo ordinário os factos só podem considerar-se provados quando sobre a sua existência se forma um alto grau de probabilidade («an Sicherheit grenzende Wahrscheinlichkeit»), nos processos sumários aos quais se aplica o modelo da «Glaubhaftmachung», designadamente os contemplados nos §§ 916, 935 ZPO, é suficiente uma intensidade de probabilidade inferior.

3. Uma vez que o legislador não fixou qual é esse grau de *Wahrscheinlichkeit* exigido, tem-se defendido que essa medida deve ser inferior à *Vollbeweis* necessária para a emissão da pronúncia de mérito, sendo que a posição dominante associa a medida-regra de probabilidade à «überwiegende Wahrscheinlichkeit». Não obstante, há autores que têm vindo a defender a graduação variável de probabilidade, atendendo a diversos factores, entre os quais se incluem o da natureza dos efeitos da decisão, provisórios ou definitivos, a intensidade dos interesses envolvidos e a maior ou menor ingerência na esfera do demandado.

Neste contexto, uma conclusão final pode ser apresentada: se Calamandrei, podendo optar entre as expressões probabilidade e verosimilhança, *pecou* terminologicamente ao traduzir a expressão *Wahrscheinlichkeit* fundamentalmente pela palavra verosimilhança, já em termos jurídicos não se encontra razão para afirmar que ele tenha errado, uma vez que aquele conceito alemão (compreendido no contexto da «Glaubhaftmachung») não é diferente do conceito de verosimilhança, *maxime*, quando este é entendido no quadro dos processos cautelares.

OITAVO ESTUDO

"INDEFERIMENTO DA CONDENAÇÃO (CAUTELAR) À EMISSÃO DE PARECER: PORQUE O CÉU NÃO É O LIMITE"

Cadernos de Justiça Administrativa, 52, 2005, pp. 33-62

Indeferimento da condenação (cautelar) à emissão de parecer: porque o céu não é o limite

Sumário. 0. Introdução. **I.** A providência antecipatória: como se o céu fosse o limite. **II.** Os limites à providência antecipatória.

O presente acórdão, que nega a providência cautelar de condenação do Município à emissão de parecer de compatibilidade da localização de estabelecimento industrial de armazenamento temporário de resíduos perigosos com o respectivo Plano Director Municipal, constitui um bom exemplo da jurisprudência já ditada pelos tribunais administrativos no domínio das novas providências cautelares: repete (sintetizando) algumas das posições que já parecem ser dominantes na jurisprudência administrativa e explora um tema que, entre nós, não tem grande tradição – a antecipação da decisão da causa principal[392].

[392] Quanto a casos que versam sobre este tema, a realidade alemã é bem mais fértil do que a portuguesa. Com efeito, ainda recentemente os tribunais administrativos alemães foram chamados a decidir a causa principal através de uma *ordem provisória* (providência judicial sumária e provisória). Foi, de facto, através do instituto processual previsto no § 123 VwGO que os *jovens simpatizantes* do NPD («Junge Nationaldemokraten»), promotores de uma manifestação marcada para o dia 08.05.2005, em Berlim, recorreram para as instâncias judiciais da decisão da entidade administrativa que impunha restrições ao traçado daquela manifestação, organizada sob o slogan «*60 Jahre Befreiungslüge – Schluss mit dem Schuldkult*», tendo a decisão do tribunal administrativo produzido uma antecipação definitiva da solução para a causa principal. Neste caso, o *Bundesverfassungsgericht*, por decisão de 06.05 2005, não

O que este aresto tem de mais interessante é o conjunto de questões que giram em torno da *providência cautelar antecipatória especial* solicitada. Falamos da questão da classificação da providência – já que a requerente, tendo invocado o *periculum in mora de retardamento* da sentença, pretendia obter de forma antecipada a satisfação da sua pretensão à emissão de um parecer de que necessitaria em absoluto para instruir um processo de autorização de um projecto relativo a operações de gestão de resíduos **(I.)** – e da questão relativa à pretensão cautelar *especial* a satisfazer, que obrigaria o tribunal a emitir uma decisão que produziria um efeito *de facto* idêntico àquele – *rectius*, ainda mais alargado do que aquele – que a requerente procurava obter por via da sentença a emitir no âmbito da acção administrativa especial[393] **(II)**.

I.

Não podemos afirmar *a priori* que a providência cautelar antecipatória solicitada seja legalmente impossível. De facto, os ditames constitucionais e legais permitem solicitar aos interessados a adopção das providências cautelares que se mostrem adequadas a assegurar o efeito útil de todas as sentenças ditadas pelos tribunais administrativos, incluindo as sentenças que condenem a Administração à emissão de acto devido (= 268.º, n.º 4 e n.º 5 CRP e artigos 2.º, n.º 1 e 112.º, n.º 1 CPTA)[394] **(1.)**.

considerou que a restrição de percurso imposta à manifestação pela entidade administrativa e pelo *Verwaltungsgericht*, traduzida na impossibilidade de a manifestação se realizar junto ao *Monumento de Homenagem aos Judeus Europeus Mortos* (*Denkmal für die ermordeten Juden Europas*), constituísse uma violação do direito fundamental daquela organização. E também não constituía violação do seu direito fundamental a proibição de a manifestação terminar na *Praça 18 de Março*, uma vez que esta se situa junto à *Brandenburger Tor*, onde, à mesma hora, iria decorrer uma outra manifestação promovida pelo Senado, sob o slogan «Tag für Demokratie». A este propósito, vd. Beschluss vom 6. Mai 2005, 1 BvR 961/05, disponível in: www.bundesverfassungsgerisct.de/bverfg -cgi/, em 03.06.2005.

[393] Esta temática da antecipação e da produção de efeitos *de facto* por via cautelar foi amplamente discutida na dogmática francesa e alemã. Para uma síntese, vd. a nossa *Introdução ao Estudo Sistemático da Tutela Cautelar no Processo Administrativo*, Coimbra, 2002, pp. 90 ss. e pp. 120 ss. Esta questão ainda se mantém em aberto na Alemanha. Sobre este aspecto, e para consulta de bibliografia que versa sobre este assunto, vd. o nosso *Dos Novos Processos Urgentes no Contencioso Administrativo*, Lisboa, 2004, p. 86 e pp. 98 ss.

[394] Sobre este aspecto, vd. J. C. Vieira de Andrade, *A Justiça Administrativa (Lições)*, Coimbra, 2004, p. 304 ss.; M. Aroso de Almeida, *O Novo Regime do Processo nos Tribunais Administrativos*,

Contudo, não obstante não existir, à primeira vista, uma limitação ao *poder geral de cautela* do juiz administrativo – *como se o céu fosse o limite* –, a adopção de uma providência cautelar dependerá sempre de uma análise da situação concreta existente (**2.**).

1.

A garantia fundamental dos administrados à tutela jurisdicional efectiva, na modalidade de direito à adopção de providências cautelares adequadas, justifica a *possibilidade legal* de a requerente dirigir ao juiz administrativo o pedido de adopção da providência cautelar em análise. De facto, esta *possibilidade* tanto decorre do *indirizzo* constitucional como está conforme ao regime legal consagrado em 2002, nos termos do qual os particulares podem requerer as providências cautelares destinadas a assegurar o efeito útil de uma sentença principal.

Com efeito, um pouco à semelhança do modelo cautelar alemão [=art. 19.º, Absatz 4 *Grundgesetz* (=GG) e § 123.º *Verwaltungsgerichtsordnung* (=VwGO), onde se prevê a adopção da *Sicherungsanordung* (que visa «manter o status quo») e da *Regelungsanordnung* (que visa «ampliar o status quo»)][395], a actual disciplina processual que rege a justiça administrativa permite a decretação de providências cautelares com natureza conservatória (=PCC) e de providências cautelares com natureza antecipatória (PCA). A PCC e a PCA podem cumprir no contencioso administrativo uma dupla função instrumental: uma função asseguradora e uma função realizadora interina do direito – idênticas, respectivamente, à *Sicherungsfunktion* e à *interimistische Befriedungsfunktion*, v.g. atribuídas àquelas ordens provisórias[396].

Neste contexto, a providência cautelar solicitada pela requerente pode classificar-se, de facto, como PCA, uma vez que, a ser decretada, lhe proporcionaria uma ampliação da sua situação jurídica. É esta a conclusão a que podemos chegar por aplicação do *método calamandreiano*.

Coimbra, 2004, pp. 245 ss; Carla Amado Gomes, "O regresso de Ulisses: um olhar sobre a reforma da justiça administrativa", CJA, n.º 39, 2003, pp. 3 ss.

395 Exactamente neste sentido, F. Hufen, *Verwaltungsprozeßrecht,* 3.ª ed., München, 1998, p. 566.

396 Por todos, e para uma síntese, vd. F. Schoch, "Der verwaltungsprozessuale vorläufige Rechtsschutz (Teil I): Aufschiebende Wirkung und Anordnung der sofortigen Vollziehung", JURA, 10, 2001, pp. 671 ss., esp. 673.

Aceite que o *periculum in mora* se desdobra em dois tipos, o *periculum in mora de infrutuosidade* e o *periculum in mora de retardamento*, cada uma das providências corresponde, segundo a lógica de CALAMANDREI, a um daqueles tipos de prejuízo[397]. Assim, e segundo esta metodologia, enquanto que a PCC serve para anular ou minimizar o risco de ser posteriormente impossível proceder à execução de sentença favorável – por incapacidade de colocar a «coisa no estado em que antes estava» (*statu quo ante*)[398] –, a PCA serve para anular ou minimizar os prejuízos que decorrem por si só do retardamento da sentença. Dizendo o mesmo por outras palavras: enquanto que a PCC produz um efeito hermético de modo a manter o *status quo* – «o estado em que se encontra a coisa», a PCA actua por via da ampliação provisória de uma situação jurídica existente, proporcionando a aceleração e a realização antecipada do direito controvertido.

Em qualquer dos casos, a *instrumentalidade* da providência cautelar, perante a efectividade da sentença principal, não pode deixar de transparecer na providência cautelar solicitada – como, de resto, é amiudadamente afirmado no acórdão *sub judice* –, mormente na PCA, em relação à qual aquela característica aparece diluída com maior frequência, uma vez que não pode qualificar-se como providência cautelar a decisão provisória desprovida dessa função instrumental típica[399].

Ainda que haja, de quando em vez, uma dificuldade acrescida para fazer corresponder certa providência solicitada a um dos dois figurinos, tudo nos leva a crer que a distinção entre a PCC e a PCA já se realiza com alguma uniformidade. De entre as primeiras, onde também se inclui a suspensão da eficácia de actos administrativos, contam-se as múltiplas providências cautelares de suspensão da execução de obras públicas

[397] P. CALAMANDREI (*Introduzione allo studio sistematico dei provvedimenti cautelari*, Padova, 1936, pp. 56 ss.) distinguia dois tipos de *periculum in mora*: o «pericolo di infruttuosità» e o «pericolo di tardività» do processo principal, fazendo corresponder a cada um deles as diferentes providências cautelares conservatórias e antecipatórias. Esta construção é aceite pela actual dogmática italiana.

[398] Usamos no texto os vocábulos latinos cuja formulação é recomendada nos seguintes dicionários: *Cândido de Figueiredo, Grande Dicionário da Língua Portuguesa*, Bertrand Editora; *Novo Dicionário AURÉLIO*, Editora Fronteira, Rio de Janeiro; *Dicionário da Língua Portuguesa Contemporânea*, Academia das Ciências de Lisboa, Verbo.

[399] Para uma síntese vd. a nossa *Introdução ao Estudo Sistemático*... cit., pp. 82 ss.

(*Caso Túnel do Marquês*[400], *Caso Obras do IC1 Viana do Castelo/Riba de Âncora*[401], Caso *Cidade Judiciária de Caxias*[402] e no Caso *Cemitério da Charneca em Pombal*[403]). De entre as segundas destacam-se a regulação provisória do pagamento de quantias, tendo o TAF de Braga decretado algumas na modalidade de decretamento provisório[404], a autorização provisória para frequentar um ano escolar[405], a admissão provisória em curso superior[406] (no Curso de Gestão e no Curso de Medicina da Universidade de Nova de

[400] Se bem que neste caso, o TAF de Lisboa, o TCA-S e o STA não tenham procedido a uma classificação uniforme. A este propósito, e tendo em conta o diferente grau de exigência quanto aos seus pressupostos de deferimento, não deixa de ser curioso que o TCA tenha qualificado a providência como antecipatória, tendo considerado verificados os seus pressupostos, e que o STA tenha classificado a mesma providência de conservatória, tendo-a rejeitado depois. Sobre este caso, vd. Pedro Portugal Gaspar, «Acórdãos relativos à construção do Túnel do Marquês de Pombal. Problemática da Avaliação de Impacte Ambiental», SI, n.º 300, 2004, pp. 577 ss.

[401] Providência decretada pelo TAF de Braga a pedido do Município de Caminha contra a empresa *Euroscut Norte S.A.*, na modalidade de suspensão imediata da execução das obras do IC1, uma vez que estas, por violarem as medidas de minimização impostas pela DIA e pelo RECAPE, punham em risco a qualidade da água do rio Âncora, ameaçando lesar irreversivelmente direitos fundamentais das pessoas residentes, designadamente, a integridade física, o direito à saúde, o ambiente e a qualidade de vida.

[402] Neste caso, o TAF de Sintra ordenou a suspensão das obras de construção da nova sede da Polícia Judiciária, na Freguesia de Caxias, concelho de Oeiras, levada a cabo pelo Ministério da Justiça e pelo Instituto de Gestão Financeira e Patrimonial da Justiça, por (alegadamente) decorrerem sem que tivessem sido precedidas da prévia autorização por parte do Ministro do Ordenamento do Território.

[403] Através desta providência, os habitantes da Charneca pediram a suspensão dos trabalhos de construção do cemitério, uma vez que subjacente ao local estariam situados os lençóis freáticos que abasteceriam de água todo o concelho. O TAF de Leiria decretou parcialmente a providência: não pôs em causa a continuação dos trabalhos, mas proibiu a realização de enterros, até que fossem realizados estudos complementares pelo Instituto Geológico e Mineiro.

[404] Neste sentido, vd. Jorge M. L. Sousa, "crónica do Tribunal Administrativo e fiscal de Braga", *Scientia Ivridica*, n.º 300, 2004, pp. 647 ss.

[405] Neste sentido, vd. Acórdão do TCA-S de 27.05.2004, processo n.º 153/04 que confirmou a sentença do TAF de Loulé, que havia indeferido a providência antecipatória solicitada, por não se verificar o pressuposto da aparência de bom direito.

[406] A este propósito, vd. os Acórdãos do TCA de 01.07.2004 (processo n.º 140/04) e de 03.06.04 (processo n.º 138/04) que, ao abrigo da legislação anterior, negaram as providências solicitadas.

Lisboa), a admissão provisória em concurso[407], a repetição de exame e a aceitação de candidatura ao ensino superior[408] e a aposentação provisória antecipada[409].

Admitimos que nem sempre é tão é fácil proceder à classificação da providência como foi no caso em análise. Basta perguntar que tipo de providência é esta, a que, no contexto de uma greve dos professores já marcada, suspende a decisão administrativa que requisita serviços mínimos no domínio escolar, para se perceber a dificuldade[410].

2.

No quadro do actual regime do contencioso administrativo não se pode, de facto, deixar de distinguir a PCC da PCA, já que a identificação do regime referente aos pressupostos de deferimento de cada providência cautelar depende da prévia classificação da providência solicitada ao tribunal – principalmente, se não estiver em causa a «situação simples» (art. 120.º, n.º 6) ou a «situação de evidência»[411] (art. 120.º, n.º 1, a) CPTA). A distinção pontual é absolutamente necessária para os casos em que se configura a «situação-regra» (art. 120.º, n.º 1, b) e c) e n.º 2).

Neste sentido, o regime da «situação de evidência», sendo excepcional, só deve ser aplicado quando se configurar uma situação idêntica às exemplificadas na alínea a) do n.º 1 do art. 120.º CPTA – *id est*, uma situação em

[407] A este propósito, vd. Acórdão do TCA-N, de 10.03.2005, processo 928/04.9BEBRG, que nega a providência solicitada, disponível in: www.dgsi.pt.

[408] Neste sentido, vd. Acórdão do TCA-N de 17.02.2005, processo n.º 573/04.9.BECBR, que considerou que o pedido formulado não poderia ser satisfeito através da providência cautelar.

[409] Neste sentido, cumpre destacar pela positiva o Acórdão do TCA-N, de 10.03.2005, processo n.º 454/04.6BRCBR, que veio confirmar a sentença do TAF de Coimbra. No âmbito de uma providência cautelar, este havia condenado a entidade requerida a proceder à aposentação com carácter provisório do autor, bem como tinha condenado a mesma a pagar-lhe uma pensão mensal provisória de aposentação (de igual montante ao da pensão de aposentação).

[410] Talvez seja por causa desta dificuldade que os tribunais alemães tenham desistido de proceder a esta distinção. Com efeito, F. O. Kopp/W.-R Schenke (*Verwaltungsgerichtsordnung Kommentar*, 13.º ed., München, 2003, p. 1443) afirmam, no seu comentário à VwGO, que «in der Praxis wird die Unterscheidung von Sicherungsanordnungen und Regelungsanordnungen vielfach nicht klar vorgenommen; vor allem die Gerichte stützen einstweilige Anordnungen meist, ohne zu differenzieren, auf Abs 1 S 1 und 2».

[411] Neste sentido, M. Aroso de Almeida/Carlos A. F. Cadilha, *Comentário ao Código de Processo nos Tribunais Administrativos*, Coimbra, 2005, p. 602.

relação à qual notoriamente a pretensão formulada no processo principal obterá provimento, e, assim, quando na acção principal se impugna um acto manifestamente ilegal – sendo que para o TCA-N «a manifesta ilegalidade do acto», que por si mesma, «sumariamente demonstrada, impõe ou vincula o juiz a decretar a providência», «só comporta vícios graves, que concretizem a lesão insuportável dos valores protegidos pelo direito administrativo e que por isso implicam a nulidade do acto»[412], sendo, pois, de afastar, em princípio, «vícios de forma em sentido amplo, por geradores de mera anulabilidade».

De qualquer modo, ainda que, quanto ao aspecto da «técnica probatória, a «situação de evidência» possa, de algum modo, ser associada à figura nascida no direito inglês com o nome de *prima facie evidence*[413], no que se refere ao *quantum* da prova, entendemos que nesta situação se exige o grau mais elevado de probabilidade, ou seja, o grau que se encontra mais próximo da certeza exigível no domínio da cognição sumária (que é uma cognição destinada a formar um «juízo hipotético» e provisório). Pelo que, não se configurando no caso *sub judice* esta «situação de evidência», procedeu bem o TCA-N ao avaliar a situação segundo o «regime regra», uma vez que o legislador exigiu a maior probabilidade (= *fumus boni iuris* qualificado), sem que deixasse aberta a possibilidade de o juiz proceder a uma indagação mais intensa ao mérito da causa[414].

Com feito, não se configurando a «situação de evidência», tanto a intensificação da cognição como o grau de convicção do juiz diferem consoante esteja em causa o decretamento de uma ou de outra providência cautelar (= art. 120.º, n.º 1, b), c) + n.º 2). Assim, enquanto que para o decretamento da PCC, o tribunal deve considerar suficiente a

[412] Neste mesmo sentido, o TAF de Braga, no âmbito de um processo cautelar, considerou «manifestamente ilegal o acto administrativo que, sem invocar qualquer justificação, se [consubstanciava] numa ordem [dada ao funcionário para que este picasse] o ponto de hora a hora, uma vez que o acto foi considerado «nulo por afrontar o direito à integridade moral do visado». Vd. Jorge M. L. Sousa, "Crónica do Tribunal Administrativo e Fiscal de Braga", *Scientia Ivridica*, n.º 301, 2005, pp. 178.

[413] Sobre este conceito, J. Castro Mendes, *Do Conceito de Prova em Processo Civil,* Lisboa, 1961, p. 667 ss. A. Vaz Serra, «Provas», BMJ, n.º 110.º, 1961, p. 79 ss., esp. p. 82.

[414] No mesmo sentido, M. Aroso de Almeida/Carlos A. F. Cadilha, *Comentário ao Código de Processo*... cit., p. 603.

aparência de *não mau direito* – o *fumus non mali iuris*[415] –, porque a solução para a causa permanece sempre em aberto, para o decretamento da PCA o tribunal deve apreciar o *fumus* («aparência de direito» na sua formulação positiva), enquanto avaliação, em termos sumários, da existência do direito invocado pelo requerente», de tal modo que, em termos de convicção, seja provável que a pretensão formulada ou a formular nesse processo venha a ser julgada procedente.

Se, a este propósito, não se pode afirmar que haja – ou que possa existir – uma medida certa quanto ao grau de probabilidade necessário para o decretamento da PCA, o mesmo não se dirá em relação à providência que é susceptível de antecipar definitivamente a solução para a causa. Neste contexto, não podemos deixar de concordar com I. Scherer, quando este afirma que a decretação de uma providência cautelar («einstweilige Anordnung»), que produz efeitos *de facto* definitivos, deve depender de um «juízo de probabilidade» tão elevado quanto é o «juízo formado através de uma prova plena, de tal maneira que, nestes casos, se o tribunal não estiver convencido da verdade dos factos alegados deve indeferir a providência»[416].

Ora, chegando a este ponto, cumpre sintetizar: tendo em conta o efeito que o decretamento da PCA solicitada produziria na realidade – condenação da autarquia à emissão de parecer com um conteúdo determinado (*id est*, que ateste a compatibilidade daquela instalação da unidade de tratamento de resíduos como o PDM) –, entendemos que o TCA-N decidiu bem ao negar a providência. E, independentemente de outros limites que são fixados a jusante, cumpre dizer desde já que a característica da *sumariedade* impede o decretamento da PCA. Em nosso entender, a providência solicitada decairia logo pela falta de

[415] A expressão usada no texto, «fumus non mali iuris», cuja formulação atende ao facto de o adjectivo *malus* se apresentar declinado no genitivo – *mali*, tal como o substantivo, *iuris* – é empregue na doutrina espanhola por M. Bacigalupo, *La nueva tutela cautelar en el contencioso--administrativo*, Madrid, 1999, p. 111.

[416] I. Scherer (*Das Beweismaß bei der Glaubhaftmachung*, Köln, Berlin, Bonn, München, 1996, esp. pp. 85 ss e p. 96), a este propósito, escreve o seguinte: «Im konkreten Fall muß der erkennende Richter prüfen, ob die begehrte Entscheidung *de facto* endgültig sein wird. Ist dies der Fall, so hat er die dem Vollbeweis entsprechenden Anforderungen an die Glaubhaftmachung zu stellen. Wird er daher durch die Glaubhaftmachung nicht von der Wahrheit der Tatsachenbehauptung überzeugt, so hat er den Antrag zurückzuweisen».

convicção suficiente – já sem falar da *preponderante* – quanto à probabilidade de a pretensão formulada no processo principal vir a ser julgada procedente.

Enfim, mesmo que a requerente tivesse feito prova sobre o pressuposto do *periculum in mora*, entendemos que, actualmente, nem mesmo a urgência pode justificar que o juiz cautelar proceda à decretação de decisões cautelares que produzam efeitos *de facto* definitivos e que realize a antecipação da pronúncia de mérito, sem que tenha previamente procedido a uma análise plena da causa. Na verdade, tendo o legislador em 2002 consagrado diversos mecanismos para tutelar situações de urgência (*maxime*, o previsto no art. 121.º), parece-nos que o espírito subjacente ao CPTA parece afastar a possibilidade de a satisfação definitiva de pretensões urgentes assentar em cognições sumárias.

II.

Se, à primeira vista, o pedido formulado parece legítimo, uma vez que a requerente tem direito à adopção da PCA que se mostre adequada a assegurar a utilidade de uma sentença de condenação à emissão de acto legalmente devido, já, numa leitura mais atenta dos factos, é possível perceber que a providência requerida estaria, desde o início, votada ao infortúnio por lhe faltar as características de *instrumentalidade* e de provisoriedade **(1.)**.

A condenação à emissão de um parecer, que já havia sido negado pelo Município, cai definitivamente por terra quando o juiz cautelar, tendo realizado um «juízo meramente hipotético» sobre o provável conteúdo da sentença principal, duvida seriamente que o efeito pretendido, a título provisório, possa vir posteriormente a ser confirmado, a título definitivo, pelo juiz da causa da causa principal **(2.)**.

1.

O princípio da tutela jurisdicional efectiva sustenta um conceito flexível de *instrumentalidade* e a garantia de que, através do processo cautelar, se pode proteger o universo de pretensões emergentes das relações jurídicas administrativas, quer sejam objecto da acção administrativa comum, quer sejam objecto da acção administrativa especial, pelo que não pomos de parte a possibilidade de o juiz cautelar assegurar a protecção das pretensões que se fazem valer numa acção administrativa especial do tipo daquela a que a PCA parece estar apensada (art. 46.º, n.º 1, n.º 2, b) + art. 66.º, n.º 1 e art. 71.º, n.º 1 CPTA). Em termos de princípio, não se vê que haja, pois, um outro princípio que impeça o juiz cautelar de realizar provisoriamente as mesmas pretensões cuja resolução definitiva cabe ao juiz da causa principal. Se o tribunal pode, em certas situações, condenar a Administração na prática do acto legalmente devido, também o juiz cautelar o pode fazer interinamente. Para tal só se exige que o tipo de acto seja compatível com a *instrumentalidade* e a provisoriedade da medida. Cumpre, ainda assim, reforçar a premissa que nos leva à conclusão apontada: a ampla abrangência da tutela cautelar só é garantida enquanto for provisória e enquanto visar assegurar a efectividade do processo principal. De facto, a *instrumentalidade* e a provisoriedade das providências configuram parte dos limites que o juiz cautelar encontra a montante – porque o céu não é, de facto, o limite[417].

Um tipo de limites é inerente ao modelo cautelar e decorre da natureza *instrumental* e provisória da tutela cautelar – como se assinala no presente acórdão – e o outro tipo de limites, não obstante lhe ser exterior, vincula-o porque é próprio do modelo global, no qual (aquele) se insere. Neste contexto, o juiz cautelar está duplamente limitado: pela esfera dos princípios que regem o modelo cautelar – *maxime*, pelo princípio da proibição de antecipar a decisão para a causa principal – e por princípios incluídos numa segunda esfera mais alargada, pelos princípios que regem o contencioso geral, entre os quais figura o princípio da separação e interdependência de poderes. Enfim, os limites internos ao exercício do poder cautelar decorrem – como afirma o aresto em análise – da *instrumentalidade* e da provisoriedade das providências cautelares[418].

De facto, as providências servem para acautelar a efectividade das sentenças principais e, neste contexto funcional, só tem sentido que tenham uma existência interina: que realizem a sua função instrumental até ao momento em que a sentença principal começa a realizar definitivamente a sua. Além do que a providência cautelar, para cumprir melhor a

[417] Como bem viu Miguel Prata Roque, "A urgência tem limites (!) – Breve apontamento sobre os poderes do juiz cautelar", CJA, n.º 50, 2005, pp. 49 ss.

[418] Sobre este aspecto, vd. a nossa *Introdução ao Estudo Sistemático da Tutela cautelar*... cit., pp. 82 ss.

sua função, deva produzir efeitos idênticos (ou o mais possível idênticos) aos da sentença principal[419].

A provisoriedade nem sempre é respeitada na PCA, nem na modalidade de análise provisória (ou sumária) do mérito da causa, nem na modalidade de decisão que produz efeitos provisórios (ou não definitivos). Afinal, para combater o *periculum in mora de retardamento*, o juiz cautelar tem de se intrometer na causa principal e avaliar sumariamente o seu fundo, pelo que algumas das PCA's têm subjacente uma cognição quase plena, que consome a que subjaz à prolação da sentença principal. E algumas delas produzem efeitos *de facto* irreversíveis e elimináveis *a posteriori* pelo juiz da causa principal. Ora, a proibição da antecipação da solução para a causa principal – uma regra *qui interdit au juge de préjudicier au principal*, segundo a terminologia francesa, ou formulado na dogmática alemã como «Verbot der Vorwegnahme der Hauptsacheentscheidung»)[420]–, constituiu um dos dois princípios correctivos *do poder geral de cautela*, necessário para estremar a provisoriedade da medida, nas suas duas vertentes: tanto na da cognição, como na de produção de efeitos irreversíveis.

Neste sentido, em princípio, não deve ser decretada a PCA que decida definitivamente o mérito da causa principal e que retire a utilidade à prolação da sentença principal. Por exemplo, faltará a provisoriedade à providência que autorize a realização de um evento não duradouro, marcado para certo dia, no caso de esta pretensão constituir o objecto da causa principal. E, de igual modo, a providência que suspender a decisão administrativa que requisita serviços mínimos, no quadro de uma greve geral prevista para data próxima, é igualmente destituída de provisoriedade. Cumpre dizer, porém, que a antecipação e a definitividade *de facto* também podem decorrer de uma providência cautelar com conteúdo negativo[421]: o indeferimento do pedido de suspensão da eficácia

[419] Esta característica é denominada de *homogeneidade* pela dogmática espanhola. Por todos, vd. CARMEN CHINCHILLA MARÍN, *La tutela cautelar en la nueva justicia administrativa*, Madrid, 1991, pp. 38 e 39.

[420] Neste sentido, para uma síntese, vd. F. SCHOCH, „Der verwaltungsprozessuale vorläufige Rechtsschutz (Teil III): Die einstweilige Anordnung", JURA, 5, 2002, p. 326.

[421] Na verdade, esta é uma das mais importantes conclusões a que chegou F. SCHOCH no seu amplo estudo sobre a protecção jurisdicional urgente e provisória: a perspectiva bidimensional do risco causado pelo factor tempo e a possibilidade de decidir definitivamente de facto sobre uma situação de urgência, quer quando decreta a providência, quer quando a rejeita, não podem

da ordem de demolição parcial de obra executada em desconformidade com o projecto aprovado e o indeferimento do pedido de suspensão da «declaração de imprescindível utilidade pública» de um empreendimento turístico que consente o imediato abate de 2605 sobreiros são exemplos de providências de indeferimento, aptas a produzir situações de facto consumado.

2.

Se este princípio limitador está fundamentalmente relacionado com a provisoriedade, o outro decorre da *instrumentalidade*: a PCA não pode antecipar mais efeitos do que aqueles que provavelmente serão reconhecidos à sentença principal[422].

Neste sentido, atendendo ao caso concreto, cumprirá questionar se é provável que o tribunal da causa principal venha a satisfazer a pretensão da requerente, no sentido de condenar a autarquia a emitir um parecer com um certo conteúdo determinado: que ateste a compatibilidade da localização da instalação da requerente relativa a operações que envolvem resíduos perigosos com o respectivo PDM, para efeito de esta poder instruir um processo de autorização do projecto relativo a operações de gestão de resíduos, incluindo as de armazenagem, tratamento, valorização e eliminação (= artigos 8.º, 9.º e 11.º do Decreto-Lei n.º 239/97, de 09.09).

O ponto de partida para precisar qual o conteúdo das sentenças proferidas na acção de condenação à prática de acto legalmente devido – se o objecto da acção principal incluir esta pretensão – é o princípio da separação e interdependência de poderes, por força do qual aos tribunais administrativos só cumpre dizer e aplicar o direito, devendo deixar intocado o espaço próprio que corresponde ao exercício de poder discricionário por parte da Administração (cfr. art. 3.º, n.º 1 CPTA). Ainda como ponto de partida, mas, agora, por outro prisma, cumpre ter presente que os tribunais devem dizer e aplicar o direito em toda

deixar de ser ponderadas pelo juiz, quando este visa proporcionar uma protecção efectiva. Sobre este assunto, pode ver-se a posição mais recente de F. Schoch na sua anotação ao § 123 VwGO in: F. Schoch/E. Schmidt-Assmann/R. Pietzner, *Verwaltungsgerichtsordnung*, München, 2002, n.m. 148, pp. 67 e 68 e n.m. 155, p. 71.

[422] A este propósito, vd. a obra de F. Tommaseo, *I Provvedimenti d'Urgenza*, Padova, 1983, pp. 144 ss. e pp. 298 a 311, onde é trata de forma sistemática a técnica da antecipação cautelar e os seus limites.

a extensão, incluindo normas e princípios jurídicos que conformam as relações jurídico-administrativas, pelo que ao tribunal cumpre determinar todas as «vinculações a observar pela Administração na emissão do acto devido»[423].

Neste sentido, e porque os poderes de pronúncia variam consoante as situações e o grau de vinculação legal da Administração, podemos, em abstracto, configurar várias hipóteses: havendo vinculação quanto à oportunidade, mas não em relação ao conteúdo, o tribunal pode condenar genericamente à prática de acto devido. Assim, em situações de omissão ou recusa, o tribunal pode condenar a Administração a apreciar e a decidir sobre o mérito da pretensão do particular, podendo fixar um prazo dentro do qual isso deva acontecer (art. 71.º, n.º 1). Quando a lei confere ao autor o direito a um acto administrativo com o conteúdo estritamente determinado, o tribunal pode especificar, através do processo de condenação, o conteúdo do acto a praticar. Já nas situações de discricionariedade, das duas uma: ou *há uma situação de discricionariedade reduzida a zero*, por as circunstâncias concretas permitirem reconhecer que, à Administração, só resta praticar o acto com um certo conteúdo, e neste caso nada obsta à condenação quanto ao conteúdo do acto devido; ou há uma verdadeira discricionariedade, podendo o tribunal, neste caso, tão só especificar os aspectos vinculados a observar pela Administração, condenando-a a substituir o acto ilegal por outro que não reincida nas ilegalidades já cometidas e censuradas, impondo-lhe o dever de observar na prática do novo acto as normas e princípios jurídicos, antes violados. Nesta hipótese, a pronúncia judicial identifica e afirma ilegalidades que não podem atingir o subsequente *reexercício* do poder por parte da Administração.

Ora, se em abstracto não nos custa aceitar que, verificados os demais pressupostos, o juiz cautelar possa antecipar provisoriamente alguns dos efeitos que se podem identificar às sentenças a proferir, nas diferentes situações configuradas – incluindo a determinação do subsequente *reexercício* do poder por parte da Administração, no caso de ser provável que

[423] Sobre este assunto, vd. J. C. Vieira de Andrade, A Justiça Administrativa... cit. pp. 217 ss.; M. Aroso de Almeida, *O Novo Regime*... cit., pp. 162 ss., esp. pp. 185 a 187; M. Esteves de Oliveira/R. Esteves de Oliveira, *Código de Processo nos Tribunais Administrativos*, Vol. I, Coimbra, 2004, esp. pp. 410 ss.; Rui Chancerelle de Machete, "A condenação à prática de acto devido. Algumas questões", CJA, n.º 50, 2005, esp. p. 6.

tenha existido uma ilegalidade –, em concreto, o princípio da separação de poderes poderia sair beliscado se o tribunal conformasse o conteúdo do parecer, entrando no campo do exercício da discricionariedade planificadora, de avaliação técnica e até de prognose. Com efeito, a autarquia, tendo em conta as disposições legais neste domínio aplicáveis e as normas do Plano Municipal, atestou «a completa e inequívoca incompatibilidade da localização da instalação da referida entidade (de armazenagem, tratamento, valorização e eliminação de resíduos perigosos) com o respectivo Plano Director Municipal», já que de acordo com este instrumento planificatório, a indústria em causa se insere «em zona industrial a reestruturar ou a converter» – não em zona industrial específica a criar –, sendo que aquele plano, atendendo às potencialidades daquela zona, também prevê a possibilidade de «reconversão parcial em espaço urbano de carácter residencial ou turístico», sendo neste caso «absolutamente incompatível com quaisquer instalações de resíduos perigosos geradores de riscos indeterminados de toda a espécie, [capazes] de pôr em perigo a saúde pública».

Neste contexto, não parecendo provável que o juiz da causa principal possa censurar a autarquia, por esta decidir proteger o direito à saúde, à qualidade de vida e ao ambiente dos seus munícipes, residentes «no Coração da Região Vitivinícola do Dão», na «Região do Queijo da Serra», «na região em que está situada uma das mais importantes termas do país», não poderia exigir-se outra decisão ao juiz cautelar. E muito menos se poderia desejar que ele fosse mais longe, tanto mais que do exame sumário realizado, não se formou a sua convicção sobre a situação de urgência, nem sobre a provável existência de ilegalidades que pusessem em causa o subsequente *reexercício* do poder, por parte da Administração. Além disso, configurar-se-ia um risco acrescido: o de emitir, sem necessidade aparente, uma providência cautelar *descaracterizada* – um tipo de providência que deve *cair em desuso.*

NONO ESTUDO

"CONTENCIOSO ADMINISTRATIVO E CONTENCIOSO ADMINISTRATIVO AUTÁRQUICO: RESENHA DOS CASOS URGENTES MAIS RECENTES"

in: *Direito Regional e Local*, n.º 00, 2007, pp. 27-33

Contencioso administrativo e contencioso administrativo autárquico: resenha dos casos urgentes mais recentes

Sumário: 0. Introdução. **I.** Fenómeno de *urgencialização* da justiça administrativa, em geral. **II.** Algumas áreas especiais de corrida às providências cautelares.

0.

Os processos relativos aos casos *Túnel do Marquês, Borndiep, Encerramento das Maternidades* de Santo Tirso, Elvas, Oliveira de Azeméis, Barcelos e Mirandela, bem como os processos relativos aos casos *Mateus, Edifício Jardim* ou *Prédio Coutinho, Candidato às Presidenciais de 22.01.2006, Manifestação do Militares* e os casos *Co-incineração* de *Souselas e Outão* e o *da repetição das provas de química e física* são os exemplos mais fortes de como o contencioso urgente tem vindo a ocupar o centro do contencioso administrativo e de como as providências cautelares, as resoluções fundamentadas de interesse público e as intimações urgentes entraram de vez no vocabulário do cidadão comum, ora gerando simpatia, ora provocando sentimentos de repulsa.

Na verdade, tais fenómenos não surpreendem. São típicos de uma sociedade tardo-moderna, que vive na *incerteza* e *radicaliza* a sua relação com o tempo. A eternização do presente e a desvalorização do futuro são manifestações de uma sociedade de risco ou de uma *sociedade-da-urgência,* uma sociedade que tanto legitima a *urgencialização* das pretensões sociais como legitima a *urgencialização* das pretensões jurídicas e judiciais. Portanto, na sociedade tardo-moderna tudo é urgente. E o tempo transforma-se em elemento mais importante do processo. Ora, o processo administrativo, como processo, é, assim, naturalmente, de novo, centro de uma tensão entre *la durée* (que apela à qualidade do processo) e a urgência (que faz realçar a sua rapidez). E, neste binómio, os processos urgentes e o *sujeito-jurisdicional-da-urgência* revelam-se como soluções preferenciais. Na actualidade, quem ganha no processo não é quem tem razão, é quem menos espera.

Não é sobre este tema, contudo, que aqui vamos tratar. Este texto visa apenas dar conta, embora de forma descritiva, de alguns dos processos que demonstram essa *urgencialização* da justiça administrativa, especialmente da justiça administrativa autárquica[424].

Na realidade, se é um facto que este fenómeno se manifesta em todos os campos do contencioso administrativo, também é certo que, nos últimos anos, tem vindo a revelar-se mais intensamente em domínios específicos do contencioso de certas relações jurídicas administrativas. Assim acontece na justiça administrativa autárquica em geral e na justiça administrativa autárquica da contratação pública, em especial. Mas não só. Alargando o campo de resenha, e invocando um outro critério para descrever (enumerando) os casos urgentes mais recentes do contencioso administrativo (incluindo ainda o autárquico, mas analisado noutro perfil), cumpre realçar o domínio da conflitualidade administrativa dos direitos, liberdades e garantias e, depois, cumpre evidenciar o contencioso das questões escolares e universitárias e do funcionalismo público e o contencioso relativo às questões da saúde e do desporto. Finalmente, merece igualmente destaque o contencioso urgente dos domínios do ordenamento do território, urbanístico e ambiental, um contencioso que também é desencadeado por autarquias cautas e amigas do ambiente.

I.

Na justiça administrativa autárquica invoca-se com frequência a titularidade de *pretensões-de-urgência* e recorre-se com necessidade ao

[424] Para uma visão global do contencioso administrativo autárquico, vd. o nosso «O contencioso administrativo das autarquias locais: um contencioso que se tem revelado urgente», *Scientia Ivridica*, n.º 299, 2004.

juiz-da-urgência. E a prova do que acabámos de dizer remetemo-la para o número sempre crescente de processos urgentes – *maxime* de processos cautelares (**1.**) e de processos referentes ao contencioso que concerne aos procedimentos de formação dos contratos públicos (**2.**) – que foram dando entrada nos tribunais administrativos, após a entrada em vigor do CPTA[425].

1.

Um dos primeiros casos – ou, pelo menos, um dos casos mais mediáticos – que o juiz administrativo foi chamado a intervir urgentemente foi o do *Túnel do Marquês*, tendo a primeira e a segunda instâncias (TAF de Lisboa e TCA-S) suspendido a execução das obras públicas naquele traçado e intimado o Município de Lisboa a desencadear o estudo de Avaliação de Impacto Ambiental[426]. E de entre as primeiras providências cautelares decretadas no âmbito do contencioso administrativo autárquico incluem-se também as referentes aos processos que versaram sobre o *caso Obras do IC1 Viana do Castelo/Riba de Âncora* e sobre o caso *Cidade Judiciária de Caxias*[427]. A primeira trata-se de uma providência que foi decretada provisoriamente em procedimento cautelar urgentíssimo, pelo TAF de Braga,

[425] A este propósito, respectivamente, vd. Acórdão do TCA-N de 17.02.2005, processo n.º 617/04.4BEPRT (caso GAIAPOLIS); Acórdão do TCA-S, de 16.3.2005, processo n.º 607/2005 (caso *Museu Faria*); Acórdão do TCA-N, de 14.04.2005, processo n.º 1214/04.0BEVIS (caso *transportes escolares de Lamego*). Em alguns destes processos, os requerentes formulam pedidos bem ousados. A este propósito, vd. Acórdão do TCA-N de 14.04.2005, processo n.º 1412/04.6BEPRT (caso *Despejo de Netos*); Acórdão do TCA-N de 13.01.2005, processo n.º 163/04 (caso da *providência de arbitramento para reparação provisória por dano emergente de derrocada de casa licenciada pela autarquia*); Acórdão do TCA-N de 03.03.2005, processo n.º 687/04.5BEVIS (caso *intimação da autarquia para emissão de parecer de compatibilidade da localização de estabelecimento industrial de armazenamento temporário de resíduos perigosos com o respectivo Plano Director Municipal*); Acórdão do TCA-N de 14.02.2007, processo n.º 414/04.7BEPNF (*caso da condenação da Câmara Municipal de Amarante à aprovação do projecto de arquitectura*).

[426] Sobre este assunto, vd. a sentença do TAF de Lisboa de 22.04.2004, o Acórdão do TCA-S de 14.09.2004.

[427] Neste caso, o TAF de Sintra ordenou a suspensão das obras de construção da nova sede da Polícia Judiciária, na Freguesia de Caxias, concelho de Oeiras, levada a cabo pelo Ministério da Justiça e pelo Instituto de Gestão Financeira e Patrimonial da Justiça, por (alegadamente) decorrerem sem que tivessem sido precedidas da prévia autorização por parte do Ministro do Ordenamento do Território.

a pedido do Município de Caminha, contra a empresa *Euroscut Norte S.A.*, na modalidade de suspensão imediata da execução das obras do IC1, uma vez que esta execução, por violar as medidas de minimização impostas pela DIA e pelo RECAPE, punha em risco a qualidade da água do rio Âncora e a integridade física, a saúde, o ambiente e a qualidade de vida dos munícipes. Para além dos interesses e valores em causa ameaçados, a autarquia justificou a especial urgência, invocando o facto de estar a proceder ao fornecimento de água em todo o concelho, através de auto-tanques dos bombeiros, pelo que não poderia aguardar uma decisão até ao final do processo cautelar.

Outra *situação-de-urgência* que foi atendida no contencioso administrativo autárquico foi objecto do processo relativo ao caso *Cemitério da Charneca, em Pombal.* E para a satisfação de tal pretensão, os habitantes da Charneca solicitaram ao *juiz-da-urgência* que intimasse a entidade pública a proceder à suspensão dos trabalhos de construção do cemitério, uma vez que, dada a sua localização, em causa poderia estar a futura contaminação dos lençóis freáticos e a ameaça à saúde pública local. O TAF de Leiria atendeu parcialmente este pedido. E, assim, não obstando à continuação dos trabalhos, proibiu a realização de enterros naquele local enquanto não fossem realizados os estudos necessários para o efeito.

Para além destes casos que foram sendo apresentados nos tribunais administrativos, há muitos outros que aqui poderiam ser lembrados: os *processos de Coimbra*, relativos ao projecto imobiliário *Eurostadium* e ao empreendimento comercial *Forum Coimbra*; o caso do empreendimento *Campus S. João*, construído nas traseiras do Hospital S. João do Porto, que foi objecto de embargo camarário e, posteriormente, de providência cautelar; o caso das obras de requalificação do *Centro Histórico de Alcobaça*, que foi levado ao tribunal administrativo por uma *Comissão Representativa de Empresários, Proprietários e Moradores de Alcobaça*, e no âmbito do qual se solicitou a suspensão das mesmas obras por não terem sido precedidas de «qualquer tipo de estudo»; o caso do *Convento dos Inglesinhos*, no âmbito do qual se pediu ao TAF de Lisboa a adopção de providência cautelar contra o Município de Lisboa e a empresa *Highgrove Clubes Residenciais S.A.*, de modo a obstar à transformação do Convento do séc. XVI num condomínio privado, sendo que a providência visaria suspender as obras do complexo habitacional fechado e o acto de licenciamento, por este «violar vários artigos do Plano Director Municipal». Também o caso das *obras do metro do porto*, junto ao Hospital S. João do Porto, constitui um outro exemplo recente de contencioso autárquico urgente.

E muitos outros processos cautelares foram accionados por particulares contra as autarquias e outros desencadeados pelas autarquias contra a actuação estadual, tendo a legitimidade do Ministério Público sido reconhecida a amiúde, mesmo para prosseguir nos processos em que houvera desistência do requerente particular[428].

Enfim, a lide processual autárquica tem vindo a revelar-se num contexto de urgência. Aliás, actualmente, são até os meios de comunicação social que nos dão a conhecer alguns desses conflitos emergentes das relações jurídicas administrativas autárquicas, que o juiz administrativo de círculo é chamado a resolver com urgência. Em muitas destas situações, a maioria delas relacionada com a execução de empreendimentos e infra-estruturas públicas, os particulares e as demais entidades legitimadas, incluindo, as associações ambientalistas, grupos de cidadãos e o Ministério Público, lançam mão, com maior frequência, de processos urgentes e processos cautelares com vista a paralisar a actuação da Administração autárquica que consideram susceptível de causar danos irreversíveis. Aliás, o processo relativo ao *caso Túnel do Marquês*, em que foi solicitada a suspensão da execução das obras do túnel, constituiu, como mencionámos, um dos primeiros exemplos mediáticos, que foi submetido à apreciação dos tribunais administrativos, logo após a entrada em vigor do CPTA, que veio a revelar-se posteriormente como gerador de prejuízos acrescidos para os diversos interesses conflituantes, incluindo o erário público. Este conflito foi apreciado, em primeiro grau de jurisdição, pelo TAF de Lisboa, e, posteriormente, pelo TCA-S e pelo STA, em sede de recurso jurisdicional. As duas primeiras instâncias decretaram a providência cautelar de modo a obstar à execução de obras que consideraram não terem sido precedidas de estudos e pareceres necessários, incluindo a Avaliação de Impacte Ambiental, tendo, com efeito, a jurisdição administrativa intimado o Município de Lisboa a desencadear este procedimento. O Supremo Tribunal, em sede de recurso de revista excepcional, veio revogar as decisões anteriores e ordenar a continuação dos trabalhos, tendo, entre

[428] Neste sentido, Acórdão do TCA-S, de 13.01.2005, processo n.º 501/2004, disponível in: www.dgsi.pt.

outros aspectos, procedido a diferente ponderação de interesses públicos e privados[429].

E o critério da ponderação de interesses também serviu para o TCA-S indeferir o pedido formulado pelo Município de Leiria contra o Ministério das Obras Públicas, Transportes e Comunicações, Estradas de Portugal, EPE, e outros, no sentido de o tribunal suspender a eficácia dos despachos do Director Coordenador da Área de Concessões da Estradas de Portugal, EPE, que haviam aprovado a geometria do traçado da A17 e o seu projecto de execução, e intimar as referidas entidades a absterem-se de prosseguir a referida obra. Nesse acórdão de 05.07.2007 (processo n.º 2601/07), o TCA-S, não obstante admitir a possibilidade de, no contencioso administrativo, se suspender a eficácia de um acto parcialmente executado, considerou que o deferimento daquela providência causaria um elevado prejuízo ao erário público.

É certo que, no contexto do cumprimento do Plano de Pormenor da Zona Histórica de Viana do Castelo e a propósito da declaração de utilidade pública da expropriação, com carácter de urgência, do *Edifício Jardim* ou *Prédio Coutinho*, emitida pelo Ministro do Ambiente, do Ordenamento do Território e do desenvolvimento Regional, o mesmo critério de ponderação de interesses não obstou ao decretamento da suspensão de eficácia daquele acto no que respeita à parcela n.º 133, porquanto o TAF de Braga considerou que seriam «claramente prevalentes os interesses privados dos requerentes em comparação com os interesses públicos que a entidade requerida e contra-interessados afirmam prosseguir» (sentença de 31.10.2006, processo n.º 1083/05.2BEBRG).

2.

São, de facto, variados os exemplos de processos urgentes que aqui podem ser lembrados e que foram accionados nos tribunais administrativos contra as autarquias locais. E muitos deles estão relacionados com os procedimentos de formação de contratos de empreitada e concessão de obras públicas, fornecimento de bens e prestação de serviços. Através desses processos, os operadores económicos têm procurado obter tanto a

[429] Sobre este assunto, vd. a sentença do TAF de Lisboa de 22.04.2004, o Acórdão do TCA-S de 14.09.2004 e o Acórdão do STA de 24.11.2004, processo n.º 1011/04 (e a este propósito, vd. a anotação ao acórdão de J. M. Sérvulo Correia, "O princípio *pro actione* e o âmbito da cognição no recurso de revista", CJA, n.º 48, 2004, pp. 43 ss.

anulação das decisões de adjudicação como a total paralisação dos procedimentos de formação desses contratos públicos.

O processo referente à suspensão da *adjudicação e da execução da empreitada de remodelação da Marginal de Vila Nova de Gaia* é um exemplo. O processo cautelar relativo à suspensão da adjudicação da empreitada de «Recuperação e Remodelação da Casa Verdades Faria-Museu da Música Portuguesa», dirigido contra o Município de Cascais, é outro e o processo relativo à suspensão adjudicação da empreitada «Pavimentação betuminosa de caminhos municipais na Serra do Caramulo», accionado contra o Município de Tondela, e o relativo à suspensão do concurso público lançado pelo Município de Lamego, para a «Realização de circuitos especiais de transportes escolares para o concelho de Lamego para o ano lectivo 2004/2005», são outros dois exemplos de entre muitos outros processos cujo objecto albergou *pretensões-de-urgência* relativas à formação de contratos públicos[430].

Enfim, muitos têm sido, de facto, os processos accionados neste domínio de contencioso administrativo pré-contratual, de feição tão urgente, e muitas têm sido as variações da jurisprudência no que respeita à interpretação e à aplicação da respectiva disciplina constante do CPTA[431]. Por exemplo, a propósito de um pedido de adopção de providência cautelar relativa a um procedimento pré-contratual, que nos termos do CPTA, deve seguir a forma constante do artigo 132.º, o TCA-S, por acórdão de 05.07.2007 (processo n.º 2692/07), revogando a sentença do TAF de Lisboa 2 e contrariando a maioria da jurisprudência, incluindo a do Supremo (acórdão de 20.03.2007, processo n.º 1191/06), veio aplicar o regime do artigo 128.º ao pedido de suspensão da eficácia de um acto de adjudicação de um contrato, aceitando, deste modo, a paralisação automática da execução do acto até invocação, em resolução

[430] A propósito do regime do contencioso pré-contratual, vd. o nosso "O contencioso dos contratos da Administração Pública: notas sobre um domínio do contencioso administrativo de feição muito urgente", in: *Estudos em Homenagem ao Professor Doutor Marcello Caetano*, Coimbra Editora, Coimbra, 2006 (tb. publicado in. *Revista do Ministério Público*, n.º 108, 2006, pp. 151 a 196).

[431] Sobre as várias questões que se colocam em torno da aplicação da disciplina do contencioso pré-contratual e sobre a forma como os tribunais administrativos as têm vindo a resolver, vd. Pedro Gonçalves, «Avaliação do regime jurídico do contencioso pré-contratual urgente», CJA, n.º 62, 2007, pp. 3 ss.

fundamentada, de interesse público na imediata execução do acto. Ora, se em relação a esta solução temos sérias reservas, visto que se trata de um processo cautelar especial, já aceitamos bem a aplicação da disciplina constante do artigo 131.º ao contencioso pré-contratual, uma vez que o decretamento provisório de uma providência cautelar é uma modalidade do procedimento cautelar comum[432].

E várias têm sido as dúvidas existentes em torno da aplicação do regime que versa sobre tal contencioso urgente pré-contratual, incluindo o cautelar[433]. A solução dualista de contencioso pré-contratual e a natureza imperativa do urgente é já, contudo, pacífica. Aliás, só por erro na escolha da forma de processo, certos operadores económicos não lançaram mão da Acção Administrativa Especial Urgente, prevista no artigo 100.º do CPTA, quando pretendiam atacar a adjudicação da prestação de serviços de transporte escolar das Escolas EB 1/2 de Vila Praia de Âncora e o acto de admissão de um candidato ao concurso. Como esclareceu o TCA-N, por Acórdão de 01.02.2007 (processo 81/04.8BEBRG), essa deveria ter sido a acção proposta, uma vez que, tratando-se da impugnação de actos referentes ao procedimento de formação de um contrato público de prestação de serviços, disciplinado pelo Decreto-lei n.º 197/99, de 08.06, a natureza imperativa e exclusiva de tal meio processual assim o impunha, sendo que, no caso em concreto, o TCA-N também esclareceu que, para efeito de prazo de utilização do meio processual urgente, pouco revelaria o desvalor jurídico do acto a impugnar, valendo o prazo de um mês, tanto para actos nulos como para actos anuláveis[434] – o que nos parece muito bem, tendo em conta a *definição legal* (incluindo a orientação constante das Directivas Comunitárias Recursos) daquilo que é, neste caso, a *situação-de-urgência* a tutelar.

[432] Cfr. Acórdão do TCA-S de 08.03.2007, processo n.º 2202/06.

[433] Justificando com o carácter sumário e de urgência do processo, o TCA-S indeferiu o incidente de intervenção de terceiros em hipóteses de litisconsórcio voluntário (acórdão de 12.04.2007, processo 2344/07). Assim, aconteceu no processo cautelar de suspensão da eficácia da deliberação da Comunidade Urbana da Lezíria do Tejo, relativa ao *concurso público internacional para selecção de empresa /parceiro privado para participar na constituição de uma empresa intermunicipal de capitais maioritariamente públicos para gestão e exploração dos sistemas de abastecimento de água para consumo público e saneamento dos municípios da Lezíria do Tejo.*

[434] Ainda que a solução não seja pacífica, nem na doutrina, nem na jurisprudência, vd. no mesmo sentido, Acórdão do STA de 12.12.2006, processo n.º 528/06.

E tal acção urgente foi também o meio processual de que lançou mão um concorrente preterido num concurso público para «*Prestação de serviços de recolha de resíduos sólidos urbanos indiferenciados, lavagem, desinfecção, desengorduramento e desodorização de contentores - Zona 1 (Freguesias de Cascais, Estoril e Alcabideche)*, desencadeado pela *Empresa de Ambiente de Cascais, EM*, e que veio a ser adjudicado ao agrupamento de concorrentes GSC-TRIU. Em causa estava a alegada ilegalidade do acto de adjudicação do serviço, que o TAF de Sintra veio a anular posteriormente. E, em sede de recurso jurisdicional, o TCA-S (acórdão de 14.06.2007) veio esclarecer, entre outros aspectos, o âmbito da competência dos tribunais administrativos em matéria de contencioso pré-contratual que envolve entidades privadas, enquanto entidades adjudicantes. E quanto a esta questão, o TCA considerou que, tendo tal empresa municipal submetido o respectivo procedimento ao regime constante do Decreto-lei n.º 199/99, de 08.06, fácil seria reconhecer a competência da jurisdição administrativa para decidir sobre tal assunto, tanto mais que, entre estas duas entidades havia sido celebrado um contrato programa para gestão dos serviços públicos de recolha de resíduos, naquele concelho[435].

II.

É certo que as *situações-de-urgência se* alastram a todas as matérias administrativas. Os direitos, liberdades e garantias e os bens e valores constitucionalmente protegidos, quando envolvidos em contencioso, são naturalmente enquadrados em *situações-de-urgência, id est*, de situações que apenas existem no *tempo-presente*, o que comprova a existência de um contencioso urgente administrativo por natureza.

Aliás, a intimação para tutela de direitos, liberdades e garantias foi o processo de que lançaram mão não só os proprietários das vivendas situadas na Arrábida (ameaçadas de demolição por falta de licenciamento), como também foi o processo de que lançaram mão as promotoras da vinda a Portugal da associação *Women on waves* e respectivo *Borndiep*,

[435] Não hesitando quanto a essa solução, vd. acórdão do TCA-N de 29.03.2007 (processo n.º 79/05.9BEMDL), a propósito da impugnação urgente da deliberação de adjudicação da prestação de serviços de recolha, transporte e limpeza de resíduos urbanos, do concelho de Vila Real, emitida pelo Conselho da Administração da *EMARVR- Empresa Municipal de Águas e Resíduos de Vila Real, EM.*

em Setembro de 2004. E esta intimação também foi accionada pelos militares proibidos pela Governadora Civil de Lisboa de realizarem uma manifestação em 13 de Setembro de 2005[436]. E, de novo, invocando uma situação de urgência idêntica, a intimação foi requerida pela FENPROF, com vista a anular a decisão do Ministro do Trabalho e da Solidariedade Social e do Ministro da Educação que haviam fixado os serviços mínimos a observar durante a greve de Professores e Educadores de Infância (em Junho 2005)[437]. Também o candidato à eleição presidencial mais recente, que se vira afastado dos debates televisivos (de 5 e 20 de Dezembro de 2006), durante o período de campanha eleitoral, recorreu à intimação para tutela de direitos, liberdades e garantias com vista a efectivar a tutela das suas pretensões urgentes[438]. E o mesmo aconteceu com o Sindicato dos Trabalhadores da Função Pública do Norte, para obter a intimação do Hospital de S. João (E.P.E) no sentido de este reajustar o conteúdo dos «avisos internos» dos serviços de cuidados intensivos e a «nota de serviço sobre os serviços mínimos de urgência» ao conteúdo sobre os serviços mínimos constante do aviso prévio, por ocasião de greve marcada para os dias 9 e 10 de Novembro de 2006[439].

[436] No primeiro caso, o Supremo Tribunal Administrativo considerou que a intimação não era o meio adequado para fazer valer a pretensão em causa alegada (Acórdão do STA de 18.11.2004, processo n.º 978/04). Nos restantes casos invocados no texto, tanto uma como outra foram consideradas improcedentes, uma vez que, respectivamente, o TAF de Coimbra e o TAF de Lisboa (e, depois, o TCA-S) consideraram que o exercício dos direitos fundamentais alegados não tinha sido posto em causa no primeiro caso e que o acto da Governadora Civil, que havia negado o direito de manifestação e reunião aos militares, não padecida de ilegalidades, porquanto tal direito sofre efectivamente de restrições, quer a nível constitucional, quer legal (vd. Acórdão do TCA-S de 02.02.2006, processo n.º 1205/05).

[437] Sobre este assunto, vd. Acórdão do TCA-S de 17.11.2005, processo n.º 1130/05.

[438] A este propósito, vd. o Acórdão do TCA-S de 18.05.2006, processo n.º1498/06, no âmbito do qual o TCA-S vem declarar a inutilidade superveniente da lide relativa ao recurso interposto da sentença do TAF de Lisboa que havia negado a intimação para tutela de direitos, liberdades e garantias, solicitada por um candidato às eleições presidenciais, com vista a poder participar nos debates televisivos, dos quais se viu afastado durante o período de campanha eleitoral. De facto, decorrido o acto eleitoral de 22 de Janeiro de 2006, seria impossível realizar a pretensão do candidato de participar nos debates que tiveram lugar entre os dias 5 a 20 de Dezembro.

[439] O pedido viria a ser indeferido pela Sentença do TAF do Porto, de 08.11.2006, processo n.º 2838/06.6BEPRT.

Também as questões em matéria de ensino, incluindo questões referentes à repetição de provas escolares e a admissão em estabelecimentos de ensino superior, tem vindo a ser tratada prioritariamente. Aliás, para tratar judicialmente tal tipo de conflitos envolvidos no mesmo género de *situação-de-urgência* têm sido apresentadas duas vias processuais, que nem sempre são harmonizáveis tecnicamente. Assim, só para se dar conta do problema, uma das soluções inicialmente acolhida passou por tutelar provisoriamente a *situção-de-urgência*. A outra, que merece a nossa total concordância, tem passado mais recentemente por emitir *decisões-de--urgência-de-mérito*. Enfim, de uma forma ou de outra, cumpre realçar que têm sido requeridas, por exemplo, a autorização provisória para frequentar um ano escolar[440], a admissão provisória em curso superior[441] (no Curso de Gestão e no Curso de Medicina da Universidade de Nova de Lisboa), a suspensão do Despacho da Ministra da Educação que veio permitir a repetição de exame aos alunos de Química e Física que haviam realizado aquelas provas durante a 1.ª fase e a aceitação de candidatura ao ensino superior[442]. Aliás, mais recentemente, o TAF de Coimbra, reconhecendo a necessidade de dar à situação invocada uma igualdade de tratamento, permitiu a repetição do exame de química a dois alunos não abrangidos pelo despacho ministerial, já que estes haviam realizado o exame de química, durante a 2.ª fase de exames. Este caso é exemplo de pretensões jurídicas de urgência concernentes a matérias de educação e ingresso no ensino superior, que foram apreciadas pelos tribunais administrativos e decididas favoravelmente aos alunos, tanto em primeira instância como, em sede de recurso, pelo TCA-N[443].

440 Neste sentido, vd. Acórdão do TCA-S de 27.05.2004, processo n.º 153/04 que confirmou a sentença do TAF de Loulé, que havia indeferido a providência antecipatória solicitada, por não se verificar o pressuposto da aparência de bom direito.

441 A este propósito, vd. os Acórdãos do TCA de 01.07.2004 (processo n.º 140/04) e de 03.06.04 (processo n.º 138/04) que, ao abrigo da legislação anterior, negaram as providências solicitadas.

442 Neste sentido, vd. Acórdão do TCA-N de 17.02.2005, processo n.º 573/04.9.BECBR, que considerou que o pedido formulado não poderia ser satisfeito através da providência cautelar.

443 Vd. acórdão do TCA-N de 01.03.2007, processo n.º 683/06.8BECBR e acórdão de 25.01.2007, processo n.º 678/06.1BECBR.

Enfim, como se percebe, a *urgencialização* do contencioso administrativo, incluindo o regional e o autárquico, também foi revelando precipitação dos actores judiciais. Muitas vezes, o recurso às providências cautelares foi sendo utilizado estrategicamente, como arma ou ameaça. Por exemplo, há poucos meses, a comunicação social dava conta que a Reitoria da Universidade do Porto estava disposta a recorrer aos tribunais administrativos se o Ministro do Ensino Superior viesse a decidir desfavoravelmente ao pedido apresentado intempestivamente pela Faculdade de Psicologia e de Ciências da Educação da Universidade do Porto, no sentido de esta poder aderir ao processo de Bolonha no próximo ano lectivo. E, por vezes, foi-se longe demais: a tutela de urgência foi requerida pela Associação Académica da Universidade da Beira Interior (AAUBI) para suspender os critérios de avaliação pontualmente determinados por certos professores, por referência a Bolonha, tendo o TAF de Castelo Branco decretado a providência.

E o contencioso de urgência tem também ganho no momento de escolha, em domínios relativos a questões profissionais, designadamente questões relativas à função pública, incluindo problemas conexos com os concursos para colocação de professores, com pedidos de aposentação provisória antecipada e sanções disciplinares, como aconteceu com os dirigentes do Sindicato dos Profissionais da Polícia (SPP/PSP), que requereram a suspensão da eficácia da decisão de aposentação compulsiva. Aliás, o TAF do Porto (por sentença de 04.10.2006, processo n.º 1840/08.2BEPRT), aplicando a controvertida alínea a) do n.º 1 do artigo 120.º do CPTA, decretou a suspensão da sanção disciplinar de suspensão efectiva de 200 dias, aplicada a funcionário da Câmara Municipal do Porto, por considerar o «acto suspendendo manifestamente ilegal».

Também as questões relacionadas com o exercício de direito de greve foram objecto de tratamento prioritário, tendo sido requerida a suspensão das decisões que haviam fixado serviços mínimos. E a via cautelar foi também seguida pelo Sindicato Nacional dos Professores Licenciados pelos Politécnicos e Universidades para obter a suspensão da decisão do Ministérios da Educação pela qual veio extinguir o pagamento de gratificações aos docentes orientadores de estágios pedagógicos.

E, de novo, a tutela de urgência foi designadamente a via escolhida para resolver um diferendo relativo à validade do contrato celebrado entre a Universidade do Minho e um professor, sendo que, a título cautelar, o docente, privado temporariamente do serviço docente e da correspondente remuneração, invocando uma situação de carência económica e financeira do agregado familiar, solicitou o decretamento de uma providência cautelar antecipatória, traduzida na regulação provisória do pagamento de quantia, nos termos do art. 133.º CPTA[444].

Também as questões relativas ao domínio da saúde têm sido frequentemente tratadas através dos processos urgentes. Já para não falarmos das (im)providências concernentes às decisões de encerramento das maternidades de Elvas, Santo Tirso, Barcelos e Mirandela, cumpre lembrar, designadamente, a providência solicitada pelo Sindicato das Ciências e Tecnologia de Saúde com o objectivo de suspender o despacho do Ministro da Saúde que criou novos níveis de urgência, violando as regras constantes de directivas comunitárias. E, no que concerne às questões de protecção urgente da saúde pública, cumpre lembrar as providências solicitadas em matéria de troca de seringas em quatro estabelecimentos prisionais e em matéria de venda livre em farmácias da pílula do dia seguinte. Assim, no que respeita ao primeiro caso, as providências cautelares fizeram parte da estratégia de um recluso do Estabelecimento Prisional de Paços de Ferreira para obstar à troca de seringas naquele Estabelecimento abrangido pelo *Plano Nacional de Combate às Doenças Infecto-contagiosas*. E, no que concerne ao segundo caso, as providências cautelares também integraram o plano de acção da Associação de Mulheres em Acção (AMA) contra a venda livre da pílula do dia seguinte. Em causa estaria especialmente a sua comercialização sem «prescrição» e com «omissão de informação», de que resultaria perigo para a saúde da mulher. A providência foi solicitada contra o INFARMED e visava o folheto informativo da pílula *Norlevo*, um produto de venda livre nas farmácias, o qual deveria ser alterado e deveria passar a incluir a advertência de que o seu uso não deveria ser recomendado a jovens menores de 16 anos.

[444] Neste sentido, o TAF de Braga, em 13 de Fevereiro de 2004 (proc. n.º 112/04.1TA09437A), condenou a Universidade do Minho através de uma providência cautelar antecipatória de regulação provisória do pagamento de uma quantia, a proceder ao pagamento de salário a um docente, nos termos do art. 133.º CPTA, sendo certo que decretou a providência através do processo cautelar previsto no art. 131.º CPTA. Contudo, posteriormente, depois de notificadas as partes para se pronunciarem quanto ao levantamento, manutenção ou alteração da providência cautelar, o TAF de Braga veio a levantar a providência e a condenar o requerente por má fé (!).

E, no que respeita a questões que envolvem tratamentos médicos e conflitos emergentes de responsabilidade civil extracontratual do Estado e de outras pessoas colectivas públicas, por actos de gestão pública, especialmente, por factos ilícitos, incluindo a omissão e a violação de deveres de cuidado e regras técnicas, cumpre evidenciar a providência cautelar antecipatória, através da qual o TAF de Almada condenou antecipadamente o Hospital Garcia da Horta no pagamento de uma renda mensal no valor de 550 euros, a imputar no valor da indemnização a apurar em acção judicial já proposta contra o Hospital. A renda mensal foi decretada a favor de um menino de três anos, que sofre de graves lesões cerebrais e neurológicas, cuja origem se alega estarem relacionadas com o parto ocorrido naquele hospital. O pagamento antecipado da quantia suportará os tratamentos médicos a que o menino se irá submeter.

Na verdade, o recurso ao contencioso urgente atravessa todos os domínios do direito administrativo, passando pelas questões do desporto até às questões de ordem cultural. Assim, para além da famosa questão do «caso Mateus» e da providência cautelar de suspensão da decisão de descida de divisão (descida à liga de honra), dirigida contra a Federação Portuguesa de Futebol, cumpre lembrar a providência cautelar interposta pelo Clube de Futebol Nacional da Madeira com vista a obstar à tomada de posse dos titulares eleitos dos novos corpos da Liga Portuguesa de Futebol Profissional e cumpre lembrar a providência cautelar de suspensão da eficácia da decisão dos actos da Federação Portuguesa de Automobilismo e *Karting* de cancelamento da licença desportiva de condutor e a de suspensão preventiva do desportista[445]. E no que concerne ao sector cultural, cumpre lembrar a providência cautelar apresentada no TAF do Porto pela Companhia de Teatro *Panmixia*, com vista a suspender a atribuição de subsídios pelo Instituto das Artes a outras companhias de teatro.

As questões ambientais e as questões de ordenamento do território e de urbanismo são cada vez mais frequentes no grupo dos conflitos emergentes das relações jurídicas administrativas e também aqui se procura alcançar sobretudo uma tutela judicial urgente: veja-se o caso da providência cautelar respeitante ao Plano de Ordenamento do Parque

[445] Esta decisão de suspensão foi decretada pelo acórdão do TCA-S, de 26.01.2006, processo n.º 1270/05.

Natural da Arrábida (POPNA), que, com o objectivo de conservar a biodiversidade naquela zona, veio eleger novas áreas de protecção, restringido quer a zona de pesca, quer a zona de actividade náutica e de turismo. E, neste contexto, os requerentes da providência vieram solicitar a suspensão do POPNA, uma vez que consideraram que o cumprimento das normas colocaria em risco a sobrevivência do actividade piscatória e porque consideraram que «o parque marinho foi implementado sem base científica, com limites determinados aleatoriamente e sem ter em conta os interesses dos pescadores e das actividades náuticas e de turismo», tendo sido aprovado sem ter em conta as posições manifestadas durante a fase de consulta pública.

O contencioso ambiental e urbanístico tem tido de facto um tratamento prioritário. E, de entre as causas urgentes recentemente tratadas nos tribunais administrativos, contam-se as relativas ao processo de co-incineração em Souselas e na Arrábida. Duas questões semelhantes que foram sendo decididas, mesmo em termos estritamente procedimentais, de modo distinto (para não dizer oposto), respectivamente pelo TAF de Coimbra e pelo TAF de Almada, sendo que por decisão dos respectivos tribunais, a co-incineração está parada em Souselas e vai avançar no Outão. Com efeito, ambas as decisões judiciais têm subjacente os despachos governamentais proferidos em Agosto/2006, por meio dos quais as duas cimenteiras ficaram dispensadas de realizar os estudos de avaliação de impacto ambiental das operações de co-incineração, uma vez que o Ministério do Ambiente considerou que o assunto estava já suficientemente estudado. As autarquias em causa, Coimbra, no primeiro caso, e Setúbal, Sesimbra e Palmela, no segundo, impugnaram aquele despacho e requereram providências cautelares no sentido de obstarem, de imediato a que as cimenteiras procedessem à queima de resíduos[446].

[446] Aliás, cumpre dizer que a decisão que o TAF de Almada tomou provisoriamente em 03.11.2006, foi levantada no final do mesmo mês, tendo, assim, o tribunal aberto caminho para a Secil avançar com os testes de queima de resíduos industriais perigosos. Na verdade, no sentido de obstar à queima de resíduos na Secil, na Arrábida, os Municípios de Setúbal, Sesimbra e Palmela vieram invocar, «a violação do Plano Director Municipal, uma vez que a zona onde está implantada a Secil está licenciada para indústria extractiva e para fabrico de cimento e não para a valorização energética de resíduos. E o TAF de Almada considerou não existirem indícios de que o processo de co-incineração pudesse vir a ser efectuado com inobservância das regras técnicas e dos limites legalmente impostos ao exercício da actividade.

E, no que se refere a Souselas, o TAF de Coimbra fez parar tal processo em nome do princípio da precaução e, em segunda instância, o TCA-N, veio confirmar aquela sentença[447].

Além disso, o TAF de Almada considerou que não existia uma situação de especial urgência que, para salvaguarda dos valores da saúde pública ou do ambiente, impusesse a manutenção das providências anteriores decretadas a título provisório. No que respeita ao processo de co-incineração de Souselas, o TAF de Coimbra considerou verificados os requisitos para a concessão da providência cautelar requerida pela Câmara de Coimbra, tendo suspendido o Despacho em causa e tendo considerado que a co-incineração em Souselas só deveria avançar depois de realizada uma avaliação de impacto ambiental.

[447] Sobre este assunto, vd. o Acórdão do TCA-N de 29.03.2007, processo n.º 758/06.3BECBR e a anotação de Carla Amado Gomes, "*And now something completely different*: a co-incineração nas malhas da precaução", CJA, n.º 63, 2007, pp. 55 ss. Aliás, a propósito das operações de co-incineração de resíduos industriais perigosos na unidade de Souselas, o TCA-N, tendo sido solicitado a intervir através do processo de intimação para tutela de direitos, liberdades e garantias, no sentido de obstar à prática de testes e demais operações, considerou que aquele processo não seria adequado para o efeito, por ser adequado e suficiente, no caso concreto, o decretamento de uma providência cautelar. Vd. acórdão do TCA-N de 26.10.2006, processo n.º 589/06.0BECBR.

DÉCIMO ESTUDO

"AS (IN)JUSTIÇAS DO ARTIGO 121.º DO CPTA: DEPRESSA E BEM, HÁ POUCO COMO"

Cadernos de Justiça Administrativa, 67, 2008, pp. 52-70

As (in)justiças do artigo 121.º do CPTA: depressa e bem, há pouco como

Sumário: 0. Introdução. **I.** Os pressupostos da antecipação da decisão da causa principal. **II.** A imposição *legiferante* decorrente do direito fundamental de acesso aos tribunais. **III.** As justas restrições ao *due process* por razão de efectividade processual.

0.

O aresto *sub judice* versa sobre a aplicação de uma técnica processual muito controversa, nascida espontaneamente no foro, que tanto tem sido acolhida na lei processual para concretizar o direito de acesso à tutela jurisdicional efectiva como para atender a razões de economia processual. Já experimentada, há algum tempo, em outros sistemas processuais, a técnica *de passerelle* tem sido utilizada no sistema francês como instrumento ao serviço da efectividade processual. E, mesmo antes de ser recebida de modo generalizado na lei processual administrativa italiana, em 2000, já era aplicada pelos tribunais administrativos para realizar o mesmo desiderato, ficando conhecida nesse meio como *rito veneziano*. Entre nós, a técnica que permite o tratamento prioritário da questão de fundo e que autoriza o juiz a proceder à convolação do processo cautelar em processo principal – por ser manifesta a urgência na resolução definitiva do caso e por a situação não se compadecer com a adopção de uma simples providência cautelar – foi consagrada no artigo 121.º do Código de Processo nos Tribunais Administrativos (= CPTA). E, portanto, visando salvaguardar uma *situação-de-urgência* qualificada, esta figura é também recebida na disciplina processual administrativa portuguesa como instrumento de concretização do princípio da tutela jurisdicional efectiva.

Precisamente, a questão fulcral que o TCA-N foi chamado a decidir prende-se com a identificação do perfil funcional do mecanismo processual e com a enumeração dos pressupostos de que depende a metamorfose do processo cautelar. Aliás, à primeira vista, o aresto parece versar sobre o problema dos pressupostos de aplicação do mecanismo: se são apenas dois – os que estão expressamente previstos no artigo 121.º – ou se a estes dois acresce um terceiro, um que, segundo o recorrente, está implícito naquela norma e exige que a decisão de mérito a antecipar seja sempre favorável ao autor. Na verdade, seduzido pela figura, o particular manifestou interesse em obter a anulação da pena disciplinar (de inactividade por dois anos) logo no processo cautelar de suspensão da eficácia daquela decisão punitiva, e pressionado pela *situação-de-urgência* (pois tinha sido aberto um concurso para curso de promoção para Bombeiro Sapador), avaliou mal os seus trunfos e calculou com erro os riscos. E, assim, depois, surpreendido com a sentença antecipada de mérito desfavorável, percebeu que, afinal, o tribunal deveria somente pronunciar-se sobre o decretamento da providência cautelar, deixando para a AAE a realização da pretensão impugnatória, já que nesse processo seria titular de garantias de plena defesa de que não poderia lançar mão neste processo sumário **(I.)**.

Contudo, o acórdão não se resume a responder ao recorrente se a convolação só é «[possível] quando o juízo de prognose é positivo e a questão a decidir não se reveste de grande complexidade». Subjacente a esta dúvida existe uma outra bem mais complexa, que diz respeito à harmonização entre dimensões garantísticas fundamentais, ínsitas no direito de acesso aos tribunais. Na realidade, a possibilidade de o juiz antecipar, no quadro do processo cautelar, a decisão de fundo, por considerar que a *quaestio facti* e a *quaestio iuris* se apresentam maduras para julgamento, naquele momento processual, envolve um quadro diverso de riscos – tanto para as partes como para o tribunal – e suscita dúvidas do ponto de vista da sua compatibilidade com o direito à tutela jurisdicional efectiva e a garantia ao processo justo. Assim, por um lado, é a garantia inafastável à tutela cautelar que impõe que o tribunal pondere seriamente se pode descartar a possibilidade de emissão de uma providência cautelar em benefício da análise antecipada da causa, mormente quando apura que a decisão de mérito não será emitida em tempo substancialmente idêntico ao que seria suficiente para a emissão da decisão cautelar. E, por outro lado, é o direito ao *due process of law* que obriga a reflectir se tanta imprevisão procedimental é harmonizável com o processo justo, sendo certo que também impõe considerar o que deve entender-se por esgotamento e completude da prova neste processo urgente **(II)**.

É exactamente no quadro desses perigos que importa avaliar a justiça desta técnica, principalmente quando a sua concretização pode obedecer a uma simples lógica de economia processual – como acontece actualmente no processo civil e como parece poder vir a acontecer se vingar a alteração que consta da versão do projecto (que veio a lume) que contém as alterações a introduzir no CPTA –, já que nem todas as razões são justas para sustentar a concretização de restrições ao modelo de *plena cognitio*[448] **(III.)**.

I.

Como considerou o TAF do Porto, este mecanismo, que na justiça administrativa é inspirado fundamentalmente no princípio da tutela jurisdicional efectiva, permite que o juiz cautelar, ouvidas as partes, se declare, de forma fundamentada, apto para antecipar no processo cautelar o juízo sobre o mérito do processo principal, sendo certo que, ocorrendo a convolação, o julgamento da causa poderá ser tanto no sentido da procedência como no da improcedência da pretensão formulada ou a formular no processo principal. E o TCA-N, secundando o raciocínio, veio considerar que a antecipação depende apenas do preenchimento cumulativo de dois requisitos: *primo*, deve haver manifesta urgência na resolução definitiva do caso, atendendo à natureza das questões e à gravidade dos interesses envolvidos, de modo a ser possível concluir que a situação não se compadece com a adopção de uma simples providência cautelar; *secundo*, o tribunal deve sentir-se em condições de decidir a questão de fundo, por constarem do

[448] Sobre este tema, vd. o nosso, *Processo temporalmente justo e urgência. Contributo para a autonomização da tutela jurisdicional de urgência na justiça administrativa*, dissertação de doutoramento em Ciências Jurídico-Políticas na Faculdade de Direito da Universidade de Coimbra, Coimbra, 2006, parte II, no prelo.

processo todos os elementos necessários para o efeito **(1.)**. Dependendo apenas da verificação de uma urgência na decisão definitiva e da presença ou disponibilidade no processo de todos os elementos indispensáveis para a boa decisão da causa, de acordo com tal entendimento, tal significa que a convolação do processo cautelar é possível mesmo que a decisão de mérito a antecipar seja desfavorável ao recorrente e mesmo que a antecipação dessa decisão nada tenha que ver com o propósito de assegurar a tutela jurisdicional efectiva **(2.)**.

1.

Por manifesta urgência na resolução definitiva do caso, o TCA-N entende «urgência qualificada», *id est* situação na qual se revele insuficiente o decretamento de uma providência cautelar, designadamente atendendo aos limites resultantes da sua natureza provisória, e se apure a existência de valores e interesses dignos de atendimento. E, para efeitos desta aferição de manifesta urgência em relação com os interesses relevantes envolvidos, o tribunal considerou que estes não têm que ser relativos a direitos, liberdades e garantias, claro está, já que para eles existe a figura do artigo 109.º CPTA. Antes pelo contrário, a urgência pode ser indiciada pelo facto de o litígio versar sobre outros direitos e valores importantes, quais sejam alguns dos valores mencionados no artigo 9.º, n.º 2 do CPTA, tais quais, o ambiente, a qualidade de vida, a saúde pública, entre outros, não excluindo, porém, que outros bens especialmente relevantes podem justificar a necessidade de decisão urgente – como é o caso subjacente ao aresto, já que, para o tribunal, em causa estaria o direito constitucionalmente garantido ao trabalho. Ademais, o tribunal entendeu que se verificava a manifesta urgência na resolução do caso, atendo à natureza das questões e à gravidade dos interesses envolvidos, pois, tendo sido apresentada resolução fundamentada pelo Município, o recorrente estava sem exercer a sua actividade profissional.

E, quanto ao segundo requisito, que é de ordem processual, ele traduz-se na imposição ao julgador no sentido de que só deve avançar para a antecipação do juízo sobre a causa principal quando tiver no processo todos os elementos necessários para o efeito. E, assim, quanto à suficiência da matéria de facto, o tribunal verificou que a controvérsia não envolvia a materialidade dos factos, uma vez que as partes a aceitavam, sendo que a controvérsia dizia respeito apenas à respectiva valoração disciplinar. Na verdade, como no que concerne à questão de a decisão se apresentar madura para decisão, é obrigatório ponderar em que termos os elementos de facto e de direito existentes até ao momento no processo são suficientes para o tribunal decidir, o TCA-N entendeu que «as ilegalidades imputadas à decisão administrativa pelo requerente cautelar, a fim de justificar o *fumus boni iuris* necessário para a concessão das providências pretendidas, [seriam] exactamente as mesmas que [serviam] de causa de pedir na acção principal», sendo que «dum busquejo minimamente aturado dos autos, cautelares e principais, facilmente [se concluía] que o tribunal recorrido dispunha de todos os elementos de facto para poder antecipar a decisão da causa principal, assim concluindo que: «não [haveria], na verdade, um único facto relevante para a decisão da causa que tivesse de ser sujeito ao fogo da prova».

2.

Sobre a questão de ser necessário um juízo positivo de prognose sobre a pretensão principal, o tribunal pronunciou-se naturalmente no sentido negativo, uma vez que ele não está enunciado expressamente no artigo 121.º, nem haveria razão para o considerar, porque, no seu entender, estando em grande medida subjacentes a esta possibilidade razões sobretudo de economia processual e constando do processo todos dos elementos indispensáveis para o juiz decidir, não faria sentido que este ficasse inibido dessa possibilidade pelo simples facto de se perspectivar uma improcedência da causa principal, alimentando assim, e sem razões válidas, uma lide inglória para o demandante.

Ora, não obstante a justiça e a racionalidade da justificação, a resposta para esta questão não é assim tão evidente. E não é porque a técnica processual em causa não é utensílio ao serviço da realização da economia processual. Antes pelo contrário, ela foi acolhida no CPTA no domínio da categoria da tutela jurisdicional de urgência e foi consagrada como instrumento da efectividade do processo. Aliás, é somente pelo facto de não ser tão ostensiva a resposta para o problema que se compreende que o Supremo não tenha desejado pronunciar-se sobre ele – o que não deixa de se lamentar, tanto mais quando se sabe que, por exemplo, o Tribunal Constitucional italiano teve ocasião para dizer de sua justiça sobre figuras idênticas existentes naquela modelo processual e a sua jurisprudência fez corrente, tendo inspirado o legislador ordinário de 2000 a introduzir as necessárias correcções na lei processual[449].

II.

De facto, no plano teórico, a aplicação deste mecanismo implica operações exegéticas de assinalável dificuldade e, no plano prático, é bem previsível que esta questão volte a surgir em casos futuros. E, por isso, dada a sua configuração na disciplina processual administrativa, cumpre reflectir sobre a sua compatibilidade com o direito fundamental de acesso aos tribunais, sobretudo no que respeita a certos «subdireitos»[450] ou «subprincípios»[451] ou dimensões garantísticas ínsitas neste direito, qual seja a tutela jurisdicional efectiva e o processo equitativo **(1.)**. É certo que o Tribunal Constitucional (= TC) já veio reconhecer que a própria

[449] O Supremo entendeu que para acolher o recurso «[seria] necessário que a questão processual se [apresentasse] com fundamental relevância jurídica ou social, ou a admissão do recurso se [mostrasse] claramente necessária para aplicação do direito». O que não era o caso, já que «a convolação decidida [pelo TAF do Porto] foi mantida pelo acórdão do TCA, baseando-se em raciocínios estruturados segundo os princípios da lógica formal e dotados de razoabilidade, em que não se [surpreendia] ofensa de preceitos legais nem erro interpretativo patente ou crasso» (vd. acórdão de 04.10.2007). É certo que o recurso de revista tem carácter excepcional e os seus pressupostos estão previstos no artigo 150.º do CPTA, sendo apenas de admitir quando esteja em causa a apreciação de uma questão que, pela sua relevância jurídica ou social, se revista de importância fundamental ou quando a admissão de recurso seja claramente necessária para uma melhor aplicação do direito. E é também certo que tais conceitos indeterminados são aferidos em cada caso concreto por uma formação de juízes do STA. E ainda é certo que o direito de acesso aos tribunais não integra um duplo grau de jurisdição – excepcionando-se, de qualquer modo, os domínios do direito processual penal, e, segundo «algumas vozes», os domínios de direitos, liberdades e garantias. Contudo, talvez se esperasse que o Supremo Tribunal não declinasse tal tarefa, pois ele próprio já esclareceu no acórdão de 18.09.2007 (processo n.º 723/07) como deve interpretar-se a terminologia constante do artigo 150.º CPTA. E, assim, «como critério para aferir do preenchimento do conceito de "importância fundamental" de uma questão de direito poder-se-á estabelecer que essa qualificação é pertinente quando a questão, no plano teórico, implique operações exegéticas de assinalável dificuldade e, no plano prático, seja previsível que essa mesma questão venha a surgir noutros casos futuros».

[450] Expressão de J. J. Gomes Canotilho/Vital Moreira, *Constituição da República Portuguesa Anotada – artigos 1.º a 107*, 4.ª edição revista, Coimbra, 2007, p. 409.

[451] Empregamos no texto palavras de Jorge Miranda/Rui Medeiros, *Constituição Portuguesa Anotada*, Tomo I, Coimbra, 2005, p. 189.

dimensão garantística à prolação de sentença em prazo razoável pode justificar a consagração legal de limitações ao direito de acesso aos tribunais, ao processo equitativo e à plena defesa. Contudo, para justificar os desvios à contraditoriedade processual, a jurisdição constitucional aduz valores de celeridade e efectividade na administração da justiça e não razões de mera economia processual (**2.**).

1.

O que deve, pois, entender-se por direito ao processo justo deslinda-se sobretudo a partir da abundante jurisprudência do TC que versa sobre o direito de acesso ao direito e aos tribunais, especialmente naquela que foi ditada a propósito de certas dimensões garantísticas, inerentes ao direito consagrado no artigo 20.º da Constituição da República Portuguesa (= CRP), tais como, por exemplo, a garantia de acesso aos tribunais, à justiça efectiva e ao processo equitativo. O direito de acesso ao direito e aos tribunais decorre imediatamente da ideia de Estado de direito e, independentemente da sua recondução a direito, liberdade ou garantia, este direito fundamental carece de conformação legal e encerra uma dimensão prestacional a cargo do Estado. É também por isto mesmo que se compreende as limitações que o legislador ordinário pontualmente lhe fixa, no quadro da margem de densificação que lhe é constitucionalmente determinado. De qualquer modo, e para além de outros direitos conexos e componentes de um direito geral à protecção jurídica, que aquele preceito de conteúdo tão rico encerra, o direito de acesso à justiça e a protecção através de um tribunal é uma das dimensões mais importantes do acesso ao direito.

E, tal como o Tribunal Constitucional tem vindo a reconhecer, este integra também o direito a um processo equitativo ou processo justo[452]. Assim, o direito de acesso aos tribunais, a que se refere o artigo 20.º da Lei Fundamental, inclui, desde logo, o direito de acção e de acesso a

[452] Sobre este tema, vd. Jorge Miranda/Rui Medeiros, *Constituição...* cit., pp. 170 ss.; J. J. Gomes Canotilho/Vital Moreira, *Constituição...* cit., pp. 409 ss.; Jorge Miranda, *Manual de Direito Constitucional, Tomo IV, Direitos Fundamentais,* 3.ª ed., Coimbra, 2000, pp. 256 ss.; J. C. Vieira de Andrade, *Os Direitos Fundamentais na Constituição Portuguesa de 1976*, 2.ª ed., Coimbra, 2001, pp. 234 ss.; J. J. Gomes Canotilho, *Direito Constitucional e Teoria da Constituição*, 6.ª ed., Coimbra, 2002, pp. 487 ss.

órgãos independentes e imparciais, o direito a um processo, o direito a decisão sobre a causa e o direito à execução de decisão. E, no que respeita especialmente ao processo equitativo, ele alberga o direito à igualdade de armas ou direito à igualdade de posições no processo, com proibição de tratamento discriminatório ou arbitrário; o direito de defesa e o direito ao contraditório, no sentido de existir efectiva possibilidade de cada uma das partes invocar as razões de facto e de direito, oferecer provas, controlar as provas da outra parte e pronunciar-se sobre o valor e resultado dessas provas; o direito a prazos razoáveis de acção e recurso; o direito à fundamentação das decisões; um direito orientado para desembocar em decisões de mérito e o direito à decisão em prazo razoável. De facto, o processo justo deve apresentar igualmente uma duração razoável, sendo que tal duração pressupõe equilíbrio, em termos que saiam temperadas harmoniosamente, por um lado, a qualidade da instância e, por outro, a duração da instância, não devendo a duração ser excessiva nem deficitária.

É certo que há quem entenda que o direito ao processo justo é mais do que aquilo se afirmou[453]. O processo equitativo na configuração do *fair trial,* entendido como um processo que proporciona um *standard* de tutela correspondente ao exigido pelo art. 6.º da Convenção Europeia dos Direitos do Homem, é um processo cuja justeza reside não apenas na imparcialidade, na autonomia, na independência e no carácter natural de quem administra a justiça, mas é sobretudo aquele cuja regulação prevê as formas e os termos do processo, no sentido de que tais formas e termos devem estar pré-determinados ao pormenor pelo legislador, devendo ser possível assegurar com previsibilidade que as partes são titulares de poderes e deveres processuais e que o processo é destinado a finalizar com certo tipo de decisão final, sendo possível proceder-se a um controle *in iure* da actuação do juiz e das suas escolhas (através da análise da motivação lógica das escolhas realizadas).

[453] Na verdade, este tema foi tratado por L. Lanfranchi, "Riflessioni "de iure condito" e "de iure condendo" sulla tutela cognitiva ordinaria e sommaria", RGLPS, (anno XXXIII-fasc. 4-5, Parte I) 1982, pp. 7 ss.; IDEM, "Profili sistematici dei procedimenti decisori sommari", RTDPC, 1987, pp. 88 ss. E foi retomado numa obra colectiva de que foi coordenador: *Giusto processo civile e procedimenti decisori sommari,* Torino, 2001. Sobre este tema, cumpre ver o seu texto que é acolhido na mesma obra: «"Pregiudizi illuministici" e "giusto processo" civile», a páginas 16 ss.; esp. pp. 20 ss.

Assim, sendo algo mais do que um processo que é gerido por um juiz autónomo, independente e imparcial, o processo justo é um processo que é controlado por quem exerce a função jurisdicional e o faz actuando através de um processo regulado ao pormenor, em termos que os poderes, deveres, ónus e faculdades estão previstos na lei em condições de paridade, sendo certo que deve ser entendido ainda como sequência de actos, com forma típica, minimamente prevista desde o início, em termos que as partes possam apresentar e planear estrategicamente a sua plena defesa, segundo critérios de previsibilidade, justiça e igualdade[454]. Pois bem, é exactamente neste contexto que se percebe a razão pela qual certo sector da ciência do direito processual tenha dificuldade em aceitar a técnica da sumariedade, já que esta também pressupõe a indeterminação de formas e termos e a escolha discricionária do juiz quanto à configuração estrutural do processo e quanto à configuração do modelo participativo e igualitário do contraditório[455].

2.

Em qualquer caso, como apontámos, não obstante um processo equitativo postular a concretização de meios efectivos de defesa e a paridade entre as partes no processo bem como dos princípios do contraditório e da igualdade de armas, a invocação de celeridade e da eficácia processual tem vindo a justificar a concretização de limitações a tais direitos, sendo certo que, segundo o TC, a restrição não pode ser desproporcionada, infundada, irrazoável ou intolerável[456]. Como esclareceu «não pode exagerar-se na preocupação de celeridade, pois a rapidez excessiva, que se traduzisse num ritmo trepidante, prejudicaria a ponderação das partes e a do próprio tribunal, podendo comprometer o acerto da decisão, quando o certo é que a finalidade primeira do processo é fazer justiça».

Reforçando o que acabámos de dizer, há jurisprudência do TC que versa sobre o conteúdo do direito de defesa e o princípio do contraditório

[454] Sobre este assunto, vd. N. Picardi, "Lavori per la riforma del Cod. Proc. Civ. I processi speciali", RDproc., 1982, pp. 700 ss.; G. Walter, "I diritti fondamentali nel processo civil tedesco", RDProc., 2001, pp. 733 ss.

[455] Sobre este assunto, L. Lanfranchi, "Pregiudizi illuministici... cit., p. 25.

[456] Sobre este assunto, vd., por exemplo, o acórdão n.º 1193/96, processo n.º 496/96, acórdão n.º 646/98, processo n.º 446/97 e acórdão n.º 646/98, processo n.º 446/97.

e sublinha que os mesmos podem ser legitimamente limitados pelo legislador ordinário, por razões de celeridade e eficácia processual. E, com efeito, a propósito da aplicação de normas que diferem o contraditório para momento posterior à realização da penhora ou do arresto, o Tribunal considera-as conformes com a Lei Fundamental, uma vez que também aqui se invocam razões de celeridade e eficácia para concretizar legítimas restrições ao direito de acesso aos tribunais, especialmente no que concerne à garantia que proíbe a indefesa das partes[457], admitindo-se, pois, a concretização de desvios (e excepções) ao contraditório[458]. Aliás, concretamente no que se refere à produção de prova, o TC tem entendido que o direito de defesa e o princípio do contraditório não implicam necessariamente a admissibilidade de todos os meios de prova permitidos em qualquer tipo de processo e independentemente do objecto do litígio, sendo que, com a ressalva da restrição proporcionada e adequada, a Jurisdição Constitucional não exclui totalmente a possibilidade de introdução de limitações quantitativas na produção de certos meios de prova – designadamente à admissibilidade de prova testemunhal[459].

Na verdade, segundo a jurisprudência constitucional portuguesa, o princípio do contraditório e o direito de defesa não são violados por normas que no domínio dos processos cautelares dispensam a audição do requerido antes de decretada a providência ou que o diferem para momento posterior, existindo razões de eficácia da decisão e razões de urgência no decretamento da providência que justifiquem tal desvio[460]. Ademais, mesmo fora deste domínio, o Tribunal Constitucional já considerou igualmente não violadoras desse princípio normas que igualmente diferem o contraditório, seja por estarem em causa decisões meramente

[457] Sobre este assunto, vd. acórdão n.º 337/99, publ. no DR, II série, de 22.07.1999, acórdão n.º 259/00, processo n.º 103/2000, e acórdão n.º 162/00, processo n.º 657/99, publ. DR, II série, de 22.07.1999.

[458] Vd. acórdão n.º 209/95, processo n.º 133/93, e acórdão n.º 604/95, processo n.º 356/94.

[459] Sobre este assunto, vd. acórdãos n.º 209/95, processo n.º 133/93, e 604/95, processo n.º 356/94. Vd. tb. acórdão n.º 739/98, publ. DR, II série, de 08.03.1999, acórdão n.º 598/99, publ. DR, II série, de 20.03.2000, acórdão n.º 131/02, processo n.º 346/01, e acórdão n.º 373/02, processo n.º 899/98.

[460] Neste sentido, vd. acórdãos n.º 739/98 e 598/99, pub. DR, II série, de 08.03.1999, e de 20.03.2000. E, vd. tb. o acórdão n.º 131/02, processo n.º 346/01.

provisórias, seja por razões de celeridade e de eficácia»[461]. De qualquer modo, importante é que não haja um sacrifício manifestamente desproporcionado do contraditório ou desde que o diferimento da audição se possa justificar materialmente por razões de eficácia e de celeridade, [exigindo-se, ainda assim, que ele] não limite ou restrinja, de forma intolerável o direito de defesa». Aliás, o mesmo raciocínio é feito pelo Tribunal a propósito da fixação de prazos pelo legislador, uma vez que não se pode impor às partes prazos para a realização de actos processuais tão curtos que envolvam uma diminuição arbitrária ou excessiva dos seus direitos de defesa.

III.

Justificadas as limitações à garantia processual ao processo justo, na dimensão da plena defesa, por razões de efectividade processual, cumpre equacionar em que termos pode legitimar-se a concretização de instrumentos de sumariedade para atender às *situações-de-urgência*. Na verdade, entre outros aspectos, relacionados com a acessoriedade-instrumentalidade dos processos cautelares e a provisoriedade das decisões, a urgência, tendo um carácter especial, condiciona sempre a forma e a estrutura dos processos que a servem e apela sempre à concretização da *sumariedade procedimental*, podendo também justificar a *sumariedade* cognitiva **(1.)**. De resto, importa manter um equilíbrio entre a simplificação e abreviação e a justeza das garantias processuais e, no que concerne a este tipo de mecanismos de *passerelle*, cumpre assegurar que a emissão da decisão de mérito não acontece à custa da adopção de providências cautelares. Inclusive, na senda da experiência italiana e da *arte* seguida pelo próprio *Conseil d'État*, justificar-se-ia prever um mecanismo que permitisse ao juiz determinar o tratamento prioritário do processo principal, sempre que, emitindo uma providência cautelar, entendesse necessário proceder à composição definitiva da lide em tempo breve **(2.)**.

1.

É um facto que a *sumariedade procedimental* se revela de dois modos: na regulação simplificada e abreviada do *modus procedendi* do processo, por

[461] Neste sentido, vd. Acórdãos n.º 160/00, 259/00 ou 522/00, publ. no DR, II série, de 10.10 de 2000, 07.11.2000, e 31.01.2001.

um lado, e na ausência (ou insuficiência) de regulação e desvio para o juiz dessa tarefa de conformação procedimental, por outro, sendo certo que, no que respeita à primeira modalidade, o legislador consegue esta finalidade prevendo um número reduzido de articulados, um número reduzido de fases do processo e a configuração facultativa de alguma delas, estipulando, em todo o caso, prazos curtos para a prática de actos processuais. No que respeita à segunda, porque a *sumariedade procedimental* também resulta da desregulação processual e da ausência de formas e termos pré-constituídos, a simplificação e a abreviação são alcançadas pela transferência para o juiz do poder de conformar o *modus procedendi*, escolhendo a forma e os trâmites a seguir. Portanto, tanto a concretização da técnica da indeterminação legal da estrutura do processo como a entrega ao juiz do poder de determinação/conformação da estrutura processual e das formas a seguir são modalidades de concretização da sumariedade procedimental por razões de urgência, sendo certo que é bem visível a concretização de tais técnicas em todos os processos existentes nos títulos IV e V do CPTA. Aliás, tais instrumentos estão concretizados ao máximo no processo de intimação para protecção de direitos, liberdades e garantias, nos termos do artigo 109.º e seguintes, e no processo cautelar, *maxime* nas dimensões previstas nos artigos 131.º e 121.º do CPTA.

Por outro lado, cumpre dizer que a urgência pode também exigir a concretização da técnica da *sumariedade cognitiva*. E, assim será, se o regime especial consagrar, para além das mencionadas, outras modalidades de configuração da técnica da sumariedade da cognição, a saber: a configuração de um modelo de cognição não plena (ou sumária) por determinação legal, sendo certo que esse modelo integra um procedimento de instrução e produção de prova especial, em que se prevê a atenuação (que tanto pode ser de conteúdo como apenas de duração) ou um desvio sério (excepção) ao modelo de contraditório participativo-igualitário de partes, sendo certo também que tal pressupõe (ou pode pressupor) a técnica da inversão do contencioso ou técnica do processo de cognição unilateral (ou procedimento *inaudita altera parte*), traduzível no contraditório diferido ou incompleto e sendo certo finalmente que tal cognição sumária pode pressupor ainda a simplificação, incompletude, não esgotamento de prova (ou prova *sumária*, enquanto prova restrita, não esgotada ou prova imediata). Ora, a sumariedade da cognição para além de poder resultar da existência de material instrutório limitado quantitativamente (por não ter em conta todos os factos controvertidos ou por se traduzir em material instrutório não esgotado), também pode resultar da previsão de um modelo em que o juiz é titular de excepcionais poderes de instrução probatória, podendo configurar-se como elemento desequilibrante do modelo igualitário do contraditório. E, mais uma vez, cumpre dizer que estes instrumentos de cognição sumária estão consagrados, em diferentes doses, em alguns processos previstos no título IV e V do CPTA. De novo se invoca o processo de intimação para protecção de direitos, liberdades e garantias (especialmente na modalidade prevista no artigo 111.º, n.º 1 e n.º 2) e os processos cautelares (sobretudo na dimensão acolhida no artigo 131.º) como exemplos desses processos sumários de cognição sumária.

2.

Parece, pois, legítimo consagrar desvios ao direito de acesso aos tribunais, desde que a restrição não seja desproporcionada e infundada e parece, pois, possível dizer que esta relação existente entre a *tutela-de-urgência*, os valores de efectividade processual e a sumariedade acolhida nos títulos IV e V do CPTA são harmonizáveis e compatíveis com a Lei Fundamental. Ainda assim, cumpre pensar em minimizar os riscos que envolve a aplicação do mecanismo. Em primeiro lugar, porque se coloca o problema de interpretação dos conceitos indeterminados presentes no artigo 121.º, importa ter sempre presente a sua finalidade. O TCA-N, a propósito do primeiro grupo, alertou para o carácter excepcional da figura e para a necessária prudência e cuidado por parte do julgador no momento da interpretação do conceito de urgência, o qual só excepcionalmente se deve decidir pela convolação. Em segundo lugar, porque se coloca um problema de avaliação, importa trazer à colação as recomendações do TCA-N, que para além de apelar à prudência do julgador e das partes, sugere que a acção principal esteja já proposta no momento da antecipação. Na realidade, o TCA sugeriu que o julgador só avance para a antecipação do juízo sobre a causa principal quando tiver no processo todos os elementos necessários para o efeito, advertindo para o carácter arriscado de administrar a justiça nestes moldes. E assim, afirmou que «o tribunal não deve antecipar a decisão sobre o mérito da causa, mas decidir a providência cautelar, sempre que seja possível admitir que poderão ser trazidos ao processo principal elementos relevantes para a decisão de fundo». Finalmente, porque pode existir erro de cálculo por parte dos particulares, é importante referir que há sempre a possibilidade de recorrer quer da própria decisão prévia de antecipar o juízo sobre a causa principal, por não se verificarem os requisitos de que depende a antecipação do julgamento, quer do mérito do próprio julgamento.

A lógica seguida neste aresto é, em suma, muito semelhante à adoptada numa famosa decisão do Tribunal Constitucional italiano[462]: se a causa não se apresentar madura para decisão, é preferível decidir em termos provisórios, pois a garantia cautelar não pode ser descartada pelo tribunal[463] e, ainda assim, e tendo em conta que os particulares só se lembram das garantias quando a ausência delas os não favorece, impõe-se seguir o *princípio da congruência*, no sentido de que não deve valorar-se apenas as exigências das partes que requerem normalmente a adopção dos trâmites garantísticos ordinários de qualquer processo, pois há que atender às razões que estão subjacentes ao mecanismo e que justificam a sua existência. E, até ver, estas ainda são boas razões – são razões que atendem à efectividade do processo.

[462] O Tribunal Constitucional italiano explicou que a antecipação da decisão de mérito deve obedecer, em primeiro lugar, à integridade do contraditório e ao esgotamento de prova ou à completude e suficiência do quadro probatório, tendo claramente afirmado que não deve existir antecipação da decisão de fundo se uma das partes revelar intenção de apresentar prova relevante no processo principal e se a causa não se apresentar madura para decisão, sendo, então necessário proceder a produção de prova. Sobre a decisão n.º 427, de 10.11.1999, vd., por todos, A. Bartolini, "Il rito speciale per i "settori sensibili"", in. *Il processo davanti al giudice amministrativo. Commento sistematico alla legge n.º 205/2000*, a cura di B. Sassani/R. Villata, Torino, 2001, pp. 179 ss.

[463] A este propósito, o Tribunal Constitucional italiano já considerou que «a fase cautelar é um momento inafastável daquele que é o processo justo e efectivo posto à disposição do particular» (decisão n.º 249, de 16.07.1996), pelo que não pode ser afastada em favor de mecanismos que visem acelerar a decisão de mérito. E também afirmou que a decisão cautelar só poderá dispensar-se se o processo urgente permitir obter uma solução para a lide de forma imediata e efectiva, em tempo substancialmente idêntico ao que é necessário para a emissão da providência cautelar (decisão n.º 427, de 10.11.1999).

DÉCIMO PRIMEIRO ESTUDO

"O CONTENCIOSO PRÉ-CONTRATUAL (AUTÁRQUICO): COMO É E COMO SE GOSTARIA QUE (NÃO) FOSSE"

in: *Direito Regional e Local*, n.º 04, 2008, pp. 47-61

O contencioso pré-contratual (autárquico): como é e como se gostaria que (não) fosse

Sumário: 0. Introdução. **I.** O reforço europeu da eficácia dos mecanismos de recurso em matéria de contratação pública: a alteração das *directivas recursos* (n.º 89/665/CEE, de 21 de Dezembro, e n.º 92/13/CEE do Conselho, de 25 de Fevereiro) pela Directiva n.º 2007/66/CE do Parlamento Europeu e do Conselho, de 11 de Dezembro. **II.** As incertezas do contencioso pré-contratual (autárquico) e as soluções acolhidas no projecto de reforma do CPTA: avanços ou recuos?

0.

É um facto indiscutível que um pilar da *europeização* do direito administrativo assenta no domínio da contratação pública e que, neste sector jurídico, a *europeização* tem seguido uma tendência de alargamento e intensificação[464]. Ora, a alteração às *directivas*

[464] Assim, seguindo uma lógica de simplificação (pela uniformização) e de melhoria (pela modernização), as sucessivas gerações de directivas vieram alargar ou estender o universo de contratos abrangidos (de que resultou um alargamento dos âmbitos objectivo e subjectivo de incidência) e vieram intensificar ou aprofundar na disciplina jurídica, daqui resultando também uma tendencial e progressiva codificação das regras. Aliás, em primeiro lugar, no que respeita ao alargamento progressivo do universo dos contratos abrangidos, e, especificamente, no que respeita ao alargamento do âmbito objectivo, cumpre dizer duas coisas: que, primeiramente, o universo dos contratos abrangidos pela disciplina jurídica comunitária em matéria de contratação pública se resumia a fornecimentos e obras e só mais tarde este se alargou

recursos[465], em 11 de Dezembro de 2007, confirma a ideia de aprofundamento da disciplina comunitária em matéria de contratação pública, sendo certo que, não se limitando a fortalecer a eficácia e o efeito útil dos mecanismos de protecção relativamente aos procedimentos adjudicatórios de contratos públicos, vai ao ponto de introduzir directrizes no que respeita à disciplina substantiva que rege a própria execução dos contratos públicos, prenunciando a privação de efeitos dos contratos públicos a

à prestação de serviços. E, ainda neste contexto, cumpre dizer que começou inicialmente restringido aos sectores clássicos e depois se estendeu aos sectores excluídos (da água, energia, transportes e telecomunicações). Mais recentemente, a área das telecomunicações deixou de ser abrangida pela directiva sectores especiais e, ao mesmo tempo, a área dos serviços postais passou a estar incluída neste regime de jurídico europeu da contratação pública. O alargamento objectivo também resultou do facto de as novas directivas terem maior incidência objectiva, uma vez que os limiares de aplicação das disposições comunitárias foram sendo alterados e foram sendo fixados novos limiares mínimos, reduzindo-se os montantes em causa. Assim, o âmbito da Directiva n.º 2004//18/CE foi ampliado, passando a estar sujeitos às suas regras contratos de montantes inferiores. Por outro lado, cumpre dizer que o alargamento do regime comunitário em matéria de contratação pública também aconteceu quanto ao âmbito subjectivo, uma vez que o universo subjectivo de incidência abrangia apenas, num primeiro momento, as entidades adjudicantes de natureza jurídica pública e passou mais tarde a aplicar-se à contratação realizada por outras entidades, tidas, para este efeito, como «organismos de direito público». Quanto ao aspecto do aprofundamento das normas jurídicas, cumpre salientar dois aspectos: que estas normas eram inicialmente de matriz substantiva e posteriormente passaram a ser de natureza adjectiva, isto é, passaram a ter um desiderato garantístico e de protecção, tal era a deficiência (e divergência) dos mecanismos de protecção vigentes nos ordenamentos jurídicos internos e tal era a insuficiência dos regimes internos, resultante da má transposição das directivas comunitárias. Neste quadro, cumpre também salientar que inicialmente as regras são, sobretudo, normas procedimentais, isto é, normas relativas à formação dos contratos públicos, e mais recentemente as normas procuram também reger direitos e obrigações dos contraentes, incidindo, assim, sobre a execução dos contratos públicos. Sobre o tema, vd. o nosso *Direito da contratação pública. Uma introdução em dez aulas*, Braga, 2008, pp. 72 ss.

[465] Estas são a Directiva n.º 89/665/CEE do Conselho, de 21 de Dezembro de 1989, que coordena as disposições legislativas, regulamentares e administrativas relativas à aplicação dos processos de recurso em matéria de adjudicação dos contratos de direito público de obras e de fornecimentos, e a Directiva n.º 92/13/CEE do Conselho, de 25 de Fevereiro, que é relativa à coordenação das disposições legislativas, regulamentares e administrativas respeitantes à aplicação das regras comunitárias em matéria de procedimentos de celebração de contratos de direito público pelas entidades que operam nos sectores da água, da energia, dos transportes e das telecomunicações.

título de sanção, por em causa poder estar certo tipo de violações ao direito comunitário ou a normas jurídicas internas concretizadoras do direito comunitário.

Aliás, em nosso entender, não é só pelo facto de proceder à melhoria da eficácia dos recursos em matéria de adjudicação de contratos públicos[466] que a Directiva n.º 2007/66/CE do Parlamento Europeu e do Conselho, de 11 de Dezembro, merece especial atenção. Assim, acentuando as linhas de força quanto ao tipo de protecção que os Estados-membros devem oferecer no domínio da formação dos contratos públicos, esta Directiva vem, sobretudo, reforçar o direito à tutela jurisdicional efectiva dos interessados em contratar com as entidades adjudicantes, fazendo valer os princípios da igualdade de tratamento, não discriminação e transparência que derivam das liberdades comunitárias fundamentais e demonstrando que o direitos à tutela jurisdicional efectiva integra tanto a dimensão garantística à adopção de providências cautelares como a impugnação em tempo útil de decisões relativas aos procedimentos adjudicatórios ou de normas constantes dos documentos procedimentais e cadernos de encargos concernentes a tais procedimentos. Pode mesmo dizer-se que esta directiva de 2007, procurando respeitar os direitos fundamentais dos interessados em contratar com as entidades adjudicantes e os princípios europeus aplicáveis à contratação pública, visa precisamente assegurar o pleno respeito pelo direito a um recurso efectivo e equitativo, em conformidade com o primeiro e segundo parágrafos do artigo 47.º da Carta de Direitos Fundamentais da União Europeia, e a plena aplicabilidade da disciplina substantiva europeia em matéria de contratação pública[467]. Ora, porque visa também incentivar os interessados a lançar mão do recurso através de processos de urgência, antes da celebração do contrato, a nova

[466] Directiva publicada no JO/L/335, de 20.12.2007, p. 31.

[467] Assim, as *directivas recursos* dizem respeito ao recurso em matéria de contratos celebrados pelas entidades adjudicantes, a que se referem o n.º 9 do artigo 1.º da Directiva 2004/18/CE do Parlamento Europeu e do Conselho, de 31 de Março de 2004 (relativa à coordenação dos processos de adjudicação dos contratos de empreitada de obras públicas, dos contratos públicos de fornecimento e dos contratos públicos de serviços) e o artigo 2.º da Directiva 2004/17/CE do Parlamento Europeu e do Conselho, de 31 de Março de 2004 (relativa à coordenação dos procedimentos de adjudicação de contratos nos sectores da água, da energia, dos transportes e dos serviços postais).

directiva vem reforçar a categoria da tutela jurisdicional de urgência já nascida no seio do direito processual administrativo europeu.

É exactamente assim que entendemos os intentos da Directiva 2007/66/CE: porque o direito de acesso à tutela jurisdicional efectiva integra a garantia à tutela de urgência, entendeu o legislador europeu que ainda haveria necessidade de os Estados procederem ao reforço e ao aperfeiçoamento dos mecanismos que os mesmos vieram criar por força da transposição das *directivas recursos* de 1989 e 1992, uma vez que, como o próprio TJ já afirmou, os mecanismos de recurso existentes ainda não oferecem o pleno respeito pelo direito comunitário, em especial numa fase em que as violações constatadas podem ser corrigidas, de que tem resultado o enfraquecimento das garantias de transparência e de não discriminação e os propósitos de modernização e simplificação traçados pelas Directivas substantivas de 2004 (a Directiva n.º 2004/18/CE (de 31 de Março)[468] e a 2004/17/CE (de 31 de Março)[469].

De facto, constatado que alguns sistemas nacionais contêm *brechas*, por onde *foge* a efectividade das garantias que os mesmos devem oferecer, e assinaladas as deficiências a combater, o legislador europeu pretendeu especialmente tratar aquela que já foi detectada várias vezes pelo TJ e que tem que ver com o facto de os sistemas processuais não preverem entre o momento da decisão de adjudicação e o da celebração do contrato em causa, um período de tempo útil durante o qual a celebração do contrato em questão fique suspensa (ou um período de tempo de espera para a outorga do contrato), durante o qual se deve permitir aos concorrentes em procedimentos adjudicatórios lançar mão de uma garantia eficaz, sendo certo que, naturalmente, da falta desse «período de standstill» tem resultado um comportamento típico por parte da entidade adjudicante que se traduz «na corrida à assinatura do contrato» — uma vez que, pretendendo tornar irreversíveis as consequências da decisão de adjudicação posta em crise pelos interessados, aquela entidade tem vindo a tomar uma atitude que se caracteriza por proceder rapidamente à outorga

[468] A Directiva foi publicada no JO/L/134, de 30.04.2004, p. 114 e actualmente contém a redacção que lhe foi dada pela Directiva n.º 2006/97/CE.

[469] A Directiva foi publicada no JO/L/134, de 30.04.2004, p. 1 e contém a redacção que lhe foi dada pela Directiva n.º 2006/97/CE.

do contrato – e a produção do facto consumado, que é tudo aquilo que as *directivas recursos* sempre procuraram evitar que acontecesse **(I.)**.

Como das Directivas n.º 89/665/CEE do Conselho (de 21 de Dezembro de 1989)[470], e n.º 92/13/CEE do Conselho (de 25 de Fevereiro)[471], resultou para os Estados a obrigação de, nos respectivos sistemas processuais, assegurarem a existência de mecanismos ou vias de recurso eficazes e céleres de que os interessados deveriam socorrer-se com vista a obter a protecção em face das decisões tomadas pelas entidades adjudicantes durante a fase de preparação e formação dos contratos públicos, entre nós, foi criado um processo urgente de impugnação de decisões administrativas destacáveis do procedimento de formação de três contratos públicos e um processo com vista a obter providências cautelares, através do Decreto-lei n.º 134/98, de 15 de Maio. Aliás, o reforço da efectividade destes recursos em matéria de contratação pública e a preocupação em assegurar que nenhum contrato público é celebrado enquanto pairar a suspeita de ter ocorrido uma violação do direito comunitário durante a fase de formação desse contrato, fez introduzir ao legislador melhorias nestes mecanismos, em 2002/2003, aquando da adopção do CPTA, assim fazendo nascer a categoria da tutela jurisdicional de urgência neste domínio do contencioso.

Tal como já se apontou, nos últimos anos, esta estirpe processual foi emergindo no seio do direito processual administrativo europeu e foi ganhando especial consistência no domínio do direito processual europeu da contratação pública. E, entre nós, depois da reforma de 2002/2003, essa categoria passou a ter clara existência na lei processual administrativa e nela estão incluídos os mecanismos urgentes a accionar no contencioso pré-contratual, sendo certo que os mesmos assumem a configuração de um processo especial de tramitação urgente, cujo âmbito abrange pretensões impugnatórias referentes a actos e decisões normativas relativas ao procedimento de formação de quatro contratos públicos – o contrato de empreitada e concessão de obras públicas, o contrato de prestação de

[470] Directiva publicada no JO/L/395, de 30.12.1989, p. 33. Directiva alterada pela Directiva n.º 92/50/CEE (JO/L/209, de 24.07.1992, p. 1).

[471] Directiva publicada no JO/L/76, de 23.03.1992, p. 14. Directiva com a última redacção que lhe foi dada pela Directiva n.º 2006/97/CE (alterada pela Directiva n.º 92/50/CEE (JO/L/363, de 20.12.2006, p. 107).

serviços e o de fornecimento de bens – e um processo urgente cautelar, respectivamente acolhidos nos artigos 100.º e 132.º do CPTA.

Ora, a aplicação destes meios processuais (muito empregues no domínio do contencioso autárquico) não tem sido de todo pacífica. Aliás, para além de outras dúvidas suscitadas a propósito do contencioso pré-contratual, há algumas que se destacam, de entre as quais estão aquelas relativas: *i)* à natureza imperativa e exclusiva do contencioso pré-contratual urgente e à articulação entre os mecanismos processuais especiais previstos nos artigos 100.º e 132.º e os demais mecanismos ordinários consagrados no CPTA; *ii)* ao prazo para impugnação de actos nulos relativos aos procedimentos de formação destes contratos; *iii*) aos meios de prova possíveis no processo urgente; *iv*) e aos procedimentos cautelares aplicáveis neste domínio.

Esta é altura, pois, para avaliar da eficácia dos mecanismos processuais existentes no actual regime processual administrativo e das alterações que são acolhidas no projecto de reforma do CPTA, tanto mais que agora novas fasquias de protecção em matéria de garantias a instituir no domínio da contratação pública são colocadas a nível europeu. Na realidade, num momento em que a doutrina e a jurisprudência se dividem quanto à aplicação dos artigos 128.º e 131.º, a propósito do decretamento de providências cautelares no quadro dos procedimentos adjudicatórios, importa saber se, à luz da Directiva de 2007, algum destes tipos de procedimentos cautelares são necessários no sector do contencioso pré-contratual, ou se o procedimento cautelar consagrado no artigo 132.º é suficiente. E num momento em que se propõe o alargamento da categoria processual de urgência a todo o contencioso pré-contratual, faz todo o sentido reflectir sobre os méritos de um modelo que oferece uma via prioritária de tutela, ainda que com âmbito de incidência restrito[472] **(II.)**.

[472] Sobre este tema, vd. M. Aroso de Almeida, *O novo regime do processo nos tribunais administrativos*, 4.ª ed., Almedina, Coimbra, 2005, pp. 93 ss.; 273 ss; pp. 336 ss.; M. Aroso de Almeida/C. Cadilha, *Comentário ao Código de Processo nos tribunais administrativos*, 2.ª ed., Coimbra, 2007, anotação aos artigos 37.º; 100.º e 132.º CPTA; Bernardo Diniz de Ayala, "A tutela contenciosa dos particulares em procedimentos de formação de contratos da Administração Pública", CJA, n.º 14, pp. 22 ss.; Carlos Cadilha, «Contratos públicos: do Decreto-Lei n.º 134/98, de 15 de Maio, à reforma do contencioso administrativo. Uma análise da jurisprudência», SI, 2002, n.º 292, pp. 51 a 62; M. Esteves De Oliveira/Rodrigo Esteves de Oliveira, *Código de Processo nos Tribunais Administrativos Anotado*, Almedina, 2004; Maria João Estorninho,

I.

A preocupação em face das violações típicas ocorridas durante a fase de formação do contrato[473] e a intenção de dotar de efectividade as garantias a instituir, incluindo especialmente a necessidade de as mesmas acolherem traços de prioridade e celeridade, vêm sublinhadas desde sempre nos considerandos das mesmas directivas. Assim, num primeiro momento, pressupondo a ausência de mecanismos que assegurassem a aplicação efectiva das directivas substantivas e das disposições comunitárias, tanto a nível nacional como comunitário e suspeitando que no Estado da entidade adjudicante haveria insuficiência de garantias ou ausência de meios de recurso eficazes perante as violações dos preceitos comunitários[474] – o que

«Algumas questões de contencioso dos contratos da Administração Pública, AAFDL, 1996; – *Direito europeu dos contratos públicos,* Coimbra, 2006, pp. 389 ss.; Isabel Celeste M. Fonseca, "A justiça Administrativa dos contratos da Administração. Da (ainda) Ária de Inútil Precaução)", SI, 2001, n.º 290, pp. 83 a 97; – *Introdução ao estudo sistemático da tutela cautelar no processo administrativo,* Coimbra, 2002, pp. 318 a 343; — *Dos novos processos urgentes no contencioso administrativo,* Lex Edições, Lisboa, 2004, esp. pp. 61 ss.; – «O contencioso dos contratos da Administração Pública: notas sobre um domínio do contencioso administrativo de feição muito urgente», in: *Estudos em Homenagem ao Professor Doutor Marcello Caetano,* Coimbra Editora, Coimbra, 2006 (tb. publicado in. RMP, n.º 108, 2006, pp. 151 a 196); Pedro Gonçalves, *O contrato administrativo,* Coimbra, 2003, pp. 147 ss.; – "Avaliação do regime jurídico do contencioso pré-contratual urgente", CJA, n.º 62, 2007, pp. 3 ss.; Alexandra Leitão, *Protecção judicial dos terceiros nos contratos da Administração Pública,* Coimbra, 2002; Ana Gouveia Martins, *A tutela cautelar no contencioso administrativo. Em especial, nos procedimentos de formação dos contratos,* Coimbra, 2005, pp. 93 ss., pp. 279 ss.; Vasco Pereira da Silva, *O contencioso administrativo no divã da psicanálise. Ensaio sobre as acções no novo processo administrativo,* Coimbra, 2005, pp. 401 ss.; J. C. Vieira de Andrade, *A justiça administrativa (lições),* 8.ª ed., Almedina, Coimbra, 2007, pp. 105 ss.; pp. 181 ss; pp. 243 ss; pp. 325 ss.; pp. 352 ss.; Cláudia Viana, "A prevenção do "facto consumado" nos procedimentos de contratação pública – uma perspectiva de direito comunitário", CJA, n.º 68, 2008, pp. 26 ss.

473 De facto, havia a necessidade de combater as infracções ao direito comunitário, sendo certo que a Comissão apontava como infracções comuns a falta de publicação, o fraccionamento abusivo de um contrato para defraudar os valores fixados nas directivas e assim se subtrair à aplicação do regime comunitário, o recurso abusivo ao ajuste directo e a invocação injustificada de situações de urgência afim de reduzir o prazo de apresentação de propostas, a introdução nos documentos do concurso que fixam as condições de adjudicação de cláusulas administrativas, financeiras ou económicas incompatíveis com a disciplina comunitária, a exclusão ilegal de concorrentes originários de Estados-membros diferentes do da entidade adjudicante.

474 A uniformização em matéria de garantias constituía uma necessidade emergente também por causa da heterogeneidade de que sofriam os diversos sistemas dos Estados-membros em

é sempre razão suficiente para desencorajar os operadores económicos a manifestar o seu interesse em contratar com essa entidade –, a Directiva n.º 89/665/CEE do Conselho, de 21 de Dezembro de 1989, e a Directiva n.º 92/13/CEE do Conselho, de 25 de Fevereiro, procuraram obstar exactamente a tal situação de desencorajamento dos operadores económicos, visando «proteger os proponentes contra o arbítrio das decisões das entidades adjudicantes» – como afirmou o TJ.

E, desta feita, tendo subjacente a lógica de que para assegurar a concorrência comunitária seria essencial prever garantias de transparência e de não discriminação, sendo necessário para o efeito potenciar a existência de meios de recurso eficazes e rápidos em caso de violação do direito comunitário em matéria de contratos de direito público ou no caso de violação das normas nacionais que transpõem esse direito, as directivas recursos vieram prever a necessidade de instituir tanto mecanismos de tutela provisória como mecanismos céleres de tutela definitiva, *id est*, «recursos tão eficazes e, sobretudo, tão rápidos quanto possível». E é um facto que, para além da garantia à indemnização, as directivas apontavam desde o início para a previsão de meios processuais urgentes e não apenas para a previsão de processos cautelares[475] – aspecto que ficou muito mais claro, agora, depois de 2007.

matéria de garantias processuais, dos quais resultava amiúde a violação do direito comunitário. Assim, se em alguns sistemas era possível impugnar o acto de adjudicação e o próprio contrato, noutros tal não seria possível. Se em alguns era possível obter uma indemnização para ressarcimento de danos sofridos pelo recorrente, noutros este tipo de indemnização estaria, de todo em todo, fora do alcance do interessado em contratar com a as entidades adjudicantes. Enfim, reconhecia-se que a violação do direito comunitário surgia frequentemente durante a fase de preparação e de adjudicação, e especialmente antes da celebração do contrato, e assumia normalmente vícios formais, designadamente de falta de publicação do anúncio do concurso no JOUE – um vício que demonstrava ser suficiente para afectar a livre concorrência e afastar a vinda a concurso de outros operadores económicos.

[475] Também em Itália, da transposição das *directivas recursos* resultou a criação de figuras processuais de urgência, que não se resumem à estirpe cautelar. Antes pelo contrário. Importa dizer, aliás, que no que concerne ao contencioso relativo aos procedimentos adjudicatórios de contratos de empreitada, fornecimento e aquisição de serviços, a lei processual administrativa passou a consagrar, depois da reforma de 2000, uma modalidade processual especial, no âmbito da qual também é possível decretar medidas cautelares. Sobre este tema, vd. M. LIPARI, "I riti abbreviati : l'ambito della disciplina e il concreto funzionamento del giudizio accelerato", in: *Il nuovo processo amministrativo dopo due anni di giurisprudenza*, a cura di F. CARINGELLA/M. PROTTO, Milano, 2002, pp. 804 ss.

Assim, porque a intenção primeira seria garantir a correcção das violações em momento em que as mesmas pudessem ser corrigidas e porque os processos adjudicatórios dos contratos públicos são normalmente de duração breve, as *directivas recursos* vieram reconhecer, desde o início, a necessidade de os Estados acolherem tanto mecanismos de natureza provisória, que sejam aptos a «suspender um processo dessa natureza ou a execução de decisões eventualmente tomadas pela entidade adjudicante», como de mecanismos que procedem a um «tratamento urgente das violações acima mencionadas». Aliás, para além da preocupação de tratar provisoriamente as questões suscitadas, subjacente às Directivas n.º 89/665/CEE e n.º 92/13/CEE do Conselho, houve uma outra, que se prendia com a existência de «procedimentos apropriados» que «[permitissem] a anulação das decisões ilegais e a indemnização das pessoas lesadas por uma violação». São, pois, preocupações de ordem preventiva e com vista a assegurar a tutela jurisdicional efectiva neste domínio do contencioso da contratação pública.

De resto, este raciocínio do legislador comunitário está bem presente desde o início, sendo suficiente lembrar as disposições sobre aquele que deveria ser o momento certo para a invocação de garantias. O propósito das *directivas recursos* seria, pois, garantir uma aplicação efectiva das directivas comunitárias, impondo a previsão de garantias que pudessem actuar «numa fase em que as violações [fossem susceptíveis de] ainda ser corrigidas» – ou, por outras palavras, pretendia-se que as garantias actuassem antes de o contrato ser celebrado, sendo certo que sempre foi reconhecido que tais directivas não visavam disciplinar as relações que se pudessem estabelecer depois de o contrato ser celebrado. E prova disso era o disposto no n.º 5 do artigo 2.º, onde se dispunha que os Estados-membros poderiam prever que, sempre que fossem reclamadas indemnizações com base em que uma decisão teria sido tomada ilegalmente, a decisão contestada devesse primeiro ser anulada por uma instância que tivesse a competência necessária para o efeito. E o n.º 6 do artigo 2.º preceituava que: «os efeitos do exercício dos poderes referidos no n.º 1 sobre o contrato celebrado na sequência da atribuição de um contrato de direito público [seriam] determinados pelo direito nacional». E, para além disso, cumpre sublinhar que «excepto se a decisão [tivesse] de ser anulada antes da concessão de indemnizações, os Estados-membros [poderiam] prever que, após a celebração do contrato na sequência de um contrato de direito público, os poderes da instância de recurso responsável se [limitasse] à concessão de indemnizações a qualquer pessoa que [tivesse] sido lesada por uma violação».

Assim, como se percebe, antes da alteração de 2007, a *directiva recursos para os sectores clássicos* apontava várias soluções no seu artigo 2.º para alcançar esse desiderato preventivo. E uma das apresentadas na alínea a) do n.º 1 do artigo 2.º recomendava a criação de processos (urgentes) cautelares, segundo a terminologia latina — ou processos (urgentes) que desembocam em decisões de natureza provisória, de acordo com a lógica francesa e alemã –, uma vez que a directiva impunha a existência de mecanismos capazes de dotar de efectividade o sistema de garantias a proporcionar pelo Estado-membro, sendo certo que estes mecanismos deveriam permitir obter, através de um processo de urgência, medidas provisórias destinadas a corrigir a alegada violação ou a impedir que fossem causados outros danos aos interesses em causa, incluindo medidas destinadas a suspender ou a fazer suspender o processo de adjudicação do contrato de direito público em causa ou a execução de qualquer decisão tomada pelas entidades adjudicantes. Além disso, a Directiva impunha na alínea b) do n.º 1 do artigo 2.º a necessidade de existir um recurso que, sendo descrito no preâmbulo da Directiva como «recurso eficaz e, sobretudo, [um recurso] tão rápido quanto possível» e aplicando-se tal terminologia na situação em concreto *ex vi* do n.º 1 do artigo 2.º, deveria permitir «anular ou fazer anular as decisões ilegais, incluindo suprimir as especificações técnicas, económicas ou financeiras discriminatórias que constassem dos documentos do concurso, dos cadernos de encargos ou de qualquer outro documento relacionado com o processo de adjudicação do contrato em causa. Finalmente, o Estado-membro deveria velar para que houvesse um mecanismo que permitisse conceder indemnizações às entidades lesadas por uma violação.

Importa também reter que, a par destas preocupações, as directivas apontavam no sentido de que os processos de recurso não produzissem, por si só, efeito suspensivo automático sobre os processos de adjudicação de contratos, procurando evitar a paralisação imediata dos procedimentos concursais em causa. Escusado será lembrar que tal efeito é sempre susceptível de desencadear um sem número de inconvenientes, entre os quais se inclui o prejuízo de ordem financeira para as entidades adjudicantes (e em última análise para o erário público), danos para os serviços públicos e seus utentes, e para o adjudicatário ou demais interessados em contratar. E, destas directivas sempre emergiu uma preocupação de assegurar aquele que pode classificar-se globalmente como interesse público nacional. Aliás, este interesse estava patente no n.º 4 do artigo 2.º, onde se dispunha que os Estados-membros poderiam prever que, sempre que a instância responsável se debruçasse sobre a necessidade de tomar medidas provisórias, lhe fosse possível tomar em consideração as prováveis consequências de tais medidas para todos os interesses susceptíveis de serem lesados, bem como o interesse público, e decidir não conceder essas medidas sempre que as consequências negativas emergentes das mesmas pudessem superar as vantagens.

2.

Pois bem, com a alteração de 2007, o objectivo de os Estados garantirem efectividade na protecção dos concorrentes e da concorrência no mercado interno saiu reforçada. E, assim, tendo em vista a protecção dos operadores económicos que participam em processos de adjudicação de contratos públicos – *id est*, «qualquer pessoa que tenha tido interesse em obter um contrato em particular e que tenha sido ou corra o risco de ser prejudicada por uma alegada violação», nos termos do artigo 1.º, n.º 3 –, a Directiva 89/665/CEE, no seu artigo 1.º, n.º 1, vem impor a obrigação de o Estado colocar à disposição dos interessados mecanismos que lhes permitam garantir que «as decisões tomadas pelas entidades adjudicantes possam ser objecto de recursos eficazes e, sobretudo, [de recursos] tão céleres quanto possível», sempre que haja fundamento de violação do direito comunitário em matéria de contratos públicos ou das regras nacionais que transpõem esse direito. E, por isso, para além de garantir uma indemnização ao lesado, *ex vi* artigo 2.º, n.º 1 alínea c) da Directiva 89/665/CEE, com a redacção posterior a 2007, o legislador europeu continua a reconhecer a necessidade da previsão dos típicos processos cautelares (através dos quais se deve poder decretar, no mais curto prazo, mediante processo de urgência, medidas provisórias destinadas a corrigir a alegada violação ou a impedir que sejam causados novos danos aos interesses em causa, designadamente medidas destinadas a suspender ou a mandar suspender o processo de adjudicação do contrato público em causa ou a execução de quaisquer decisões tomadas pela entidade adjudicante, *ex vi* artigo 2.º, n.º 1, a) da Directiva 89/665/CEE com a alteração posterior de 2007), e a previsão de processos estruturalmente adequados para obter uma decisão de mérito (de anulação de decisões ilegais ou de intimação para correcção de especificações técnicas, económicas ou financeiras discriminatórias que constem do convite ou de qualquer outro documento relacionado com o procedimento de adjudicação do contrato em causa, *ex vi* artigo 2.º, n.º 1, b) da Directiva 89/665/CEE com a alteração posterior de 2007).

Contudo, como se apontou, dadas deficiências dos mecanismos de recurso existentes nos Estados-membros concretizados em matéria de contratação pública por força da transposição das Directivas de 1989 e 1992, que nem sempre têm vindo a permitir garantir o pleno respeito pelo direito comunitário, em especial numa fase em que as violações ainda podem ser corrigidas, a Directiva 2007/66/CE do Parlamento Europeu e do Conselho, de 11 de Dezembro, vem proceder ao reforço e aperfeiçoamento das garantias da transparência e não discriminação, exigindo neste domínio o pleno respeito pelo direito a um recurso efectivo e equitativo, constante do artigo 47.º da Carta dos Direitos Fundamentais da União Europeia. E, como se afirma nos considerandos da Directiva 2007/66/CE, tendo em conta que os mecanismos de recurso existentes ainda não oferecem o pleno respeito pelo direito comunitário, em especial numa fase em que as violação podem ser corrigidas, e tendo em conta que as garantias de transparência e de não discriminação e os objectivos traçados pelas Directivas n.º 2004/18/CE e n.º 2004/17/CE podem ser prejudicados, o legislador veio procurar solucionar uma deficiência já diversas vezes evidenciada pelo TJ que é susceptível de constituir um sério obstáculo a uma tutela jurisdicional efectiva dos proponentes. Essa deficiência prende-se com a inexistência de um prazo razoável que permita aos interessados interpor um recurso eficaz, desde o momento em que é proferida a decisão de adjudicação e o momento da celebração do contrato em causa, especialmente tendo em conta a atitude que as entidades adjudicantes normalmente adoptam que é de proceder à celebração imediata do contrato, pretendendo tornar irreversíveis as consequências da decisão de adjudicação que é posta em crise pelos interessados.

Aliás, o TJ já vinha afirmando que «a directiva 89/665/CEE [impunha] aos legisladores nacionais o estabelecimento de um prazo suspensivo obrigatório entre a decisão de adjudicação e a celebração do contrato, vulgarmente designada por *cláusula standstill*. Assim, no acórdão *Comissão/Áustria, de 24 de Junho de 2004*, o TJ sublinhou a necessidade de previsão da cláusula *standstill*, enquanto exigência decorrente da necessidade de garantir o efeito útil das directivas recursos, tendo afirmado que a tutela jurídica exige a previsão da possibilidade de o proponente afastado analisar, em tempo útil, a questão da validade da decisão de adjudicação, sendo certo que, no entender do TJ, a tutela adequada também pressupõe a existência de um prazo razoável entre o momento da comunicação da decisão ao proponente afastado e a celebração do contrato, de modo a que este possa lançar mão de mecanismos de defesa, incluindo o de requerer a adopção de medidas provisórias adequadas, até à celebração do contrato.

Pois bem, procedendo ao acolhimento desta jurisprudência, o legislador europeu veio acolher na Directiva recursos esta solução, tendo afirmado que, para obviar a esta deficiência, que claramente pode deitar por terra o direito de qualquer concorrente à tutela jurisdicional efectiva, é necessário prever um prazo suspensivo mínimo (*ex vi* artigo 2.º -A da Directiva 89/665/CEE)[476], durante o qual a celebração do contrato em questão fique suspensa, sendo certo que, podendo ser mais curto ou dilatado conforme os tipos de comunicação utilizados no caso concreto[477], esse prazo suspensivo mínimo imposto deverá proporcionar aos concorrentes interessados um período de tempo suficiente para analisarem a decisão de adjudicação e avaliarem da oportunidade de interpor recurso[478].

476 Sendo certo que este prazo suspensivo mínimo não será aplicável se as Directivas 2004/18/CE e 2004/17 não exigirem a publicação prévia de anúncio do concurso no JOUE nem se o adjudicatário do contrato for o único proponente (pressupondo-se que não existam mais interessados em obter o contrato para além do adjudicatário).

477 Assim, nos termos do artigo 2.º-A, n.º 2 da Directiva 89/665/CEE, com a redacção resultante da alteração de 2007, a celebração de um contrato não pode ter lugar antes do termo de um prazo mínimo de 10 dias consecutivos, a contar do dia seguinte à data em que a decisão de adjudicação do contrato tiver sido enviada aos proponentes e candidatos interessados, em caso de utilização de telecópia ou de meios electrónicos, ou, em caso de utilização de outros meios de comunicação, antes do termo de um prazo mínimo, alternativamente, de 15 dias consecutivos a contar do dia seguinte à data em que a decisão de adjudicação tiver sido comunicada aos proponentes e candidatos ou de 10 dias consecutivos a contar do dia seguinte à data de recepção da decisão de adjudicação do contrato.

478 Nos termos da Directiva, quando a decisão de adjudicação é notificada aos proponentes, deverão ser-lhes fornecidas as informações relevantes indispensáveis para poderem interpor recurso eficaz, sendo certo que entre as informações a prestar se inclui uma exposição sintética dos motivos relevantes a que aludem os artigos 41.º e 49.º das Directivas n.º 2004/18 e n.º 2004/17e a informação relativa ao prazo de que os proponentes dispõem para interpor o recurso.

E a ser desencadeado um mecanismo de recurso por um interessado contra a decisão de adjudicação para uma entidade independente, devem os Estados-membros assegurar que a entidade adjudicante não possa celebrar o contrato antes de a instância de recurso ter tomado uma decisão, quer sobre o pedido de medidas provisórias, quer sobre o pedido de recurso, sendo certo que a suspensão não pode cessar antes do termo do prazo suspensivo a que se refere o n.º 2 do artigo 2.º A. E, no caso de ser desencadeada uma garantia administrativa prévia, que deva assim ser accionada junto da entidade adjudicante previamente à utilização de recurso para entidade distinta daquela, o legislador veio impor, nestes casos, por força da alteração introduzida pela Directiva de 2007, que o Estado-membro assegure, ainda assim, que o concorrente disponha de um prazo mínimo razoável para interpor recurso da decisão (ou omissão) que vier a ser proferida pela entidade adjudicante, junto da entidade competente para apreciar o recurso, sendo certo que nestes casos também se prevê que os Estados-membros devam assegurar que a apresentação de tal garantia implique a suspensão (automática) imediata da possibilidade de a entidade adjudicante celebrar o contrato, nos termos do artigo 1.º, n.º 5 da *directiva recursos* com a alteração introduzida em 2007. É certo que, salvo nestas duas situações, o recurso não deve necessariamente ter efeitos suspensivos automáticos relativamente aos processos de adjudicação do contrato a que se refere. E, tal como antes da reforma de 2007, o decretamento das providências cautelares pode depender de uma ponderação de todos os interesses susceptíveis de serem lesados bem como do interesse público invocado, podendo ser negada a providência caso as consequências negativas superem as vantagens. Assim é nos termos do artigo 2.º, n.º 3, n.º 4 e n.º 5 da Directiva n.º 89/665/CEE, com a alteração introduzida em 2007.

Como se percebe, a fim de assegurar que a decisão a proferir seja efectiva, o legislador europeu, para além de prever a necessidade de os Estados acolherem no seu ordenamento jurídico a cláusula *standstill*, veio determinar também que a interposição de um recurso mesmo pouco antes do termo do prazo suspensivo mínimo não deverá ter por efeito privar a instância responsável pelo recurso do tempo mínimo indispensável para agir, nomeadamente para prorrogar o prazo suspensivo relativo à celebração do contrato. Assim, deverá ser previsto um prazo suspensivo mínimo autónomo que não termine antes de a instância de recurso ter tomado uma decisão sobre o pedido. Os Estados-membros podem estabelecer que esse prazo termina quando a instância de recurso tome uma decisão sobre o pedido de decretamento de medidas provisórias, nomeadamente uma nova suspensão da celebração do contrato, ou quando a instância de recurso tome uma decisão sobre o mérito da causa, especialmente sobre um pedido de anulação de uma decisão ilegal.

Cumpre também sublinhar, na senda do já referido em considerações introdutórias, que o legislador europeu, a fim de lutar contra a adjudicação ilegal de contratos por ajuste directo e a violação das normas referentes aos prazos suspensivos mínimos e à suspensão automática, a Directiva 2007/66/CE vem determinar sanções a aplicar, entre as quais se evidencia a da privação de efeitos (nos termos do artigo 2.º D). Assim, com vista a combater a adjudicação ilegal de contratos por ajuste directo – sendo certo que de acordo com o TJ esta constitui a violação mais significativa do direito comunitário em matéria de contratos públicos – a Directiva n.º 2007/66/CE vem prever a aplicação de uma sanção efectiva, proporcional e dissuasiva. Assim, um contrato resultante de uma adjudicação ilegal por ajuste directo dever-se-á considerar desprovido de efeitos, sendo certo que tal sanção não será automática, devendo depender da decisão ou confirmação de uma instância de recurso independente. Assim, desprovido de efeitos o contrato, tal significa que os direitos e as obrigações das partes, tal como foram definidos no contrato, deixam de poder ser exercidos e executados, entendendo-se que a privação de efeitos constitui o meio mais eficaz de restabelecer a concorrência e de criar novas oportunidades de negócio para os operadores económicos que tenham sido ilegalmente privados da oportunidade de concorrer.

Aliás, a fim de evitar violações graves das exigências em matéria de prazo suspensivo e de suspensão automática, que constituem pré-requisitos da eficácia dos recursos, a Directiva 2007 vem prever a aplicação de sanções efectivas, sendo certo que os contratos celebrados em violação do prazo suspensivo devem ser, em princípio, considerados desprovidos de efeitos, se conjugados com violações das Directivas de 2004, na medida em que tais violações tenham afectado as hipóteses do proponente que interpôs recurso obter o contrato, sendo certo que em caso da violação de outras exigências formais, os Estados-membros podem prever a aplicação de outras sanções, incluindo sanções pecuniárias ou a redução da duração do contrato, ou outras mais severas que o direito interno acolha.

II.

É um facto que a aplicação da disciplina referente ao contencioso pré-contratual tem suscitado alguma dificuldade e tem dado origem a algumas cissões na doutrina e na jurisprudência. Assim, por exemplo, a natureza imperativa e exclusiva do contencioso pré-contratual urgente e a articulação entre os mecanismos processuais especiais previstos nos artigos 100.º e os demais mecanismos ordinários consagrados no CPTA tem provocado alguma incerteza. O mesmo se diga em relação ao prazo para impugnação de actos nulos relativos aos procedimentos de formação destes contratos públicos. E também a questão do rol de meios de prova possíveis de utilização no processo urgente tem dado azo a variações na jurisprudência. Finalmente a questão dos procedimentos cautelares aplicáveis neste domínio é de todas aquela que parece longe de resolver, já que para ela a proposta de alteração constante do projecto que contém alterações ao CPTA só aponta para a aplicação à tramitação deste procedimento das regras constantes do capítulo I, sobre a tramitação do processo cautelar comum, não especificando mais nada.

Na verdade, muitos são os exemplos que aqui poderiam ser dados de processos accionados contra as autarquias ou seus entes instrumentais, cujo objecto tem acolhido *pretensões-de-urgência* relativas à formação de contratos públicos de empreitada e concessão de obras públicas, prestação de serviços e fornecimento de bens[479]. E, na realidade, verifica-se alguma variação na jurisprudência no que respeita à interpretação e à aplicação da respectiva disciplina constante do CPTA[480]. E, para além do problema do âmbito da jurisdição administrativa[481], várias têm sido as dúvidas existentes

[479] A propósito do regime do contencioso pré-contratual, vd. o nosso "O contencioso dos contratos da Administração Pública: notas sobre um domínio do contencioso administrativo de feição muito urgente", in: *Estudos em Homenagem ao Professor Doutor Marcello Caetano*, Coimbra Editora, Coimbra, 2006 (tb. publicado in. RMP, n.º 108, 2006, pp. 151 a 196).

[480] Sobre as várias questões que se colocam em torno da aplicação da disciplina do contencioso pré-contratual e sobre a forma como os tribunais administrativos as têm vindo a resolver, vd. Pedro Gonçalves, «Avaliação do regime jurídico do contencioso pré-contratual urgente», CJA, n.º 62, 2007, pp. 3 ss.

[481] Também a questão do âmbito da jurisdição administrativa nem sempre tem obtido uma resposta unânime. Na verdade, as incertezas partem sobretudo da aplicação do regime substantivo anterior. Assim, perante a incerteza de um concorrente preterido num concurso público para «*Prestação de serviços de recolha de resíduos sólidos urbanos indiferenciados, lavagem,*

em torno da aplicação do regime que versa sobre tal contencioso urgente pré-contratual, incluindo o cautelar[482]. A solução dualista de contencioso pré-contratual e a natureza imperativa do urgente parece já ser, contudo, pacífica. Aliás, só por erro na escolha da forma de processo, certos operadores económicos não lançaram mão da Acção Administrativa Especial Urgente, prevista no artigo 100.º do CPTA, quando pretendiam atacar a adjudicação da prestação de serviços de transporte escolar das Escolas EB 1/2 de Vila Praia de Âncora e o acto de admissão de um candidato ao concurso. Como esclareceu o TCA-N, por Acórdão de 01.02.2007 (processo 81/04.8BEBRG), essa deveria ter sido a acção proposta, uma vez que, tratando-se da impugnação de actos referentes ao procedimento de formação de um contrato público de prestação de serviços, disciplinado pelo Decreto-lei n.º 197/99, de 08.06, a natureza imperativa e exclusiva de tal meio processual assim o impunha, sendo que, no caso em concreto, o TCA-N também esclareceu que, para efeito de prazo de utilização do meio processual urgente, pouco revelaria o desvalor jurídico do acto a

desinfecção, desengordurameno e desodorização de contentores - Zona 1 (Freguesias de Cascais, Estoril e Alcabideche), desencadeado pela *Empresa de Ambiente de Cascais, EM*, e que veio a ser adjudicado ao agrupamento de concorrentes GSC-TRIU, quanto à jurisdição competente para conhecer da ilegalidade do acto de adjudicação do serviço, o TCA-S (acórdão de 14.06.2007) veio afirmar que esta só poderia ser a dos tribunais administrativos, (acórdão de 14.06.2007), pois, entre outros aspectos, o âmbito da competência dos tribunais administrativos abrange as entidades privadas que pratiquem actos enquanto entidades adjudicantes. E quanto a esta questão, o TCA considerou que, tendo tal empresa municipal submetido o respectivo procedimento ao regime constante do Decreto-lei n.º 199/99, de 08.06, fácil seria reconhecer a competência da jurisdição administrativa para decidir sobre tal assunto, tanto mais que, entre estas duas entidades havia sido celebrado um contrato programa para gestão dos serviços públicos de recolha de resíduos, naquele concelho. Não hesitando quanto a essa solução, vd. acórdão do TCA-N de 29.03.2007 (processo n.º 79/05.9BEMDL), a propósito da impugnação urgente da deliberação de adjudicação da prestação de serviços de recolha, transporte e limpeza de resíduos urbanos, do concelho de Vila Real, emitida pelo Conselho da Administração da *EMARVR- Empresa Municipal de Águas e Resíduos de Vila Real, EM.*

[482] Justificando com o carácter sumário e de urgência do processo, o TCA-S indeferiu o incidente de intervenção de terceiros em hipóteses de litisconsórcio voluntário (acórdão de 12.04.2007, processo 2344/07). Assim, aconteceu no processo cautelar de suspensão da eficácia da deliberação da Comunidade Urbana da Lezíria do Tejo, relativa ao *concurso público internacional para selecção de empresa /parceiro privado para participar na constituição de uma empresa intermunicipal de capitais maioritariamente públicos para gestão e exploração dos sistemas de abastecimento de água para consumo público e saneamento dos municípios da Lezíria do Tejo.*

impugnar, valendo o prazo de um mês, tanto para actos nulos como para actos anuláveis[483].

Se quanto a estas duas soluções nada há a apontar, tendo em conta a orientação constante das *directivas comunitárias recursos* ou *meios contenciosos* e aquilo que é, nestes casos, a *situação-de-urgência* a tutelar, já as propostas que são acolhidas no projecto de alteração ao CPTA nos merecem as maiores reservas, uma vez que este vem prever tanto o alargamento deste contencioso pré-contratual a todos os diferendos pré-contratuais, independentemente de tais diferendos serem relativos aos quatro contratos públicos, como vem estabelecer que as impugnações fundadas em nulidade não estão sujeitas a prazo. É caso para se perguntar se, na prática, faz sentido tal resposta, pois, não perderá razão o recurso a um processo urgente, quando se pretende declarar a nulidade de um acto relativo à fase de formação de um contrato, depois de decorridos meses ou anos.

Como se disse, a lei processual administrativa consagra actualmente uma Acção Administrativa Especial Urgente Contratual (AAEUC), prevista no artigo 100.º, a contrario do artigo 46.º, n.º 3, que, de acordo com o entendimento maioritário da doutrina, é uma acção imperativa (e exclusiva) por determinação legal, que acode a uma especial situação de carência de tutela que se entendeu tutelar prioritariamente, sendo certo que esta situação desenha-se como urgente porque é premente proceder à correcção de ilegalidades procedimentais respeitante a um contrato público, cuja celebração está iminente, pelo que a urgência se consubstancia na necessidade de o tribunal decidir, em processo rápido, sobre a ilegalidade alegada antes mesmo de o facto estar consumado, obstando à celebração de um contrato público que padecerá de uma invalidade. E, como se apontou, o objecto deste processo abrange pretensões impugnatórias relativas à prática de actos administrativos e à prática de *normas regulamentares,* relativas ao procedimento de formação de um contrato de empreitada e concessão de obras públicas, de prestação de serviços e de fornecimento de bens, a celebrar tanto nos sectores gerais como nos especiais, sendo certo também que tal contencioso abrange os actos praticados por sujeitos privados no âmbito de procedimentos pré-contratuais

[483] Ainda que a solução não seja pacífica, nem na doutrina, nem na jurisprudência, vd. no mesmo sentido, Acórdão do STA de 12.12.2006, processo n.º 528/06.

de direito público. Ora, com a excepção da possibilidade de se solicitar a condenação à prática de acto devido, não se vê razão para alterar o regime constante do artigo 100.º do CPTA, sobretudo no que concerne ao universo contratual de incidência do processo, como parece ser a intenção dos autores do projecto de alteração ao CPTA. E assim é por duas razões: a primeira: porque onde tudo é urgente nada é urgente; e a segunda: porque num sistema que integre medidas cautelares adequadas, todos os interesses privados e públicos poderão ficar assegurados provisoriamente, dispensando-se o tratamento urgente da questão de fundo.

Também as questões relativas à produção de prova nestes processos urgentes tem sido alvo de incertezas e talvez, por isso mesmo, houvesse necessidade de obviar às mesmas na reforma que se projecta. Assim, vejamos as soluções acolhidas nos Acórdãos do TCA-S de 25.01.2007 (processo n.º 2206/06) e de 22.03.2007 (processo n.º 2245/07), para a pergunta formulada pelas partes: se o tribunal pode deixar de inquirir as testemunhas arroladas, por entender que nos processos para decretamento de providências cautelares relativas aos procedimentos de formação de contratos apenas se deve admitir a prova documental. Ora, o TAF do Funchal decidiu positivamente, em relação a um pedido de suspensão da eficácia de um acto de exclusão de um procedimento concursal internacional com vista à celebração de um contrato de fornecimento e instalação de circuitos fechados de televisão e de suspensão de todos os actos consequentes. Na realidade, partindo do princípio de que a lei (o artigo 132.º, n.º 4 do CPTA) estabelece que «o requerimento deve ser instruído com todos os elementos de prova» e na senda do artigo 4.º n.º 2 do Decreto-lei n.º 134/98, de 15 de Maio, onde se admitia expressamente somente tal tipo de prova, o Tribunal de 1.ª instancia assim entendeu. Já o TCA-S decidiu em sentido contrário, tendo esclarecido que a este procedimento «deve aplicar-se o que consta das regras referentes ao procedimento instrutório comum do processo cautelar, onde não se faz essa limitação»[484].

[484] No mesmo sentido, vd. acórdão do TCA-N de 10.01.2008, processo n.º 53/07.0BEVIS-A-B, que a propósito de uma providência cautelar relativa a concurso público de prestação de serviços de exploração, manutenção e conservação das ETAR's Sul e Norte, vem esclarecer que «é ilegal a interpretação do artigo 132.º, n.º 4 no sentido de conter uma limitação de prova semelhante à que ocorria no artigo 4.º, n.º 2 do Decreto-lei n.º 134/98 de 15.05», sendo certo que «essa ressalva não pode ser interpretada em termos de reduzir os elementos de prova à prova documental, significando antes que o momento devido para apresentar todos os

Também a estrutura sumária do processo cautelar e a impossibilidade de modificação do seu *modus procedendi* tem sido objecto de alguma divergência. Assim, quanto à questão da inadmissibilidade do incidente da intervenção de terceiros, o TCA-S (no acórdão do TCA-S, de 12.04.2007, processo n.º 2344/07), a propósito de um pedido de suspensão da eficácia de um acto que pôs fim a um procedimento concursal destinado à selecção de um parceiro para constituir uma empresa intermunicipal de capitais maioritariamente públicos para gestão e exploração dos sistemas de abastecimento de água para consumo público e saneamento dos Municípios das Lezírias do Tejo, veio negar o incidente de intervenção de terceiros nos processos cautelares. Assim, não obstante o artigo 10.º, n.º 8 do CPTA o admitir como regra geral, o TCA-S julgou que esta regra só deve ceder, sacrificando o princípio de celeridade, para regularizar ou fixar os pressupostos processuais, pressupondo-se que o mesmo é possível apenas na situação de litisconsórcio necessário.

2.

Uma questão complicada que tem dividido a jurisprudência tem que ver com a interpretação do regime constante do artigo 132.º e a questão da articulação do mesmo com o regime relativo à suspensão da execução de actos administrativos, previsto no artigo 128.º, e o regime relativo ao decretamento provisório de providências cautelares, consagrado no artigo 131.º CPTA. Vejamos dois exemplos. Assim, a propósito de um pedido de adopção de providência cautelar relativa a um procedimento pré-contratual, que nos termos do CPTA, deveria seguir a forma constante do artigo 132.º, o TCA-S, por acórdão de 05.07.2007 (processo n.º 2692/07), revogando a sentença do TAF de Lisboa 2 e contrariando a maioria da jurisprudência, incluindo a do Supremo (acórdão de 20.03.2007, processo n.º 1191/06), veio aplicar o regime do artigo 128.º ao pedido de suspensão da eficácia de um acto de adjudicação de um contrato, aceitando, deste modo, a paralisação automática da execução do acto até invocação, em resolução fundamentada, de interesse público na sua imediata execução. E, a propriedade do processo urgentíssimo

elementos de prova, incluindo a prova pessoal, é o da apresentação do requerimento, fazendo coincidir momentos que nas demais economias processuais não têm de ser necessariamente coincidentes».

consagrado no artigo 131.º do CPTA e a possibilidade de através dele ser decretada uma providência relativa a um procedimento pré-contratual foi aceite no Acórdão do TCA-S, de 08.03.2007, processo n.º 2202/06. Aliás, questionando-se se seria possível solicitar o decretamento provisório do pedido de suspensão de um procedimento concursal tendente à adjudicação de um contrato de fornecimento de refeições em refeitórios escolares da área geográfica da DRENOrte e o decretamento provisório da intimação do requerido para manter o contrato de fornecimento anterior até nova adjudicação, o TCA-S veio aceitar o mecanismo, apesar de rejeitar a providência por não se verificarem os pressupostos de especial urgência, uma vez que o contrato tinha já sido celebrado. Contudo, já em outra situação, o STA (por acórdão de 20.03.2007, processo n.º 1191/06) veio excluir a aplicação do disposto no artigo 128.º (proibição de executar o acto administrativo) e do artigo 131.º (decretamento provisório de providência) às providências relativas a procedimentos de formação de contratos.

Ora, no que concerne à aplicação do artigo 128.º aos processos cautelares relativos aos procedimentos pré-contratuais, entendemos que não se justifica, antes pelo contrário, muitas são as razões que afastam a solução, visto que aquele regime traduz a disciplina de um processo cautelar especial, sendo certo que nem mesmo o direito europeu exige a produção do efeito suspensivo de um recurso a accionar sobre o procedimento de formação do contrato. Na realidade, a suspensão automática só é exigida quando o Estado-membro vier prever as garantias administrativas necessárias[485]. Contudo, já aceitamos bem a aplicação da disciplina constante do artigo 131.º ao contencioso pré-contratual, uma vez que, em primeiro lugar, o decretamento provisório de uma providência cautelar traduz uma modalidade do procedimento cautelar comum, podendo aplicar-se

[485] E a aplicação do artigo 59.º, n.º 4 do CPTA, no sentido do efeito suspensivo da contagem do prazo de impugnação contenciosa do acto lesivo por interposição de garantia administrativa ao regime especial estabelecido nos artigos 100.º e seguintes vai ao encontro da lógica seguida na directiva comunitária. Aceitando tal possibilidade, vd. acórdão do TCA-S de 05.06.2008, processo n.º 3528/08 , a propósito de reclamação da decisão de uma autarquia de adjudicação de empreitada de obra pública e posterior impugnação judicial do acto, e os acórdãos do TCA-S de 27.03.2008, processo n.º 3504/08 (a propósito de pedido de suspensão do acto de adjudicação de empreitada «de beneficiação e infra-estruturas no troço urbano da EN.331, na Vila da Meda), e de 15.05.2008, processo n.º 3695/08.

subsidiariamente a qualquer procedimento cautelar especial, e porque esta aplicação é mais conforme com a última alteração introduzida pela Directa 2007/66/CE[486].

Trazendo à colação o exemplo francês, importa lembrar que o legislador corrigiu ele mesmo, já em 2000, a deficiência agora claramente denunciada pelo legislador europeu, tendo introduzido uma melhoria significativa no regime dos processos de *référé précontractuel* (antes previstos nos artigos L. 22.º e L. 23.º)[487], sendo certo que, de acordo com a exposição de motivos do projecto de lei sobre as alterações entretanto acolhidas, se visava assegurar que o juiz do *référé précontractuel* pudesse ordenar o diferimento da assinatura do contrato por um período de tempo máximo ou até ao final do processo urgente, sendo certo que esta seria a forma de contrariar a atitude seguida amiúde pela entidade adjudicante de proceder «à corrida à assinatura do contrato», procurando subtrair ao juiz do *référé précontractuel* a apreciação da ilegalidade das decisões relativas ao procedimento adjudicatório, já que o *juiz-da-urgência* francês se negava rigorosamente a intervir se soubesse da existência de contrato. E esta modificação, que foi introduzida no capítulo I do título V, no art. L. 551.1 e no art. L. 551.2 do CodeJA (ou seja, nas disposições que contêm respectivamente o regime do contencioso relativo aos denominados sectores gerais e o concernente aos sectores tradicionalmente excluídos, da energia, água transporte e telecomunicações), permite ao *juiz-da-urgência*, logo que é solicitado, decidir ordenar o diferimento da assinatura do contrato até final do processo urgente ou por um período máximo de vinte dias. Pois bem, esta solução também pode ser acolhida, entre nós, através da aceitação do decretamento provisório desta providência cautelar, pelo que o artigo

[486] Cfr. Acórdão do TCA-S de 08.03.2007, processo n.º 2202/06.

[487] Sobre a aplicação deste processo urgente antes da reforma de 2000, vd. C. Chantepy, «L'encadrement du référé précontractuel», rfda, 11 (6), 1995, pp. 1077 ss. Sobre a reforma, vd. fundamentalmente O. Dugrip, «Le projet de loi relatif au référé devant les juridictions administratives: la réforme des procédures d'urgence», JCP, (51-52), 1999, pp. 2281 a 2283; E sobre o processo actual, vd. S. Lagumina/E. Philippe, «Le référé précontractuel. Bilan et perspectives», AJDA, 2000, pp. 283 ss.; B. Poujade, «Le référé précontractuel», rfda, 2002, pp. 279 ss.; F. Llorens, «Le référé précontractuel entre continuité et changement», in : *Le nouveau juge administratif des référés. Réflexions sur la réforme opérée par la loi du 30 juin 2000*, Sous la direction de P. Wachsmann, *Annales de la Faculté de droit de Strasbourg*, Presses Universitaires de Strasbourg, n.º 5, 2002, pp. 27 ss.

132.º pode incluir tal possibilidade, quer quanto ao rol de providências a incluir neste procedimento, incluindo-se no n.º 1 da norma, quer quanto à tramitação do processo relativo a estas providências, nos termos do n.º 3 daquele preceito, que assim pode tramitar, num primeiro momento, como processo cautelar urgentíssimo[488].

[488] De resto, a avaliação da pertinência do decretamento provisório desta providência cautelar terá em conta o período de *standstill* previsto no CCP, no artigo 104.º, n.º 1, alínea a), onde se fixa um prazo de 10 dias, contados da data da notificação da decisão de adjudicação, pelo que o prazo de 30 dias para outorga do contrato não poderá decorrer senão depois desse período.

DÉCIMO SEGUNDO ESTUDO

"A PROVIDÊNCIA CAUTELAR CONSERVATÓRIA E A PROVIDÊNCIA CAUTELAR ANTECIPATÓRIA: A DISTINÇÃO FAZ TODA A DIFERENÇA"

in: *Estudos de Homenagem ao Professor Doutor Jorge Miranda*, Vol. VI, edição da FDUL, Coimbra editora, 2012, pp. 511-528

A providência cautelar conservatória e a providência cautelar antecipatória: a distinção faz toda a diferença

Sumário: 0. Nota introdutória. **I.** A necessidade de o Supremo intervir para distinguir. **II.** A diferença entre as figuras: uma perspectiva de direito comparado

0.

Este texto teve na sua origem um parecer jurídico que versou sobre o tema das providências cautelares, tendo sido solicitada a identificação da natureza da providência cautelar que visava a suspensão da eficácia do acto do INFARMED através do qual se procedeu ao cancelamento do alvará de uma farmácia e respectivo encerramento e, bem assim, a declaração de extinção, por inutilidade superveniente, do procedimento administrativo tendente à transferência da respectiva localização.

O estudo em causa procurava justificar a necessidade de o Supremo Tribunal Administrativo (= STA) reapreciar o acórdão do Tribunal Central Norte (= TCA-N), o qual, decidindo em sentido contrário à 1.ª instância, indeferiu a respectiva providência cautelar, por a considerar de natureza antecipatória e por entender que não se reuniam no caso concreto os respectivos pressupostos de deferimento, mormente o relativo ao *fumus boni iuris*[489]. O Supremo não admitiu a revista.[490]

[489] No essencial, a questão *sub iudice* é a seguinte: uma determinada sociedade, com um só accionista (farmacêutico), era proprietária de uma farmácia, encontrando-se a respectiva

Enfim, não obstante este tema ter sido já muito estudado e tratado em várias publicações[491], decidimos revisitá-lo aqui, por várias razões: Por entendermos que, dada a sua complexidade e centralidade, se impunha uma decisão esclarecedora do STA neste caso, pois, afinal, esta instância apenas se pronunciou uma única vez sobre o tema, em 2004, e o TCA-N afastou-se, neste caso, dessa jurisprudência, deixando muitas dúvidas a pairar. Além disso, o Tribunal Central Sul (= TCA-S) e o Tribunal Central Norte nem sempre têm uma posição idêntica sobre a questão e nem sempre a classificação feita em primeira instância coincide com a que faz o tribunal superior, como aconteceu no caso *sub Júdice*. Depois, tendo em conta a centralidade do instituto cautelar na justiça administrativa, se entender que é necessário trabalhar melhor as ferramentas a que aludem os artigos 112.º e 120.º do Código de Processo nos Tribunais Administrativos (= CPTA), procurando convocar metodologias de direito comparado que nos auxiliem nessa tarefa.

titularidade averbada na Autoridade Nacional do Medicamento e Produtos de Saúde – INFARMED, I.P., (doravante INFARMED). No ano de 2009, uma outra sociedade adquiriu a totalidade das acções representativas do capital social daquela sociedade, mediante um contrato de compra e venda de acções e cessão de crédito. Negócio que se realizou no dia 16 de Dezembro de 2009. Alguns dias depois (30 de Dezembro de 2009), deu entrada no INFARMED, o pedido de averbamento de alteração da participação social da sociedade, passando a sociedade adquirente a ser a única accionista da sociedade. Em 18 de Novembro de 2010, o INFARMED deliberou cancelar o alvará, datado de 17 de Março de 2009, para funcionamento da farmácia, ordenando o seu encerramento. Contra o INFARMED foi requerida uma providência cautelar, na qual se formulou o pedido de suspensão da eficácia do acto do INFARMED que ordenou o cancelamento do alvará da farmácia, com o consequente encerramento da mesma e, em alternativa, o decretamento provisório de autorização precária para prosseguimento ou retoma da actividade da farmácia. O TCA-N conheceu apenas do primeiro pedido e veio revogar a sentença do TAF do Porto que havia suspendido a eficácia do respectivo acto, por entender verificados os requisitos previstos no n.º 1, alínea b) e n.2 do artigo 120.º do CPTA. Em suma, o TAF do Porto considerou estar-se perante uma providência cautelar conservatória e estarem reunidos os pressupostos de deferimento da mesma.

[490] A decisão do STA data de 22.09.11 e foi emitida no processo n.º 744/11. Quanto ao acórdão do TCA-N, trata-se do proferido em 20 de Maio de 2011, no Processo n.º 03412/10.8BEPRT.

[491] Sobretudo, tratámos o tema na nossa *Introdução ao estudo sistemático da tutela cautelar no processo administrativo*, Almedina, Coimbra, 2002, esp. pp. 117 ss; e pp. 130 ss.; e no nosso *Processo temporalmente justo e urgência*, Coimbra Editora, Coimbra, 2009, pp. 905 ss.

I.

No que respeita à admissibilidade do recurso de revista do acórdão do TCA-N de 20.05.2011, que revoga a providência cautelar de suspensão da eficácia do acto que ordenara o cancelamento do alvará e o encerramento de farmácia e a extinção do procedimento administrativo tendente à transferência da respectiva localização da farmácia, a admissão do recurso para o STA justifica-se por estar em causa uma questão jurídica, não obstante o carácter (duplamente) excepcional do recurso de revista que verse sobre a aplicação das providências cautelares (1.). E assim é sobretudo porque o recurso de revista se justifica quando «em causa [está] a apreciação de uma questão que, pela sua relevância jurídica e social», se reveste de importância fundamental (2.) e porque a admissão do presente recurso por ser claramente necessária para uma melhor aplicação do direito.

1.

Conforme resulta da leitura do art. 150.º CPTA, o recurso de revista das decisões proferidas em 2.ª instância pelo Tribunal Central Administrativo, não obstante ter natureza excepcional, é de admitir «quando esteja em causa a apreciação de uma questão que, pela sua relevância jurídica ou social, se revista de importância fundamental ou quando a admissão do recurso seja claramente necessária para uma melhor aplicação do direito»[492]. É nosso entendimento que o caso *sub judice* preenchia os requisitos a que alude o mencionado preceito, tendo em conta as três seguintes razões.

Como é jurisprudência uniforme do Supremo Tribunal Administrativo (= STA), temos bem presente que o recurso de revista é excepcional, só pode ter como fundamento a violação da lei substantiva ou processual e apenas deve funcionar como «uma válvula de segurança do sistema», só se justificando em matérias da maior importância, sob pena de se generalizar ou vulgarizar. E, de igual modo, também sabemos que os princípios recorrentemente afirmados pelo STA «assumem, ainda, maior acuidade em matéria de providências cautelares», onde a jurisprudência do STA tem sido muito restritiva quanto à admissão de recursos de revista. Efectivamente, tem-se entendido que se trata da regulação provisória da

[492] Sobre o tema vd. ELIZABETH FERNANDEZ, "Notas sobre a excepcionalidade da revista no processo administrativo", CJA, n.º 60, 2006, pp. 18 ss.

situação, destinada a vigorar apenas durante a pendência do processo principal, «pelo que a intervenção de um meio excepcional não é conforme com a precariedade da definição jurídica já efectuada em duas instâncias jurisdicionais».

No entanto, apraz realçar que, segundo a mesma jurisprudência, normalmente, o que mais obsta à admissão do recurso de revista nestes casos é a circunstância de, neste tipo de processos cautelares, estar essencialmente em causa a ponderação e valoração da matéria de facto, para determinar a solução dada ao litígio, sendo certo que, como reitera o Supremo Tribunal, «o erro na apreciação das provas e na fixação dos factos materiais da causa não pode ser objecto de revista, salvo havendo ofensa de uma disposição expressa da lei que exija certa espécie de prova para a existência do facto ou que fixe a força de determinado meio de prova (art. 150.º, n.º 4 do CPTA)».

Ora, no presente caso, porque o que estava em causa era uma questão jurídica – uma vez que se trataria de fazer apelo aos critérios jurídicos e normativos que presidiam à classificação de uma providência como sendo de natureza conservatória ou antecipatória – somos da opinião de que não se justificava a aplicação da mesma lógica restritiva, que tem sido seguida pelo Supremo quanto à admissão do recurso de revista de uma decisão que versa sobre uma questão cautelar. Na verdade, ao contrário do que acontece na maioria das situações em que o STA nega o recurso de revista no domínio das providências cautelares, mormente quando se suscita a reapreciação do momento ponderativo *ex vi* art. 120.º, n.º 2 CPTA, aqui a decisão do acórdão de que se recorria não assentava, de modo algum, em juízos de facto, cuja correcção o Tribunal não poderia, em sede de revista, apreciar. Tratava-se, pois, de uma questão de direito, sendo, portanto, uma questão estritamente de natureza *jurídico-classificatória*, que se impunha que o STA esclarecesse, corrigindo o entendimento e especialmente a solução injusta e errada que lhe atribuiu o TCA-N no acórdão mencionado.

2.

Como se afirma no Ac. do STA de 03/03/2011 (Proc. n.º 0164/11), constituem tópicos caracterizadores dos conceitos legais indeterminados «relevância jurídica ou social» e «importância fundamental» a complexidade das operações jurídicas suscitadas, que careçam de clarificação jurisdicional e sejam susceptíveis de ressurgir em casos futuros bem como o relevo comunitário particularmente elevado dos interesses em jogo.

Neste sentido, tendo este aresto como estrela-guia, importa dizer que a admissão do recurso de revista se justificava, em nosso entender, neste caso, por várias razões: Pela relevância jurídica da questão (**2.1.**); pela necessidade de clarificação jurisdicional dos conceitos, visto que se trata de uma questão que se suscita recorrentemente nos tribunais administrativos (**2.2.**) e pela necessidade de se proceder a uma melhor aplicação do direito, tanto mais que o tema subjacente ao mérito da causa principal já foi amiúde considerado como de «enorme relevância jurídica e social» (**2.3**).

2.1.

Uma vez que da prévia classificação da providência cautelar decorre a identificação dos pressupostos do respectivo deferimento, impondo-se a verificação mais exigente ou menos exigente do pressuposto do *fumus boni iuris* conforme o tipo de providência solicitada, não há dúvida de que questão suscitada tem uma importância jurídica vital na temática da tutela cautelar e no contexto da densificação do direito fundamental de acesso à tutela jurisdicional efectiva. E, de facto, o STA não tem tido, nesta sede, a oportunidade de se pronunciar sobre o tema da distinção entre a providência cautelar conservatória e a providência cautelar antecipatória. E, por isso, em nossa opinião, faz todo o sentido afirmar critérios de distinção das figuras, contribuindo para o cabal esclarecimento do quadro legal relativo aos respectivos pressupostos de deferimento, *maxime* o do da aparência de bom direito.

É certo que o STA já se referiu a este tema em 2004, no Ac. de 24.11.2004 (proc. n.º 01011/04), logo após a entrada em vigor do CPTA, tendo estabelecido como parâmetro de distinção o efeito ou tipo de impacto produzido no *status quo* subjacente à causa principal: a providência conservatória «almeja manter o *status quo*» e a antecipatória «visa alterar o *status quo*, mediante a antecipação de uma situação que não existia anteriormente». E, uma vez que o TCA-N se afastou desse critério no aresto impugnando, mais se justificaria a sua intervenção pedagógica e correctiva neste especial caso.

Neste sentido, volvidos mais de seis anos, há, em nosso entender, utilidade, desenvolvimento e no reforço desta doutrina do Supremo, pois a questão tem relevância, não num plano meramente teórico, mas em termos práticos (Ac. do STA de 22.10.2009, proc. n.º 0981/09), sendo certo que quando assim é, faz todo o sentido revisitar a problemática para melhorar a aplicação do instituto jurídico. Há, de facto, neste caso, «razões de boa administração da justiça que reclamam a admissão da revista» (Ac. do STA de 09.12.2009, proc. n.º 01153/09).

2.2.

Tanto mais quanto, como afirmámos, o TCA, no aresto em causa, desrespeita a jurisprudência inaugurada pelo STA em 2004, tendo vindo introduzir confusão num tema que por si só já é particularmente complexo. Em causa está, de facto, uma «dificuldade jurídica que releva para um número considerável de pessoas e trata-se de um quadro legal que carece de um modo muito especial de certeza interpretativa e uniformidade de aplicação (Ac. do STA de 12.11.2009 (proc. n.º 011061/09), dada a frequência com que é aplicado, o que justifica que o STA deveria ter aceitado o presente recurso de revista, pois a orientação sumária fixada pela jurisprudência de nível superior foi posta em causa, «havendo necessidade de dissipar a dúvida através desta via excepcional» (Ac. do STA de 03.02.2010 (proc. n.º 044/10).

2.3.

Além do mais, importa ter presente que o tema subjacente ao mérito da causa principal já foi ele mesmo anunciado pelo STA como de enorme relevância jurídica e social, que merece a reflexão do STA em sede de revista[493]. Como bem se compreende, quer do ponto de vista do interesse comunitário, quer do ponto de vista do interesse do requerente,

[493] Neste sentido, vd. o Ac. STA de 03/02/2011 (Proc. n.º 057/11), onde se esclareceu que «dada a sua relevância jurídica, é de admitir a revista que contende com a matéria da transferência das farmácias, nomeadamente, o D.L. 307/2007, de 31/8 e a Portaria n.º 1430/2007, de 2/11, interessando apenas, designadamente, quais os requisitos de distância mínima relativamente a outras farmácias que se encontrem a funcionar na mesma área geográfica, em face da pendência de procedimento de transferência de localização de farmácia situada nessa área, para local diverso». Acresce ainda o Ac. do STA de 04/11/2010 (Proc. n.º 0836/10), onde se afirma que «a interpretação das normas relativas aos requisitos exigidos para a concessão de licença a uma instituição particular de solidariedade social para abertura de uma farmácia é questão de especial relevância social para cuja decisão se justifica a admissão da revista

justificava-se a reapreciação da questão pelo Supremo. A partir da consideração dos interesses do requerente, importa sublinhar que o TAF-P considerou verificados os pressupostos de deferimento da providência, mormente o *periculum in mora*, tendo afirmado que o indeferimento da providência seria suficiente para produzir danos de difícil reparação, anulando o direito à tutela jurisdicional efectiva do requerente e logrando o direito à plena execução da sentença que viesse a ser proferida na causa principal.

De facto, como apontámos, a decisão cuja revista se suscitava contraria a jurisprudência do STA ditada no Ac. de 24.11.2004 (proc. n.º 01011/04). Neste aresto, tirado logo após a entrada em vigor do CPTA, o Supremo, confessando tratar-se de uma questão de enorme complexidade, classificou a providência requerida como conservatória, afastando-se, em sede de revista, da classificação estabelecida pelo tribunal de 1.ª instância e pelo TCA-S, tendo, aliás, revogado a decisão do TCA-S (Ac. de 14.09.2004). Neste acórdão, o STA estabeleceu uma metodologia de identificação das providências cautelares, especialmente para efeitos da aplicação do artigo 120.º do CPTA, servindo-se de um critério de distinção que tem em conta o efeito ou o impacto produzido pela mesma no *status quo* subjacente à causa principal: a providência conservatória «almeja manter o *status quo*» e a antecipatória «visa alterar o *status quo*», sendo certo que no mesmo aresto se afirmam quatro ideias que aqui cumpre sublinhar: 1. é conservatória a providência através da qual se procede à intimação de um empreiteiro para se abster de continuar a executar uma parte da obra e à intimação de um Município para que ordene ao co-contratante que suspenda certos trabalhos relativos à mesma empreitada; 2. a suspensão da eficácia do acto administrativo tem natureza conservatória, não obstante também se poder reconhecer que a mesma medida «se possa consubstanciar, de alguma maneira, numa antecipação provisional de certos efeitos de decisão definitiva a proferir no processo principal»; 3. Pese embora esse raciocínio, tal consideração não é útil, antes mesmo é desnecessária, para efeitos de classificação e aplicação do regime que consta do art. 120.º, alíneas b) e c), do CPTA. Aliás, como refere o Supremo, «de qualquer maneira, o que importa aqui assinalar é que não é pela simples circunstância de

excepcional do art. 150.º do CPTA». Vd. ainda, no mesmo sentido, Ac. de 30.09.2010 (proc. n.º 0359/10).

uma determinada providência cautelar antecipar certos feitos da decisão definitiva que, sem mais, se deva concluir que nos encontramos perante uma providência antecipatória»; 4. O decretamento de uma providência cautelar conservatória depende apenas, quanto à aparência de bom direito, «da indagação sobre se existe ou não o mínimo de verosimilhança dos fundamentos invocados, em termos de não se evidenciar o carácter manifesto da falta de fundamento da pretensão formulada ou a formular no processo principal. Em suma, trata-se de um juízo negativo, em que não se procura aferir da probabilidade de êxito da pretensão, mas tão-só da avaliação sumária do carácter não manifesto da falta de fundamento».

Ora, como se percebe, o TCA-N, no acórdão *sub judice*, desviou-se desta jurisprudência uniforme do STA ao classificar como antecipatória a providência cautelar de suspensão da eficácia do acto do INFARMED que havia ordenado o cancelamento do alvará da Farmácia Solla, por entender que «implícita e necessariamente» subjacente ao caso concreto estava «a intimação provisória da entidade requerida a conceder uma licença, titulada por um averbamento ao alvará existente», tendo, em última instância, concebido que estaria «implícito» naquele pedido o pedido de autorização precária para prosseguimento da actividade de farmácia».

Por outras palavras, dada a metodologia seguida, o TCA-N considerou, a partir do pedido de suspensão de eficácia do acto de encerramento da farmácia, um outro pedido não formulado, mas que «implícita e necessariamente» seria «a intimação provisória do INFARMED a conceder uma licença, titulada por um averbamento ao alvará existente, pois que a continuação da actividade por parte da farmácia pressuporia necessariamente a intimação desta entidade a consentir a alteração da participação social da sociedade que era proprietária da farmácia, passando, com a transacção efectuada, a ser detida pela sociedade adquirente, através do averbamento ao alvará inicial.

Neste sentido, aplicando mal o critério estabelecido pelo Supremo e classificando erradamente como antecipatória a providência de suspensão da eficácia daquele acto, o TCA-N, ao convocar a alínea c) do n.º 1 do art. 120.º do CPTA, entendeu que teria sido exigível aos requerentes demonstrar a probabilidade de que a pretensão formulada ou a formular na causa principal viria a ser julgada procedente, tendo-se, depois, negado verdadeiramente a proceder, como deveria, a uma análise (sumária e provisória) do direito material a aplicar à causa principal, tendo acabado por chegar, em suma, a uma situação *implícita* de *non liquet*: tendo em última instância afirmado «equivalentes» os argumentos esgrimidos por ambas as partes e «complexas as questões jurídicas». Como se pode concluir, a decisão do TCA-N evidencia «erro clamoroso», o que justificaria, pois, segundo a jurisprudência do STA, convocar a sua sábia intervenção correctiva, em sede de revista (Ac. do STA de 13.01.2011, proc. n.º 0973/10).

Em suma, e interpretando *a contrario* o conteúdo do Ac. STA de 22/04/2010 (Proc. n.º 0274/10), somos do parecer que faria todo o sentido admitir o recurso de revista da decisão vertida no aresto em análise, pois só «não é de admitir a revista quando as questões nele levantadas se não revestem de relevância jurídica ou social de importância fundamental, por não se apresentarem particularmente complexas do ponto de vista jurídico nem contenderem com interesses especialmente importantes da comunidade, não revelando a decisão do TCA erro manifesto ou grosseiro».

II.

Importa agora tratar o tema da natureza conservatória da providência cautelar que visa a suspensão da eficácia do acto que ordena o cancelamento do alvará e o encerramento de farmácia e a extinção do procedimento administrativo tendente à transferência da respectiva localização da farmácia. E importa apurar a diferença entre a providência cautelar conservatória e a providência cautelar antecipatória: metodologias **(1.)**, para depois explicar os respectivos pressupostos de deferimento **(2.)**.

1.

É um facto que, no que respeita à distinção entre a providência cautelar conservatória e a antecipatória, sobretudo para efeitos da aplicação do artigo 120.º do CPTA, o critério apontado pela doutrina como sendo o mais adequado é aquele que parte da avaliação do efeito produzido pela providência na situação jurídica e factual subjacente à causa principal[494].

[494] Sobre a distinção entre as providências de natureza conservatória e providências de natureza antecipatória, entre outros autores, vd. J. C. Vieira de Andrade, A *justiça administrativa (Lições)*, 11.ª ed., Coimbra, 2011, pp. 305 ss.; M. Aroso de Almeida, *Manual de processo administrativo*, Coimbra, 2010, pp. 444 e ss.; M. Aroso Almeida/C. Cadilha, *Comentário ao*

E importa de igual modo sublinhar que este mesmo critério é o que mais tem sido utilizado pela jurisprudência dos tribunais administrativos, sendo certo que se pode mesmo dizer que este é tido na jurisprudência portuguesa como critério consolidado[495].

É, no entanto, uma questão de enorme complexidade[496], para a qual já tínhamos chamado a atenção, sobretudo por não existir entre nós estudos sobre a figura da suspensão da eficácia de actos administrativos e a sua natureza. A que acresce o facto de o legislador da lei processual administrativa ter acolhido as expressões «providências conservatórias» e «providências antecipatórias» e fixar pressupostos distintos do respectivo deferimento, remetendo para os tribunais a tarefa de classificar pontualmente as providências solicitadas.

É certo que a ciência italiana clássica do direito processual que se inspirou em Calamandrei se amparava num outro critério para distinguir a providência cautelar conservatória da antecipatória (ou inovadora), perspectivando a distinção a partir de uma lógica funcional, *id est* apurando a respectiva identidade em função de como cada uma delas actua em

código de processo nos tribunais administrativos, 3.ª ed., Coimbra, 2010, anotação ao artigo 120.º, pp. 793 e ss.

[495] Neste sentido, vd., por exemplo, Ac. do TCA-S, de 13.01.2011 (proc. n.º 06660/10); Ac. do TCA-S de 28.04.2011 (pró. n.º 07419/11); ac do TCA-S de 23.03.2011 (proc. n.º 07110/11); Ac. do TCA-N de 13.01.2011 (proc. 017898/10.3BEPRT); Ac. do TCA-N de 03.02.2011 (proc. n.º 009888/10.3BEPRT); Ac. do TCA-N de 16.12/2010 (proc. n.º 01670/10.7BEPRT); Ac. do TCA-N de 28.10.2010 (proc. n.º 01679/10.0BEPRT); Ac. de 01.07.2010 (proc. n.º00951/08.4BEVIS-A); Ac. do TCA-S de 25.02.2010 (proc. n.º 05906/10); Ac. do STA de 01.02.2007 (proc. n.º 027/07).

[496] Sobre este tema, em geral, vd. J. C. Vieira de Andrade, "Tutela cautelar", CJA, 34, 2002, pp. 45 ss; Carla Amado Gomes, "O regresso de Ulisses: um olhar sobre a reformada justiça cautelar administrativa", CJA, 39, 2003. pp. 3 ss.; Tiago Amorim, "Apontamentos sobre as condições de procedência das providências cautelares no novo processo administrativo", ROA, (ano 63) 2003, pp. 415 ss.; Maria Fernanda Maçãs, "As formas de tutela urgente previstas no Código de Processo nos Tribunais Administrativos", in: *A reforma da justiça administrativa*, Coimbra, 2005, pp. 41 ss.; D. Freitas do Amaral, "As providências cautelares no novo contencioso administrativo", CJA, 43, 2004, pp. 4 ss.; Paulo H. Pereira Gouveia, "As realidades da nova tutela cautelar administrativa", CJA, 55, 2006, pp. 3 ss.; Ana Gouveia Martins, *A tutela cautelar no contencioso administrativo*, Coimbra, 2005, pp. 331 ss.; M. Aroso de Almeida, *O novo regime do processo nos tribunais administrativos*, 4.ª ed., 2005, pp. 290 ss. esp. pp. 323 ss.; Miguel Prata Roque, *Reflexões sobre a reforma da tutela cautelar administrativa*, Coimbra, 2005, pp. 31 ss.

relação ao tipo de prejuízo que é susceptível de emergir da demora do processo principal para o *quid* subjacente à causa (*ou periculum in mora*). Neste sentido, a providência conservatória visaria minimizar, anular ou esbater os prejuízos de *infrutuosidade* da sentença definitiva provocados pela demora do processo principal. A providência antecipatória obstaria ao prejuízo de retardamento da satisfação do direito material através da sentença a proferir no processo principal, antecipando provisoriamente essa satisfação do direito **(1.1.)**.

Para completar o raciocínio, importa convocar aqui o modelo e a dogmática que, segundo nos parece, terá servido de inspiração ao legislador português. Assim, à semelhança desse modelo (cuja sede constitucional reside no art. 19. 4 da GG e cujo regime geral está consagrado nos §§ 80. e 123. VwGO), onde se prevê a adopção da *Sicherungsanordnung* (que visa «manter o status quo») e da *Regelungsanordnung* (que visa «ampliar o status quo»)][497], a actual disciplina processual administrativa permite a decretação de providências cautelares com natureza conservatória e as providências cautelares com natureza antecipatória. E estas cumprem no contencioso administrativo duas funções diferentes: uma função asseguradora e uma função realizadora interina do direito – idênticas, respectivamente, à *Sicherungsfunktion* e à *interimistische Befriedungsfunktion*, vulgarmente atribuídas àquelas ordens provisórias[498] **(1.2.)**.

1.1.

Vejamos melhor: Assim, segundo a concepção dogmática latina – que também é a mesma que faz distinguir em Espanha a providência cautelar negativa da providência cautelar positiva – a providência cautelar conservatória reduz ou neutraliza o perigo que a demora do processo implica em termos de poder existir uma alteração desse *quid* que é o objecto da causa e visa reduzir a impossibilidade de execução integral ou *in natura* de sentença definitiva. A providência antecipatória amplia o estado de facto e de direito subjacente à causa principal, procurando obstar ao prejuízo ou ao perigo que decorre da impossibilidade de, através do processo, se

[497] Exactamente neste sentido, F. HUFEN, *Verwaltungsprozeßrecht*, 4.ª ed., München, 2000, p. 566.

[498] Por todos, e para uma síntese, vd. F. SCHOCH, "Der verwaltungsprozessuale vorläufige Rechtsschutz (Teil I)", JURA, (10), 2002, pp. 671 ss., esp. 673.

proceder à satisfação imediata do direito material que se faz valer nesse processo. A doutrina latina é consensual a aceitar que este tipo de providência cautelar antecipe os efeitos (ou parte dos efeitos) da sentença principal, satisfazendo provisoriamente o direito material ou a pretensão jurídica substantiva do requerente.

1.2.

Vejamos melhor ainda, procurando combinar a experiência italiana e a alemã:

Assim, como apontámos, um pouco à semelhança da *Regelungsanordnung* alemã, que visa «ampliar o status quo»[499], a providência antecipatória prevista no art. 112.º, n.º 1, do CPTA é necessária para realizar interinamente o direito material ameaçado ou para realizar provisoriamente a pretensão jurídica ameaçada pelo *periculum in mora* de retardamento – tal como aquela medida provisória alemã realiza a *interimistische Befriedungsfunktion*[500]. Ora, neste contexto, cumpre dizer que a providência cautelar solicitada pela requerente no sentido de suster os efeitos do acto que ordena o cancelamento do alvará e o encerramento da Farmácia Solla e a declaração da extinção do procedimento administrativo tendente à transferência da respectiva localização da farmácia é uma providência conservatória (que irá permitir ao requerente prosseguir ou retomar provisoriamente a respectiva actividade, permitindo-lhe manter aquilo que já tem, sendo certo que, ao contrário do que afirma o TCA-N no caso *sub judice*, não se pretende uma ampliação da situação jurídica actual, pretende-se, isso sim, manter inalterado o *quid* subjacente à causa principal. Trata-se de facto de uma providência conservatória.

É esta a conclusão a que podemos chegar por aplicação do *método calamandreiano*[501]. Assim, e segundo esta metodologia, enquanto que a conservatória serve para anular ou minimizar o risco de ser posteriormente

[499] Exactamente neste sentido, F. HUFEN, *Verwaltungsprozeßrecht*... cit., p. 566.

[500] Por todos, e para uma síntese, vd. F. SCHOCH, "Der verwaltungsprozessuale vorläufige Rechtsschutz (Teil I)... cit., pp. 671 ss., esp. 673.

[501] P. CALAMANDREI (*Introduzione allo studio sistematico dei provvedimenti cautelari*, Padova, 1936, pp. 56 ss.) distinguia dois tipos de *periculum in mora*: o «pericolo di infruttuosità» e o «pericolo di tardività» do processo principal, fazendo corresponder a cada um deles as diferentes providências cautelares conservatórias e antecipatórias. Sobre o tema, vd. nosso Processo temporalmente justo e urgência, Coimbra, 2009, pp. 901 ss.

impossível proceder à execução de sentença favorável – por entretanto se ter alterado o *status quo ante* («o estado em que estava a coisa»)–, a antecipatória serve para anular ou minimizar os prejuízos que decorrem por si só do retardamento da sentença e do facto de não ser possível proporcionar, no imediato, a satisfação da pretensão jurídica substantiva que está a cargo do *sujeito-jurisdicional*.

Dizendo o mesmo por outras palavras, enquanto a providência conservatória produz um efeito hermético de modo a manter o *status quo* – «o estado em que se encontra a coisa», a antecipatória actua por via da ampliação provisória de uma situação jurídica existente, proporcionando a aceleração e a realização antecipada do direito material para a situação litigiosa controvertida.

É neste contexto que se percebe que a providência em causa nunca poderia ser classificada como providência cautelar antecipatória segundo a matriz latina (sobretudo italiana), ou providência cautelar positiva, segundo a lógica espanhola, ou como *decisão-de-urgência-provisória--reguladora*, segundo a terminologia alemã, pois não se trata no caso de realizar uma tutela de urgência do direito material, nem a pretensão jurídica acautelanda coincide na totalidade com a pretensão jurídica acautelada. Além de que o requerente só deseja, através do pedido principal, manter inalterado aquilo que já possui.

2.

Importa agora referir o impacto que tem a classificação nos respectivos pressupostos de deferimento. E são muitos e determinantes.

Excepcionando a situação rara contemplada no art. 120.º, n.º 1 alínea a), importa dizer que, para efeitos da avaliação dos pressupostos de deferimento da tutela cautelar no contencioso administrativo português, faz todo o sentido distinguir a providência cautelar conservatória da antecipatória, especialmente no que respeita à apreciação da aparência de bom direito. E assim é em relação apenas a este requisito já que no que respeita ao *periculum in mora*, tal distinção não tem consequências especiais (*ex vi* artigo 120.º, n.º 1, alienas b e c).

De facto, o exame de concludência que versa fundamentalmente sobre o pressuposto referente à existência da pretensão jurídica a reconhecer na causa principal pode variar de intensidade e de grau de esgotamento, conforme o tipo de providência a decretar. De qualquer modo, importa sublinhar que, independentemente da providência a decretar, há que realizar prova sobre os factos alegados, o juiz cautelar tem que a apreciar e tem, depois, que proceder a um exame de concludência. Assim, no contexto do julgamento da pretensão jurídica acautelanda, o juiz subsumirá os factos dados como provados ao direito substantivo que configura a existência dessa pretensão jurídica, antecipando, assim, fatalmente, a análise da questão relativa à pretensão jurídica que é objecto da causa principal. E, assim, umas vezes mais simples, outras vezes envolvendo maior complexidade, devido à multiplicidade de soluções aparentemente possíveis para a mesma questão ou devido à dificuldade de interpretação das normas, o juiz confrontar-se-á com a urgência, com a falta de tempo para examinar toda a extensão da *quaestio iuris* e com a redução do material probatório. Contudo, esse exame é necessário à luz do artigo 120.º do CPTA[502].

Dada a solução acolhida nas disposições constantes do artigo 120.º do CPTA, o juiz tanto pode proceder a um exame de concludência completo como a um exame de concludência limitado[503]. E para além de outros

[502] Aliás, esta questão não é de todo simples: há quem questione se cabe ao juiz cautelar proceder a um exame de concludência completo ou se é preferível limitá-lo ou ainda se é desejável que o juiz não analise o direito a aplicar à pretensão jurídica que se faz valer no processo principal, e, em vez disso, se paute por outros critérios de decisão. Como se sabe, durante anos a fio, a jurisprudência do Supremo Tribunal Administrativo dispensou o juiz cautelar da suspensão da eficácia de actos administrativos de proceder a um exame de concludência. E, assim, pautando-se, por um critério que atendia ao tipo de prejuízo que a imediata execução do acto seria susceptível de causar ao requerente ou a terceiros e à gravidade da lesão que a suspensão da eficácia do acto administrativo poderia causar ao interesse público, a análise do direito material e a apreciação da pretensão jurídica era sempre remetida para o juiz do recurso contencioso de anulação. Ora, o actual contencioso administrativo consagra um modelo distinto do anterior.

[503] Em abstracto, esse julgamento tanto pode ser completo como não, dependendo sempre da situação concreta existente. Em todo o caso, ele está sempre legalmente pré-condicionado. E, assim, ele pode assumir a dimensão de exame de concludência completo, na medida que o juiz pode actuar num contexto favorável que lhe permita subsumir às normas que versam sobre o direito alegado os factos considerados provados, em termos que, aplicando o mesmo direito material que se aplica à situação jurídica litigiosa da causa principal, ele está em condições de apurar, de modo conclusivo, a existência do direito a acautelar – embora não tenha de o fazer, e não tenha de tomar medidas que o pressuponham, até porque este pressuposto jurídico constitui o verdadeiro objecto da causa principal. É, aliás, exactamente por causa disto, e por razão de urgência, que o legislador determina as condições em que a subsunção dos factos

aspectos que aqui não importa considerar, importa desde já dizer que, uma diferença de procedimento de exame tem que ver com o tipo de providência cautelar que se decreta.

Vejamos, à luz do artigo 120, n.º 1, como deve fazer-se esse exame da questão jurídica e a aplicação das normas que versam sobre a situação jurídica aos factos. E, portanto, o julgamento da questão jurídica pressupõe a subsunção dos factos provados ao direito material que rege a situação jurídica a acautelar. E quanto ao processo cautelar comum, não obstante o CPTA determinar que o exame de concludência é sempre provisório, o legislador veio estabelecer três diferentes níveis de limitação no julgamento da questão jurídica. E, assim, há um primeiro nível em que o exame de concludência, não obstante ser provisório, é completo. E é completo porque o juiz cautelar, não obstante não ter que proceder a demoradas

ao direito é realizada: a subsunção ao direito material deve ser limitada, deve ser reversível, deve ser menos intensa. Agora sim, cumpre notar que é, somente, neste contexto que ganham sentido as expressões de «verosimilhança» e de «juízo hipotético». E é também somente neste contexto que a expressão *fumus boni iuris* se pode justificar. O exame de concludência no processo cautelar é, na verdade, e deve ser na maior parte das vezes, um exame inconclusivo, isto, é aberto. E a subsunção pode ser mesmo muito condicionada, porque em todo o caso o deferimento da decisão cautelar pode depender de outros pressupostos distintos: da maior ou da menor urgência na emissão de uma medida simplesmente reguladora para um determinado período de tempo, do conteúdo da providência e dos seus efeitos e na natureza simples ou complexa da questão jurídica a decidir. Afinal, o julgamento completo da questão jurídica pode prejudicar as razões de urgência que levaram o requerente a solicitar uma providência cautelar simplesmente preparatória e, assim, não sendo possível trazer à colação as normas jurídicas materiais ou não sendo sequer necessário invocá-las, o tribunal poderá até pautar mais o seu julgamento da questão jurídica por critérios especiais de decisão. Como sabemos, LEIPOLD propôs a ponderação de interesses em vez do exame de concludência completo para as situações em que a urgência não permite aguardar. Na verdade, sugerindo a criação *ad hoc* de uma norma que atenda à ponderação de interesses opostos, o autor defendeu um exame de concludência limitado em substituição da análise completa do direito material a aplicar à situação jurídica litigiosa, sendo que a previsão da ponderação de interesses opostos deveria dispensar o exame de concludência completo. Na realidade, na construção *leipoldiana* (vd. D. LEIPOLD, *Grundlagen dês einstweiligen Rechtsschutzes im zivil-verfassungs-und verwaltungsgerichtlichn Verfahren*, München, 1971, p. 83) a norma que prevê a ponderação de interesses pode justificar-se subsidiariamente, para os casos em que é preferível realizar um exame de concludência limitado, por a operação de subsunção dos factos ao direito deparar com dois tipos de adversidades, a saber: i) a complexidade da operação de subsunção (ou aplicação das normas) e ii) a situação de extrema urgência, que exija uma decisão breve e um exame de concludência rápido.

operações de subsunção, consegue perceber em que termos deve ser aplicado o direito material à situação jurídica da causa principal. E isto acontece por que a solução se apresenta *a priori* com evidência. Esta é uma possibilidade excepcional que não impõe ao juiz uma segunda operação de julgamento, que é recorrer à operação de ponderação de interesses[504].

Depois, precisamente para facilitar o seu decretamento, o legislador veio baixar em exigência o exame de concludência para a emissão das providências conservatórias, em termos que o legislador não exige que o juiz realize a completa aplicação do direito material à situação jurídica, uma vez que decretará uma providência que não é de molde a causar grande ingerência na esfera do demandado, não sendo, por isso, necessário esgotar o julgamento da questão jurídica nem sendo necessário completar o julgamento tal como o juiz da causa principal tenderá a realizar. Neste caso, porque se trata de providências conservatórias, o exame não vai além do suficiente para poder concluir que não é manifesta a falta de fundamento da pretensão jurídica a acautelar, devendo, ainda assim, existir uma segunda operação julgamento traduzida na ponderação de interesses.

Já quanto às providências antecipatórias, o exame de concludência volta a estar mais perto da completude, uma vez que o legislador impõe ao juiz que realize um juízo de prognose sobre o resultado da aplicação do direito substantivo à situação subjacente à causa principal, sendo que, no

[504] Para que haja decretamento das providências é necessário que o tribunal considere verificados certos pressupostos, aqueles que são os requisitos de procedência das providências cautelares, fixados no art. art. 120.º CPTA. E, com efeito, nos termos do artigo 120.º, n.º 1, aliena a), existindo uma evidência de procedência da pretensão formulada ou a formular no processo principal, a adopção da providência cautelar, seja ela conservatória ou antecipatória, depende somente disso, do facto de o juiz perceber, em termos de evidência, que a pretensão jurídica do requerente, que ele pretende acautelar através do processo cautelar, existe. E a solução para a questão jurídica apresenta-se com evidência porque, designadamente, está em causa a impugnação de acto manifestamente ilegal, de acto de aplicação de norma já anteriormente anulada ou de acto idêntico a outro já anteriormente anulado ou declarado nulo ou inexistente. De facto, estamos aqui a falar de uma aparência de direito que é já quase certeza do direito e esta é uma situação em que se tem mais como certo o bom direito do que o *fumus* desse direito. Há, portanto um exame de concludência completo (ainda que provisório) e é por isso que não existe, neste caso, uma norma complementar de decisão que imponha a ponderação de interesses – como acontece nas situações configuradas nas alíneas b) e c) do artigo 120.º, n.º 1 do CPTA.

entanto, esse exame antecipado da questão jurídica não pode ser esgotado, devendo ser realizada ainda a operação de ponderação de interesses[505].

Como se percebe, no quadro do actual regime do contencioso administrativo não se pode, de facto, deixar de distinguir a providência cautelar conservatória de antecipatória, já que a identificação do tipo de julgamento em cada caso depende da prévia classificação da providência solicitada ao tribunal – e assim é principalmente se não estiver em causa a «situação especial de evidência»[506] (contemplada no art. 120.º, n.º 1, a) CPTA). A distinção pontual é absolutamente necessária para os casos em que se configura a «situação-regra» (art. 120.º, n.º 1, b) e c) e n.º 2) – daí a máxima importância que revestiria a admissão do recurso de revista da decisão do TCA-N *sub judice*.

III.

Algumas conclusões podem apresentar-se.

E uma primeira é que, não obstante o carácter muito excepcional e a respectiva aplicação restritiva, quando em causa está o recurso de revista de decisões que versam sobre processos cautelares, consideramos aqui verificados os pressupostos de que dependeria a admissão do recurso de revista previsto no artigo 150.º do CPTA.

Para além de ser verificarem outros requisitos legais, a decisão do TCA-N que deve ser reconsiderada pelo Supremo, em sede de recurso de revista, padece de erro manifesto e grosseiro quanto à classificação da providência cautelar requerida, sendo certo que, tratando-se de uma

[505] Quanto ao decretamento da providência antecipatória, o tribunal deve apreciar o *fumus* na perspectiva de averiguar se é provável que a pretensão formulada ou a formular nesse processo venha a ser julgada procedente. Não se trata, pois de um *fumus* tão qualificado como o exigido na alínea a) do n.º 1 do artigo 120.º, mas também não é tão superficial como aquele que se exige para o decretamento das providências conservatórias. Ora, neste contexto, cumpre, pois, perceber que o juiz está autorizado a realizar o exame de concludência, uma vez que, no que concerne ao pressuposto da pretensão formulada ou a formular no processo principal, ele tem de subsumir os factos ao direito material que se aplicará à causa principal. Contudo, o exame de concludência não deve ser conclusivo, terá de ser tão só um exame hipotético. Ora, como se percebe, é neste contexto que tem sentido falar de «juízo sumário», «juízo hipotético» ou «*accertamento* menor», enquanto contraposto ao «*accertamento dichiarativo*», de que fala a ciência italiana do direito processual.

[506] Neste sentido, M. Aroso de Almeida/Carlos Cadilha, *Comentário*... cit., p. 602.

questão estritamente de natureza jurídica, deveria ser esclarecida e corrigida pelo STA.

A providência requerida de suspensão da eficácia do acto administrativo praticado pelo INFARMED que ordena o cancelamento do alvará da Farmácia Solla e, bem assim, declara extinto o procedimento administrativo tendente à transferência da respectiva localização da Farmácia é uma providência cautelar conservatória.

O método seguido pelo TCA-N para proceder à distinção entre as providências cautelares não está em harmonia com a jurisprudência dos Tribunais Superiores, é erróneo e causa incerteza e insegurança na aplicação do artigo 120.º, podendo, a ser seguido pelos tribunais de 1.ª instância, frustrar e anular irreversivelmente o direito fundamental dos particulares de acesso à tutela jurisdicional efectiva, consagrado no artigo 20.º e 268.º, n.º 4 e n.º 5 da Lei Fundamental portuguesa, no artigo 47.º da Carta Europeia de Direitos Fundamentais e no artigo 2.º do CPTA

Merece censura a solução acolhida pelo TCA-N, no caso concreto, quando, a partir do pedido de suspensão de eficácia do acto de encerramento da farmácia, considerou formulado, implícita e necessariamente, um outro pedido: a intimação provisória do INFARMED a conceder uma licença, titulada por um averbamento ao alvará existente, pois que a continuação da actividade por parte da farmácia pressuporia necessariamente a intimação desta entidade a consentir na alteração da participação social da sociedade que era proprietária da farmácia, passando, com a transacção efectuada, a ser detida pela sociedade adquirente, através do averbamento ao alvará inicial.

Para efeitos da aplicação do artigo 120.º, deve considerar-se conservatória a providência cautelar requerida no processo em análise, já que o requerente apenas almejava manter inalterado o *status quo* subjacente à causa principal, até que a mesma fosse decidida.

Por isso mesmo, no que concerne ao julgamento da questão jurídica relativa ao pressuposto jurídico da providência cautelar conservatória, o juiz cautelar não está obrigado a realizar um exame de concludência completo. Na verdade, podendo bastar-se com o *fumus non mali iuris*, ou seja, com a não aparência de mau direito, a subsunção dos factos ao direito material aplicável à situação litigiosa é muito mais incompleta e diminuída, já que o julgamento não vai mais longe do que o suficiente para perceber que «não é manifesta a falta de fundamento da pretensão formulada ou a formular» no processo principal ou que não é manifesta a existência de circunstâncias que obstem ao conhecimento do mérito do processo principal, sendo certo que esse exame limitado deve ser completado pela ponderação de interesses prevista no n.º 2 do artigo 120.º CPTA.

Estabelecer critérios uniformes de distinção entre providência cautelar conservatória e antecipatória é absolutamente necessário para que a aplicação do art. 120.º pelo juiz seja certeira, seja certa e seja segura. Não estamos confiantes de que isso venha a acontecer sem a intervenção do legislador.

DÉCIMO TERCEIRO ESTUDO

A GARANTIA (OU NÃO) DE EXECUÇÃO DA PROVIDÊNCIA CAUTELAR NA JUSTIÇA ADMINISTRATIVA

em coautoria com Miguel Losa, inédito

A garantia (ou não) de execução da providência cautelar na justiça administrativa

Sumário[*]: **0.** Introdução. **I.** Alteração ao regime com a revisão de 2015. **1.1.** Problemas por resolver. **1.2.** A subsistência de um regime dual de execução das providências. **II.** As insuficiências do regime. **2.1** desadequação estrutural. **2.2.** A insuficiência dos poderes do juiz. **III.** Para uma reponderação dos poderes do juiz cautelar. **3.1.** Os poderes do juiz no âmbito do processo executivo. **3.2.** Perspetivas para uma garantia efetiva da tutela cautelar. **IV.** Algumas conclusões.

0.

O presente exercício de análise crítica parte da ideia de trazer à liça, de entre as alterações introduzidas pela revisão que o CPTA sofreu ainda em 2015, as novidades que o regime de garantia das pronúncias cautelares

[*] "A garantia (ou não) de execução da providência cautelar na justiça administrativa" é um texto escrito na sua grande totalidade por Miguel Losa. Sendo inédito, resultou do estudo apresentado na UC de Direito Processual Administrativo no âmbito do Curso de Mestrado em Direito Administrativo na Escola de Direito da Universidade do Minho. O texto foi discutido na sala de aula e melhorado e esteve na origem da investigação brilhante que Miguel Losa viria a desenvolver posteriormente e que eu tive o gosto de acompanhar e orientar. O título da sua Dissertação de Mestrado é *"Da urgência no cumprimento efectivo das providências cautelares dos Tribunais Administrativos"*, 2017. Não estando ainda publicada, em Portugal, o resumo encontra-se disponível para consulta em *https://repositorium.sdum.uminho.pt/handle/1822/52204*. Por todas as razões, sou grata a Miguel Losa por ter aceitado juntar-se a mim nestes Estudos.

nos trouxe. Desta forma tentar-se-á perspectivar quais serão os resultados práticos da nova redacção do art. 127.º do CPTA nomeadamente pela diferenciação em relação ao que constava desse mesmo dispositivo antes da alteração legislativa. É certo que, comparativamente com outras novidades introduzidas pelo legislador em 2015, esta matéria parece estar votada a uma certa irrelevância. Crê-se, no entanto, que esta temática assume extrema importância na definição da capacidade da disciplina do processo administrativo, de um ponto de vista sistemático, conseguir garantir uma tutela efectiva plena, capaz de responder ao interesse primário do requerente do processo cautelar, deixando em aberto, no âmbito do processo principal, a via da reconstituição in natura da posição do autor, ao invés de lhe reservar uma tutela de cariz meramente indemnizatório. Far-se-á, pois, um exame dos possíveis efeitos decorrentes da alteração que o regime de execução das providências cautelares sofreu com a recentíssima revisão.

Conjuntamente com este exercício analítico procurar-se-á entrever que dificuldades se irão suscitar com o novo regime e, perante a convicção de uma insuficiência latente, especular-se-á qual a possibilidade de reforço e densificação da tutela cautelar pela introdução de poderes estruturalmente executivos no âmbito dos poderes que o juiz cautelar pode exercer no momento do decretamento da providência.

A todo este exercício que se pretende empreender não será alheia, bem pelo contrário, a condição de Portugal enquanto país signatário da Convenção Europeia dos Direitos do Homem (CEDH), uma vez que, tem sido à luz dos artigos 6.º e 13.º deste diploma, e em conjunto com a actividade juriprudencial do Tribunal Europeu dos Direitos do Homem (TEDH) que o princípio do direito à justiça em tempo razoável tem conhecido uma concretização efectiva e operativa. Na verdade, este Tribunal tem vindo a proceder a depuração laboriosa desse mesmo conceito, consequência da sua já vastíssima jurisprudência sobre este aspecto específico. Exercício que, aliás, tem merecido acolhimento dos tribunais portugueses que têm vindo a seguir, cada vez mais de perto, o entendimento do TEDH.

Serve esta referência para relembrar que à luz do entendimento do TEDH a apreciação da demora processual não deverá tratar isoladamente cada uma das partes em que a causa em questão se decompõe processualmente, antes devendo fazer-se unindo os tempos da pronúncia declarativa e executiva na obtenção do tempo total da demora da justiça em relação a uma única causa. Amiudadamente o Tribunal tem feito referência ao *continuum* que a contagem do tempo processual para efeitos de apreciação da violação do direito à justiça em tempo razoável estabelece na transição do processo declarativo para o processo executivo, devendo, pois, a demora equivaler ao total da soma da demora dos dois, encetando-se a contagem da demora processual no momento em que o requerente reivindica o direito e terminando com o momento em que o direito se torna efectivo. Assim o impõe o conceito alargado de causa com referência expressa tanto no art. 6.º, n.º 1 da CEDH como do n.º 4 do art. 20.º da CRP, uma vez que este não será confundível com a noção de processo, abrangendo uma realidade mais vasta, que se mantém até à efectivação do material direito reivindicado, independentemente de no caso haver lugar a uma fragmentação processual dos momentos declarativo e executivo[507].

É, pois, a partir desta ideia já jurisprudencialmente fortificada e sedimentada de que não faria qualquer sentido propor um acesso ao direito e à justiça tutelados pela celeridade, pela equidade e publicidade, sob a alçada de um tribunal independente e imparcial, ao mesmo tempo que se admite que, chegado o momento de aplicar de forma efectiva o que ficou determinado em decisão judicial, todas estas garantias se esfumem[508]. Entende-se que este mesmo raciocínio será reprodutível no contexto e sob o prisma do tempo da justiça cautelar, servindo esta inferência como ponto de partida da análise que se pretende empreender. É certo que o alargamento da ponderação do tempo processual, no âmbito de um processo de apreciação plena, ao momento de efectivação da decisão parece não oferecer discussão, sob pena da pronúncia do direito no âmbito do momento declarativo transformar-se numa composição meramente ilusória do litígio, destituída de qualquer garantia efectiva de poder vir a alterar a realidade factual que visa ordenar. Mas não merecerá, neste contexto, o processo cautelar igual tratamento, precisamente sob pena da decisão de decretamento de providência cautelar se tornar numa injunção

[507] Com o mesmo sentido prático, refere J. C. Vieira de Andrade, na nota 312 da sua *A Justiça Administrativa*, Lições, 14ª edição, Almedina, 2015, p. 143, que «[...] o prazo razoável não respeita, em rigor, apenas à obtenção da decisão, mas à obtenção do respectivo cumprimento em termos eficientes».

[508] Cfr., neste sentido, por exemplo, a conclusão 40. do acórdão *Hornsby c. Grécia*.

de cumprimento facultativo? Tratando-se o processo cautelar de uma tramitação justificadamente especial e urgente, crê-se que a garantia constitucional que concede o direito à adopção de medidas cautelares adequadas para tutela de direitos e interesses legalmente protegidos, conforme o n.º 4 do art. 268.º da CRP, deverá ser densificada com a previsão de uma forma de efectivação das providências decretadas igualmente especial e urgente. Será, pois, à luz da formulação negativa do princípio da igualdade, que prescreve não só a igualdade de tratamento em relação às situações que na sua substância se equivalem como acresce, precisamente, que perante situações substancialmente distintas deverá haver um tratamento distinto, neste caso pelo legislador. Daqui se retirará a inadequação da remissão em bloco feita pelo legislador, aquando da previsão do regime de garantia das providências cautelares, para o regime geral de execução previsto no CPTA, uma vez que as características específicas do processo cautelar, nomeadamente aquelas atinentes à perigosidade e à iminência de uma lesão, corroboram a natureza substancialmente distinta deste tipo processual em relação à forma processual comum da acção administrativa.

I.

A propósito da garantia das providências cautelares, na versão anterior à revisão de 2015, dispunha o CPTA, n.º 1 do art. 127.º, que «[a] pronúncia judicial que decrete uma providência cautelar pode ser objecto de execução forçada pelas formas previstas neste Código para o processo executivo», fazendo, pois, uma remissão em bloco para o regime geral de execução previsto nos arts. 157.º a 179.º do CPTA. Desta forma o legislador criava dois momentos processuais absolutamente estanques para as funções cognitiva e executiva do tribunal, também, no âmbito da tutela cautelar.

Com a revisão de 2015 passou a constar do mesmo normativo que: «[a] execução da decisão cautelar corre termos nos próprios autos do processo cautelar, sob as formas previstas neste Código para os processos executivos, ou sob as formas previstas na lei processual civil, quando se trate de uma execução contra particulares, sendo-lhe aplicável o regime dos processos urgentes».

Numa primeira leitura do normativo que se refere à execução de providências cautelares compreende-se que o regime processual aqui aplicável é o da tramitação da execução de uma providência quando tenha sido decretada contra particulares. Neste caso, e conforme já se poderia entrever da anterior redacção, em virtude da remissão em bloco que o mesmo dispositivo fazia para o regime geral de execução, a tramitação reger-se-á pelo disposto na lei processual civil. Nada de novo, pois, nos trouxe a nova redacção para além de uma maior clareza de escrita e técnica legislativa.

No entanto, mais alterações e de maior monta nos trouxe o legislador de 2015, uma vez que, ainda no novo art. 127.º, n.º1, passou a prever-se que a execução da decisão cautelar corra termos nos próprios autos do processo cautelar, ou seja, dentro do processo cautelar e que a esta execução seja aplicável o regime dos processos urgentes. Por outro lado, manteve-se uma remissão algo genérica para o regime geral da execução das decisões dos tribunais administrativos, prevendo-se que a execução da decisão cautelar tramite sob as formas previstas no CPTA para os processos executivos.

Levantam-se, assim, novos problemas no que se refere à destrinça da definição e delimitação legal do momento de execução da decisão cautelar e dos termos em que terá lugar. Sabe-se, agora de forma clara, que a execução da decisão terá lugar ainda dentro do processo cautelar, sugerindo a letra da lei o seu processamento como incidente deste. Assim, por um lado pode-se falar numa previsão de natureza unitária do processo cautelar, uma vez que os momentos de afirmação do direito e de efectivação do direito declarado deverão ocorrer no âmbito do mesmo processo. No entanto, trata-se de uma tramitação apenas aparentemente unitária pois, conforme resulta da leitura do n.º 1 do art. 127.º, a execução da providência decretada deverá tramitar como incidente do processo e de acordo com a complexidade e as garantias previstas no regime geral de execução das decisões dos tribunais administrativos. Esta conclusão parece decorrer inequivocamente da remissão em bloco que o normativo em causa faz para as formas previstas no CPTA para os processos executivos.

Parece também resultar claro, da leitura do dispositivo em referência, que à tramitação do incidente de execução da providência se deverá aplicar o regime processual de urgência previsto nos arts. 36.º, al. b) do n.º 2 do art, 143.º e 147.º do CPTA. Assim, todo o complexo normativo e garantístico referente às formas processuais que visam dar execução às decisões dos tribunais administrativos, incluindo os enxertos declarativos previstos no âmbito do regime geral de execução e a sua disciplina, deverá ser transposto para o processo cautelar, nomeadamente, para o incidente em que se visa executar as providências decretadas pelo tribunal, ao mesmo tempo que se deverá proceder à harmonização desse complexo normativo com o regime geral de urgência que, por referência legal expressa, lhe será aplicável. Nesta linha, o prazo de interposição de recurso deverá ser de 15 dias e todos os demais prazos deverão ser reduzidos a metade, sendo que a sua propositura produzirá um efeito meramente devolutivo e o eventual julgamento de recurso deverá ter prioridade sobre os demais processos. Caberá ainda fazer referência ao facto de que o incidente de execução da providência tramitará durante as férias, com dispensa de vistos prévios, devendo os actos da secretaria ser praticados no próprio dia e com precedência sobre quaisquer outros, tal como os julgamentos deverão ter prioridade sobre os demais. Finalmente, não parece que vá ter aplicação, no âmbito do incidente de natureza executiva que passou a caber no processo cautelar com a revisão de 2015, o previsto no n.º 3 do art. 36.º pois, remetendo-se para as formais processuais executivas deverá esta remissão ser entendida como derrogando a aplicabilidade subsidiária da tramitação da acção administrativa com os prazos reduzidos a metade para se aplicar, então, a tramitação específica prevista para os processos executivos.

Põe-se, então, a questão de perceber quais as consequências desta nova previsão do legislador e que repercussões se poderão aventar num momento em que os efeitos práticos desta revisão ao regime de execução das providências são ainda desconhecidos.

O ponto que mais se destaca é, sem dúvida, a criação de um regime de execução da providência que tem uma tramitação aparentemente intraprocessual, ou seja, o momento de efectivação da ordenação jurídica que a providência visa introduzir deverá ocorrer ainda dentro do processo cautelar. No entanto, este regime mais não é do que a soma de duas tramitações processuais distintas, na medida em que, por um lado o momento do decretamento da providência se rege precisamente pelo regime previsto para o processo cautelar (112.º a 134.º do CPTA) e, de outro prisma, o momento da efectivação da providência ordenada é tramitado de acordo com o regime previsto pelo CPTA para o processo executivo (157.º a 179.º do CPTA), harmonizado com o regime previsto para os processos urgentes e como incidente do processo cautelar.

Embora se possa falar da previsão de um processo cautelar unitário, em que o momento declarativo e executivo estão incluídos no seu seio, poder-se-á referir que se está perante uma tramitação bifásica que depende de iniciativas próprias e autónomas entre si. Por outro lado, a complexificação que este regime vem trazer ao processo cautelar nos casos em que não se dê o cumprimento espontâneo da providência parece destinada a originar mais problemas do que soluções.

1.1.

Esta nova configuração, para além de introduzir novas interrogações na determinação do regime que deverá seguir a execução de uma providência, parece não ter o condão de solucionar as questões que já anteriormente à revisão de 2015 se colocavam. Já a redacção precedente à revisão de 2015 suscitara questões de difícil exercício hermenêutico face à carência de indicações claras do legislador, situação que se repete agora apesar do novo figurino pois, se se atentar no texto da lei, não restam dúvidas de que se prevê uma remissão genérica para a tramitação dos processos executivos, ainda que sob a forma de incidente do processo cautelar.

Mantém-se, pois, a necessidade de verificação dos requisitos processuais específicos previstos para que o pedido executivo possa ser apreciado, conforme o regime geral de execução.

Em primeira linha, e cumprindo esta orientação lógica que a lei parece promover, a execução das medidas cautelares decretadas deverá estar sempre dependente da verificação de um prévio incumprimento. Ou seja, será necessário que a Administração não dê cumprimento de forma voluntária ao decidido pelos tribunais. Por outro lado, para empreender esse cumprimento a Administração beneficia de um lapso temporal dentro do qual não poderá ser accionada a execução judicial da decisão, sendo que nos casos da decisão exequenda impor o dever de prestação de factos, coisas ou a anulação de actos, estar-se-á perante um prazo de 90 dias (n.º 1 do art. 162.º e n.º 1 do art. 175.º, ambos do CPTA), e, quando esteja em causa uma decisão da qual resulte um dever de mera natureza pecuniária para a Administração, o prazo com o qual nos depararemos será de 30 dias (n.º 1 do art. 170.º do CPTA). Sendo certo que alguma doutrina e jurisprudência vinham entendendo que estes prazos para cumprimento voluntário, ou esta fase pré-executiva, deveriam ser tidos como prazos de natureza procedimental cuja contagem deve seguir o disposto no art.

87.º do CPA, suspendendo-se, portanto, a sua contagem nos sábados, domingos e feriados. Foi aliás, este entendimento que obteve vencimento com a revisão de 2015, uma vez que o texto legal passou a fazer expressa referência à natureza procedimental do prazo.

Outra questão que se repetirá apesar da alteração do regime é aquela que se relaciona com o facto de, não implicando a execução da decisão cautelar a obtenção do mero pagamento de uma quantia certa, poderá sempre a Administração alegar a impossibilidade absoluta ou o grave prejuízo para o interesse público como causa legítima de inexecução (163.º e 175.º do CPTA), o que, para além de remeter, eventualmente, o exequente para uma tutela de natureza unicamente ressarcitória (art. 166.º e art. 178.º, ambos do CPTA), imporá, ainda, uma tramitação que, contabilizando-se só os prazos para a prática dos actos processuais de contestação da petição executiva (pela Administração) e de réplica (pelo exequente), implicará o decurso de 15 dias (n.ºs. 1 e 2 do art. 165.º e n.ºs 1 e 2 do art. 177.º, ambos do CPTA) tendo-se já em conta a aplicação do regime da urgência processual ao incidente de execução da providência cautelar, aos quais se deverão acrescer os necessários para expediente (notificações, p. ex.) para além do necessário decurso do prazo para cumprimento voluntário já referido.

A inexistência de um regime de execução especificamente previsto para dar cumprimento coercivo e efectivo às decisões de decretamento de providências cautelares impõe a aplicabilidade do regime previsto para os processos de execução. Esta aplicação em bloco não deverá, sequer, ter em conta as necessárias adaptações, mas tão só e apenas a necessidade de harmonização com o regime geral de urgência (arts. 36.º, al. b) do n.º 2 do art, 143.º e 147.º do CPTA) que se caracteriza por uma mera contracção de prazos processuais e pela determinação do efeito devolutivo como o regime regra decorrente da interposição de recurso jurisdicional.

1.2.

Por outro lado, com a revisão de 2015 manteve-se inalterada a natureza dual do regime de execução, uma vez que, a distinção entre as providências que impliquem uma actuação de natureza fungível ou infungível manteve-se intacta e, consequentemente, o diferente regime de execução previsto para cada um dos casos. Assim, quanto a este aspecto, a redacção do n.º 2 do art. 127.º manteve-se igual àquela que foi introduzida pelo CPTA em

2002. Decorre daqui que, também a execução das providências manteve uma configuração dualista, em razão da natureza fungível ou infungível da providência decretada. Ou seja, se estiver em causa a execução de uma providência que consista numa obrigação de natureza infungível o juiz poderá «[...] condenar de imediato o titular do órgão competente ao pagamento da sanção pecuniária compulsória que se mostre adequada a assegurar a efectividade da providência decretada[...]».

Ora, nas situações em que se entenda que está em causa a execução de uma providência de natureza não fungível é certo que o único poder executivo que o juiz terá à sua disposição será, precisamente, o de fixar uma sanção pecuniária compulsória, pois, caso contrário estará a violar o espaço de valoração própria da Administração e a restringir o poder discricionário de que esta dispõe no caso, ferindo ostensivamente a separação e interdependência dos poderes.

No direito civil é referência usual, no que toca à distinção entre as coisas de natureza fungível ou infungível, o facto daquelas serem determinadas pelo seu género, qualidade e quantidade e estas, diferentemente, serem antes fixadas individual e concretamente. Assim, no âmbito de uma relação obrigacional, se o objecto mediato desta se classificar como fungível estar-se-á perante uma obrigação genérica, por outro lado, se o objecto da obrigação for de tipo infungível estar-se-á perante uma obrigação específica [509].

A distinção em causa terá, no âmbito do direito administrativo, o condão de distinguir, de entre as obrigações impostas judicialmente à Administração, quais aquelas cujo cumprimento poderá ser obtido de terceiro, neste caso o objecto da obrigação será fungível, e as que serão impostas à Administração, mas cujo cumprimento só poderá ser prestado por esta, sendo o objecto da obrigação infungível[510].

[509] Sobre a classificação das *coisas* como fungíveis ou infungíveis, vd. Heinrich Ewald Hörster, *A Parte Geral do Código Civil Português*, reimpressão da edição de 1992, Almedina, 2000, p. 186. Já no que se refere à definição, distinção e regime jurídico-civil das obrigações genéricas e específicas vd. João de Matos Antunes Varela in *Das Obrigações em Geral*, 10ª edição, Almedina, 2003, pp. 819 a 827.

[510] J. C. Vieira de Andrade refere um conceito específico de *infungibilidade administrativa*, que se determina «[...] pela impossibilidade de substituição pelo juiz na produção de efeitos jurídicos [...]», fazendo, o A., coincidir a natureza infungível da obrigação com o exercício de poderes discricionários, cfr. *A Justiça Administrativa. Lições*, 14ª edição, Almedina, 2015, p. 353.

Assim, só poderão ser objecto de execução coerciva directa as obrigações que onerem a Administração com o dever de cumprir uma prestação fungível, na medida em que a recusa de cumprimento será sempre ultrapassável pela obtenção da prestação de outrem. Por outro lado, nos casos em que só da entidade condenada se poderá obter o cumprimento da decisão do tribunal administrativo a execução com vista à sua satisfação só se poderá valer de instrumentos de execução que apenas indirectamente instiguem o cumprimento da decisão.

Ora, estando em causa o decretamento de uma providência infungível diz-nos o legislador que não haverá lugar à execução desta sempre que o tribunal exerça o poder de condenar de imediato o titular do órgão competente para o cumprimento daquela. Nesta situação não haverá lugar a um segundo momento dedicado à execução da providência, pois o único poder executivo que o tribunal detém é exercido contemporaneamente com o poder declarativo, pela fixação de uma sanção pecuniária compulsória sem que se abra qualquer incidente processual nem seja necessária uma prévia iniciativa do requerente que propulsione a tramitação executiva. Assim, quando esteja em causa uma providência de natureza não fungível e o juiz exerça o poder que lhe é conferido pelo n.º 2 do art. 127.º do CPTA, estaremos perante uma verdadeira antecipação do momento executivo conforme o que vem previsto no n.º 1 deste mesmo artigo.

II.

Analisado o novo regime de garantia das providências conforme ficou supra referido e tendo tido a alteração legislativa como efeito a internalização, no âmbito do processo cautelar, de uma outra tramitação processual que mantém a complexidade das formas processuais executivas previstas regularmente no CPTA, ou seja, a constituição de um novo processo cautelar pela junção de dois tipos processuais já anteriormente existentes, não se vislumbra como poderá a referida alteração legislativa, desta forma, tornar o momento executivo das providências cautelares mais condicente com o juízo de perigosidade e urgência que preside ao momento declarativo da providência.

Na verdade, a mera remissão para as formas do processo executivo não descarta a excessiva demora e o potencial esvaziamento da utilidade processual que a propositura da pretensão cautelar visa, *a priori*, prevenir. Assim, ainda que a afirmação do direito (momento declarativo) seja atempada, a verdade é que, perante uma entidade relapsa que não proceda ao cumprimento de forma voluntária, os instrumentos processuais à disposição do aplicador do direito não terão a capacidade de obviar à impossibilidade de efectivação do direito ditado (momento executivo) em tempo útil.

Assim, quando a providência decretada não seja cumprida e se torne necessário proceder à coerção da entidade competente para a obtenção da sua satisfação, a aplicação do actual regime de efectivação da tutela cautelar redundará num resultado extremamente penalizador para o requerente que, diligentemente, requereu uma forma de garantia preventiva do seu direito ameaçado e indiciariamente comprovado.

Tal facto será ainda mais evidente nos casos em que, tendo sido decretada a providência de forma provisória ou em que tenha sido imposta a proibição de execução do acto, nos termos dos arts. 131.º e 128.º do CPTA respectivamente, a entidade requerida actue em sentido contrário à composição provisória do litígio (por acção ou omissão). Nestes casos, o incumprimento no âmbito de tutelas dotadas de uma urgência especialmente qualificada não tem, tal como de facto não se encontra para a providência cautelar em geral, qualquer dispositivo garantístico que se adeque ao grau de perigosidade aferido no caso concreto e procure efectivar o direito de forma heterónoma.

Desta forma, não se poderá falar na existência de uma lacuna por falta de previsão de uma forma de efectivação forçada das providências cautelares decretadas, mas de um regime desadequado que trata de forma igual aquilo que é substancial e significativamente diferente, no caso, a execução no âmbito da acção administrativa e a efectivação da providência cautelar que não tenha sido voluntariamente acatada.

2.1.

Conforme se vem de referir, apesar da revisão de 2015 do CPTA resultar o que se poderá designar como uma tramitação aparentemente unitária, é facilmente discernível a existência de uma estrutura verdadeiramente dúplice do processo cautelar. Esta caracterizar-se-á por um primeiro momento de afirmação do direito e decretamento de uma providência cautelar e, subsequentemente, por um segundo momento de efectivação da providência decretada. Sendo que este segundo momento terá a sua tramitação enquanto incidente do processo cautelar, ou seja, no seu seio, mas com um processamento autónomo e diferido no tempo. Ora, não se deu, pois, com a revisão de 2015 do CPTA, o reconhecimento pelo legislador da unidade substancial que caracteriza os momentos de reconhecimento e efectivação do direito no âmbito da tutela cautelar.

De que valerá o decretamento provisório de uma providência se o requerente, para a ver efectivada, precisará de tomar a iniciativa de comunicar o incumprimento, abrindo-se então o incidente processual de execução e tramitando este de acordo com a remissão feita para as formas processuais previstas para o processo de execução? Não será mera crendice defender que a eficácia deste regime perante uma Administração relutante em cumprir o direito provisoriamente decretado valerá pouco mais que nada.

Na verdade, a necessidade de prevenir a actualidade ou iminência de um perigo real não parece compadecer-se com uma fragmentação processual como esta. O fito da providência cautelar será, na generalidade das situações, o de afastar o perigo de forma imediata e efectiva, procurando manter a integralidade de um direito indiciariamente comprovado. Há, pois, do ponto de vista da protecção da esfera jurídica do requerente, uma necessidade de que a afirmação e efectivação do direito sejam operacionalizadas contemporaneamente. Só assim, e de forma genérica em relação à tutela cautelar, se poderá garantir a manutenção da utilidade processual do litígio principal sem que o seu objecto venha a degenerar numa tutela meramente ressarcitória.

Na verdade, o exercício de costura que o legislador da revisão de 2015 do CPTA empreendeu, enxertando o processo executivo no seio do processo cautelar descurou a natureza substancialmente una da tutela cautelar, a sua essência cumulativamente cognitiva e executiva[511]. É certo que esta alteração ao n.º 1 do art. 127.º CPTA, como indicação orientadora e numa perspectiva do devir legislativo, fornece uma boa pista na medida em que parece aceitar que algo precisa de ser alterado no âmbito

[511] Alberto dos Reis refere que a pretensão do requerente cautelar poderá passar pela antecipação da execução da decisão final, tendo, pois, a providência cautelar uma função eminentemente antecipatória que poderá passar por fazer chegar antes do tempo normalmente devido a execução da decisão final (ex: arresto e arrolamento). Não é, no entanto, esta realidade que se pretende referir quando se fala na unidade susbstancial da providência cautelar, neste caso estará em relevo o juízo objectivo de urgência e perigosidade que impõe uma efectivação dos efeitos da própria providência de forma quase instantânea.

da efectivação das providências. No entanto, a revisão fica-se por uma mera manifestação de intenção pois, para além da criação de um processo cautelar estruturalmente uno, tudo mais ficou por fazer.

Não houve, nomeadamente, o ensejo de, integrando o momento de efectivação da providência no âmbito do processo cautelar, dotar o processo cautelar de uma única tramitação que abarque os momentos cognitivo e executivo para que, no momento da sua pronúncia, o juiz cautelar disponha de poderes estruturalmente cognitivos e executivos e possa exercê-los de forma coeva.

Ao prever-se uma tramitação como incidente do processo cautelar, decalcada das formas previstas para o regime geral do processo executivo, o legislador não foi capaz de dar uma resposta minimamente suficiente para um problema que já estava por resolver antes da revisão de 2015 e que assim permanecerá, apesar da aparência poder induzir em erro o olhar mais desatento.

2.2.

Conforme já foi sendo referido, não se prevendo a possibilidade de o juiz cautelar exercer poderes estruturalmente executivos no mesmo momento em que decreta a providência cautelar, a garantia de efectivação desta não será, de todo, adequada a tornar operativa na realidade dos factos a ordenação provisoriamente determinada.

Neste contexto, interessa referir que a pronúncia do juiz cautelar que dê provimento à providência peticionada será sempre de natureza condenatória sob pena de inutilidade do próprio processo cautelar, uma vez que o fim deste será sempre a imposição de uma conduta (positiva ou omissiva), não estando prevista a possibilidade da pronúncia ter natureza meramente apreciativa, ao contrário do que acontece no âmbito da acção administrativa – já caso diferente poderá ocorrer no âmbito do processo de execução ou da intimação para a protecção de direitos liberdades e garantias. Será, pois, importante denotar que sobre o juiz cautelar impenderá o dever de concretizar, tanto quanto possível, o comportamento a impor à entidade requerida ou competente para dar cumprimento à providência a pronunciar. Neste sentido, aliás, dever-se-ão entender os amplos e especiais poderes conformativos do pedido cautelar de que o juiz goza, pois, quanto mais concretizada seja a pronúncia cautelar, mais efectiva e adequada será a tutela conferida ao requerente.

A este aprofundamento da pronúncia declarativa do juiz não fez o legislador corresponder a hipótese de um aprofundamento dos poderes executivos do juiz cautelar. Nomeadamente, não prevê a possibilidade de, em algum contexto ou circunstância, o juiz cautelar exercer poderes executivos simultaneamente com a pronúncia cautelar. No entanto, se se analisar atentamente o Código chegar-se-á à conclusão que esta mesma afirmação não poderá ser firmada em relação a todos os processos declarativos aí previstos pelo legislador. Na verdade, conforme é amplamente reconhecido, o juiz administrativo detém, em situações específicas e, em todo caso, dotadas de alguma excepcionalidade, a possibilidade de antecipar o momento da efectivação do direito declarado, de tal forma que as suas funções cognitiva e executiva acabam por encontrar-se.

Veja-se, neste sentido, o poder substitutivo de que o juiz goza no âmbito da intimação para a protecção de direitos liberdades quando, no caso concreto, esteja em causa a condenação da entidade administrativa competente à prática de um acto estritamente vinculado, cf. n.º 3 do art. 109.º do CPTA. Nestes casos em que o acto a praticar esteja estritamente vinculado, legal ou circunstancialmente, é clara a contracção dos momentos declarativo e executivo num só. De tal forma que o Código atribui ao juiz o poder estruturalmente executivo de, com a sua pronúncia, substituir a Administração no cumprimento da decisão. Trata-se, pois, e certamente em razão do juízo de especial perigosidade e urgência que sobre a factualidade apresentada em juízo seja empreendido pelo juiz, de uma situação excepcional em que um poder estruturalmente executivo e previsto, em geral, no âmbito do processo executivo[512], é exercido fora deste. Crê-se, no entanto, que não se tratará do exercício de poderes estruturalmente executivos fora do âmbito do processo executivo, mas sim da previsão de um tipo processual que pode congregar em si, ainda que

[512] Não parecerá, à luz deste entendimento, totalmente correcta a afirmação de que esta será a única situação em que o legislador, no âmbito de um processo declarativo, concedeu poderes substitutivos ao juiz. Crê-se, aliás, que dentro da natureza de excepcionalidade que envolve este meio processual, poder-se-á entender, neste caso e em determinadas situações, que estamos perante um processo que congrega em si os poderes declarativos e executivos, bastando-se, nomeadamente nas situações em que o tribunal se substitui à Administração exercendo funções de natureza administrativa, para tornar efectivo o direito ditado pelo tribunal. Em sentido distinto e maioritário, cfr. por exemplo J. C. Vieira de Andrade, *A Justiça Administrativa. Lições*, 14ª edição, Almedina, 2015, pp. 235 e 236.

de forma parcial, os momentos declarativo e executivo. No sentido deste entendimento apontará a possibilidade do juiz, no âmbito da intimação para protecção de direitos, liberdades e garantias poder desde logo, e no momento da decisão, fixar sanção pecuniária que onere o titular do órgão competente para o cumprimento. Sendo certo que a lei prevê ainda a possibilidade, quando não opte pela fixação imediata de sanção pecuniária compulsória e ainda nos autos do processo de intimação para protecção de direitos, liberdades e garantias, de o juiz, perante o incumprimento da Administração, fixar em momento ulterior a respectiva sanção pecuniária compulsória, com o fito de dar cumprimento à sua decisão. Julga-se, pois, que a possibilidade de fixação, imediata ou diferida, da sanção pecuniária nos próprios autos reforça a ideia de contracção dos momentos declarativo e executivo num só processo de intimação para protecção de direitos, liberdades e garantias.

Por outro lado, no âmbito da intimação para a prestação de informações, consulta de processos ou passagem de certidões é certo que a doutrina e a jurisprudência maioritárias têm entendido, desde há longo tempo, que neste tipo processual urgente se encerram tanto o momento declarativo como o executivo. Na verdade, já antes da entrada em vigor do CPTA, ou seja, quando ainda vigorava a LPTA, se entendia que a efectivação da decisão do pedido intimatório para a prestação de uma informação, passagem de uma certidão ou de consulta de um processo não poderia ser feita pelo recurso ao processo executivo. Tem se vindo a entender, pois, que o poder executivo em relação à determinação do tribunal se esgota com a possibilidade de fixação de um prazo para cumprimento decisão e, no caso deste não ser respeitado, com a determinação de uma sanção pecuniária compulsória que onerará o titular do órgão competente para o cumprimento. Esta interpretação tem sido criticada, sobretudo por que se entende que poderá redundar num meio processual vazio, que nada oferecerá ao requerente e que, ao mesmo tempo, se conforma com a possibilidade de uma decisão judicial poder não produzir qualquer efeito. No entanto, este instrumento processual deve ser lido em conjunto com o previsto pelo legislador para o regime de envio obrigatório do processo administrativo ao tribunal. Desta leitura conjugada poder-se-á retirar que a aparente total desprotecção que resultaria da inexequibilidade da decisão da intimação para a prestação de informações, consulta de processos ou passagem de certidões será parcialmente acautelada pela possibilidade de, no âmbito de um processo autónomo, a falta de envio do processo administrativo poder produzir efeitos confissórios no caso da prova se tornar impossível ou de difícil produção. Nestes casos o efeito confissório produzir-se-á em relação aos factos alegados e cuja prova foi impossibilitada ou especialmente dificultada pela(s) entidade(s) demandada(s). A conexão entre os dois regimes, aparentemente sem qualquer relação entre si, ganha corpo naquelas situações em que o requerente utiliza a intimação para obter ou consultar informação pertinente para a determinação da sua estratégia processual. Nestes casos, a cominação confissória poderá, em momento diferido, acabar por tutelar a sua posição, embora este esteja sempre incumbido de tomar uma iniciativa processual autónoma da intimação para prestação de informações, consulta de processos ou passagem de certidões.

Para além destas situações em que o Código prevê expressamente uma tramitação processual una, embora com características diferentes, há ainda casos em que essa unidade processual poder-se-á, tendo em conta a sistemática do próprio Código, intuir. Casos como a proibição de execução do acto administrativo e o decretamento da suspensão provisória da eficácia das normas administrativas, em que existe um contraditório ulterior que, nos casos em que a Administração não dê cumprimento ao seu dever de omitir a execução do acto ou de aplicação da norma administrativa, se processará como incidente do processo principal, ou o novo regime previsto para o contencioso pré-contratual que, com a revisão de 2015, passou a prever um efeito suspensivo automático selectivo (apenas em relação às acções que tenham como objecto o acto de adjudicação), parecem ser dotados de uma exequibilidade própria, ainda que meramente intuida e não expressa na lei. Resultando para Administração, em todas estas situações, um dever de omissão, parece claro que o incumprimento deste dever omissivo terá relevo nos próprios autos da causa e nunca no âmbito de um processo executivo autónomo.

Diferente, e sem embargo de se entender que no âmbito deste pedido também poderá caber um pedido de decretamento provisório da suspensão da execução do acto administrativo, será a situação de incumprimento de uma decisão de decretamento provisório de uma providência cautelar, uma vez que do decretamento provisório resultará a imposição de um comportamento a título de antecipação da tutela cautelar. Não se estará, pois, perante uma mera suspensão da produção de efeitos de um acto ou norma administrativa, mas perante a tutela da demora da normal tramitação do processo cautelar, que poderá implicar a imposição de comportamentos positivos à Administração. Neste caso e, apesar da diferença substancial que a prévia ponderação por um juiz antes do seu decretamento implica, tal como nos casos da proibição de execução do acto administrativo e de suspensão da eficácia de normas administrativas, o facto de estar em causa um instrumento processual que visa densificar a tutela cautelar e obviar à demora processual que a própria decisão cautelar impõe torna evidente a desadequação da previsão e aplicação de um processo executivo autónomo para efectivar a composição provisória do litígio cautelar. Assim, também no caso do decretamento provisório se estará perante uma situação em que a própria sistematização do Código parece indiciar a inaplicabilidade de qualquer momento executivo diferido, ou seja, a pronúncia do juiz deverá, neste caso, tendo em conta a sua natureza urgentíssima consumir o momento executivo exercendo-se, desde logo, os poderes executivos necessários para garantir o cumprimento pela Administração.

Estes meios de densificação da tutela cautelar que vêm previstos no Capítulo II do Título IV do Código sob a designação de Disposições particulares (relativas aos processos cautelares), conjuntamente com a própria decisão cautelar, não parecem compadecer-se, tendo em conta a urgência objectivamente apreciada dos casos, com uma remissão para a tramitação do processo executivo independentemente da sua tramitação se verificar em processo autónomo ou como incidente processual.

Para que ao requerente da providência sejam oferecidas garantias de efectivação da pronúncia cautelar condicentes com a perigosidade e urgência que o próprio decretamento da providência requer como pressuposto, crê-se que o juiz cautelar deverá estar munido de poderes de pronúncia de natureza declarativa e, conjuntamente, de natureza executiva. Esses mesmos poderes de natureza executiva deverão ser susceptíveis de serem utilizados contemporaneamente com os poderes meramente declarativos, podendo até, nos casos em que não existe uma prévia apreciação da viabilidade da causa por parte do juiz, haver lugar a uma antecipação do exercício dos poderes executivos em relação ao exercício dos poderes declarativos.

No entanto, e salvo melhor entendimento de mais autorizada opinião, não parece ter cabimento no actual quadro legal esta garantia de efectividade das decisões cautelares dos tribunais administrativos. Só, numa perspectiva *de iure constituendo*, um alargamento dos poderes do juiz cautelar de forma a que se incluam nestes poderes instrumentos natural e estruturalmente executivos poderá dar a adequada garantia à justiça cautelar. Não está em causa, conforme já se foi dizendo, uma preocupação doutrinal ou jurisprudencialmente nova, mas constata-se que se impõe a necessidade de um aperfeiçoamento legislativo para que o Código tenha uma adequação sistemática que, conforme a redacção actual, não tem e se entende que da mesma carece urgentemente. De acordo com a formulação negativa do princípio geral da igualdade, que, certamente numa enunciação demasiado superficial, postula que o que é na sua substância distinto não deverá ser tratado de forma idêntica, julga-se que a aplicação da tramitação do processo executivo ao momento destinado a dar efectividade às providências cautelares já decretadas incorrerá, precisamente, no equívoco de impor a uma realidade, tão diferente na sua essência quanto necessitada de diversa e específica previsão legal, um complexo processual incapaz de responder a tão distinta natureza.

Assim, conforme se foi asseverando, será necessário proceder a um alargamento do âmbito dos poderes do juiz cautelar, de forma a que estes extravasem o campo tradicional dos poderes de natureza meramente declarativa e passem, também, a abarcar poderes estruturalmente executivos ainda no momento do decretamento da providência e não em ocasião diferida.

III.

Não se andará longe da verdade se se disser que com a reforma de 2002-2004 e a entrada em vigor do CPTA deu-se pouco menos que a fundação da tutela cautelar no seio do contencioso administrativo. Tendo em conta o largo período sem que esta garantia, à data já consagrada constitucionalmente, tivesse densificação legal adequada poder-se-á retirar da amplitude e do reforço garantístico introduzido pelo complexo regime introduzido pelo Código em matéria cautelar que o legislador quis encetar uma radical mudança do processo administrativo.

Neste ambiente de alteração de paradigma não terá sido surpreendente a generosidade do legislador na determinação da amplitude e robustez dos poderes concedidos ao juiz da causa cautelar. Desde logo, a estruturação de um regime cautelar assente na previsão de uma justiça cautelar plena, que, de acordo com o direito reivindicado, deverá dar azo ao decretamento da providência cautelar mais adequada a tutelar esse mesmo direito. Assim, admitiu-se, desde logo, que qualquer providência cautelar, incluindo as previstas na disciplina processual civilista, poderia ser decretada pelos tribunais administrativos, tal como foi aceite que o requerente poderia peticionar qualquer providência, tendo este liberdade para conformar o conteúdo da providência desde que fique demonstrada a adequação do mesmo à função garantística do processo cautelar. O legislador abriu, assim, a porta à admissão de todas as providências cautelares nominadas conhecidas da justiça administrativa e do processo civil, ao que acresceu uma total liberdade do pedido cautelar, de acordo com um princípio de plenitude da jurisdição administrativa e da ideia de que a cada direito deverá caber um processo. Será, pois, sem surpresa que a referência feita a algumas das providências cautelares susceptíveis de pronúncia, no n.º 2 do art. 112.º do CPTA, tenha sido desde logo entendida como uma enumeração meramente exemplificativa, numa lógica de cláusula de numerus *apertus*.

Não será, no entanto, menos verdade dizer que, correspectivamente ao enorme reforço da tutela cautelar do particular, coube um significativo alargamento dos poderes de pronúncia do juiz cautelar. Contudo, a preocupação de reforço destes poderes pelo legislador centrou-se exclusivamente no momento da pronúncia da providência, ou seja, no momento em que o juiz procede à composição provisória do litígio determinando o direito a aplicar, deixando o exercício de poderes tendentes à efectivação do direito determinado para um momento ulterior que, na redacção original do CPTA implicava uma nova iniciativa processual, a propositura de um processo executivo, e, actualmente, implica a abertura de um incidente processual.

Neste ponto em concreto, e tendo em conta a execução diferida da providência cautelar em caso de renitência da entidade competente para o cumprimento, revela-se importante a interseccionalidade das matérias que dizem respeito aos pressupostos processuais do processo executivo e a urgência enquanto perigo de frustração do exercício do direito. Em relação ao primeiro aspecto convém referir que o pressuposto de verificação do incumprimento por parte da entidade competente para trazer ao plano dos factos a decisão continua a ter plena aplicação no âmbito da justiça administrativa cautelar, ou seja, apesar da execução da providência se processar como incidente do processo cautelar, a sua abertura depende de comprovado incumprimento. Ora, tendo em conta o regime de urgência que consta do Código, não se vê como poderá ser compatibilizado o pressuposto processual em causa com a necessidade de evitar uma situação de facto consumado ou a constituição de um prejuízo de difícil reparação.

A utilidade processual do processo cautelar poderá, pois, ficar posta em causa em razão da concessão à entidade condenada da escolha do momento adequado para dar satisfação à providência decretada, não só quando esse lapso temporal se mostre de todo desadequado por exceder o tempo razoável para cumprimento da providência sem que o interesse processual se esvazie por completo, mas também nas situações em que resultar dos autos do próprio processo cautelar uma forte possibilidade da entidade obrigada ao cumprimento se mostrar relutante em proceder nos termos da providência decretada.

Assim, dando-se por adquirida a justeza de todas as providências cautelares decretadas pelos tribunais administrativos, concluir-se-á que em todas elas aqueles problemas de inadequação entre a estrutura processual prevista no Código para a sua execução forçada e o conceito de urgência legal, jurisprudencial e doutrinalmente forjado verificar-se-ão. É, pois, premente começar a esboçar uma forma de garantir que a estrutura processual de execução da providência não se apresente como um obstáculo à garantia de tutela jurisdicional efectiva.

3.1.

Antes de se referir de forma especificada os poderes do juiz no âmbito do processo executivo, convém fazer uma pequena nota comparativa entre o processo executivo no âmbito da disciplina processual administrativa e civilista. Na verdade, conforme fomos adiantando, o legislador concedeu, no contencioso administrativo, um prazo para cumprimento da decisão do tribunal pela entidade administrativa obrigada pela decisão. Em regra, este prazo para cumprimento apenas se iniciará com o trânsito em julgado da referida pronúncia, ou seja, a partir do momento em que seja impossível interpor qualquer recurso ordinário da decisão. Só assim não será nos casos em que a interposição do recurso tenha efeito meramente devolutivo, i. e., quando a decisão recorrida tenha sido proferida no âmbito de uma intimação para a protecção de direitos, liberdades e garantias, de um processo cautelar ou de um incidente deste e de decisões que antecipam o juízo da causa principal no âmbito de processos cautelares, conforme o previsto no art. 121.º do Código. Nestes casos, e assim nas pronúncias relativas a processos cautelares, o prazo para cumprimento voluntário pela Administração inicia-se com o conhecimento da decisão de primeira instância. Está-se, pois, perante aquilo que se designa como uma forma de execução provisória da providência cautelar.

Paralelamente, na disciplina processual civilista, e ao contrário do previsto no contencioso administrativo, o recurso tem, em regra, efeito meramente devolutivo e, cumulativamente, as decisões de primeira instância serão sempre susceptíveis de serem provisoriamente executadas, excepto, claro está, quando a lei ou o juiz concedam efeitos suspensivos à interposição de recurso. Poder-se-ia, pois, criar um paralelismo entre o regime geral de execução previsto na disciplina processual civil e o regime especial previsto para a execução de providências cautelares administrativas, mas tal exercício nunca iria além da aparência, uma vez que, contrariamente ao que ficou assinalado para a execução da providência cautelar, no âmbito do processo civil a parte vencida no processo não beneficia de qualquer prazo durante o qual poderá dar cumprimento à decisão judicial sem que corra o risco de, em qualquer momento e a partir do conhecimento da decisão exequenda, ser demandado enquanto executado no âmbito de um processo executivo e ver o seu património ser onerado em razão disso mesmo. Ou seja, o pressuposto processual relativo à prévia verificação do incumprimento dentro de um prazo legalmente previsto para a satisfação voluntária não existe, a parte vencedora pode, em regra, propôr a execução provisória da decisão desde logo, ao invés de esperar o decurso de um prazo, assumidamente procedimental conforme a intervenção do legislador da revisão de 2015, de 90 ou 30 dias.

Cabe agora fazer referência ao tema que é motivo desta pequena nota introdutória: os poderes específicos e tendencialmente exclusivos do processo executivo que estão previstos pelo legislador como prerrogativas do juiz de execução. Da ideia de obrigatoriedade e força vinculativa das decisões dos tribunais administrativos em relação a todas as entidades, públicas e particulares, enquanto princípio basilar de um Estado de direito decorrem dois corolários que, no contexto específico do que aqui nos traz se revestem de especial importância. A previsão, por um lado, da nulidade de todos os actos administrativos emanado em desrespeito de uma decisão judicial, e, por outro, da responsabilização criminal, civil e disciplinar nos casos de inexecução ilícita das decisões judiciais visam dar efectividade e corpo ao efeito vinculativo das decisões dos tribunais administrativos. Fala-se aqui, no entanto, de situações patológicas, em que existe um incumprimento comprovadamente ilícito, actuando, pois, *a posteriori* do momento adequado para a execução da decisão. Estes regimes não deixarão, contudo, de exercer, de um ponto de vista do acatamento da composição judicial do litígio, um importante efeito preventivo, na medida em que a sua previsão legal exerce, sobre os agentes obrigados a dar cumprimento a uma decisão, um efeito especialmente persuasor que os impele a darem execução à decisão. Pode, pois, acentuar-se este efeito ao incluir-se estes regimes num conjunto de instrumentos indirectos de execução, que por si só não são capazes de obter o cumprimento da decisão exequenda mas que, ainda que forma mediata, constrangem a entidade onerada com essa obrigação a empreender a materialização do decidido.

Convém, contudo, extrair do Código aqueles poderes específicos concedidos ao juiz de execução com a intenção de o dotar da capacidade de conseguir forçar a entidade condenada ao cumprimento da decisão que carece de efectivação, ou seja, aquilo que se podem considerar os instrumentos de execução directa das decisões dos tribunais administrativos. Não interessará, por isso, relevar as distintas formas processuais em que se decompõe o processo executivo mas, sobretudo, extrair desse conjunto os poderes concedidos ao juiz de execução capazes de obter o cumprimento coercivo da decisão. Afirmam-se como poderes estruturalmente executivos, de acordo com este entendimento, a possibilidade de o juiz de execução, perante o incumprimento voluntário da entidade competente para dar efectivação à decisão proferida, onerar o superior hierárquico ou o órgão que sobre aquela exerça o poder de superintendência com o dever de fazer cumprir a decisão em referência.

Relembrando que a análise do processo executivo que se empreende parte do ponto de vista da justiça cautelar, é pertinente referir que a decisão de concessão de uma providência cautelar terá de ter sempre natureza condenatória, não se compadecendo com uma pronúncia meramente declarativa *stricto sensu*, ao contrário, pois, do que acontece no âmbito da acção administrativa e da possibilidade do pedido deduzido pelo seu autor se restringir à apreciação da validade de determinado acto administrativo. Ter-se-á, por isso, em especial atenção, e apesar da possibilidade de determinação de providências de regulação provisória do pagamento de quantias prevista no art. 133.º do Código, o regime previsto para o processo de execução para prestação de factos ou coisas. A este propósito, como bem recorda Mário Aroso de Almeida, é pertinente mencionar que o processo de execução poderá ter como fito a obtenção tanto de uma prestação de facto positiva, como negativa e que a sua concretização poderá passar igualmente pela realização de operações materiais ou pela prática de actos jurídicos [513].

Para a concretização, precisamente, da prestação de facto ou coisa, confere o Código, aliás de forma semelhante ao que o DL 256-A/77, de 17 de Junho previa, o poder do juiz de execução, perante o incumprimento do órgão primariamente obrigado a dar satisfação à decisão, incumbir o superior hierárquico ou o órgão que exerça sobre o órgão recalcitrante poder de superintendência de darem satisfação à decisão exequenda. Está-se, pois, perante um poder de natureza subrogatória em que, em virtude da substituição pública outrem dá cumprimento à decisão exequenda. Sob o ponto de vista da análise estrutural deste poder que confere a possibilidade de obter o cumprimento por outrem que não o órgão condenado a dar cumprimento à decisão interessa referir que Mário Aroso de Almeida e Carlos Alberto Fernandes Cadilha entendem este instituto como estando excluído do âmbito dos poderes que se designam como estruturalmente executivos. Entendem os Autores que este instrumento actua, ainda, unicamente no âmbito administrativo e não num contexto judicial, sendo, aliás, esta especificidade o motivo justificante da sua necessária precedência em relação às demais formas de obtenção do cumprimento por parte do tribunal, uma vez que estas já serão meios de execução verdadeiramente forçada[514].

[513] Ver, do Autor, *Manual de Processo Administrativo*, Almedina, 2012, p. 505.

[514] Neste aspecto o regime actual diferencia-se do regime previsto no DL 256-A/77, de 17 de Junho, uma vez que hoje em dia esta possibilidade não implica as autoridades que sobre o órgão incumpridor exerçam um poder tutelar, conforme o que vinha previsto no referido n.º 4 do art. 9.º do diploma revogado. Discordando desta nova formulação do poder subrogatório e propondo a possibilidade de que este abranja as autoridades com poder tutelar desde que esta tutela tenha uma natureza substitutiva, Cecília Anacoreta Correia, *in A tutela executiva dos particulares no Código de Processo nos Tribunais Administrativos*, Almedina, 2013, pp. 367 e ss..

O cumprimento forçado poderá ainda ter lugar pela obtenção do cumprimento da decisão exequenda por terceiros que poderão integrar a Administração ou tratar-se de meros particulares. Nestes casos é especialmente relevante o facto de não existir qualquer relação, de hierarquia ou superintendência, entre a entidade cumpridora e o órgão inadimplente, valendo apenas o poder judicial de impor a colaboração não só às autoridades e agentes da entidade administrativa obrigada, mas também a todas os entes administrativos, de acordo com um dever geral de colaboração com o tribunal que sobre estes impende e cuja violação cominará com a imputação do crime de desobediência às entidades responsáveis pela perpetração .

Cabe ainda fazer uma referência ao poder substitutivo de que tribunal usufrui no processo executivo, o seu *habitat* natural apenas excepcionado pela previsão da sua operatividade no âmbito da intimação para protecção de direitos, liberdades e garantia. Prevê-se, pois, no âmbito do processo executivo, a possibilidade do tribunal se substituir à actuação da Administração quando o cumprimento da decisão implique a prática de um acto administrativo de conteúdo legal ou circunstancialmente vinculado, produzindo, assim, a sentença do processo executivo os efeitos do acto ilegalmente omitido.

Estes serão os poderes estruturalmente executivos previstos no Código para dar cumprimento forçado a decisões cuja a composição judicial do litígio encontra-se por efectivar em virtude do comportamento renitente da Administração, quer seja pela total omissão ou pelo cumprimento meramente aparente ou parcial. Não é, contudo, de somenos importância a necessária referência à natureza da prestação que preenche o conteúdo da obrigação de cumprimento que resulta da decisão exequenda pois, esta poderá ser fungível ou infungível.

Esta distinção terá relevância na operatividade destes mesmos poderes que se acaba de descrever, pois, como é sabido, sendo o comportamento devido de natureza não fungível o recurso a estes mesmos poderes estruturalmente executivos estará absolutamente excluído. Em traços muito gerais, a natureza da prestação exigida para dar cumprimento à decisão será de natureza fungível quando as obrigações impostas judicialmente à Administração puderem ser obtidas de terceiros, por outro lado, quando o cumprimento dessa obrigação judicialmente imposta só possa ser prestado pela Administração, estaremos perante uma prestação de natureza não fungível ou dotada de infungibilidade. Ora, este conceito de fungibilidade entronca com o conceito de discricionariedade, no sentido em que, quando do conteúdo da decisão exequenda conste algum espaço de livre apreciação próprio da Administração estar-se-á, então, perante uma prestação de natureza discricionária e, cumulativamente, não fungível, pois, não será possível incumbir terceiro de preencher esse espaço de apreciação irredutivelmente pertencente à actividade administrativa, sob pena de violação do princípio da separação e interdependência de poderes. A este propósito, convém referir que a doutrina tem entendido a entrada em vigor do CPTA e do regime do processo executivo como uma inversão do paradigma da natural infungibilidade da actividade da Administração, interpretando a previsão de várias formas de execução forçada como indicador de que, na realidade, o legislador admite que existe um amplo campo de actuação da Administração que se caracteriza pela sua fungibilidade[515].

Nos casos em que a prestação a cumprir é dotada de uma natureza não fungível, a força coercitiva do tribunal manifestar-se-á pela possibilidade de determinação de um prazo para cumprimento da decisão e de fixação de uma sanção pecuniária compulsória que onerará os titulares dos órgãos obrigados ao cumprimento da sentença. De acordo com a procura de decisões que concretizem, condenando, os deveres da Administração no cumprimento da sentença exequenda, especifica-se ainda no Código, no n.º 2 do art. 168.º do CPTA, que já no momento de execução, e quando tal não tenha acontecido em momento anterior, o juiz deverá concretizar ao máximo, sem prejuízo do respeito pelo tal espaço de avaliação próprio do exercício da função administrativa, os comportamentos e actos a praticar pela Administração. Está-se, pois, perante instrumentos de execução meramente indirecta no âmbito da qual a oneração pecuniária do património pessoal dos titulares dos órgãos assume extrema relevância. No entanto, tendo em conta a acessoriedade e dependência que a sanção pecuniária compulsória assume em relação ao dever principal de cumprimento da decisão, sempre se poderá dizer que a efectividade da sua utilização estará sempre limitada pela degenerescência da inadimplência

[515] *Vide* Mário Aroso de Almeida *in Manual de Processo Administrativo*, Almedina, 2012, pp. 507 a 509 e Cecília Anacoreta Correia *in A tutela executiva dos particulares no Código de Processo nos Tribunais Administrativos*, Almedina, 2013, pp. 361 e 362.

da Administração numa situação de incumprimento definitivo. Em situação com esta configuração fáctica será difícil admitir coisa distinta da extinção da sanção pecuniária compulsória a partir do momento em que o cumprimento se torna impossível.

Em jeito de conclusão, está-se em crer que o âmbito dos poderes estruturalmente executivos enumerados pelo Código dedicam-se muito mais a esclarecer a vinculatividade subjectiva das decisões exequendas do que propriamente a preencher o conteúdo da obrigação com uma enumeração dos comportamentos e actuações que a entidade executada, ou o próprio tribunal no exercício do seu poder substitutivo, deverá empreender de forma a integrar validamente a decisão. Na verdade, sobressai de tudo quanto ficou dito em relação aos poderes de execução (sobretudo no caso de se estar perante uma prestação de natureza fungível) a possibilidade de o tribunal alargar tanto a demais órgãos e entidades administrativas como a terceiros, particulares, a obrigação de cumprimento da decisão. Já no que se refere ao preenchimento do conteúdo da obrigação exequenda com a identificação dos comportamentos e actuações necessárias para esse mesmo cumprimento, o legislador deixou essa matéria em aberto, no que parece ser uma responsabilização do juiz, ponderada a casuística, para proceder a essa concretização.

3.2

De acordo com aquilo que se vem de dizer, entende-se como imperativa a necessidade de se começar a reponderar o actual regime da garantia de efectivação das providências cautelares e, de acordo com as falhas que também foram sendo adiantadas, começar a gizar um novo regime de execução das pronúncias cautelares capaz de dar resposta aos anseios de prevenção que já se encontram vertidos no seu regime de pronúncia declarativa.

Entende-se, pois, que estes desejáveis novos caminhos para o momento de efectivação do decretamento de uma providência terão de passar por uma intervenção legislativa, ou seja, terão sempre como pano de fundo uma perspectiva *de iure condendo*.

Evidência deste facto será a análise de acordo com o regime em vigor que se faz do prazo para abertura do incidente executivo. Na verdade, perante o silêncio da lei e a remissão em bloco que nos apresenta o n.º 1 do art. 127.º do Código não existe base legal que permita ao aplicador do direito fugir à necessidade de ver o prazo para cumprimento voluntário totalmente computado conforme o que o regime do processo executivo prescreve. Julga-se, pois, que a referência à necessidade de notificação da decisão cautelar com urgência às partes para cumprimento imediato, conforme o disposto no n.º 1 do art. 122.º do CPTA, não tem o condão de criar um regime excepcional ao previsto para o regime geral de execução das decisões dos tribunais administrativos, nomeadamente no artigo 162.º n.º 1, e np art. 170.º n.º 1 do CPTA.

Crê-se que, por um lado, será um exercício de dificuldade acrescida a definição do momento imediatamente seguinte ao conhecimento da decisão de adopção da providência cautelar como o momento em que a entidade requerida proceda ao cumprimento desta mesma decisão. Não só pela dificuldade de substanciação suficiente da expressão cumprimento imediato, de forma a ser possível determinar um momento cronológico identificável com esta, como pelo facto de a referida expressão, no contexto legal, parecer ter uma natureza ordenadora, que visa indicar à entidade Administrativa obrigada ao cumprimento que deverá empreender os esforços de satisfação deste desde o momento em que toma o conhecimento da decisão. Por outro lado, parece existir uma impossibilidade física que obstaculiza à interpretação desta referência legal como a determinação de um momento específico para cumprimento pela entidade demandada, na medida em que o cumprimento de uma decisão judicial nunca poderá ser imediato. Assim, ao prever o referido n.º 1 do art. 122.º do CPTA, o legislador terá querido recorrer a um conceito indeterminado como cumprimento imediato, não tendo o ensejo de definir um momento a partir do qual o requerente da providência cautelar pode peticionar o cumprimento coercivo da providência determinada, até pela impossibilidade prática de extrair da vacuidade do conceito um prazo certo com início e fim definidos, mas sim de instruir a entidade requerida, tendo em conta as prerrogativas de urgência e celeridade que presidem à previsão dos processos referentes à tutela cautelar, no sentido de não estar à espera da fase final do prazo fixado (tanto pelo juiz como, supletivamente, pelos art.ºs 162.º n.º 1, e 170.º n.º 1 do CPTA) para iniciar a prática do conjunto de actos necessários ao cumprimento do dever resultante da adopção da providência cautelar.

Não aparenta, pois, tratar-se de uma previsão especial em relação aos prazos supletivamente previstos e cujo transcurso se apresenta como requisito processual da admissão do pedido executivo do demandante da providência cautelar, mas tão só uma referência ordenadora cujo destinatário será a entidade competente para o cumprimento da desta providência. Isto tendo especialmente em conta que a derrogação de uma disposição geral por uma de natureza especial deverá impor ao legislador, na formulação da disposição de índole especial, um rigor de concretização que, pelo menos, se equivalha ao que ficou vertido no regime geral, o que, caso se admitisse que o n.º 1 do art. 122.º do Código se trata de um regime especial, no caso não aconteceria.

Partindo ainda dos limites que a lei impõe, e conjuntamente com o requisito processual que se refere ao decurso do prazo legalmente estabelecido para proceder à inicativa processual de execução da providência, verifica-se que o momento de efectivação do direito preventivamente decretado só se abrirá com a iniciativa do requerente e desde que este faça prova do incumprimento da decisão. Aliás, outra coisa não se poderá inferir do silêncio, no que este a aspecto diz respeito, do art. 127.º. Na verdade, mais uma vez, a remissão feita para regime da execução do processo não poderá ser indiferente ao regime a aplicar à execução das providências cautelares. Ora, deste ponto de vista, será inevitável concluir que o requerente estará onerado com a iniciativa processual de encetar a instância executiva devendo, aliás, fazer prova do incumprimento para legitimar a sua posição processual. Na verdade, será de acordo com o disposto para as várias formas processuais do processo executivos, tal como o previsto nos n.º 1 do art. 164.º, n.º 2 do art. 170.º e o n.º 1 do art. 176.º, todos do CPTA, que esse ónus processual deverá ser imposto ao requerente.

Em relação a estes dois aspectos da efectivação das providências cautelares será clara a necessidade de proceder a um ajustamento legislativo que abra a possibilidade de fazer diminuir ou extinguir, de todo, o prazo para cumprimento voluntário do que tiver sido provisoriamente decretado.

É certo que, no âmbito do processo executivo, o n.º 1 do art. 162.º do CPTA refere a possibilidade constar das sentenças exequendas a fixação de um prazo diferente daquele que legalmente é concedido às entidades administrativas competentes para procederem ao cumprimento voluntário. Não parece, no entanto, que este dispositivo possa servir como válvula de escape e garante da executividade das providências cautelares em tempo útil, tanto mais que nada nos diz que este não sirva para alargar o prazo geral de cumprimento voluntário da decisão. Pelo que, seria desejável que, *de iure constituendo*, constasse de forma clara e inequívoca a hipótese de eliminação de qualquer prazo para cumprimento voluntário pela entidade administrativa obrigada ao cumprimento, isto tendo em conta a apreciação objectiva da urgência em tornar efectiva, na realidade material e de facto, a composição provisória do litígio. Com isto não se quererá dizer que não haverá situações em que a fixação de um prazo, sempre mais curto do que os prazos genericamente previstos para o regime geral do processo executivo, para que se proceda ao cumprimento voluntário não seja uma prática capaz de passar no teste da utilidade temporal da pronúncia cautelar, mas sim que haverá inúmeras situações, certamente a maior parte delas, em que apenas o exercício directo pelo juiz cautelar de poderes estruturalmente executivos será adequado a garantir a manutenção do interesse processual do requerente. Daqui decorre, pois, a necessidade de fixar legalmente esta hipótese.

Já quanto à questão do requisito da iniciativa processual por parte do requerente a questão coloca-se ao nível da hermenêutica do próprio instituto do processo cautelar. Não são indiferentes para este efeito os amplos poderes de inquisitório, apreciação e conformação, que juiz cautelar detém em relação ao objecto processual. Todo o instrumentário de que este dispõe resulta da necessidade de conformação do processo de acordo com a urgência objectivamente apreciada e a ponderação dos vários interesses que se mostram como pertinentes no caso concreto. Deste ponto de vista, e tendo em conta a actuação muitas vezes oficiosa do juiz cautelar perante a necessidade de prover pela integralidade do interesse processual do requerente, será aconselhável, mais uma vez numa perspectiva de direito a constituir, a previsão legal da possibilidade deste mesmo juiz cautelar, que mantém com o objecto processual uma relação especialmente privilegiada, tomar medidas concretas que se destinem, desde logo, a tornar efectiva a sua pronúncia, tal como acontece no âmbito de outros processos, principais é certo, urgentes. Crê-se, na verdade, que ninguém melhor do que o juiz cautelar saberá, até pela interpretação do comportamento das partes processuais, qual o lapso temporal dentro do qual é imperativo que a sua pronúncia se torne efectiva sem que o interesse no processo seja lesado, ou até se a entidade condenada, tendo em conta o seu comportamento nos autos, tenderá a incumprir ou a cumprir tardiamente o que ficar decidido. Do actual regime do processo cautelar resulta uma ampla liberdade de conformação do processo e do seu objecto cujo escopo tem uma clara função preventiva perante a urgência do caso concreto. Assim, perante a concretização fáctica da perigosidade, o juiz goza de uma margem de apreciação que lhe permite que a sua actuação se adeque à caracterização material do caso concreto e da urgência objectivamente apreciada. No entanto, essa faculdade restringe-se ao momento do decretamento da providência cautelar, não podendo o juiz cautelar, perante uma urgência especialmente qualificada que não se compadeça com a espera do cumprimento pela entidade requerida e condenada a integrar a composição provisória do litígio, proceder de imediato ao exercício de poderes adequados a dar efectividade à pronúncia cautelar. De tal forma assim é no regime do Código que se pode falar numa execução temporal e obrigatoriamente diferida da providência cautelar, que exige uma nova iniciativa do requerente do processo cautelar e a prova do incumprimento enquanto requisito de legitimidade processual específico. Ora, está-se em crer que, perante a grande amplitude de poderes de que o juiz cautelar se encontra dotado no momento específico do exercício das funções cognitiva e declarativa, castrar o tribunal de quaisquer poderes executivos (directos ou indirectos) em nada serve o propósito da justiça temporalmente justa que presidiu à substancial e enriquecedora reforma da tutela cautelar em 2004. Pelo contrário, parece alimentar a ideia de que a renitência no cumprimento das providências cautelares poderá, afinal, servir bem o interesse público e reservar uma tutela meramente indemnizatória para o requerente.

Por outro lado, e apesar desta composição penosamente janicéfala da justiça cautelar, julga-se que resulta da natureza global da função do juiz cautelar, conforme foi desenhada pela reforma de 2004, que o melhor momento para o exercício de poderes tendentes a dar efectivação da providência será, até pela ampla compreensão da causa que o decisor detém perante a factualidade e as razões apresentadas pelas partes, o exacto momento em que se pronuncia sobre o mérito do pedido cautelar. Resulta daqui, como facilmente se compreenderá, que também o requisito processual referente à necessidade de haver um novo impulso processual que dê início à execução da providência cautelar deverá ser abandonado e reconstruído sob a forma de um dever de execução oficiosa por parte do juiz que decreta a providência, fazendo, pois, o próprio valer a obrigatoriedade e vinculatividade da sua decisão para com todas as entidades públicas e particulares de acordo com o tempo específico do caso concreto.

Aliás, esta necessidade de efectivação da providência em momento coevo ao seu decretamento é especialmente acentuada nas situações em que se verifica a suspensão da produção de efeitos de um acto administrativo ou regulamento, que deverá ser operativa antes que seja exercido qualquer direito de contraditório, sem prejuízo da possibilidade de resolução fundamentada por parte da entidade demandada, tal como quando a providência cautelar seja provisoriamente decretada. Nestes casos, a efectivação das medidas que visam prevenir a utilidade do próprio processo cautelar terá que ser cronologicamente anterior ao próprio decretamento de qualquer providência.

Outra adaptação que se tornaria pertinente na formulação de um esquisso de momento de execução unitária das providências cautelares seria a imperatividade de esvaziamento de qualquer enxerto processual de natureza declarativa como a oposição à execução ou o contraditório relativo à alegação de qualquer causa legítima de inexecução. A própria natureza do processo cautelar, enquanto composição provisória que procede a uma ponderação dos interesses em jogo e respeitando o princípio da proibição da determinação de qualquer providência que produza efeitos irreversíveis, parece indiciar isso mesmo. Na verdade, na óptica da justiça cautelar, nada do que for provisoriamente decidido deverá ter sedimentação suficiente que justifique a existência de momentos de natureza declarativa no âmbito da execução da providência. Por outro lado, a ideia de que todos os interesses serão ponderados, com o interesse público à cabeça de todos eles, no âmbito do decretamento da providência e a ideia de que, independentemente da providência a decretar, será sempre possível reverter o seu resultado e, assim, manter a utilidade da sentença a proferir no processo principal, parecem colidir com a pertinência da alegação de qualquer causa legítima de inexecução ou da formulação de qualquer oposição à execução.

Questão de extrema importância será também aquela que se prende com a aferição da forma como o juiz cautelar deverá exercer poderes executivos na efectivação da sua decisão. Deverá essa possibilidade estar exaustivamente prevista no Código como disposição especial de teor excepcional e acrescida de requisitos específicos que legitimem o seu exercício? Ou dever-se-á fazer uma remissão de índole generalista para os poderes executivos de que goza o juiz do processo de execução previstos no Código? Está-se em crer que uma remissão específica para os poderes previstos para o processo executivo poderia ser um ponto de partida na construção de uma nova forma de dar efectiva operatividade à providência cautelar decretada. Assim, se por um lado se tem uma visão crítica em relação à remissão genérica que, a propósito da garantia das providências cautelares, enxerta as formas e tramitações próprias do regime geral do processo executivo no processo cautelar com efeitos gravemente penosos para o interesse do requerente da providência, por outro lado entende-se que uma remissão genérica, neste caso para os poderes do juiz de execução no âmbito desse regime geral do processo de execução, seria a forma adequada de franquiar ao juiz o acesso ao exercício de verdadeiros poderes de efectivação do direito provisoriamente decretado. É, aliás, esta a configuração do momento executivo cautelar no âmbito do processo administrativo italiano, prevendo-se aí expressamente[516], depois de um longo período de prática reiterada da jurisprudência nesse sentido, uma tutela cautelar unitária que congrega em si os momentos declarativo e executivo da providência determinada[517], dando-se ao juiz cautelar a possibilidade de exercer todos os poderes próprios do processo de *ottemperanza*.

Valerá sempre a pena reforçar a ideia de que os poderes executivos que constam do regime geral do processo executivo previsto no Código não vão além de uma concretização das possibilidades subjectivas de cooperação e cumprimento da prestação, não se fazendo referência a quaisquer operações materiais, comportamentos e actuações concretas que poderão ser impostas pelo juiz cautelar, não preenchendo a lei o conteúdo da obrigação que a entidade executada, ou o próprio tribunal

[516] Actualmente tal referência encontra-se no art. 59 do Codice Processo Amministrativo. No entanto, já desde as alterações empreendidas pela L. 21 luglio 2000, n. 205, nomeadamente pelo aditamento do n. 13 do art. 21 da legge 6 dicembre 1971, n. 1034, relativa aos tribunais administrativos regionais, e que remetia para o n.º 4 do art. 27 da legge 26 giugno, n. 1054, sobre o Consiglio di Stato, que a possibilidade do juiz cautelar exercer os poderes executivos previstos para o processo de *ottemperanza* encontra consgração legal expressa.

[517] Sobre a execução de providências rege actualmente o art. 59 do Codice Processo Amministrativo, que diz «Qualora i provvedimenti cautelari non siano eseguiti, in tutto o in parte, l'interessato, con istanza motivata e notificata alle altre parti, può chiedere al tribunale amministrativo regionale le opportune misure attuative. Il tribunale esercita i poteri inerenti al giudizio di ottemperanza di cui al Titolo I del Libro IV e provvede sulle spese. La liquidazione delle spese operata ai sensi del presente comma prescinde da quella conseguente al giudizio di merito, salvo diversa statuizione espressa nella sentenza.»

no exercício do seu poder substitutivo, deverá empreender de forma a obter-se o cumprimento da decisão. Não se crê que, neste específico aspecto e tendo em conta a plenitude da justiça cautelar, que desde de 2004 admite a possibilidade de decretamento de qualquer tipo de providência podendo o requerente conformar o conteúdo do pedido cautelar de acordo com uma ideia geral de admissão de qualquer pedido desde que se mostre adequado a proteger o direito invocado, seja viável, perante uma definição tão diluída dos poderes declarativos do juiz cautelar, prever uma concretização legal dos poderes executivos que não conceda ao juiz uma larga margem de determinação do conteúdo dos mesmos de acordo com a casuística.

Para além dos poderes referidos anteriormente como poderes executivos directos, fez-se referência à possibilidade de fixação de sanção pecuniária compulsória como meio indirecto de execução, meio este que, perante a necessidade de se dar cumprimento a uma prestação de natureza não fungível, se revelará como o único meio de que o juiz poderá fazer uso. No entanto, outra questão se levanta se tivermos em conta que o juiz cautelar poderá, por referência expressa da lei, fixar a sanção pecuniária no mesmo momento em que decreta a providência cautelar, sem necessidade de um prévio incumprimento da entidade demandada, relatado e provado pelo requerente. Apesar da bondade e pragmaticidade desta disposição prevista no n.º 2 do art. 127.º, a verdade é que esta coloca alguns problemas interpretativos que, numa perspectiva de direito a constituir, carecem de esclarecimento. Da redacção do dispositivo em referência resultará, num exercício interpretativo *a contrario sensu*, a inferência lógica de que a fixação de sanção pecuniária compulsória em tempo coevo ao do decretamento da providência cautelar só poderá acontecer quando esteja em causa uma prestação de natureza não fungível e que, consequentemente, tal não acontecerá quando esteja em causa uma prestação de natureza fungível. Numa perspectiva de reforma da garantia das providências cautelares no sentido do reforço da efectividade destas será necessário, também, proceder à extinção desta diferenciação, dando a situações que são iguais na sua substância igual tratamento. Na verdade, não poderá ser a limitação do poder executivo perante a necessidade de fazer cumprir uma prestação de natureza não fungível a afastar a possibilidade do exercício do poder executivo indirecto de fixação de sanção pecuniária compulsória no contexto da efectivação de uma providência cujo cumprimento implique apenas um comportamento de natureza fungível. A aceitação da limitação dos poderes do tribunal, afastando a possibilidade de exercício de quaisquer poderes substitutivos, perante a necessidade de fazer cumprir uma decisão que implique uma prestação infungível não pode fundar o tratamento diferenciado no que se refere ao exercício do poder de fixar uma sanção pecuniária compulsória. Crê-se que, a haver uma diferenciação no exercício ou não desta prerrogativa de fixação de sanção pecuniária compulsória que onere os titulares dos órgãos incumbidos da execução ela deverá ser definida de acordo com um critério de perigosidade objectivamente apreciada que justifique, ou não, a fixação, no momento do decretamento da providência, da referida obrigação acessória como forma de constranger os órgãos competentes para o cumprimento a darem execução à determinação provisória, não devendo atender-se ao critério da fungibilidade ou não fungibilidade da prestação, pois o facto de neste último caso o poder do tribunal se encontrar limitado na efectivação da decisão não implica que nas demais situações o juiz não deva poder tudo fazer para dar cumprimento ao decidido.

IV.

Em aqui chegando-se, é pertinente, em jeito conclusivo, fazer uma síntese de tudo quanto foi ficando esparsamente exposto de forma a dotar todo o arrazoado de maior unidade discursiva. Far-se-á, pois, referência sintética às ideias centrais que enformam tudo o que foi ficando dito.

A revisão de 2015 do CPTA veio introduzir um novo regime de efectivação das providências cautelares que prevê, diversamente do regime anterior que estatuía a necessidade de o requerente propor um processo executivo autónomo, a tramitação da execução da providência como incidente processual do próprio processo cautelar. Tal alteração não tem, no entanto, o efeito de extinguir uma tramitação dual da causa cautelar antes enxertando uma tramitação executiva que, tendo em conta a remissão legal, será sempre decalcada do regime geral do processo de execução. Manter-se-á, pois, com o intuito de proceder à efectivação da providência já decretada um momento processual diferido do momento em que se procede ao conhecimento da causa cautelar.

Concomitantemente a esta inadequação na estruturação processual do momento de efectivação da providência cautelar, também o juiz da causa cautelar, contrariamente ao que acontece em alguns dos processos urgentes principais, não está dotado de poderes estruturalmente executivos que possa exercer num plano de contemporaneidade com o decretamento da providência de forma a obstar à perda de interesse no litígio cautelar na fase da sua efectivação. Tal limitação apenas é superada quando a providência cautelar decretada implique a adopção de providências infungíveis, pois nestes casos a regra da execução diferida da providência cautelar será excepcionada, podendo o juiz, desde logo e no mesmo momento do decretamento da providência, fixar uma sanção pecuniária compulsória que onere o(s) titular(res) do(s) órgão(s) incumbido(s) da sua execução.

Está-se em crer que este quadro normativo, perante uma situação de incumprimento pela Administração do que ficou cautelarmente determinado, não oferece uma garantia realmente efectiva de cumprimento da providência decretada, sobretudo pela incapacidade de lidar com o decurso patológico do tempo entre o momento em que o requerente reivindica o seu direito à tutela cautelar e a efectivação, no plano da realidade dos factos, desse mesmo direito já decretado numa situação de urgência previamente comprovada.

Premente será, tendo em conta esta situação de dificuldade do direito processual administrativo em oferecer a tutela adequada, começar a desenhar um esquisso do que poderá ser uma alteração ao actual regime de garantia e efectivação das providências cautelares que percorra novos caminho e afiancie uma efectivação da providência em tempo adequado ao seu regime de urgência. Com este intuito haverá que fazer uma reponderação do factor temporal do momento executivo da providência cautelar que deverá concluir pela necessidade de inexistência de qualquer prazo legalmente fixado em benefício do cumprimento voluntário pela Administração, contrariamente ao que dispõe o pressuposto processual do regime geral do processo de execução. Não quererá isto dizer que o juiz cautelar, no momento do decretamento da providência, não poderá, ponderados os interesses em jogo, a urgência objectivamente apreciada e a dificuldade no cumprimento daquela, fixar um prazo para cumprimento voluntário, necessariamente bastante mais curto do que aqueles previstos para o processo de execução. Por outro lado, e ainda no âmbito da reponderação do factor temporal na efectivação das providências cautelares, deverá, na perspectiva do quadro legal a constituir, ser concedida por lei ao juiz do processo cautelar a possibilidade de exercício de poderes estruturalmente executivos e não meramente de natureza declarativa, conforme actualmente acontece, em momento coevo ao da determinação da providência.

Ainda com o fito de garantir um regime de efectivação da providência cautelar adequado à sua natureza urgente dever-se-á, também, reponderar o factor referente à inciativa processual, pois, actualmente e conforme a remissão feita para o regime geral do processo de execução, é inegável que o requerente da providência se encontra onerado com a obrigação de tomar a iniciativa processual que levará à abertura do momento de execução do que ficou provisoriamente decretado. Deverá, aliás, fazê-lo juntando prova do incumprimento por parte dos órgãos competentes. Perante este quadro legal julga-se que uma reformulação deverá passar, e de forma sistematicamente integrada com tudo o que foi ficando dito, pela previsão de um dever geral de execução oficiosa que onere o juiz cautelar, tendo em conta a defesa que se faz da concessão de poderes estruturalmente executivos passíveis de serem exercidos em momento coevo do decretamento da providência. Assim, o juiz que decreta a providência cautelar terá ainda a obrigação de proceder à execução da providência desde logo e a partir do momento em que se dá sua pronúncia. Deste modo, e da mesma forma que o juiz cautelar goza de amplos poderes de conformação do objecto processual no momento declarativo da providência, propugna-se a possibilidade de este deter também poderes alargados de efectivação da providência, que deverão passar pela adequação da execução desta à urgência objectivamente apreciada. Tal entendimento imporá, por vezes, a necessidade do exercício, desde logo e em contemporaneidade com o decretamento da providência, de poderes executivos fortemente intrusivos em relação à actividade da Administração, e, em outras situações em que a urgência na efectivação seja objectivamente menos premente, recomendará o uso de poderes de natureza menos impositiva, sem prejuízo do uso dos demais poderes em momento distinto. Resulta, pois, de tudo isto que a execução da providência deverá ser preparada e iniciada pelo juiz cautelar, de acordo com um dever geral de execução, no momento do seu decretamento, sendo certo que a sua efectivação deverá ser conformada tendo em conta o grau de urgência do caso concreto.

Toda esta elaboração de um novo regime de efectivação da providência cautelar pressupõe a possibilidade de o juiz cautelar poder, desde logo e no mesmo momento em que decreta a providência, exercer todos os poderes estruturalmente executivos previstos no Código como poderes próprios do juiz de execução no âmbito do processo executivo. Crê-se, neste ponto em específico e apenas em relação aos poderes executivos, que não será desadequada uma remissão do regime de efectivação da providência cautelar para os poderes especialmente previstos pelo Código no contexto do processo executivo.

Na verdade, a questão que urge resolver não será tanto a inventariação de novos poderes de execução para dar efectividade às providências decretadas e não cumpridas, mas mais a possibilidade de antecipação do seu exercício pelo juiz cautelar. Neste quadro e tendo em conta que se vem propugnando não só a possibilidade do exercício de poderes de natureza executiva, tendentes a dar efectivação à providência, mas também a obrigatoriedade de o juiz cautelar os exercer no momento em que decide decretar a providência, deve fazer-se notar que também a fixação da sanção pecuniária compulsória deverá ocorrer no momento do decretamento e independentemente de se estar perante obrigações de natureza fungível ou infungível, diferentemente, pois, do que o Código actualmente prevê no n.º 2 do art. 127.º.

Cumulativamente, e na sequência de tudo o que tem vindo a ser prefigurado como um momento simultaneamente de decretamento e efectivação da providência verdadeiramente unitário, crê-se que não haverá espaço nem tempo que se dediquem à abertura de novos momentos de natureza declarativa, contrariamente, pois, ao que acontece no regime do processo executivo para a apreciação da existência de causas legítimas de inexecução ou do mérito da oposição à execução. Assim será, aliás, de forma natural, se se tiver em conta que a efectivação contemporânea do decretamento da providência impedirá a superveniência de qualquer causa legítima de inexecução e que tanto a impossibilidade absoluta de cumprimento da decisão provisória como a apreciação da posição prevalecente do interesse público perante os demais interesses presentes marcarão inevitavelmente presença no momento do decretamento da providência e serão apreciados de acordo com a tramitação, em regra de acordo com a dialética contraditória, do processo cautelar.

DÉCIMO QUARTO ESTUDO

"A APLICAÇÃO DO ART. 128.º DO CPTA À SUSPENSÃO DA EFICÁCIA DAS NORMAS: NOTAS *OUT SIDE THE BOX*"

em coautoria com Sara Magalhães,
Cadernos de Justiça Administrativa, 143, 2020

A aplicação do art. 128.º do CPTA à suspensão da eficácia das normas: notas *out side the box*

Sumário: **0.** Notas iniciais. **I.** Notas sobre as fragilidades do art. 128.º do CPTA quando aplicado à suspensão da eficácia da norma. II. Algumas Conclusões.

0.

Volvidos cinco anos desde a aprovação do DL n.º 214-G/2015, de 2/10, e poucos desde a aprovação da Lei n.º 118/2019, de 17/9, as soluções que nestes diplomas foram acolhidas no art. 128.º do CPTA ainda têm merecido a atenção nos mais variados debates jurídico-administrativos, tanto na academia como fora dela. E frequentes são as vezes em que se evidencia que as alterações introduzidas não contemplaram todas as possibilidades, mormente aquelas constantes do Anteprojeto de Revisão de 2015[518] – sem prejuízo de se reconhecer que o instituto de suspensão da eficácia de atos permite, hoje, de forma mais equilibrada, acautelar

[518] Sobre o tema, absolutamente necessário, vide "Suspensão da eficácia de um acto administrativo ou uma norma regulamentar", in: Reforma do contencioso administrativo, Vol. I, *O debate universitário (trabalhos preparatórios)*, Coimbra Editora, Coimbra, 2003, pp. 147 a 156. Sobre o elenco de algumas dificuldades não superadas, vide Isabel Celeste Fonseca, *"Alteração ao regime de suspensão da eficácia do acto administrativo"*, in *O Anteprojecto de revisão do CPTA e do ETAF em debate*, co-autoria Joana Duro, coord. Carla Amado Gomes/Ana Neves, AAFDL, Lisboa, 2014.

os interesses públicos e privados envolvidos no incidente ao respetivo processo cautelar.

O preceituado no art. 128.º não se limita, porém, a definir a disciplina processual da tutela cautelar do ato administrativo. Estende-se também, por remissão do art. 130.º, n.º 4, com as adaptações que forem necessárias, à disciplina processual da suspensão de eficácia da norma regulamentar. E o problema está, precisamente, aqui: se, quando aplicável a atos administrativos, o art. 128.º revela imensas fragilidades, que nem as sucessivas reformas têm conseguido superar, pense-se, agora, nas incontáveis adaptações que se impõe configurar na sua aplicação a normas administrativas, quer quando se solicita a título principal a declaração de ilegalidade da norma com força circunscrita ao caso concreto, quer, especialmente, quando o Ministério Público ou as demais entidades legitimadas requerem a título cautelar a suspensão da eficácia da norma com força obrigatória geral [519].

E certo é que a norma regulamentar, enquanto norma jurídica, comunga dos traços de abstração e de generalidade, facto que, desde logo, a distingue do ato administrativo individual e concreto. E certo é também que, pese embora tanto o regulamento como o ato administrativo traduzirem a expressão do poder de definição autoritário e unilateral de efeitos jurídicos, o regulamento administrativo é, antes de mais, fonte de direito, o que determina, por conseguinte, padrões de conduta a que estão vinculados os administrados. Assim, como bem assinala Carla Amado Gomes, a propósito desta problemática, embora a norma regulamentar produza

[519] Sobre o assunto, vide Isabel Celeste Fonseca, "O renovado (dualismo) do contencioso da ilegalidade de normas: avanços e recuos de um regime (carente")", texto que serviu de apresentação oral da autora, no Centro de Estudos Judiciários, na sessão relativa a Acção de Formação Contínua sobre Impugnação Direta e Indireta ou Incidental e Omissões Regulamentares, em março de 2018. Nas considerações ao regime da suspensão da eficácia de normas regulamentares, a autora evidencia algumas fragilidades do quadro normativo, equacionando as seguintes possibilidades: cumulação de pretensões cautelares conservatórias ou antecipatórias com a da suspensão da eficácia de normas; condenação na imediata correção da norma, como previsto no art. 132.º, n.º 5, CPTA; a audição dos "contra-interessados" a quem a adoção da providência cautelar possa diretamente prejudicar; a aplicação do n.º 2 do art. 120.º do CPTA à questão do levantamento do efeito suspensivo; a condenação antecipada de norma devida, mormente através da antecipação da decisão do mérito; a responsabilização do requerente por ter existido utilização abusiva da providência cautelar; e o papel do Ministério Público nos processos cautelares que versam sobre normas.

efeitos tão lesivos como os efeitos do ato administrativo, a verdade é que os efeitos da norma relevam com a agravante de a sua previsão se estender a um número indeterminado de destinatários[520].

Pois bem, o Ac. do TCA Sul de 16/4/2020, proc. n.º 1154/18.5BELSB-S, servirá aqui como pretexto para reabrir o assunto, tantas vezes esquecido, da suspensão da eficácia da norma regulamentar – e isto pese embora, no âmbito do direito substantivo, o DL n.º 4/2015, de 7/1, ter reforçado o respetivo regime relativo a normas regulamentares previsto no CPA. Na verdade, impunha-se dar atenção ao contencioso das normas e à tutela cautelar que lhe deve corresponder, pois a proximidade que há muito vem existindo no direito posto, entre o regime do ato e o regime da norma, promovendo até uma mítica confusão entre os regimes da suspensão da eficácia do ato e o regime da suspensão da eficácia da norma[521], deve ser terminada. Importa relembrar, ademais, que a norma administrativa se caracteriza pelo seu âmbito de eficácia geral, o que exige um especial cuidado na previsão de uma disciplina que concretize a tutela jurisdicional efetiva neste domínio, já que, porque se trata de normas regulamentares, não poderá o legislador ordinário descorar o princípio da eficácia geral que lhe está intrinsecamente associado.

A remissão no n.º 4 do art. 130.º para o art. 128.º (e também para o art. 129.º e n.º 3 do art. 81.º todos do CPTA) determina que neste cenário se apresentem figuras já conhecidas e de alguma complexidade, especialmente no que respeita ao efeito suspensivo automático, à resolução fundamentada e à declaração de ineficácia dos atos de execução indevida. Imediatamente aqui, a complexidade destas figuras aumenta em termos de gravidade para a tutela efetiva dos interesses em jogo: tal como na suspensão da eficácia do ato administrativo, a entidade administrativa e os beneficiários da norma, objeto do litígio, após a citação do requerimento da providência, não poderão iniciar ou prosseguir a execução da norma, não podendo ninguém, em suma, retirar efeitos da norma suspendenda, salvo se a entidade administrativa emitir resolução fundamentada e

[520] Para todas estas considerações iniciais, vide Carla Amado Gomes, "A suspensão jurisdicional da eficácia de regulamentos imediatamente exequíveis. Breves reflexões», in *Textos dispersos de direito do contencioso administrativo,* Lisboa, 2009, p. 188.

[521] Veja-se, para tanto, os Acs. do TCA Sul de 6/3/2014, proc. n.º 10773/14, e de 15/3/2008, proc. n.º 0314/08. Disponíveis em www.dgsi.pt.

nesta reconheça que o diferimento da execução da norma, *rectius*, a não aplicação da norma, seria gravemente prejudicial para o interesse público.

Assim, como facilmente se compreende, o efeito automático da suspensão da eficácia da norma e o respetivo levantamento de efeitos irão acontecer passando à margem de uma efetiva ponderação de interesses em litígio e de uma decisão do juiz que aprecie o pedido de tutela cautelar adequada ao caso concreto, passando também ao lado do momento decisivo de decretamento da tutela cautelar neste domínio a ponderação dos legítimos interesses de terceiros (pese embora a aplicação do n.º 3 do art. 81.º à suspensão cautelar de normas) e dos diversos interesses públicos eventualmente em jogo.

Ainda dizer que, e de acordo com o n.º 3 do art. 128.º, quando o tribunal entenda que os fundamentos invocados pela entidade administrativa, no âmbito da resolução fundamentada, não preencham o requisito do n.º 1 do art. 128.º – "que o diferimento da execução seria gravemente prejudicial para o interesse público" –, poderá ser considerada indevida a execução dos atos que, entretanto, a Administração Pública possa ter vindo a praticar ao seu abrigo. Para tanto, o requerente terá de deduzir o incidente processual, na pendência do processo cautelar, e requerer a declaração de ineficácia dos atos de execução indevida, nos termos dos n.os 4 e 5 daquele preceito do CPTA – ora, mais um problema acrescido, que aqui, no quadro da suspensão de normas, se manifesta pela aplicação daquele regime[522].

É aqui, verdadeiramente, que ganha importância a decisão do Ac. do TCA Sul de 16/4/2020, proc. n.º 1154/18.5BELSB-S, a propósito da

[522] Sobre este problema, vide Ac. do TCA Sul de 10/12/2019, proc. n.º 539/19.4BELSB-S1 (e toda a jurisprudência aludida por este), e Ac. do TCA Norte de 11/3/2017, proc. 00830/16.1BEPRT-A, com referência ao Ac. do TCA Sul de 7/3/2009, proc. n.º 04996/09. Todos disponíveis em www.dgsi.pt. Neles é afirmado que o incidente processual da declaração de ineficácia dos atos de execução indevida não terá o objetivo imediato de apreciar a legalidade da resolução fundamentada, mas, antes, terá por objetivo imediato o ato identificado pelo requerente como ato de execução indevida. Na verdade, sendo o objeto deste incidente processual os atos invocados pelo requerente, caberá a este o ónus de identificar especificamente os atos pelos quais requeira a declaração da sua ineficácia. Todavia, este primeiro "passo" do incidente processual exige que se estabeleça, concretamente, o que são ou não atos a considerar para efeitos da sua declaração, enquanto atos de execução indevida.

apreciação de um incidente processual da declaração de ineficácia dos atos de execução indevida, na pendência de uma providência cautelar de suspensão da eficácia de normas regulamentares. Esta decisão é particularmente interessante à uma porque identifica certas operações materiais da norma regulamentar como atos de execução indevida à outra porque se refere ao *quantum* da cognição que o juiz cautelar está autorizado a fazer neste incidente, no que respeita à apreciação das razões invocadas na resolução fundamentada de interesse público (que operacionaliza o levantamento do efeito suspensivo).

I.

Sobre o regime do art. 128.º do CPTA muito já se escreveu e o tema do efeito suspensivo automático e da resolução fundamentada – apresentada em 15 dias ou, agora, na pendência do processo cautelar – foram já imensamente discutidos, tendo sido inclusive registado o "aproveitamento 'político mediático'" da figura[523].

Pois bem, pese embora todos estes aspetos serem extremamente relevantes quando compreendidos no contexto da suspensão de eficácia de atos, eles ganham agravamento no âmbito da suspensão das normas, sendo certo que, aqui, são mais impactantes os problemas e a ausência de soluções.

Sucintamente invocar a razão do desconforto: o princípio da tutela jurisdicional efetiva, previsto na disposição do art. 20.º (e nos n.ºs 4 e 5 do art. 268.º) da CRP, consagra um geral direito de ação que se interliga entre os direitos de acesso ao Direito e o direito de acesso aos Tribunais e, para além desta ligação, aquela norma prevê a dimensão substantiva que se materializa numa decisão em prazo razoável e mediante um processo equitativo. Acresce o seguinte: o direito a um processo equitativo consagra o direito a uma disciplina processual certa, que contemple quer meios efetivos de defesa dos direitos e/ou interesses legalmente protegidos dos interessados, quer meios que assegurem a paridade das partes,

523 Para mais desenvolvimentos, vide Tiago Duarte, "Providências cautelares, suspensões automáticas e resoluções fundamentadas: pior a emendada que o soneto?", *Julgar*, n.º 26, 2015, disponível em pdf: http://julgar.pt/wp-content/uploads/2015/05/JULGAR-26-04-Tiago-Duarte-Provid%C3%AAncias-cautelares.pdf, p. 85.

sendo conatural ao direito a um processo equitativo a dimensão de plena contraditoriedade e da igualdade de armas[524].

Precisamente, tanto o regime da suspensão da eficácia das normas com força obrigatória geral como o regime sem força obrigatória geral – ambos previstos no art. 130.º e contemplados com a mesma remissão para o art. 128.º do CPTA – pressupõem que, por mero impulso processual, é possível suspender automaticamente normas regulamentares (objeto de um litígio principal de declaração de ilegalidade de normas), sendo certo que, *primo*, nem o juiz é chamado a pronunciar-se, apreciando o *periculum in mora* e o *fumus boni iuris*, nem, *secundo*, os demais interesses em jogo são por ele aquilatados, em concreto.

Na verdade, os efeitos do requerimento cautelar estendem-se a todos, à entidade de que emana a norma, ao interessado na suspensão e a todos o que não tenham interesse na suspensão e que por este efeito possam ser diretamente prejudicados.

No fundo, tanto os que beneficiem diretamente com a aplicação da norma, e que sejam os contrainteressados do requerente, como os demais, todos os que integram, *ex vi* da generalidade da norma, o universo subjetivo por esta abrangido, não são tidos nem achados no momento inicial do processo de suspensão da norma. E certo também é que o mesmo raciocínio deverá ser adotado quanto à emissão da resolução fundamentada pela entidade administrativa, uma vez que esta reconhece apenas que o diferimento da execução pode ser gravemente prejudicial para o interesse público. Nem num caso nem no outro, os interessados na suspensão e os seus contrainteressados são devidamente considerados na determinação da proibição de executar o ato normativo suspendendo e na determinação da proibição de pôr fim a esse efeito suspensivo automático através da emissão de uma resolução fundamentada, posicionando-se em clara desvantagem face ao requerente e requerido, sendo certo que, aos terceiros, não lhes é garantida qualquer tutela efetiva dos seus interesses. E neste caso de suspensão de normas nem a invocação dos princípios de certeza e segurança jurídicas são atendíveis para proteção de terceiros.

524 Isabel Celeste M. Fonseca, *Processo temporalmente justo e urgência – contributos para a autonomização da categoria da tutela jurisdicional de urgência na Justiça administrativa*, Coimbra Editora, Coimbra, 2009.

É certo que o registo destes tópicos muda ligeiramente quando trazemos à colação os atuais n.os 3, 4 e 6 do art. 128.º, que versam sobre o incidente do processo cautelar de suspensão de atos (e aqui leia-se também de normas) que visa obter a declaração de ineficácia dos atos de execução indevida, uma vez que neste incidente são ouvidos, agora, à luz do atual CPTA, os contrainteressados e, também, agora, o juiz avalia e julga da (im)procedência das razões que justificam o levantamento do efeito suspensivo.

Precisamente, o regime do incidente da declaração de ineficácia dos atos de execução indevida é um assunto ainda difícil, de que trata o Ac. do TCA Sul de 16.4.2020. Em bom rigor, tendo sido questionado se o objetivo imediato deste incidente é a apreciação da legalidade da resolução fundamentada ou o próprio ato que o requerente considera indevido, por ser desconforme com aquela resolução, cabendo ao requerente o ónus da prova dessa desconformidade, as respostas foram sendo dadas pelos tribunais superiores. Neste caso, entendeu o TCA Sul que o requerente identificou no seu requerimento dois atos que suscitavam a apreciação da resolução fundamentada – um ofício e um e-mail. E, não obstante o requerente, no seu requerimento do incidente processual, não ter identificado a concreta data e o conteúdo dos atos em causa, entendeu o TCA Sul suficiente a identificação e individualização dos atos enquanto atos de execução indevida, afastando-se do tribunal *a quo*, por várias razões[525]. O TCA Sul, na apreciação desta decisão, considerou que "a execução do ato suspendendo – que possui caráter normativo – não ocorre somente

[525] () Aqui afirmou o TCA Sul que o tribunal a quo, mesmo considerando que o requerente não identificara e individualizara corretamente os atos de execução indevida, no limite, poderia ter sempre formulado um convite ao aperfeiçoamento do requerimento deste incidente processual. E, acrescenta o tribunal ad quem, que deverão, aqui, ser trazidos à colação os princípios do inquisitório e de *pro actione*. Para além do tribunal a quo ter entendido que o requerente, resultado do ónus que lhe é atribuído, não ter identificado qualquer ato suscetível de execução indevida, decidiu ainda o Tribunal Administrativo de Círculo de Lisboa que os atos que o requerente identificou incorretamente seriam, antes de mais, meras operações materiais e não atos administrativos. Assim, para o tribunal a quo, para além do requerente ter identificado incorretamente os atos de execução indevida, estes seriam, antes de mais, meras operações materiais e, por isso, indeferiu o incidente da declaração de ineficácia dos atos de execução indevida, sem apreciar da resolução fundamentada emitida pelo requerido – Conselho Geral da Ordem dos Advogados.

através da edição de atos administrativos, podendo também suceder através da prática de atos materiais, desde que inequivocamente reveladores da concretização de uma efetiva operatividade das normas suspendendas". Ora, não houve dúvidas em considerar que as operações materiais são os simples factos pelos quais se executa o imperativo decorrente de um ato normativo e é também por isso que, na apreciação da execução de atos indevidos, se decidiu que estas não poderão ser desconsideradas da esfera da norma, na medida em que, tal com está explícito nesta decisão jurisprudencial, tanto podem confluir na norma como ser uma consequência da produção dos seus efeitos, tornando-se assim atos "autonomizáveis" a declarar enquanto atos de execução indevida.

Mas, se a apreciação dos eventuais atos de execução indevida promove díspares interpretações, a verdade é que, indo mais longe, a apreciação pelo próprio tribunal da improcedência das razões em que a resolução se fundamenta – ou seja, a apreciação da própria resolução fundamentada – não pressupõe um caminho mais fácil, em particular se desejamos auscultar qual a intensidade e extensão do controlo. O TCA Norte, no Ac. de 11/5/2017, proc. n.º 00830/16.1BEPRT-A, por referência ao seu Ac. de 20/2/2015, proc. n.º 1354/05.8-A-ABRG, considerou que o controlo judicial das razões invocadas na resolução fundamentada pela entidade administrativa deverá ser aferido de acordo com os requisitos de fundamentação do ato administrativo, ou seja, do art. 125.º do CPA na versão anterior à reforma de 2015 (atual art. 153.º, preceito que prevê, hoje, os requisitos da fundamentação do ato administrativo). Entendeu o TCA Norte que o "grave prejuízo para o interesse público no diferimento da execução do ato", reconhecido na resolução fundamentada, deverá contemplar não apenas termos claros e congruentes, mas também deverá conter os motivos, devendo ser suficientes, e conter elementos capazes ou aptos a basear a decisão[526]/[527]. A este propósito, e quanto à extensão do controlo, refere Rui Guerra da Fonseca que "a pronúncia judicial,

[526] *Cfr.* Acs. do TCA Norte de 11/5/2017, proc. 00830/16.1BEPRT-A, e de 23/9/2016, proc. 00202/16.8BEVIS. Disponíveis em www.dgsi.pt.

[527] *Cfr.* Rui Guerra da Fonseca, "A suspensão de eficácia de actos administrativos no projecto de revisão do Código de Processo nos Tribunais Administrativos", *E-Pública Revista Electrónica de Direito Público,* vol. I, n.º 2, junho 2014. Disponível em pdf: http://www.scielo.mec.pt/pdf/epub/v1n2/v1n2a10.pdf, p. 320.

nesta questão incidental, não deve consistir num caucionamento – num juízo material positivo – da existência ou inexistência de grave prejuízo para o interesse público na execução do acto, mas meramente na razoabilidade ou não da respectiva demonstração"[528]. E, consequentemente, terá "o interessado que demonstra[r] a desrazoabilidade do alegado pela administração na resolução fundamentada ou muito dificilmente o juiz poderá realizar uma apreciação que não meramente formal da mesma"[529].

Estamos em crer que este entendimento foi aqui também seguido pelo TCA Sul na decisão em análise, afastando-se, portanto, da jurisprudência do TCA Norte que apresentamos antes. No aresto *sub judice*, o TCA Sul considerou que cabe ao requerente/interessado demonstrar a desrazoabilidade dos fundamentos apresentados pela entidade administrativa na resolução fundamentada.

Mas repare-se que, levando mais longe este raciocínio, e situando-o no âmbito do regime da suspensão da eficácia das normas regulamentares, aqui uma decisão que aprecia a resolução fundamentada, mesmo apenas com critérios formais, traduz aproximadamente um juízo antecipado semelhante a uma apreciação do prejuízo da lesão decorrente da não aplicação da norma no ínterim, ou seja, obrigando necessariamente à formulação de um juízo de repartição de riscos na apreciação do requisito atinente ao grave prejuízo que pode resultar do diferimento da execução da norma para o interesse público, tal como dispõe a parte final do n.º 1 do art. 128.º do CPTA.

Pois bem, esta decisão do TCA Sul leva-nos a pensar out *side the box*, o direito cautelar posto em sede de normas e a mudança que nele já ocorre, pese embora o legislador ordinário não ter acolhido significativas alterações à disciplina do n.º 4 e art. 128.º, no que a este assunto concerne. Na verdade, o nosso pensamento não se cinge às díspares interpretações quanto ao alcance dos poderes do juiz cautelar no incidente da declaração de ineficácia dos atos de execução indevida, mas avança para a compreensão de que, por um lado, a aplicação do regime do art. 128.º à suspensão da eficácia das normas regulamentares exige uma reflexão mais profunda e rigorosa à luz do princípio da tutela jurisdicional efetiva e, por outro, que a alteração ao direito posto está já em curso.

[528] *Ibidem.*

[529] *Ibidem.*

Estamos em crer que, porque a resolução fundamentada implica reconhecer que o diferimento da execução da norma pode ser gravemente prejudicial ao interesse público – e porque falamos de normas administrativas, que são fonte de direito administrativo, integram a legalidade administrativa e comungam das virtudes que deste princípio (da legalidade/juridicidade) decorrem para a Administração Públicas e para o universo de sujeitos a que à norma estão sujeitos –, a aplicação do art. 128.º à suspensão da eficácia de normas está a obrigar o juiz cautelar a realizar um exercício de pronúncia mais completo durante o incidente de execução indevida, estando este a chegar a um juízo semelhante ao que resulta do n.º 2 do art. 120.º do CPTA.

Assim, é nosso entendimento de que o juiz administrativo não parece afastar a realização de um controlo mais intenso sobre a resolução fundamentada e das razões nela invocadas, tanto mais que agora deve ouvir a entidade administrativa e os contrainteressados, parecendo corresponder a um juízo antecipado ponderativo, que se assemelha, ou é suposto que assim seja, a uma apreciação de *periculum in mora*, devendo a ponderação de interesses ser equacionada em termos de repartição de risco. E, completando o raciocínio, é precisamente para não errar, ou reduzir ao máximo a possibilidade de erro, que, em nosso entender, importa ao juiz administrativo cautelar das normas realizar igualmente a apreciação do *fumus boni iuris*, quando é chamado a julgar da (im)procedência das razões em que a resolução fundamentada assenta (e que são invocadas pela Administração Pública para que a norma volte a produzir os seus efeitos). Trata-se aqui de assegurar, do ponto de vista do método, a menor probabilidade de erro, no sentido de que quanto mais provável for a possibilidade de a norma vir a ser declarava inválida, mais se justifica a manutenção do efeito suspensivo[530]. Ainda assim, apraz dizer, finalmente, que este método não sana tudo, pois as pretensões cautelares positivas no domínio das normas fica ainda a faltar, como já a seguir se dará conta.

[530] Sobre o método seguido na jurisprudência alemã, vide ISABEL CELESTE M. FONSECA, *Processo temporalmente justo e urgência – contributos para a autonomização da categoria da tutela jurisdicional de urgência na Justiça administrativa*, Coimbra Editora, Coimbra, 2009.

II.

Em jeito de conclusão, importa recuperar que as normas emitidas pela Administração Pública no exercício da função administrativa se caraterizam pela abstração e pela generalidade, facto que na concretização do princípio da tutela jurisdicional efetiva não poderá ser desconsiderado pelo legislador ordinário. E importa recuperar também que aplicação do art. 128.º – com tudo o que este traz consigo, como seja o efeito suspensivo automático e o seu levantamento ope legis, na mera emissão de uma resolução fundamentada – à suspensão da eficácia de normas traduz uma total desconsideração do princípio da tutela jurisdicional efetiva. E, por isso, elogia-se, a inovação jurisprudencial em curso, que em boa hora, começa a superar as fragilidades do direito posto.

E, finalmente, impõe-se resumir que, de entre as múltiplas fragilidades do regime do art. 128.º, apontadas pela doutrina, desenvolvemos duas preocupações que se agravam no âmbito do regime da suspensão da eficácia da norma: i) a ausência de um regime que concretize a tutela efetiva dos contrainteressados e ii) as díspares interpretações quanto ao que o juiz decide quando julga o incidente da declaração de ineficácia dos atos de execução indevida – não sendo difícil concluir (com a firme convicção de) que, tal como está, o regime de suspensão da eficácia das normas não está bem, mantendo-se certa a afirmação de FREITAS DO AMARAL de que o efeito suspensivo automático é "gravos[o] para os particulares e desprestigiante para os tribunais"[531].

Mas podemos ir ainda mais longe e registar que as adaptações que, ex vi n.º 4 do art. 130.º, à aplicação dos n.os 3, 4 e 6 do art. 128.º no quadro de suspensão de normas, são já muito significativas, de tal forma que, por um lado, o juiz administrativo parece não afastar a realização de um controlo mais intenso sobre a resolução fundamentada e das razões nela invocadas, parecendo corresponder a um juízo antecipado ponderativo, que se assemelha a uma apreciação de *periculum* in mora com ponderação de interesses e repartição de riscos quanto à possibilidade de produção de situações de facto consumado, quando é chamado a julgar

[531] *Apud* MARIA FERNANDA DOS SANTOS MAÇÃS, *A suspensão judicial da eficácia dos actos administrativos e a garantia constitucional da tutela judicial efectiva*, Boletim da Faculdade de Direito Coimbra, Coleção Studia Jurídica n.º 22, Coimbra Editora, Coimbra, 1996, p. 146.

da improcedência das razões em que a resolução fundamentada assenta, e que, por outro lado, não descarta uma leve consideração do requisito do *fumus*.

Por conseguinte, é hora de o legislador prever um regime cautelar para normas administrativas de raiz, sendo assim cumprida a imposição decorrente para o legislador ordinário do direito fundamental à tutela judicial efetiva e, em particular, neste domínio, ao direito a um processo equitativo. E, assim, importa que essa disciplina considere, em particular, o regime cautelar com efeitos circunscritos ao caso e o distinga daquele outro com eficácia geral; que neste tenha particular atuação o Ministério Público para defesa da legalidade democrática e dos interesses de todos os que não sejam identificados como contrainteressados; que seja concretizado um regime que permita formular pretensões cautelares antecipatórias, mormente de intimação para correção de disposições normativas inválidas ou a condenação cautelar à emissão de norma ou disposições normativas devidas, bem como a emissão de decisão cautelar assente em pressupostos de decretamento (onde a apreciação antecipada da ilegalidade da norma possa ser realizada), a par dos prejuízos de difícil ou impossível reparação (devendo aqui incluir-se o impacto da suspensão da norma nos valores de certeza e segurança jurídicas), numa lógica de repartição de riscos[532].

[532] Sobre o tema, Isabel Celeste M. Fonseca, *Processo temporalmente justo e urgência – contributos para a autonomização da categoria da tutela jurisdicional de urgência na Justiça administrativa*, Coimbra Editora, 2009.

ÍNDICE